Joshua Robinson und Jonathan Clegg

Messi vs. Ronaldo

Joshua Robinson und Jonathan Clegg

Das Duell
Messi vs. Ronaldo

Die Geschichte zweier Jahrhundertfußballer

Aus dem Englischen von
Cornelius Hartz

dtv

Für unsere Eltern, in Liebe.
Aline & Jeffrey, Lizzie & Ant

Und für Evie und Cooper, mit ziemlicher Sicherheit zukünftige Gewinner des Ballon d'Or.

Die Arbeit des Übersetzers am vorliegenden Text wurde vom Deutschen Übersetzerfonds gefördert.

FSC www.fsc.org MIX Papier | Fördert gute Waldnutzung FSC® C083411

Deutsche Erstausgabe 2022

Titel der amerikanischen Originalausgabe: Messi vs. Ronaldo – One Rivalry, Two GOATs and the Era That Remade the World's Game
HarperCollins Publishers, New York, 2022
Deutschsprachige Ausgabe:

Umschlaggestaltung: Andreas Volleritsch (neubaudesign.com)
Umschlagmotive: Yann Dalon
Satz: C.H.Beck.Media.Solutions, Nördlingen
Gesetzt aus der Minion Pro
Druck und Bindung: CPI books GmbH, Leck
Printed in Germany · ISBN 978-3-423-26343-6

Vorwort

Wer von Lionel Messi, Cristiano Ronaldo und der Ära erzählen will, die die beiden geprägt haben, dem stehen unzählige Möglichkeiten offen. Jedes Wochenende, an dem sie in der spanischen Liga auf dem Spielfeld standen, war eine eigene kleine Seifenoper. Jeder Sommer mit einem großen Turnier war ein nervenzerrüttendes Psychodrama. Und abseits des Spielfelds bauten sich sowohl Messi als auch Ronaldo ein globales Imperium auf, mit dem sie ein Level des Ruhms erreichten, das normalerweise US-Präsidenten und Päpsten vorbehalten ist.

Jeder dieser zwei Ausnahmefußballer bietet für sich genommen genug Stoff für ein eigenes Porträt, und natürlich ist über beide schon viel geschrieben worden. Aber jede Darstellung, die sich nur auf einen der beiden konzentriert, weist zwangsläufig eine klaffende Lücke auf. Denn ob es ihnen gefällt oder nicht: Messi und Ronaldo sind untrennbar miteinander und mit der Geschichte des jeweils anderen verbunden. Jetzt, wo sich ihre Karrieren dem Ende zuneigen, sind sie endlich selbstbewusst genug, das zuzugeben. Fast zwanzig Jahre lang haben sie sich gegenseitig angespornt. Um der Größte zu sein, mussten sie zuallererst besser sein als der jeweils andere.

Allerdings hatte diese Auseinandersetzung wesentlich mehr Facetten als bloß die eines Duells auf dem Fußballplatz. In ihrem eng miteinander verwobenen Bestreben, Geschichte zu schreiben, wurden Ronaldo und Messi zu zwei Gravitationszentren des beliebtesten Sports der Welt und übten auf alles und jeden, der in ihre

Umlaufbahn kam, eine enorme Anziehungskraft aus. In keinem anderen Zwanzigjahreszeitraum seit der Erfindung des Fernsehens, hat sich die Welt des Sports so dramatisch verändert, wie in der Blütezeit von Messi und Ronaldo. Und das Bemerkenswerteste an dieser Epoche war, dass die Spieler an der Weltspitze die ganze Zeit über dieselben waren.

Seit fast 15 Jahren berichten wir als Reporter des *Wall Street Journal* über Messi und Ronaldo, über ihre Karrieren und deren Dominoeffekt. Wir habe ihre Erfolge auf vier Kontinenten beobachtet, waren bei Champions-League-Finals, bei Europa- und bei Weltmeisterschaften dabei. Wir haben miterlebt, wie sie sich gegenseitig immer wieder zu Höchstleistungen angespornt haben, von Messis viertem Champions-League-Titel in Berlin bis zu Ronaldos Befreiungsschlag mit Portugal bei der EM 2016. Aber wir haben auch miterlebt, wie sie herbe Enttäuschungen verkraften mussten. Zum Bespiel an einem Abend im Jahr 2014 in Rio de Janeiro, als wir mit Sonnenbrand und Schlafmangel zum Maracanã-Stadion liefen, voller Erwartung, Lionel Messi dabei zu bewundern, wie er auf südamerikanischem Boden seinen ersten WM-Titel gewinnen würde.

An jenem Abend hatte Messi die Chance, Weltmeister zu werden und sich damit in der alles beherrschenden Frage »Messi oder Ronaldo?« einen entscheidenden Vorteil zu verschaffen. Als Argentinien dann aber Deutschland unterlag, wurde uns schlagartig klar: Diese Frage wird sich möglicherweise niemals klären lassen. Aber vielleicht muss sie das auch gar nicht.

Deshalb ist dies nicht bloß eine Doppelbiografie zweier brillanter Fußballer. Der springende Punkt dieses Buches ist, dass es nicht nur um die beiden geht. Dass es niemals nur um die beiden ging.

Messi vs. Ronaldo erzählt die Geschichte, wie zur selben Zeit zwei geniale Fußballer aufgetaucht sind, um die Sportwelt umzukrempeln und die Veränderungen, die bereits im Gange waren, zu beschleunigen. In diesem Buch dienen die beiden als Prisma, durch das wir den modernen Fußball beleuchten. Wir untersuchen ihre Macht, ihre Reichweite und ihren Einfluss. Das »Duell« zwischen Messi und Ronaldo fand vor allem abseits der Stadien statt – auf dem Spielfeld sind sie nur rund drei Dutzend Mal aufeinandergetroffen. Aber das ändert nichts daran, dass ihre Rivalität ganze wirtschaftliche und kulturelle Ökosysteme durcheinandergebracht hat. Dabei waren sich die zwei weder der Konsequenzen ihres Handelns bewusst noch hätten sie sie beeinflussen können.

Es gibt zwar bereits einige Biografien über diese beiden Männer, aber noch keine ernsthafte journalistische Aufarbeitung der Art und Weise, wie sie weltweit den Fußball und die ökonomischen Aspekte des Profisports beeinflusst und quasi nebenbei neu definiert haben, was heute einen globalen Superstar ausmacht.

Insgeheim wissen Messi und Ronaldo genau, dass ihr wichtigster Geschäftspartner der jeweils andere ist. Ihre Rivalität generiert sogar in ansonsten ganz rationalen Menschen so viel Energie, dass ihre Währung inzwischen gar nicht mehr der Sport ist. Jetzt, wo ihre Karrieren als Fußballer bald zu Ende sind, geht es nur noch darum, ob man sie liebt oder hasst – eine Debatte, die Messi und Ronaldo schon lange nicht mehr versuchen selbst zu lenken. Dabei waren diese zwei außergewöhnlichen Fußballer von Anfang an so unterschiedlich, dass sie es Fans stets leicht gemacht haben, sich für eine Seite zu entscheiden. Sie sind in jeder Hinsicht gegensätzlich: Der eine ist groß, der andere klein. Der eine stürmt an den gegnerischen Verteidigern vorbei, der andere schlängelt sich zwischen ihnen hindurch. Der eine ist ein eiskalter Torjäger, der andere ein Spielmacher. Der eine ist schüchtern und bescheiden, der andere ein eitler Pfau. Sie wissen schon, wer wer ist.

Jahrelang sorgte Messi dafür, dass man den Eindruck hatte, Fußball sei die einfachste Sache der Welt, wenn er scheinbar mühelos seine atemberaubenden Tore erzielte. Und Ronaldo bewirkte, dass man den Eindruck hatte, Fußball sei die schwierigste Sache der Welt, wenn er jeden seiner sorgfältig gestählten Muskeln und jede Sehne in seinem Körper anspannte, um den Ball ins Tor zu befördern.

Die Kunst der beiden brauchte keinen Dolmetscher. Von Shanghai bis São Paulo verstanden die Fans ganz instinktiv, wie die neue fußballerische Weltordnung aussah: Erst kamen diese beiden, und dahinter erst alle anderen. Messi und Ronaldo bestritten im Schnitt jeden dritten Tag ein Spiel und erzielten in praktisch jedem davon ein Tor. Doch je eingehender wir uns mit ihnen beschäftigten und je länger ihre Karrieren andauern, desto ähnlicher kommen sie uns vor.

Für dieses Buch haben wir zahlreiche vertrauliche Dokumente gesichtet und über Jahre hinweg persönliche Gespräche mit Führungskräften aus der Welt des Sports, mit Fußballtrainern und mit Mannschaftskameraden geführt. Es ist eine Momentaufnahme der Welt, die Messi und Ronaldo geschaffen haben, und den Mittelpunkt dieser Welt bilden ihre zwei größten Stars. Einige Interviewpartner, die Messi und Ronaldo besonders nahestehen, wollten anonym bleiben, um ihre persönlichen Beziehungen (und gelegentlich auch ihren Lebensunterhalt) nicht zu gefährden. Wenn wir ganze Unterhaltungen wiedergegeben haben, so sind diese nach den Berichten von Personen rekonstruiert, die persönlich anwesend waren oder unmittelbar danach informiert wurden.

Und nebenbei haben wir immer wieder das Wichtigste getan, das man im Fußball in der Messi-Ronaldo-Ära tun kann: Wir haben ihnen beim Spielen zugesehen.

Joshua Robinson und Jonathan Clegg, April 2022

Einleitung

Zürich, Dezember 2007

Zwei der größten Fußballer aller Zeiten saßen in einem Opernhaus in der Schweiz und fühlten sich sichtlich unwohl. Beide fragten sich, warum sie sich überhaupt die Mühe gemacht hatten, anzureisen. Lionel Messi fiel das lange Haar auf die Schultern seines dunklen Anzugs, der mindestens eine Nummer zu groß für seinen schmalen Oberkörper wirkte. Und Cristiano Ronaldo trug diamantene Ohrstecker und einen Smoking, obwohl der Dresscode der Veranstaltung gar keinen verlangte.

Keiner der beiden wollte dort sein. Keiner der beiden durfte gehen.

Dass sie wie gemaßregelte Schuljungen auf ihren Plätzen saßen, hatte mit dem leeren Stuhl zwischen ihnen zu tun. Sie waren zum ersten Mal auf der FIFA World Player Gala, bei der Jahr für Jahr, begleitet von jeder Menge peinlichem Smalltalk, die größten fußballerischen Talente gefeiert wurden, und Messi und Ronaldo waren beide *fast* zum Weltfußballer des Jahres 2007 gewählt worden. Aber eben nur fast. Stattdessen war diese Ehre dem brasilianischen Spielmacher Ricardo Izecson dos Santos Leite, genannt Kaká, zuteilgeworden, der gerade auf der Bühne seine Trophäe entgegennahm. Er war älter als Messi und Ronaldo, aber beide fanden, dass er längst kein so guter Fußballer war wie sie.

Dieser Ansicht waren noch mindestens zwei weitere Männer, die an jenem Abend auf den samtbezogenen Sitzen des Züricher Opernhauses saßen.

Der eine war ein Portugiese mit zurückgegeltem Haar namens Jorge Mendes, der früher Nachtclubbesitzer gewesen war, sich als Fußballagent neu erfunden hatte und seither immer ganz lässig mit mehreren Handys jonglierte, während er quer durch Europa iberische und südamerikanische Spieler vermittelte. Ronaldo auf die Bühne der Gala zu bringen, war ein wichtiger Baustein seines großen Plans: seinen Klienten zum reichsten Sportler der Welt zu machen.

Der andere hieß ebenfalls Jorge, und er war womöglich noch empörter. Die Rede ist von Jorge Messi, dem Vater von Lionel, der sich nach wie vor meistens in seiner argentinischen Heimatstadt Rosario aufhielt. Es war kaum sieben Jahre her, dass er seinen greinenden Sohn in einen Flieger nach Spanien gesteckt hatte, in der Hoffnung, dass der Kleine die Trainer des FC Barcelona beeindrucken würde. Der ehemalige Vorarbeiter in einer Metallfabrik war nun ebenfalls Agent und musste sich in der am meisten umkämpften Sparte der Welt des Sports durchboxen – Agent eines Klienten, der zufällig den gleichen Nachnamen trug wie er.

Sie alle lernten an jenem Abend eine wichtige Lektion. Preisverleihungen hatten im Fußball noch nie viel gezählt. Die Trophäen, auf die es wirklich ankam, wurden auf dem Platz verliehen, am Ende eines harten Kampfes, und dabei trugen die Beteiligten keine Designeranzüge, sondern Shorts. Doch genau das sollte sich bald ändern. Der Sport, mit dem sie aufgewachsen waren, hatte noch nie eine solch epochale Rivalität zwischen zwei Solisten erlebt. Was an diesem Abend in Zürich nämlich niemand ahnte: Die Jungs, die Platz zwei und drei belegten, waren im Begriff, aus dem Fußball eine Individualsportart zu machen. Und ihr Schlachtfeld war nicht der Fußballplatz, es waren Preisverleihungen wie diese – sobald die zwei endlich auch solche Preise bekamen.

Dennoch konnten weder Messi und Ronaldo noch die zwei Jorges darüber hinwegsehen, dass dieses Event, das unter Umständen langfristige Auswirkungen auf Transferzahlungen und Sponsorenverträge haben würde, so ablief, als wäre es Sepp Blatters persönliche Cocktailparty. Lange bevor herauskam, dass Blatter sich selbst mehrere Dutzend Millionen Dollar in Form von unerlaubten Boni ausgezahlt hatte (was enthüllt wurde, während er noch dabei war, die Millionen auszugeben), hatte der langjährige FIFA-Präsident diese Preisverleihung initiiert, die für ihn vor allem eine Gelegenheit war, sich mit Fußballlegenden und Supermodels zu umgeben. In diesem Jahr wurde die Gala zum ersten Mal komplett live übertragen, und Blatter spielte seine Lieblingsrolle in der Welt des Fußballs: die des Moderators auf der Bühne. Neben ihm saßen zwei bekannte Schweizer TV-Gesichter, deren Aufgabe es war, die Abläufe im Auge zu behalten und Blatters Worte auf Französisch, Englisch und Deutsch zu wiederholen. Um den wichtigsten Preis des Abends zu verleihen, hatte der FIFA-Präsident einen ganz besonderen Stargast verpflichtet: den zum damaligen Zeitpunkt erfolgreichsten Torschützen und Fußballer aller Zeiten, den dreimaligen Weltmeister Pelé. Das war für die FIFA in etwa so, als würde bei den Grammys Paul McCartney die Bühne betreten.

Die Organisation, die sich unter Blatters Ägide von einem kleinen Veranstalter von Fußballturnieren zu einem globalen Monstrum für Vermarktung und Fernsehrechte aufgeschwungen hatte, verfügte zu diesem Zeitpunkt über ein Barvermögen von rund 350 Millionen Euro. Was ihr Tagesgeschäft betraf, so glich die FIFA eher einem Plattenlabel oder einer mittelgroßen Versicherungsgesellschaft als einem Sportverband. Und wie jede Plattenfirma, die etwas auf sich hält, hatte sie großes Interesse daran, ihre eigenen Stars zu produzieren.

Das Problem war, dass sich der Fußballhimmel Mitte der 2000er-Jahre ein wenig zugezogen hatte. Die vier Männer, die von 1996 bis 2005 abwechselnd als Weltfußballer ausgezeichnet worden waren, kamen langsam in die Jahre. Bei den *Galácticos* von Real Madrid – Zinédine Zidane, Luís Figo und dem Brasilianer Ronaldo – hatte das Alter seine Spuren hinterlassen, und sie hatten ein paar Kilo zugelegt, während der zweifache Weltfußballer

Ronaldinho zwischen all den nächtlichen Strandpartys kaum noch Zeit fand, seine Spiele für Barcelona zu bestreiten. An der Spitze der Nahrungskette des Fußballs war so wenig los, dass die Auszeichnung 2006 schließlich an Fabio Cannavaro gegangen war: einen Verteidiger.

Jetzt war also Kaká an der Reihe. Der Junge aus der Mittelschicht von São Paulo gab im Mittelfeld des AC Mailand den Ton an und wirkte so leichtfüßig, dass seine Gegner regelmäßig überrascht waren, dass sie gegen ihn keine Chance hatten. Der frischgebackene Champions-League-Gewinner Kaká galt bereits vor Cristiano Ronaldo als Goldjunge und lange bevor Leo Messi auf 1,70 Meter herangewachsen war.

»Meine Damen und Herren, der entscheidende Moment. Ich habe durchaus Übung im Öffnen von Briefumschlägen«, verkündete Blatter ohne einen Hauch von Ironie. »Meine Damen und Herren, der Gewinner der Auszeichnung FIFA-Weltfußballer des Jahres 2007 auf dieser Gala hier in Zürich ist … Kakáááá.«

Kaká erhob sich. Pelé, ein Mann, der für alles und jeden Reklame machte, von American Express bis Viagra, gratulierte seinem Landsmann voller Stolz. Messi und Ronaldo blieben auf der Reservebank sitzen.

Für Messi und Ronaldo kam erschwerend hinzu, dass sie gerade ein Déjà-vu erlebten: Zwei Wochen zuvor in Paris bei der Verleihung des Ballon d'Or (einer ähnlich wichtigen Auszeichnung für den Fußballer des Jahres, die später für ein paar Jahre mit der Auszeichnung der FIFA zusammengelegt werden sollte) hatten sie genau diese Prozedur schon einmal durchmachen müssen. Insofern war es keine große Überraschung mehr. »Um ehrlich zu sein, habe ich es schon ein wenig erwartet«, gab Kaká später zu. »Ich habe die Champions League gewonnen und war im Wettbewerb der beste Torschütze … Das ist das Wichtigste. Man muss in einem Siegerteam spielen.«

Allerdings spielten Messi und Ronaldo nun auch nicht gerade

in der Kreisliga. Messi, damals 20, hatte sich unter den wachsamen Augen des ehemaligen niederländischen Rekordspielers Frank Rijkaard einen Stammplatz in der Startaufstellung des FC Barcelona erspielt, und seither versuchte sein Trainer verzweifelt herauszufinden, auf welcher Position er das argentinische Dribbeltalent am besten einsetzen konnte. Und Ronaldo, 22, war bei Manchester United bereits ein echter Star. Sein Trainer Alex Ferguson arbeitete schon seit vier Jahren daran, ihn zum perfekten Mittelstürmer zu formen. Beide waren Weltklasse und hatten Champions-League- und Premier-League-Siege im Gepäck.

Und dennoch hatte Kaká mehr Stimmen erhalten als sie beide zusammen. Als letzte Demütigung für die Verlierer lud Blatter sie zu gemeinsamen Fotos auf die Bühne ein. Dort überreichte Pelé ihnen Trophäen, die ein Stück kleiner waren als die von Kaká und die die Fußball-Legende zu allem Überfluss auch noch durcheinanderbrachte: Irrtümlich überreichte er Ronaldo den Preis für Platz zwei und Messi den für Platz drei. Blatter musste eingreifen, um sicherzustellen, dass die zwei genialen Fußballer jeweils die richtige Trophäe in der Hand hielten. »Zweiter … zweiter Platz für Lionel«, sagte einer der beiden Moderatoren auf der Bühne auf Englisch mit dem typisch europäischen Akzent, der den Weltfußball prägt. »Könnten Sie bitte tauschen?«

Selbst Ronaldo, dem selten etwas peinlich war, fand das Ganze für einen kurzen Moment ziemlich unangenehm. Er hatte nämlich gerade festgestellt, dass es etwas gab, das noch schlimmer war, als bei diesem Event aufzutauchen und zu verlieren: bei diesem Event aufzutauchen und seine Trophäe an Messi abgeben zu müssen. Während sie also die Auszeichnungen für Platz zwei und drei tauschten, wünschte sich Ronaldo, der Boden des Opernhauses würde sich auftun und ihn verschlingen. Doch stattdessen musste er noch einen letzten Schlag unter die Gürtellinie hinnehmen: »Ihr habt es wirklich versucht«, verkündete einer der Moderatoren der kichernden Menge, »aber ihr habt es nicht geschafft.«

Was Ronaldo ebenfalls nicht schaffte, war sich ein Lächeln abzuringen. Er und Messi mussten bis zum Ende der Show auf der Bühne stehen bleiben, als ein Orchester sie zu den Klängen von »The Impossible Dream« aus dem Musical *Der Mann von La Mancha* verabschiedete. Sie waren nicht wegen irgendwelcher Broadway-Schlager ins Opernhaus gekommen. Und sie waren ganz bestimmt nicht angereist, um nicht zu gewinnen.

Wie sich allerdings herausstellen sollte, erledigte sich dieses Problem bald von selbst. Als das nächste Mal jemand Weltfußballer des Jahres wurde, der *nicht* Ronaldo oder Messi hieß, schrieb man bereits das Jahr 2018. Egal, was Kaká über siegreiche Teams zu sagen hatte: Dies war die wichtigste Auszeichnung für individuelle Leistungen im beliebtesten Mannschaftssport der Welt – und die, die Messi und Ronaldo am meisten am Herzen lag.

Nur in dieser Arena konnten sie sich unabhängig von ihren Teamkameraden oder irgendwelchen Begleitumständen direkt miteinander messen.

Hier konnte die Welt live sehen, wer der Größte war. Zehn Jahre, eine ganze Fußball-Ära lang, erhielt jedes Jahr einer der beiden die höchste Einzelauszeichnung ihres Sports. Zehn Jahre, die geprägt waren von ihren Duellen, von den atemberaubenden Summen, die sie verdienten, und von den Trümmern, die sie hinterließen.

TEIL I
ZWEI GENIES

Eins
Damals auf Madeira

Es war fast ein Uhr nachts, und Cristiano Ronaldo entspannte sich in der kühlen Umkleidekabine von Sporting Lissabon, als sei nichts gewesen. Draußen, in der Hitze des Sommers 2003, waren die Fans immer noch ganz aus dem Häuschen von dem, was sie da gerade erlebt hatten. Ihr Team hatte mit einem 3:1-Sieg gegen Manchester United sein neues Stadion eingeweiht, und ganz besonders ein Spieler hatte alle beeindruckt: ausgerechnet der Jüngste im Team.

Auch Ronaldos Teamkameraden konnten es immer noch nicht glauben, als sie sich das Tape von den Knöcheln rissen und versuchten, die letzten zwei Stunden zu verarbeiten. *Was war denn bloß mit Cristiano los?*

Der 17-Jährige mit den blondierten Strähnen und den Pickeln im Gesicht hatte schon seit Tagen Signale ausgesendet, die hatten erahnen lassen, dass Großes bevorstand. Beim Training war es keinem verborgen geblieben. Ronaldo hatte mehr Gel denn je im Haar gehabt und vor Intensität geglüht. Seit ihm der Teammanager Fernando Santos eröffnet hatte, dass er bei der großen Galavorstellung gegen Manchester United dabei sein würde, war er wie im Tunnel gewesen. »Cristiano musste gar nicht aussprechen, was er vorhatte«, erzählt João Pinto, der zwei von Sportings drei Toren an diesem Abend erzielte. »Was er fühlte und was er wollte, stand ihm ins Gesicht geschrieben.«

Und was er wollte, war vor allem eines: Manchester United beeindrucken.

Ein Stück den Korridor hinunter, in der engen Umkleidekabine der Gäste, herrschte währenddessen das reinste Chaos. Die Spieler von United hatten Sonnenbrand, litten unter Jetlag und versuchten ebenfalls, die vergangenen zwei Stunden zu verarbeiten. Sie hätten kaum sagen können, wie spät es war oder wo genau sie sich eigentlich befanden, seit sie ihr Trainingslager in den USA beendet hatten und an jenem Morgen um vier Uhr früh in Portugal gelandet waren. Im Grunde wussten sie nur eines: Gerade eben hatte sie jemand aufs Kreuz gelegt, der aussah wie ein pubertierender Bengel.

Jedes Mal, wenn Ronaldo den Ball bekommen hatte, war elektrischer Strom durch seine Füße geflossen. Er war den Flügel auf und ab gerannt und hatte die Verteidiger mit so viel Tempo und Geschick umspielt, dass Uniteds Trainer Alex Ferguson später erzählte, sein Verteidiger John O'Shea sei in der Halbzeit mit Migräne in die Kabine gekommen. Der kämpferische Mittelfeldspieler Roy Keane war weniger nachsichtig: O'Shea, meinte er, habe wie ein »verdammter Clown« gespielt. »Es war ja nicht so, dass er bloß an ihm vorbeigezogen wäre«, staunte Verteidiger Phil Neville. »Es waren die Sprünge, die Tricks und das Selbstvertrauen dieses Jungen. Die haben mich mehr beeindruckt als alles andere … Er wirkte so stolz, nach dem Motto: ›Das hier ist mein Stadion.‹«

Die Spieler von United wären zu diesem Freundschaftsspiel am liebsten gar nicht erst angereist, doch jetzt, wo sie gerade von einem Halbwüchsigen blamiert worden waren, wünschten sie sich erst recht, sie wären überhaupt nicht hergekommen. Dass sie nach Portugal geflogen waren, war eine reine Gefälligkeit. United und Sporting hatten Jahre zuvor eine entsprechende Absichtserklärung unterzeichnet, um die Zusammenarbeit zwischen den Vereinen zu stärken. In Wirklichkeit ging es dem englischen Spitzenclub dabei darum, die Spieler der portugiesischen Jugendkader im Auge zu behalten. Als Sporting also bei United angefragt hatte, ob sie das neue Estádio José Alvalade XXI am Eröffnungsabend mit ihrer Anwesenheit beehren wollten, war es nur logisch, dass der britische

Club dem Wunsch nachgekommen war. Die ganze Angelegenheit war für Sporting vor allem eine Möglichkeit, sich selbst zu feiern – in der Halbzeit wechselte das Team sogar die Outfits und tauschte die traditionellen grün-weißen Heim- gegen die goldfarbenen Auswärtstrikots. Die Spieler von United bekamen das kaum mit. Sie hatten ohnehin wenig Ahnung, wer ihre Gegner waren.

Eine Dreiviertelstunde später war ihnen zumindest einer von ihnen aufgefallen. Die älteren Spieler bedrängten Ferguson schon während der Halbzeitpause und versuchten ihn zu überreden, den Knaben, der ihnen an diesem Abend das Leben so schwer machte, unter Vertrag zu nehmen: »Den brauchen wir im Team, Boss!« Sie ahnten nicht, dass das längst in Arbeit war und drüben in der anderen Umkleide alle über Ronaldos nahe Zukunft im Bilde waren. »Am Ende des Spiels«, so Pinto, »war uns bereits klar, dass er höchstwahrscheinlich nach Manchester gehen würde. Wir haben über nichts anderes gesprochen.«

Außerhalb der Umkleidekabine von Sporting wussten nur drei weitere Männer im Stadion konkret, was an diesem Abend noch geschehen würde: Alex Ferguson, ein Agent namens Jorge Mendes und Cristiano selbst. Allerdings hatte in ganz Europa jeder, der sich mit solchen Dingen beschäftigte, zumindest eine Vorahnung.

Die verblüfften Spieler von United mochten die ersten außerhalb Portugals gewesen sein, die am eigenen Leib zu spüren bekamen, wozu er fähig war, aber sie zählten zugleich zu den letzten, die seinen Namen erfuhren.

Denn im Sommer des Jahres 2003 war Cristiano Ronaldo eigentlich schon kein Geheimtipp mehr.

///////

Cristiano Ronaldos Herkunftsgeschichte ist das fußballerische Äquivalent zu der von Peter Parker, der zu Spiderman mutiert, nachdem er von einer radioaktiven Spinne gebissen wird. Heute, viele Jahre später, glaubt jeder die Geschichte des unbekannten

Jungen zu kennen, der Manchester United bezwang und sich damit den Wechsel zum berühmtesten Verein der Welt verdiente.

In Wirklichkeit hatte Ronaldo seine »Superkräfte« natürlich nicht über Nacht entwickelt – sie waren das Ergebnis jahrelanger harter Arbeit. In Portugal verglich man ihn bereits mit einigen der größten Fußballer aller Zeiten. Die Nachwuchsspieler im Leistungszentrum von Sporting Lissabon hatten ihm den Spitznamen »Kluivert« verpasst, weil seine schlaksige Statur und seine technischen Fähigkeiten sie an den berühmten Stürmer aus den Niederlanden erinnerten. Der Trainer des FC Porto verglich ihn mit einem anderen niederländischen Torjäger: »Als ich ihn das erste Mal spielen sah, sagte ich zu meinem Assistenten: ›Das ist der Sohn von van Basten‹«, erinnert sich José Mourinho. »Damals kannte ich nicht einmal seinen richtigen Namen.«

Ronaldos Ruf eilte ihm schließlich so sehr voraus, dass er sogar einen ehemaligen Angestellten einer Videothek erreichte, der gerade dabei war, sich in der Fußballwelt als Spieleragent einen Namen zu machen: Jorge Mendes. Bald schon war Cristiano Ronaldo sein wichtigster Kunde.

Mendes war zu Beginn der 2000er-Jahre noch relativ neu im Geschäft, doch er hatte bereits begriffen, wie der Hase lief. Anstatt darauf zu warten, dass an Transfers interessierte Vereine mit einem Angebot auf ihn zukamen, tat er sich mit den Verkäufern zusammen und schuf die Märkte kurzerhand selbst. Ende 2002 informierte er den Sportdirektor von Sporting Lissabon, Carlos Freitas, dass Cristiano Ronaldo seinen Vertrag, der noch ganze 18 Monate lief, nicht verlängern würde. Es war an der Zeit, andere Vereine darauf aufmerksam zu machen, dass Ronaldo bald verfügbar war.

Mendes hatte den richtigen Zeitpunkt erwischt. Er wusste, dass die meisten europäischen Spitzenklubs seinen Klienten bereits auf dem Schirm hatten, darunter mehrere Clubs der finanzstarken Premier League. Die britischen Fußballvereine – allen voran Manchester United – ritten seit kurzem auf einer regelrechten Welle von

Fernseh- und Werbeeinnahmen und waren auf dem besten Wege, die mächtigsten von ganz Europa zu werden und somit die mehr als zehn Jahre währende Vorherrschaft der Italiener zu beenden. Arsenal hatte Ronaldo schon zum Training in den Norden Londons geholt, und der Vizepräsident des Vereins, David Dein, flog persönlich nach Portugal, um ein Angebot abzugeben. Newcastle United, das sich bereits im Jahr zuvor bei Sporting erfolgreich um einen Spieler namens Hugo Viana bemüht hatte, mischte ebenfalls mit. Und auch Liverpool hatte Ronaldo auf dem Radar und machte ein Angebot, obwohl man sich dort insgeheim Sorgen darüber machte, wie die Fans es aufnehmen würden, wenn der Verein, der eigentlich auf der Jagd nach Trophäen sein sollte, schon wieder »nur« ein vielversprechendes junges Talent unter Vertrag nahm. Sogar Everton, der zweitbekannteste Verein Liverpools, wusste von Ronaldo. Der Club hätte ihn 2002 für 2 Millionen Pfund kaufen können, entschied sich dann aber doch dafür, an einem anderen renitenten Teenager festzuhalten, den man bereits unter Vertrag hatte: Wayne Rooney.

Zu einem Zeitpunkt heckten Mendes und Sporting einen Deal aus, um Ronaldo nach Italien zu schicken, zu Juventus Turin. Der Transfer scheiterte daran, dass sich der chilenische Stürmer Marcelo Salas weigerte, im Gegenzug zu Sporting zu wechseln, sagt Freitas. Das gleiche Problem trat auf, als Sporting Ronaldo dem französischen Verein Olympique Lyonnais anbot – dessen Stürmer Tony Vairelles hatte auch kein Interesse an einem Wechsel nach Portugal. Mendes führte in Lissabon außerdem Gespräche mit dem Geschäftsführer von Real Madrid, Ramón Martínez, jedoch ebenfalls ohne Erfolg.

Das lukrativste Angebot kam vom italienischen Verein Parma, der Sporting einen einstelligen Millionenbetrag bot und den Deal zusätzlich mit 4 Millionen Euro für Mendes plus 4 Millionen für Cristiano persönlich versüßen wollte.

Aber letztlich ging es gar nicht ums Geld. Zumindest noch nicht.

Für Dinge wie ein großes Haus, eine mit 400 Diamanten besetzte Uhr von Jacob & Co., einen Bugatti, noch einen Bugatti und eine maßgefertigte Kryotherapie-Eiskammer war später noch genug Zeit.

Mendes wusste, was Ronaldo brauchte, und das war viel schwieriger zu bekommen als Geld. Er brauchte Zeit.

///////

Jede freie Minute mit Fußballspielen zu verbringen – das war so ziemlich das Einzige, was Cristiano Ronaldo dos Santos Aveiro wollte, seit er laufen gelernt hatte.

Ronaldo wuchs auf Madeira auf, einem zerklüfteten vulkanischen Felsen mitten im Atlantik. Mit drei Jahren bekam er zu Weihnachten einen Fußball geschenkt, und in den restlichen neun Jahren, die er auf der Insel lebte, sah man ihn so gut wie nie ohne.

Er nahm seinen Ball überallhin mit – ins Klassenzimmer und, wenn er die Schule schwänzte, in die enge Gasse hinter der Wohnung seiner Familie, wo er mit größeren Kindern Fußball spielte. Er nahm ihn mit in die Kirche, an den Esstisch und sogar ins Bett, in dem winzigen Zimmer, das er sich mit seinem älteren Bruder und seinen beiden Schwestern teilte.

All das ist für fußballbegeisterte Kinder auf der ganzen Welt völlig normal und gehört zur Herkunftsgeschichte quasi jedes Fußballers, der berühmt geworden ist – bis auf die Tatsache, dass wir uns im Falle von Ronaldo wie erwähnt auf einem zerklüfteten vulkanischen Felsen mitten im Atlantik befinden. Madeira liegt 950 Kilometer von der Küste Portugals entfernt und näher an Afrika als an Europa. Die Insel hat viele Vorzüge, wie ein gemäßigtes Klima, eine exotische Flora und einen charmanten Hafen, wo Margaret Thatcher einst ihre Flitterwochen verbrachte. Aber die Straßen dort sind komplett irre – steil, kurvig, uneben, und viele liegen am Rand von Klippen. Auf diesen gewundenen, tückischen Straßen hat Cristiano Ronaldo das Dribbeln gelernt. Wenn wir von seiner Kindheit und frühen Jugend etwas lernen können, dann wohl dies: Nichts zwingt einen so sehr dazu, die Grundlagen der Ballkontrolle zu beherrschen, wie das Wissen, dass man das Leder nach einer allzu kräftigen Flanke drei Kilometer weit einen Abhang hinunterschicken kann.

Mit sechs Jahren ging Ronaldo bereits so gekonnt mit dem Ball um, dass abends hinter dem Haus der Familie Erwachsene vorbeikamen, um ihm bei seinen Tricks zuzusehen. »Der Ball berührte nie den Boden«, berichtet ein Nachbar, der auf der anderen Straßenseite wohnte. »Es war, als wäre er an seinem Fuß befestigt.«

Als er im Alter von sieben Jahren dem örtlichen Fußballverein CF Andorinha beitrat, kamen die anderen Kinder schnell zu demselben Schluss. Es ist nicht so, dass es besonders schwer war, in dem winzigen, halbprofessionellen Verein für Aufsehen zu sorgen. In den Höhen Madeiras und in den Tiefen der fünften Liga Portugals angesiedelt, bestand Andorinha aus kaum mehr als einem baufälligen Vereinsheim, zwei kleinen, mit Löchern übersäten Fußballfeldern und einem Kaffeestand. Dass der berühmteste Fußballspieler der portugiesischen Geschichte seine Karriere bei einem Verein begann, der so unbekannt war, dass selbst die meisten Bewohner Madeiras noch nie von ihm gehört hatten, liegt daran, dass Ronaldos Vater, Dinis Aveiro, dort der Zeugwart war.

Mit Cristiano Ronaldo an Bord sollte sich das bald ändern. Es dauerte nicht lange, bis auch die anderen Vereine der Insel auf sein Talent aufmerksam wurden. 1993 tat der CS Marítimo den ersten formellen Schritt und bot 50.000 Escudos (umgerechnet etwa 250 Euro), um Ronaldo in seine Jugendmannschaft aufzunehmen. Das war mehr, als die meisten Menschen auf Madeira pro Monat verdienten – eine absurde Summe für einen Achtjährigen. Dennoch lehnte Andorinha sofort ab. Die Verantwortlichen dort wussten, was für ein seltenes Talent sie in ihrem Verein hatten. Wenn sie Ronaldo gehen ließen, dann höchstens gegen ein wirklich sensationelles Angebot, eines, das noch eher seinem immensen Potenzial entsprach. Im Jahr darauf unterbreitete Marítimos Hauptkonkurrent Andorinha ein Angebot, das für den Verein und insbesondere für seinen leidgeprüften Zeugwart Dinis Aveiro viel wertvoller war: Im Sommer 1994 wechselte Ronaldo zu Nacional Funchal, und im Gegenzug erhielt der CF Andorinha zwei Saisons lang neue Trikots und eine komplette Trainingsausrüstung.

Für Ronaldo war der Wechsel zu Nacional ein großer Schritt nach vorn. Die Einrichtungen waren besser, die Trainer waren besser, die anderen Spieler waren besser. Aber das Ergebnis war genau das gleiche. Die Spiele und Trainingseinheiten bestanden zumeist daraus, dass Ronaldo mit dem Ball herumlief und niemand es schaffte, ihn ihm abzunehmen. Das lag zum einen an seinen überragenden Fähigkeiten und zum anderen an seiner neuen Angewohnheit, sich tief in die eigene Hälfte fallen zu lassen, sich den Ball zu schnappen und zu versuchen, an allen gegnerischen Spielern vorbeizudribbeln, um dann aufs Tor zu schießen. Es war ein berauschender Anblick, der Ronaldos Gegner in den Wahnsinn trieb – Ronaldos Mannschaftskameraden allerdings auch. Egal wie viele gegnerische Spieler ihn umzingelten, er gab nie den Ball ab. »Sie riefen immer: ›Gib ab, gib ab!‹, aber ich sah keinen, zu dem ich hätte passen können«, so Ronaldo. »Ich sah immer nur den Ball.«

Es war nicht nur praktisch unmöglich, Ronaldo den Ball abzunehmen, es war auch wenig ratsam: In den seltenen Fällen, wenn er den Ball verlor, und in den noch viel selteneren Fällen, wenn er ein ganzes Spiel verlor, brach er unweigerlich in Tränen aus, und oft war er noch Stunden später am Schluchzen. »Manchmal weinte er sogar, wenn seine Mannschaft ein Spiel gewann, nämlich dann, wenn er glaubte, dass er nicht gut gespielt hatte«, erzählt Pedro Talhinas, der Jugendtrainer von Nacional. »Mit Misserfolgen konnte er gar nicht umgehen.«

Glücklicherweise gehörten Misserfolge bei Cristiano Ronaldo nicht gerade zur Tagesordnung. Innerhalb eines Jahres nach seinem Wechsel führte er Nacional zur regionalen Meisterschaft, was für alle im Verein ein Grund zum Feiern war – für alle außer die Trainer: Sie hatten sich bereits damit abgefunden, dass Ronaldo bald weiterziehen würde. Der Junge, der einst zu Weihnachten seinen ersten Fußball geschenkt bekommen hatte, besaß eindeutig eine ganz besondere Gabe.

»Wir wussten, dass er nicht bei uns bleiben würde«, so Talhinas. »Ein Spieler wie er bleibt nicht lange auf Madeira.«

Jeder portugiesische Junge, der jemals davon geträumt hat, Profifußballer zu werden (und das Zeug dazu hat), landet unweigerlich bei einem der drei wichtigsten Vereine des Landes: bei Benfica Lissabon, beim FC Porto oder bei Sporting Lissabon. Bis auf zwei Ausnahmen haben *Os Três Grandes*, »die Großen Drei«, in der 88-jährigen Geschichte des portugiesischen Profifußballs sämtliche Meisterschaften gewonnen.

Doch die vielen Titel sind bloß ein Teil der Geschichte. Denn die Großen Drei hatten nicht nur die portugiesische Liga fest im Griff, sondern auch die besten jungen Talente des Landes. Fast jeder bedeutende portugiesische Spieler der letzten vierzig Jahre ist in einem ihrer Juniorenkader groß geworden, und der Wettbewerb um die besten Nachwuchsspieler ist dort so hart wie nirgendwo sonst auf der Welt. Das liegt daran, dass die Suche nach Talenten dort zu gleichen Teilen eine sportliche und eine wirtschaftliche Priorität ist. In Portugal, wo die Fernseh- und Sponsorengelder deutlich niedriger sind als in den anderen europäischen Top-Ligen, können sich selbst Vereine wie Porto und Benfica oft nicht die astronomischen Ablösesummen und Gehälter leisten, mit denen man die besten Spieler aus dem Ausland anlockt. Die Kader bestehen größtenteils aus einheimischen Spielern, die bereits im Alter von neun Jahren rekrutiert, in Wohnheimen untergebracht und sorgfältig zu Profifußballern herangezogen werden. Mit 17 Jahren werden alle, die gut genug sind, in die erste Mannschaft aufgenommen, und denen, die es nicht schaffen, wird nahegelegt, bei einem der anderen 15 Vereine der Primeira Liga zu unterschreiben. Das erklärt auch, warum Jahr für Jahr praktisch immer einer der *Três Grandes* portugiesischer Meister wird.

Dieser intensive Fokus auf die Jugendförderung hat dazu geführt, dass Fußballer neben Sardinen in bunten Konservendosen zu Portugals beliebtestem Exportgut geworden sind. Wenn die reichsten Vereine Europas auf der Suche nach dem nächsten großen Talent sind, schauen sie sich immer zuerst in Portugal um, und dort in den Kadern der drei wichtigsten Vereine. Für junge portugiesische Spieler sind die Großen Drei daher nicht nur die beste Chance auf Ruhm in der Primeira Liga. Sie sind auch das Tor zu den europäischen Top-Ligen und zu dem Ruhm und Reichtum, der ihnen dort winkt.

Insofern war es logisch, dass Cristiano Ronaldo irgendwann bei einem der Großen Drei landen würde. Die Frage war nur, welcher von ihnen ihn als Erster finden würde.

Ein altgedienter Scout namens Aurélio Pereira war damals bereits an ihm dran. Fast sein ganzes Leben lang hatte er es sich zur Aufgabe gemacht, für Sporting durch Portugal zu reisen und die vielversprechendsten Spieler des Landes zu verpflichten. Im Frühjahr 1997 war diese Mission bemerkenswert erfolgreich verlaufen. Obwohl Sporting seit einer Weile hinter seinen beiden direkten Konkurrenten zurückgeblieben war und den Meistertitel seit 15 Jahren nicht mehr gewonnen hatte, hatte der Verein damals die talentiertesten Nachwuchstalente in seinem Kader.

Das war fast ausschließlich das Verdienst von Pereira, einem ruhigen, wachsamen Mann mit dicken Augenbrauen, einem dicken Schnurrbart und langsam dünner werdendem Haar. Als Jugendtrainer von Sporting Lissabon hatte Pereira persönlich einige der begabtesten Spieler rekrutiert, die Portugal je hervorgebracht hat. Unter ihm kamen sowohl Paulo Futre als auch Luís Figo zum Verein und entwickelten sich zu Weltklassespielern. Mehr als ein

Dutzend Jungs holte Pereira in den Club, die später zu wichtigen Stützen der portugiesischen Nationalmannschaft wurden, darunter Jorge Cadete, Luís Boa Morte und Simão Sabrosa. Als Portugal 1991 zum zweiten Mal in Folge die Junioren-Fußballweltmeisterschaft gewann, bestand die Mannschaft größtenteils aus Spielern von Sporting, darunter Emílio Peixe, der zum besten Spieler des Turniers gewählt wurde. Pereira hatte ihn entdeckt, als Peixe neun Jahre alt war.

Es war eine Gabe, die Pereira schon immer besessen hatte, bereits als 14-jähriger Hoffnungsträger in Sportings Jugendmannschaft. Der Erste, der damals erkannte, dass Aurélio Pereira es als Spieler nicht in die erste Liga schaffen würde, war er selbst. Doch selbst so viele Jahre später fällt es ihm heute immer noch schwer zu erklären, wie es ihm regelmäßig gelang, einem wilden Haufen dürrer Jugendlicher dabei zuzusehen, wie sie einem Ball nachjagten, und sofort zu erkennen, welcher von ihnen der Diamant war. Oft waren es winzige Details, die anderen Scouts gar nicht auffielen – die Art und Weise, wie ein Junge seinen Körper verdrehte, wenn er einen Pass annahm, oder wie er sich auf dem Feld bewegte. Pereira sagt, allein an der Art und Weise, wie der zwölfjährige Figo seine Schnürsenkel band, habe er erkennen können, dass er einmal einer der ganz Großen werden würde.

Selbst in einem Land mit mehr als 100.000 registrierten Jugendspielern war sich Pereira sicher, dass er die besten von ihnen identifizieren konnte. Die Herausforderung bestand vor allem darin, zusammen mit dem einen Mitarbeiter, der ihm 1987 als Leiter der neu gegründeten Jugendabteilung von Sporting zugewiesen wurde, genug Spieler zu sichten. Also griff Pereira zu einer Maßnahme, die Topmanager lieben, wenn sie ein allzu hohes Arbeitspensum mit mangelnden Ressourcen bewältigen sollen: Outsourcing.

Kurz nach seinem Amtsantritt schrieb Pereira alle 90.000 Mitglieder, genannt *socios*, von Sporting an und bat sie, die besten Nachwuchsspieler in ihrer Region zu empfehlen. Die Bitte erwies sich als Volltreffer. Er machte sich die tiefe Überzeugung aller Fußballfans zunutze, dass sie einen guten Riecher für neue Talente haben. Innerhalb weniger Tage trudelten die ersten Antworten ein. Nach ein paar Wochen begannen Pereira und sein vollkommen überlasteter Assistent, die Tipps zu sammeln und nach Alter und Wohnort zu sortieren. Und binnen weniger Monate hatte Pereira die umfassendste Datenbank junger Talente zusammengestellt, die der portugiesische Fußball je gesehen hatte.

Was als improvisierte Notlösung begonnen hatte, entwickelte sich schnell zu einer unschätzbaren Ressource.

Im Laufe der nächsten zehn Jahre baute Pereira mithilfe seines Netzwerks von Möchtegern-Scouts neue Rekrutierungskanäle auf, die sich über das ganze Land erstreckten. Die *socios* nannten Pereira die besten Spieler ihrer Region, und die besten von ihnen brachte er zu Sporting. Keine Empfehlung war zu obskur, kein Ort zu abgelegen. Einmal fuhr er fünfhundert Kilometer weit in das Bergstädtchen Bragança an der nordöstlichen Grenze zu Spanien, nur um sich dort einen jungen Spieler anzuschauen. Pereira benötigte ganze drei Minuten, um einzuschätzen, ob der Knabe es schaffen würde, dann hatte er genug gesehen, stieg sofort wieder in sein Auto und fuhr die fünfhundert Kilometer zurück nach Hause.

//////

Daher dachte sich Aurélio Pereira auch nichts weiter dabei, als ihn an einem kalten Februarnachmittag jemand anrief, der behauptete, er habe einen heißen Tipp für ihn. Es handelte sich um João Marques de Freitas, der schon sein ganzes Leben lang Fan von Sporting Lissabon war, obwohl er 950 Kilometer entfernt auf der Insel Madeira lebte.

»Mestre Aurélio, ich habe da etwas für Sie«, sagte de Freitas. »Es gibt hier einen Jungen, der angeblich sehr talentiert ist.«

Auch wenn Pereira jede Woche Dutzende solcher Tipps bekam, nahm er jeden einzelnen Hinweis ernst. Die Jugendakademie von

Sporting war in den letzten zehn Jahren sehr erfolgreich, aber auch sehr teuer geworden. Die besten Nachwuchsspieler brauchten die beste Ausstattung, und die Spielfelder und Trainingseinrichtungen in Schuss zu halten kostete die Akademie inzwischen jede Saison umgerechnet fast eine Million Euro. Pereira wusste, dass er es sich nicht leisten konnte, einen Hinweis auf ein mögliches Talent zu ignorieren. Und wenn der Junge wirklich so gut war, würden ihn über kurz oder lang auch die Scouts von Benfica und Porto auf dem Schirm haben, selbst wenn er so weit weg wohnte wie auf Madeira.

»Wie alt ist er denn?«, fragte Pereira und hatte bereits den neuen Eintrag in seiner Datenbank vor Augen.

»Er ist elf.«

Pereira verzog den Mund. »Das ist aber sehr jung.«

»Und er ist klein«, fügte de Freitas hinzu, »richtig schmächtig.«

Pereira war egal, wie groß der Knabe war. Kleiner war manchmal sogar besser. In dem Alter fielen manche größere Jungen beim Fußball allein wegen ihrer körperlichen Überlegenheit auf. Pereira rekrutierte lieber die schmächtigen, die körperlich noch nicht so weit waren. Wenn sie sich erst einmal entwickelten, kamen ihre Fähigkeiten umso besser zum Tragen. Viel wichtiger war die Frage, *woher* der Junge kam. Pereira hatte gegenüber Jungen aus Madeira so seine Vorbehalte. Er hatte das schon allzu oft erlebt: Die Umstellung war so groß, dass sie Heimweh bekamen, und die große Entfernung machte alles noch komplizierter. Beim ersten Anzeichen von Schwierigkeiten liefen sie davon, zurück auf ihre Insel im Atlantik.

»Er ist bei Nacional«, fuhr de Freitas fort. »Die Trainer meinen, er sei sehr gut.«

Pereira wurde hellhörig. Nacional war ein interessanter Fall. Der Verein aus Madeira schuldete Sporting rund 20.000 Euro, nachdem sie vor kurzem einen Verteidiger namens Franco verpflichtet hatten, einen jungen Mann, den Pereira fast zehn Jahre zuvor als Teenager angeworben hatte. Er dachte nach. Wenn der Junge so gut war, wie sie sagten, könnte man sich vielleicht unter der Hand einigen.

Ein wenig widerstrebend willigte Pereira also ein und sagte de Freitas, er werde einen seiner Scouts vorbeischicken, um sich den Jungen anzuschauen. Wenn er vielversprechend sei, werde er ihn zu einem kleinen Probetraining nach Lissabon holen. Und wenn die Dinge so liefen, wie er es erwartete, werde Cristiano Ronaldo schon nach ein, zwei Tagen wieder daheim auf Madeira sein. Für Sporting würden so außer für das Flugticket keine Kosten entstehen.

Aurélio Pereira brauchte nicht lange, um festzustellen, was in Cristiano Ronaldo steckte – und dieses Mal hatte es nichts damit zu tun, wie er sich die Schnürsenkel band.

Am zweiten Tag des Probetrainings begab sich Pereira von seinem Büro aus zum Trainingsgelände neben dem Estádio José Alvalade XXI, um sich den Jungen persönlich anzuschauen. Ronaldos technische Fähigkeiten waren unübersehbar. Er konnte beidfüßig mit dem Ball umgehen und war ein geborener Sportler. Pereira fiel auf, wie schnell er sich bewegte, wenn er in Ballbesitz war, als wäre der Fußball nur die Verlängerung seines Körpers. Doch er kontrollierte nicht nur den Ball, sondern vor allem die anderen Kinder: Cristiano Ronaldo gab ihnen Anweisungen, wohin sie laufen und wohin sie den Ball passen sollten (meistens direkt zurück zu ihm). *Er trainiert während des Spiels seine Mitspieler*, ging es Pereira durch den Kopf. Der Junge war völlig furchtlos und ließ sich von nichts und niemandem aus der Ruhe bringen, ganz anders als die schüchternen, introvertierten Inselkinder von Madeira, die er bis dato erlebt hatte.

Pereira sagte immer, es gäbe drei Arten von Fußballern: gute Fußballer, herausragende Fußballer und pures Talent. Mit dem richtigen Training und der richtigen Einstellung könne aus einem guten ein herausragender Fußballer werden. Pures Talent jedoch lasse sich nicht durch Training erreichen, und sei jemand noch so gut. Dazu seien eine gewisse Charakterstärke nötig und ein angeborenes Selbstvertrauen. Charisma. Wenn Pereira Ronaldo beobachtete, kam es ihm vor, als bewundere er schon heute ein Idol von morgen. Ein paar Jungs, die gerade von Cristiano Ronaldo nach Strich und Faden ausgedribbelt worden waren, bettelten ihren Trainer an, ihn zu verpflichten. Und das nicht zum letzten Mal. »Die älteren Kinder spürten, dass er etwas hatte«, erinnert sich Pereira, »dass er anders war, außergewöhnlich.«

Noch am selben Abend verfasste er eine Notiz an den Vorstand von Sporting und riet dringend, Ronaldo an Bord zu holen, selbst wenn sie dafür auf das Geld verzichten müssten, das Nacional Funchal ihnen noch schuldete. Er wusste, dass dies eine ungewöhnliche Bitte war. Sporting Lissabon war es nicht gewohnt, Ablösesummen für Knirpse zu zahlen, die gerade erst die Grundschule hinter sich hatten, geschweige denn fünfstellige Ablösesummen. Aber Pereira war hartnäckig. »Es mag absurd erscheinen, so viel für einen Zwölfjährigen zu bezahlen«, schrieb Pereira, »aber er hat enormes Talent. Es wäre eine großartige Investition für die Zukunft.«

Zwei Tage später erhielt Pereira die Mitteilung, dass der Deal genehmigt war. Dennoch sagte der Finanzvorstand des Vereins zu ihm, er sei ja wohl verrückt geworden.

///////

In Gedanken war Cristiano Ronaldo bereits auf dem besten Wege, das Leben eines Fußballprofis zu führen. Bei Sporting erinnerte man ihn dann unsanft daran, dass er erst zwölf war.

Als Anwärter der Akademie wurde von ihm erwartet, dass er jeden Morgen am Unterricht teilnahm, und er durfte seine Schularbeiten nicht schleifen lassen. Wer zu schlechte Noten hatte, blieb sitzen und musste das Schuljahr wiederholen. Von den jungen Leuten wurde jederzeit ein respektvoller und höflicher Umgang erwartet. Leider stellte man bei Sporting fest, dass es fast genauso schwierig war, Cristiano Ronaldo Manieren beizubringen, wie ihm im Zweikampf den Ball abzunehmen.

Lissabon war eine große Umstellung für ihn. Er war knapp tausend Kilometer von zu Hause entfernt, aber für ihn fühlte es sich an wie ein fremder Planet. Die anderen Jungs hänselten ihn gnadenlos wegen seines starken madeirischen Dialekts, und auf dem Schulhof prügelte er sich ständig. Als Ronaldo den Eindruck hatte, eine Lehrerin mache sich über seine Art zu reden lustig, warf er einen Stuhl nach ihr.

Er war einsam und hatte Heimweh. Monatelang weinte er jeden Tag. Schlechte Noten und unentschuldigte Fehlzeiten häuften sich, und der Vorstand von Sporting drohte, ihn nach Hause zu schicken, falls sich sein Verhalten nicht bessern sollte. Ronaldo dachte selbst immer wieder daran, alles abzubrechen. Diese Situation zog sich fast ein Jahr lang hin, bis sich das Problem schließlich so erledigte, wie es Probleme im Falle von begabten Sportlern schon immer taten: Verein und Spieler einigten sich, und Ronaldo wurde stillschweigend erlaubt, mit der Schule aufzuhören. »Ich hatte immer das Gefühl, dass ich nicht für die Schule geschaffen bin«, erklärte Ronaldo später. »Was hätte ich tun sollen?«

Die Zeit, die er sonst mit Mathematik oder Chemie verbracht hätte, nutzte er nun, um an etwas zu arbeiten, für das er sich wirklich und aufrichtig interessierte: sich selbst.

Mit 14 Jahren war er immer noch dünn wie ein Torpfosten, und er wusste, dass jeder, der breiter und kräftiger war als er, ihn ganz leicht foulen konnte, um ihm den Ball abzunehmen. Außerdem waren so ziemlich alle anderen größer als er. Aber Ronaldo hatte in Biologie immerhin so viel aufgepasst, dass er wusste, wie sich sein Problem ganz einfach lösen ließ.

»Ich war dünn. Ich hatte keine Muskeln. Also traf ich eine Entscheidung«, schrieb Ronaldo später. »Ich wollte mich nicht mehr wie ein kleines Kind benehmen. Ich wollte trainieren, als könnte ich der Beste der Welt sein.«

Aber Sporting ließ ihn nicht. Die Jugendakademie des Vereins hatte strenge Grenzen für die Zeit, die junge Spieler trainieren durften. Das war eine der goldenen Regeln, die Aurélio Pereira selbst aufgestellt hatte: »Wir stecken keine Kinder ins Fitnessstudio«, sagte er. »Das ist eines der Geheimnisse, warum unsere Spieler so lange Karrieren haben: Wir setzen auf das natürliche Wachstum, das ist uns ganz wichtig.«

Allerdings hatte Ronaldo bereits 14 Jahre natürliches Wachstum hinter sich, und es hatte nicht den gewünschten Effekt gehabt. Also schlich er sich regelmäßig nachts aus dem Schlafsaal, um im Fitnessstudio zu trainieren. Als die Trainer von Sporting ihn erwischten, bekam er Hausarrest. Als er sich trotzdem weiterhin nachts rausschlich, schlossen sie jeden Abend den Fitnessraum ab. Doch Ronaldo ließ sich sein Workout nicht verbieten. Nach dem Training nahm er zwei Eimer mit in die Duschen, füllte sie mit Wasser und benutzte sie als Gewichte für Kniebeugen und Liegestütze. Als sie ihm auch die Eimer wegnahmen, schnallte er sich Gewichte an die Knöchel, ging in der Stadt zu einer Ampel und rannte mit den Autos um die Wette. Und als die Trainer ihm nach dem Training sogar die Fußbälle wegnahmen, damit er es nicht übertrieb, fand er in der Cafeteria eine Schüssel Obst und übte mit Orangen, den Ball hochzuhalten.

»Ständig wollte er mehr und mehr und mehr«, erzählt Carlos Bruno, der Fitnesstrainer von Sporting. »Die meisten Spieler beschweren sich, wenn ihnen das Training zu lange dauert. Cristiano war ein Typ, dem das Training gar nicht lange genug dauern konnte.«

Ronaldos Physis entwickelte sich so schließlich genau in die Richtung, die er sich erhofft hatte. Bald konnte er es auf dem Spielfeld auch körperlich mit allen anderen aufnehmen, und kein Gegner kicherte mehr über seine geringe Körpergröße. »Jetzt sahen sie mich an, als würde ich mit ihnen kurzen Prozess machen«, schrieb Ronaldo. Und meistens tat er das auch. Seine Fortschritte sorgten dafür, dass auch die Nationaltrainer auf ihn aufmerksam wurden, und Anfang 2001 debütierte er in der portugiesischen U-15-Nationalmannschaft und erzielte beim 2:1-Sieg gegen Südafrika direkt ein Tor. In jenem Jahr bestritt er noch elf weitere Spiele für sein Land und schoss dabei neun Tore. Ronaldo kehrte zu Sporting zurück und war überzeugt, dass er auf dem richtigen Weg war. Zu seinen Mannschaftskameraden sagte er: »Eines Tages werde ich der Beste der Welt sein.«

Zu diesem Schluss waren die Trainer des Jugendkaders schon Monate zuvor gekommen. Aurélio Pereira war sich dessen so sicher, dass er sogar den Vereinsvorstand informiert hatte. »Er sagte mir: ›Wir haben den besten 15-jährigen Fußballer der Welt‹«, erzählt Carlos Freitas, der ehemalige Sportdirektor von Sporting Lissabon. »Natürlich glaubte ich da noch, er sei vielleicht ein bisschen zu euphorisch.«

Im Sommer 2001 geriet Ronaldos rasanter Aufstieg dann auch tatsächlich ins Stocken. Das Team, das ihn schließlich ausbremste, waren die Physiologen der Abteilung für Humankinetik an der Technischen Universität Lissabon. Dort musste er sich den üblichen Tests unterziehen, die Sporting von allen U-18-Spielern verlangte, um sich zu vergewissern, dass sie für den Profifußball geeignet waren. Sie maßen Ronaldos Knochendichte, seine Wachstumsrate und seine körperliche Reife, und kamen am Ende zu dem Schluss, dass regelmäßiges Spielen gegen erwachsene Männer seine körperliche Entwicklung behindern könne. Die Physiologen empfahlen, Ronaldo noch ein Jahr in der Jugendmannschaft zu lassen, damit er die Chance hat, sich weiterhin auf natürliche Weise zu entwickeln.

Um der Natur ein wenig auf die Sprünge zu helfen, entwarf Sporting ein spezielles Kraft- und Koordinationstraining für Ronaldo, um ihn noch explosiver zu machen – anders als das planlose Krafttraining, das er heimlich alleine absolviert hatte. Der Trainer der Profis, László Bölöni, wollte ihn so kräftig, vielseitig und gefährlich wie möglich haben, bevor er ihn in die erste Mannschaft aufnahm. »Er würde sehr schnell auf sehr starke Verteidiger treffen, die versuchen würden, ihn bis Brasilien zu kicken«, so Bölöni. »Er verstand, dass es nicht nur auf die technischen Fähigkeiten ankommt, die die Portugiesen so lieben und auf die sie manchmal ein wenig zu viel Wert legen.«

Im Sommer 2002 konnten ihn die Schlauberger der Universität dann nicht mehr zurückhalten. Seine Zeit im Jugendkader war vorbei.

///////

Dass Ronaldo trotzdem noch weiter an sich arbeiten musste, wurde schnell deutlich, als er im Sommer 2002 vor Beginn der nächsten Saison zur ersten Mannschaft von Sporting stieß. Bei seiner ersten Trainingseinheit war er so aufgeregt, dass er beim ersten Pass, der ihn erreichte, etwas tat, das vollkommen ungewöhnlich für ihn war: Er spielte den Ball direkt zurück. »Ich war supernervös, schließlich spielte ich neben einigen meiner Helden«, erinnerte sich Ronaldo später. Und als ob das nicht schon schlimm genug gewesen wäre, fühlte er sich in der Nähe von Starstürmer Mário Jardel besonders verlegen: Seit ein paar Wochen bandelte er nämlich mit dessen jüngerer Schwester an.

Bis zwischen Ronaldo und László Bölöni der Funke übersprang, dauerte es daher etwas länger. Bölöni, ein ruppiger Rumäne mit dicker Brille, war im Jahr zuvor zu Sporting gekommen und hatte den Verein gleich in seiner ersten Saison zum Doppelsieg von Meisterschaft und Pokal geführt. Jetzt wollte er die Champions League gewinnen, und er war alles andere als überzeugt, dass ein weiterer Grünschnabel aus der Akademie des alten Aurélio ihm helfen würde, dieses Ziel zu erreichen.

Ein paar Tage nach Beginn der Vorsaison war er noch skeptischer. Seine nervöse Angewohnheit, den Ball zu passen, sobald er ihn bekam, hatte Ronaldo zwar überwunden. Jetzt war das Problem jedoch, dass er den Ball wieder gar nicht mehr abspielte, wenn er ihn erst einmal hatte.

»Er hat kein taktisches Bewusstsein, weder als Einzel- noch als Mannschaftsspieler«, schrieb Bölöni in einem seiner ersten Trainerberichte über Ronaldo und klagte darüber, dass er sich zu sehr auf sein Dribbling verlasse und eine Vorliebe für Übersteiger habe. Bölöni beendete den Bericht mit einem einzigen Wort, das er zweimal unterstrich: »Egoist«.

Zu diesem Zeitpunkt sah es ganz so aus, als würde es noch eine Weile dauern, bis Cristiano Ronaldo in der ersten Mannschaft regelmäßig zum Einsatz kommen würde – im Gegensatz zu Hugo Viana und Ricardo Quaresma, zwei seiner Teamkameraden von der Jugendakademie, die im Jahr zuvor direkt von der A-Jugend in Bölönis Startformation aufgestiegen waren. Doch dann geschah in jenem Sommer etwas, das Ronaldo in die Karten spielte: Sportings Torjäger João Pinto boxte während Portugals WM-Niederlage gegen Südkorea einen Schiedsrichter in den Magen und wurde von der FIFA für vier Monate gesperrt. Und als Bölöni Sportdirektor Carlos Freitas fragte, wie viel er für einen Ersatzstürmer ausgeben könne, lautete die unmissverständliche Antwort: gar nichts. Der Verein war pleite.

Also machte sich Bölöni daran, seinen Ersatz-Ersatzmann Ronaldo in die Mannschaft einzubinden. Seine erste Maßnahme bestand darin, ihn von seiner Position als Mittelstürmer auf den Flügel zu versetzen, wo seine Steilpässe effektiver sein würden. Als Zweites befahl er ihm, seine Dribblings und Übersteiger zu reduzieren. Allerdings wusste er, dass er Ronaldo nicht dazu bringen würde, sie ganz zu unterlassen: »Ich musste ihm klarmachen, dass es in Ordnung ist, an einem oder zwei Spielern vorbeizudribbeln«, so Bölöni, »aber nicht an fünf.«

Es dauerte nicht lange, bis Ronaldo wieder das tat, was er am besten konnte: Tore schießen. Seinen ersten Treffer als Profi für Sporting erzielte er in einem Testspiel gegen Betis Sevilla. Damals war er noch so unbekannt, dass der Fernsehsender, der das Spiel übertrug, den Namen des Torschützen als »Custodio Ronaldo« einblendete. Bei seinem ersten Einsatz in der Primeira Liga, am 29. September 2002, schrieben sie seinen Namen dann aber richtig, als er eingewechselt wurde.

Acht Tage später stand Ronaldo zum ersten Mal in der Startelf und erzielte direkt zwei Tore. Das erste war ein spektakulärer Treffer nach ein paar Übersteigern.

Auf der Tribüne fiel seine Mutter Dolores Aveiro beinahe in Ohnmacht.

///////

Nicht nur sie war von Ronaldos Leistung überwältigt, sondern auch Les Kershaw, der Chefscout von Manchester United. Er befand sich gerade in Lissabon, um sich Cristiano Ronaldo und dessen Teamkameraden Ricardo Quaresma anzuschauen, und war an jenem Tag ebenfalls im Stadion.

Manchester United beobachtete die beiden bereits seit zwei Jahren, aber in letzter Zeit war das Interesse der Briten noch einmal gestiegen. Schuld daran war vor allem Carlos Queiroz, ein ehemaliger Trainer von Sporting Lissabon, der in Mosambik geboren worden war, als das Land noch eine portugiesische Kolonie gewesen war, und im Sommer als Co-Trainer von Alex Ferguson bei Manchester United angeheuert hatte. In einem der ersten Gespräche, die Queiroz mit seinem neuen Boss führte, ging es um die besten Nachwuchsspieler Portugals und insbesondere um die beiden jungen Wunderkinder seines alten Vereins.

Queiroz sprach sich lautstark für Ronaldo und Quaresma aus. Als man ihn fragte, wen von beiden United unter Vertrag nehmen solle, musste er nicht lange überlegen: »Klarer Fall – beide!«

Auch Kershaw war überzeugt, dass beide genug Talent hatten, um es im Old Trafford zu schaffen. Doch was ihr Temperament anging, hatte er so seine Zweifel. Quaresma war technisch geradezu unverschämt geschickt, schien aber taktisch wenig diszipliniert und brachte seine Gegner ständig auf die Palme. Im Derby gegen Benfica dauerte es gerade einmal neun Minuten, bis er die Rote Karte kassierte, weil er einen Verteidiger getreten und ihm obendrein noch eine Kopfnuss verpasst hatte. Ronaldo war auf dem Spielfeld zwar disziplinierter, hatte aber die Angewohnheit, sich aus dem Spiel auszuklinken, wenn etwas nicht so lief, wie er es geplant hatte.

Je öfter Kershaw ihn im Laufe der Saison 2002/03 beobachtete, desto mehr schwanden jedoch seine Bedenken. Ronaldo bekam einen Stammplatz bei Sporting. Und in jenem Sommer wurde Kershaw Zeuge, wie der Junge das Turnier von Toulon dominierte und Portugal geradewegs zum Titel führte – und das als jüngster Spieler auf dem Feld. (Außerdem geschah etwas, das sich wie ein roter Faden durch seine Karriere ziehen sollte: Ronaldo verpasste ganz knapp die Auszeichnung als bester Spieler. Sie ging an einen kleinen Mittelfeldspieler aus Argentinien namens Javier Mascherano.)

Kershaws abschließender Scouting-Bericht über Ronaldo hatte es in sich. Manchester United musste dringend handeln. Ronaldo war jetzt 18 Jahre alt, das letzte Jahr seines Vertrags lief bereits, und die finanzielle Lage von Sporting war so prekär, dass der Verein unbedingt Geld verdienen musste. Quaresma war bereits im Sommer an den FC Barcelona verkauft worden, der sich seither in die lange Liste der Vereine eingereiht hatte, die Ronaldo haben wollten. Txiki Begiristain, der amtierende Sportdirektor von Barça, plante im Sommer sogar, persönlich nach Lissabon zu fahren, um sich Ronaldo in einem Testspiel vor Beginn der neuen Spielzeit anzuschauen, das anlässlich der Eröffnung des neuen Stadions von Sporting veranstaltet wurde. Der Gegner: Manchester United.

Kurz nach vier Uhr morgens landete die Mannschaft aus England. Sie waren über Nacht aus Philadelphia nach Lissabon geflogen.

Das Spiel gegen Sporting würde erst in vierzig Stunden stattfinden, aber als die Spieler von United aus dem Flugzeug stiegen, wussten sie kaum, welcher Wochentag gerade war. Sie waren nun seit fast drei Wochen unterwegs, und das Spiel gegen Lissabon war das fünfte Spiel in drei verschiedenen Zeitzonen. Alex Ferguson schickte seine Spieler direkt ins Hotel und wies sie an, sich auszuruhen. An jenem Tag würde es keine gemeinsamen Teamaktivitäten mehr geben. Alle waren viel zu erschöpft, um zu trainieren. Und außerdem hatte Ferguson eigene Pläne.

Uniteds Trainer, ein schroffer Schotte, der aus dem Glasgower Werftenviertel stammte, war nicht etwa zum einflussreichsten britischen Fußballtrainer aufgestiegen, weil er so ein brillanter Taktiker war. Nein, der ehemalige Stürmer und Ex-Kneipenwirt hatte es wegen zwei ganz anderer Eigenschaften an die Spitze der Premier League geschafft: Die erste war seine Motivationskraft, der sich niemand entziehen konnte (wobei er seine Spieler manchmal auf eine Art und Weise anbrüllte, die als »Haartrockner-Behandlung« bekannt wurde). Die zweite war, dass er irgendwie immer genau wusste, wann er seine Mannschaft umstrukturieren musste. Die Landung in Portugal war so ein Moment.

Ferguson hatte gerade noch Zeit sich umzuziehen, dann machte er sich schon auf den Weg nach Cascais, ein Küstenstädtchen westlich von Lissabon. Doch in die Sonne legen wollte er sich dort nicht.

Er wollte Jorge Mendes treffen, zum scheinbar ersten Mal. Tatsächlich waren sie sich schon einmal begegnet, doch konnte sich einer der beiden an diese frühere Begegnung besser erinnern als der andere.

Ein Jahr zuvor hatte Mendes erfahren, dass Carlos Queiroz auf der Suche nach einem Ersatztorwart war. Mendes hatte zu diesem Zeitpunkt keinen passenden Klienten, aber für einen findigen Fußballagenten war das kein allzu großes Problem, und die Chance, bei Ferguson vorstellig zu werden, wollte er sich nicht entgehen lassen. Also rief Mendes ein paar Bekannte an, und kurz darauf konnte er bereits als Vermittler für den geplanten Transfer eines Torwarts namens Ricardo von Real Valladolid zu Manchester United auftreten. Das Wichtige für Mendes war, dass er zu der Gruppe von Agenten und Beratern gehörte, die nach Manchester fahren würden, um den Deal perfekt zu machen.

Zumindest war das der Plan. Doch am Tag vor der Reise war Mendes mit seiner Freundin spätabends von Madrid nach Porto unterwegs, als sich bei dem LKW, der vor ihnen fuhr, die Hinterachse löste. Mendes wich aus und verlor die Kontrolle über seinen Porsche. Das Auto drehte sich um neunzig Grad und donnerte gegen die Leitplanke. Die Airbags retteten beiden das Leben, aber Mendes' Gesicht war blutverschmiert. Als die Sanitäter am Unfallort eintrafen, stellten sie fest, dass bei ihm an einem Ohr die ganze Haut abgerissen war.

Sobald der Krankenwagen ihn in der Notaufnahme abgesetzt hatte, teilte Mendes den Pflegern mit, er habe leider keine Zeit, sich ärztlich untersuchen zu lassen. Stattdessen rannte er zur nächsten Apotheke, schnappte sich vier Rollen Mullbinden und nahm ein Taxi zum Flughafen. Am Vormittag ging noch ein Flug nach Manchester. Mendes ging an Bord und stopfte sich eine der Mullbindenrollen ins Ohr, damit kein Blut auf seinen Anzug tropfte.

Die Reise war eine einzige Quälerei, aber Mendes schaffte es. Ihm gelang es sogar, sich am Verhandlungstisch so zu platzieren, dass Ferguson sein verunstaltetes, bandagiertes Ohr nicht sehen konnte. Doch all der Aufwand hatte nicht den erwünschten Erfolg. Mendes, dessen Ohr die ganze Zeit über pochte, sagte während des Treffens kaum mehr als vier Worte. Ein Jahr später erinnerte sich Ferguson nicht mehr daran, dass er überhaupt da gewesen war.

Diesmal hatte Jorge Mendes mehr zu sagen.

Er wusste, dass Manchester United einen aufsehenerregenden

Neuzugang brauchte. Der Verein hatte jede Menge Geld und war auf der Suche nach neuen Offensivspielern. Im Fußball werden Spieler während zweier festgelegter Zeiträume im Jahr ge- und verkauft, und solange der Preis stimmt, nimmt der Verkäufer dabei gelegentlich auch den Verlust seiner Stars hin. In drei Wochen würde sich das Sommer-Transferfenster wieder schließen. Sogar die dienstälteren Spieler von United warteten ungeduldig darauf, dass Ferguson endlich handelte.

Mendes stand ebenfalls unter Druck. Er hatte Ronaldo – und Ronaldos Mutter – davon überzeugt, dass er der richtige Mann war, um die Karriere des Jungen in die gewünschte Richtung zu lenken, doch jetzt musste er auch abliefern. Schließlich hatte er Ronaldo von einem anderen Agenten namens José Veiga abgeworben, in dessen Kundenkartei sich so ziemlich alle großen Talente fanden, die ein portugiesisches Trikot trugen. Als bekannt wurde, dass Sporting Lissabon mit Hugo Viana, Ricardo Quaresma und Ronaldo drei neue junge Spieler im Kader hatte, die auf dem besten Weg zu internationalem Ruhm waren, hatte Veiga sich direkt alle drei geschnappt. Aber er war zu sehr von der alten Schule, um sich eingehender mit irgendwelchen Teenagern zu beschäftigen. Veiga hatte genug damit zu tun, sich um Superstars zu kümmern, die zwischen dem FC Barcelona und Real Madrid wechselten. Als Ronaldo sich darüber beschwerte, dass Sporting sein Gehalt nicht pünktlich zahlte oder er keine zusätzlichen Freikarten für seine Mutter bekam, reichte Veiga ihn an einen seiner Assistenten weiter.

Da witterte Mendes seine Chance. Er lud Ronaldo zum Abendessen ein und gab für Dolores die ganze Zeit über den netten Schwiegersohn. Ein paar Wochen später trennte sich Ronaldo per Fax von Veiga. Mendes hatte alles richtig gemacht.

Das Schwierige war für ihn nicht gewesen, Ronaldos Interesse zu wecken. Die Herausforderung war, sich das passende Angebot zu sichern. Mendes wusste, dass ein falscher Schritt seine gesamte

Karriere – und wahrscheinlich auch die von Cristiano – gefährden konnte. Das passende Angebot kam von Man United.

Wie jeder gute Agent eröffnete Mendes die Verhandlungen mit einem vollkommen lächerlichen Vorschlag. Ronaldo würde bei United unterschreiben, wenn Ferguson ihm garantierte, dass er in der kommenden Saison in fünfzig Prozent der Spiele der ersten Mannschaft mitspielen würde. Manche Vereine hätten da vielleicht zugestimmt, aber Manchester United auf keinen Fall. Bei Verhandlungen war Ferguson zu keinerlei solchen Garantien bereit. Welcher Spieler wann und wie oft zum Einsatz kam, entschied sich beim Training und sonst nirgends. Im Laufe seiner Karriere als Trainer, von der manche mutmaßten, dass sie bereits in der Kreidezeit begonnen hatte, hatte er noch nie einem Neuzugang eine bestimmte Spieldauer garantiert. Und schon gar nicht würde er damit bei einem 18-Jährigen anfangen, der noch nicht einmal eine ganze Saison in der ersten Mannschaft seines Vereins gespielt hatte.

Bei jedem anderen hätte Ferguson vielleicht an dieser Stelle die Verhandlungen abgebrochen. Aber er merkte, dass sich die Zeiten änderten und bald eine neue Generation von Agenten die Zukunft des Fußballs und Uniteds Chancen, auf dem Transfermarkt relevant zu bleiben, kontrollieren würde. Agenten wie Jorge Mendes. Also spielte er mit. Wenn Ronaldo unterschrieb, garantierte Ferguson ihm, dass er sechs Spiele in der Premier League bestreiten würde.

Sechs Spiele. Mendes dachte nach. Das war viel weniger als fünfzig Prozent. Genau genommen waren es nicht einmal zwanzig Prozent. Aber immerhin war das hier Manchester United. Sechs Spiele bei United waren so viel wert wie anderswo eine ganze Spielzeit. Der 61-jährige Schotte und der 37-jährige Portugiese besiegelten den Deal per Handschlag. Kleinigkeiten wie die Ablösesumme (eine bis dato weltweit einmalige Summe für einen Teenager) sollten Carlos Freitas und Peter Kenyon, der Geschäftsführer von United, regeln. Das Wichtigste war bereits besiegelt.

Später an jenem Abend besuchte Mendes Ronaldo in dessen Wohnung in Lissabon, um ihm die Nachricht zu überbringen. Cristiano war begeistert von seinem Wechsel zu dem Team, das er schon seit Jahren bewunderte – seit United 1999 in einer einzigen Saison drei Trophäen abgeräumt hatte. »Komm, wir gehen feiern!«, sagte er zu Mendes.

Aber Mendes lehnte dankend ab. Mit den Gedanken war er bereits beim nächsten Deal. Außerdem, so riet er ihm, solle er sich lieber auf das Spiel am nächsten Tag vorbereiten. Cristiano Ronaldo musste seinen neuen Mannschaftskameraden schließlich erst zeigen, wer er war.

Zwei
Der Junge von La Masia

Bei dem ganzen Geplauder mit Agenten, Managern aus Lissabon und seinen eigenen Spielern gab es noch eine Sache, die Alex Ferguson an dem Abend beschäftigte, als er Cristiano Ronaldo unter Vertrag nahm. Im Grunde trieb ihn diese Frage schon seit über zwei Wochen um. So grandios dieser Transfercoup auch war, Ferguson ärgerte sich immer noch über einen anderen Deal, den er nicht unter Dach und Fach gebracht hatte. Kurz bevor United zu seiner Vorsaison-Tournee aufgebrochen war, hatte der Verein von einem anderen portugiesischsprachigen Spieler mit einer Vorliebe für Übersteiger und teuren Schmuck eine Abfuhr erhalten. Es handelte sich um Ronaldinho, den brasilianischen Weltmeister und Star von Paris Saint-Germain, der jeden Fußballverein in Frankreich in die Tasche gesteckt und angeblich schon in jedem Nachtclub von Paris gefeiert hatte.

Ferguson hatte ihn zur neuen Ikone von United machen wollen, damit man im Old Trafford endlich über den unschönen Abgang von David Beckham früher in jenem Jahr hinwegkam. Beckham hatte United nach einem bizarren Vorfall den Rücken gekehrt, bei dem Ferguson in der Kabine gegen einen herumliegenden Fußballschuh getreten hatte, der Beckham dann am Auge erwischte.

Die Sache mit Ronaldinho zog sich eine ganze Weile hin. Als Ferguson das Gefühl hatte, PSG würde allzu sehr zögern, reiste er sogar persönlich nach Paris, um das Geschäft abzuschließen. Bei PSG hatte man stattdessen den Eindruck, er sei gekommen, um ihnen die Pistole auf die Brust zu setzen. Wahrscheinlich hatten beide

Seiten Recht. Während dieses Hin und Her witterte der spanische Riese FC Barcelona Morgenluft. »Ich glaube, der Spieler hätte allen Grund, lieber nach Barcelona zu kommen, wegen des Wetters und einiger anderer Faktoren«, verkündete ein Vereinssprecher damals süffisant. »Hier ist man kulturell näher dran an der Lebensweise Brasiliens.«

Der FC Barcelona war allerdings kulturell auch näher dran am chaotischen Finanzmanagement Brasiliens. Der Club hatte mehr Schulden als je zuvor in seiner 104-jährigen Geschichte und stand kurz vor dem Bankrott. Für eine Institution, die sich selbst nicht nur als Verein sah, der samstags elf Fußballspieler in *blaugrana*-Trikots auf den Platz schickte (ganz abgesehen von den Abteilungen für Basketball, Handball und Inlinehockey), sondern als eine Säule Kataloniens, war dies weit mehr als lediglich eine wirtschaftliche Durststrecke. Barça befand sich in einer existenziellen Krise, und das nicht zum ersten Mal. (Etwa alle zwanzig Jahre schien der Verein finanziell vor dem Aus.) Ronaldinho sollte genau dann einen Neustart einläuten, wenn der Verein ihn am dringendsten brauchte.

Der FC Barcelona hatte vier Spielzeiten in Folge keine einzige Trophäe geholt, aber das war nur die Spitze des Eisbergs. Viel problematischer war, dass der Verein, der 1929 zu den Gründungsmitgliedern der Primera División gehört hatte und neben Real Madrid die größte Supermacht im spanischen Fußball war, langsam ein wenig altbacken und verstaubt wirkte. Der Verein besaß das größte Stadion Europas, und seine Mitglieder, die sogenannten *socis*, wurden in die Barça-Fangemeinde hineingeboren, die Übergabe des Mitgliedsausweises war ein Ritus, der der Erstkommunion in nichts nachstand. Trotzdem gingen sie einfach nicht mehr hin. 95.000 Plätze und niemand, der sie füllte.

Die Gleichgültigkeit der Mitglieder hatte einen Grund. Auch wenn kein Katalane, der etwas auf sich hielt, es jemals zugegeben hätte: Dauernd auf Platz zwei hinter Real Madrid zu sein, war immerhin noch erträglich. Das war bereits mehr als ein Dutzend Mal passiert, und es würde wieder vorkommen. Wenn das geschah, war die Welt soweit noch in Ordnung. In den 72 Spielzeiten seit Gründung der Primera División war 45-mal eines dieser beiden Teams spanischer Meister geworden. Real hatte 29 Titel geholt, Barça 16. Kein anderer Verein war bislang mehr als achtmal Meister geworden. Was die Fans des FC Barcelona allerdings nicht hinnehmen konnten, war der deprimierende Abstieg hinter Mannschaften wie Mallorca, Celta Vigo und Deportivo La Coruña. Zwischen 2000 und 2003 wurde ihr Club zweimal Vierter und einmal Sechster. Diese letzte Demütigung kostete Barça obendrein seinen Platz in der Champions League, wo ein Verein, der gut abschnitt, über 30 Millionen Euro verdienen konnte.

An das »Dreamteam« des FC Barcelona der frühen 1990er-Jahre, das sich seinen Spitznamen von dem US-Basketballteam um Michael Jordan geborgt hatte, das 1992 bei den Olympischen Spielen in Barcelona Gold geholt hatte, schien sich inzwischen kaum noch jemand zu erinnern. Keiner wusste das besser als Johan Cruyff, der niederländische Torschützenkönig und Architekt der damaligen Mannschaft, der die Art und Weise, wie bei Barça Fußball gespielt wurde, geprägt und beinahe in den Rang einer religiösen Erfahrung erhoben hatte. Der geschickte Spielmacher, der die niederländische Gelassenheit verkörperte wie kein Zweiter (und sich trotzdem mit fast jedem in die Haare kriegte), war 1973 von Ajax Amsterdam zum FC Barcelona gekommen, nachdem er sich mit dem Verein zerstritten hatte, bei dem er seit seiner Jugend gespielt und der ihn zum Weltklassefußballer ausgebildet hatte. Anlass war ein Streit um die Kapitänsbinde gewesen – Cruyffs Mannschaftskameraden hatten die Nase dermaßen voll von seinem Ego und seiner ständigen Nörgelei gehabt, dass sie ihn als Kapitän abwählten.

In der Kabine bei Barcelona fand er ein interessierteres Publikum. Cruyff war der beste Spieler, den man dort je erlebt hatte, und er benahm sich schon damals oft so, als wäre er der Trainer der Mannschaft. Das war er ab 1988 dann auch tatsächlich, nachdem er seine Shorts gegen einen Trenchcoat eingetauscht hatte. Während seiner achtjährigen Amtszeit als Trainer führte Cruyff den Verein zu vier Ligatiteln in Folge und zum ersten Europapokalsieg. Er predigte eine Spielphilosophie, die Barça wie ein Evangelium aufsaugte. Sein Spieler Pep Guardiola sagte später über ihn, Cruyff habe »die Kathedrale gebaut«.

Jetzt, Anfang der 2000er-Jahre, war der Baumeister längst ausgezogen. Stattdessen hatte Cruyff eine eigene Zeitungskolumne, in der er regelmäßig das neue Management des Vereins kritisierte. Die Fans griffen seine Kritikpunkte dankbar auf und meckerten über die uninspirierte Mannschaft, die keinen erkennbaren eigenen Stil mehr hatte. Wo war der Schwung? Warum waren die Spiele so langweilig geworden?

Worüber sich die Fans allerdings noch viel mehr Sorgen hätten machen müssen, war das drohende Desaster, das sich in den Büchern des Vereins abzeichnete. Im Jahr 2003 hatte Barcelona Schulden in Höhe von 186 Millionen Euro, was 151 Prozent der Jahreseinnahmen des Vereins entsprach. »Der FC Barcelona befand sich in einer unhaltbaren Situation. Er lief ernsthaft Gefahr, vom Zug der Globalisierung, in dem die wichtigsten Vereine der Welt bereits saßen, nur noch die Rücklichter zu sehen«, schrieb Ferran Soriano, der 2003 das Amt des CFO von Barça übernahm. »Der Verein war fast bankrott. Die Mannschaft, *das Produkt*, das wir verkauften, war weder besonders attraktiv noch bot es eine Erfolgsgarantie.«

Jedes andere Unternehmen hätte den Vorstand gefeuert und die Gläubiger um Aufschub angebettelt. Nur ist Barcelona nicht wie jedes andere Unternehmen strukturiert. Der Club wird als gemeinnütziger Verein geführt und gehört den beitragszahlenden Mitgliedern, den *socis*. Die Entscheidungen werden von einem Vorstand mit rund zwanzig Mitgliedern und einem Präsidenten getroffen, der alle sechs Jahre neu gewählt wird. Die Männer, die sich um das Amt bewerben – und es sind ausschließlich Männer –, führen ihren Wahlkampf mit kaum weniger Aufwand, als würden sie für das Amt des Ministerpräsidenten eines mittelgroßen Bundeslandes kandidieren. Sie tun so, als wären sie mit jedem gut Freund, nutzen jede Chance auf ein Interview und versprechen den Wählerinnen und Wählern alles, was sie hören wollen.

Das große Wahlversprechen des redegewandten Rechtsanwalts Joan Laporta im Jahr 2003 war, dass er Barça wieder auf Kurs bringen werde. Er wollte die beiden dringendsten Probleme des Vereins – Barcelonas Mangel an fußballerischem Stil und an Geld – so lösen, wie im Fußball die meisten Probleme gelöst werden: indem man noch mehr Geld ausgibt.

Als Laportas Wahlkampf an Fahrt aufnahm, fokussierte er sich zunächst auf eine britische Pop-Ikone, die manchmal auch Fußball spielte: David Beckham. Doch da war es bereits zu spät, denn der Spieler, der als einer der begehrtesten jenes Sommers galt, war schon auf dem Weg zu Real Madrid. Wenn der spanische Transfermarkt in Aufruhr gerät, passiert es immer wieder, dass ein Verein die Pläne des anderen durcheinanderbringt. Laporta schüttelte die Niederlage ab und setzte ab sofort auf einen anderen Weltstar: Ronaldinho. Wenn es einen Spieler gab, für den es sich lohnte, sich noch mehr zu verschulden, dann für den Brasilianer, bei dem es immer aussah, als kontrolliere er den Ball allein mit seinen Gedanken.

Barça würde endlich zurück auf den Erfolgskurs gebracht werden. Cruyff war schon lange fort, genau wie die Mannschaft aus brillanten Solisten, mit denen der Niederländer zehn Jahre zuvor den Europapokal der Landesmeister geholt hatte. Doch jetzt hatten die *socis* endlich einen neuen Impulsgeber, einen Spieler, der allein den Eintrittspreis wert war. Bald schon würde er die Celtas und Deportivos dieser Welt in die Schranken weisen und die Kathedrale des europäischen Fußballs wieder zum Leuchten bringen. Barcelona hatte endlich ein neues Genie, auf das sich die Fans freuen konnten.

Dieser Meinung waren auch die Trainer, die in der Jugendakademie des Vereins immer noch das Evangelium nach Cruyff predigten.

Allerdings wussten sie, dass Barças neuer Star gar nicht Ronaldinho hieß.

///////

Zu diesem Zeitpunkt war der Spieler, der den FC Barcelona im Alleingang retten sollte, ein gerade erst 16 Jahre alter Junge, der zu langsam wuchs und an der PlayStation regelmäßig Wutausbrüche hatte. In seinem argentinischen Pass stand Lionel Andrés Messi Cuccittini, aber in La Masia, der Jugendakademie von Barça, stellte er sich als Leo vor – falls er überhaupt den Mund aufmachte.

Als die anderen Jungs ihn kennenlernten, dachten sie erst, er sei stumm, wie er da allein in der Ecke der Kabine saß und seine Knöchel bandagierte. Als sie merkten, dass er doch reden konnte, hänselten sie ihn wegen seines argentinischen Akzents, der dicker war als *Dulce de leche*. Vor allem fielen ihnen die ganzen »sch«-Laute und verschluckten Konsonanten auf, wenn er während der Videospiel-Marathons auf langen Fahrten im Mannschaftsbus endlich einmal aus sich herauskam. Von Anfang an redeten sie mehr *über* ihn als *mit* ihm. »Wie könnte ich das vergessen? Er war sehr klein und sehr schüchtern«, sagt Cesc Fàbregas, der zusammen mit Messi im Jugendkader war. »Man konnte spüren, dass er aus einer Gegend kam, die ganz anders war als die, in die man ihn geschickt hatte. Aber schon bei der ersten Trainingseinheit sah man, dass er ein außergewöhnlicher Spieler war.«

Der in Katalonien geborene und aufgewachsene Fàbregas war der Archetyp der Jungs, die La Masia bevölkerten. Er stammte aus einer Familie von *socis*, und seit er das erste Mal einen Ball getreten hatte, war seine fußballerische Karriere komplett auf den FC Barcelona ausgerichtet. Schon als Kind war er Vereinsmitglied, und noch vor seinem zehnten Geburtstag kam er auf die Jugendakademie. Das Stadion Camp Nou, der Ort seiner Träume, lag etwa 55 Kilometer von seinem Elternhaus entfernt. Könnte der FC Barcelona Samen in den katalanischen Boden pflanzen und begießen bis Fußballer daraus sprießen, dann würden sie genauso aussehen wie Cesc Fàbregas.

La Masia wurde 1979 gegründet, von einem Präsidenten des FC, der eines Tages Johan Cruyff als Trainer anheuern und eines anderen Tages die halbe Mannschaft feuern sollte. Die Jugendakademie sollte lokale Talente fördern und mit so vielen Jungen aus ganz Spanien wie möglich zusammenbringen. La Masia war in einem ehemaligen Bauernhaus aus dem 18. Jahrhundert untergebracht, das zugleich als Internat mit Schlafsaal fungierte. Die Philosophie der Akademie entwickelte sich im Laufe der Jahre immer weiter und wurde, wie damals alles im Verein, stark von Cruyff geprägt, der zu allem und jedem eine Meinung hatte. Was La Masia betraf, hatte der Niederländer jedoch ausnahmsweise Recht: Als Eigengewächs von Ajax Amsterdam wusste er, dass eine Fußballakademie weniger wie eines der britischen Bootcamps sein sollte und mehr wie ein Musikkonservatorium. Die Spieler sollten sich innerhalb einer Struktur entfalten, die sie in erster Linie als Menschen formte, damit auch die schulischen Leistungen nicht litten. Wochentags hatten die Schüler immer morgens Unterricht und nachmittags beaufsichtigte Lernzeit. Außerdem benötigten sie einen Rahmen, um das Spiel zu verstehen. Fitness und individuelle Fähigkeiten zu trainieren war schön und gut, aber genauso wichtig war, dass die Jugendlichen ein Gefühl dafür entwickelten, wo sich welcher Spieler auf dem Spielfeld befinden sollte. Cruyff konnte Räume und Konsequenzen einschätzen, als wäre ein Fußballspiel eine Partie Schach. Als Spieler war er dafür bekannt, dass er seinen Mannschaftskameraden auf einen oder zwei Meter genaue Anweisungen gab, wo sie zu stehen hatten. Er wollte dafür sorgen, dass man dies den Jungen beibrachte, bevor sie überhaupt merkten, was sie da lernten. Cruyff bestand darauf, dass alle Mannschaften des FC Barcelona in jeder Altersgruppe in der gleichen Aufstellung spielten, nämlich 4-3-3. Dieser Stil mit seinen kurzen, schnellen Pässen wurde jedem Kind eingebläut, das die Akademie durchlief. »Wenn du den Ball bekommst, machst du das Feld groß, und wenn du ihn verlierst, machst du es wieder klein«, war die einfachste Erklärung, die Cruyff einfiel. Sein etwas abstrakterer Begriff dafür war *juego de posición* – ein Ausdruck, den man nicht einfach als »Positionsspiel« übersetzen kann, denn damit bezeichnet man im deutschen Fußball ein viel weniger komplexes Konzept.

Aber so leicht es einem auch fällt, sich La Masia als eine Art »Club der toten Dichter« für den fußballerischen Nachwuchs vorzustellen: Sinn und Zweck der Akademie war und ist es nicht, irgendein ästhetisches Ziel zu verfolgen. La Masia dient vor allem dazu, dem FC Barcelona Geld zu sparen.

Ein heimisches Talent ist immer billiger als ein Spieler vom Transfermarkt. Als die Harvard Business School 2015 eine Fallstudie über den Verein veröffentlichte, stellte sie fest, dass von den 530 Jungen, die das Programm von La Masia durchlaufen hatten, etwa 14 Prozent anschließend mindestens ein Spiel für die erste Mannschaft absolvierten – eine herausragende Bilanz, wenn man bedenkt, was bei der Entwicklung eines jungen Sportlers alles schiefgehen kann.

Der FC Barcelona selbst hatte eine ähnliche Analyse durchgeführt, als Ferran Soriano im Jahr 2003 zur Finanzabteilung des Vereins gestoßen war und wissen wollte, ob sich der Betrieb der Jugendakademie überhaupt lohnte. Die Zahlenjongleure des Vereins nahmen die Gesamtkosten für La Masia – von der Ausbildung über die Unterkunft bis hin zu den Frühstücksflocken – der vergangenen zehn Jahre unter die Lupe und teilten sie durch die Anzahl der Spieler, die es in die erste Mannschaft geschafft hatten. Sie stellten fest, dass der Verein im Durchschnitt pro Kind, das es schaffte, ungefähr 2 Millionen Euro investierte. (Für 2 Millionen Euro bekommt man auf dem europäischen Transfermarkt heute höchstens einen drittklassigen Torwart.)

Und das alles, wie man bei Barça gerne betont, ohne die Kinder in seelenlose Fußball-Roboter zu verwandeln. »Fünfzig Prozent unserer 18- und 19-jährigen Spieler besuchen eine Hochschule, das ist die höchste Quote unter allen europäischen Spitzenvereinen«, berichtete der Leiter von La Masia, Carles Folguera, der Forscherin von Harvard stolz. »Anders als die meisten anderen Vereine freuen wir uns, wenn die Spieler mehr Zeit im Klassenzimmer als im Fitnessraum verbringen.«

Da Messi allerdings weder ein begabter Schüler noch ein begnadeter Athlet war, hielt er sich auch weder im Klassenzimmer noch im Fitnessraum besonders gerne auf.

///////

Damit Messi überhaupt nach Spanien kam, um als Fußballwunder und mittelmäßiger Schüler in Erscheinung zu treten, mussten genau zur richtigen Zeit mehrere Faktoren zusammenkommen.

Einer war, dass er im körperlichen Wachstum extrem hinter dem Durchschnitt zurückblieb. Mit neun Jahren war er gerade einmal 1,24 Meter groß. Überall, wo er im Jugendfußball seiner Heimat, der argentinischen Großstadt Rosario, seine Spuren hinterließ, fragte man sich: *Wie viel der wohl noch wächst?* Messi trat einer örtlichen Fußballmannschaft bei, dem Club Atlético Newell's Old Boys, und tat, was jeder Spieler mit auch nur halb so viel Talent in seinem Alter getan hätte: Mithilfe seiner geradezu übernatürlichen Ballbeherrschung und seinem angeborenen Rhythmusgefühl bei den Sprints ließ Messi die anderen Spieler regelmäßig wie Kleinkinder aussehen.

Heutzutage klingt das, was man sich über die Kindheit der weltbesten Fußballspieler erzählt, größtenteils ziemlich ähnlich. Wie Ronaldo hatte er ständig einen Ball zwischen den Füßen. Wie Ronaldo spielte er ständig mit seinen Freunden auf der Straße. Seine Mannschaftskameraden mussten ihm bloß den Ball passen, und schon hatten sie das Spiel gewonnen. Messi erfüllte all die üblichen Kriterien und kam obendrein aus einer überbevölkerten südamerikanischen Stadt, drei Stunden nördlich von Buenos Aires. Der Unterschied bei ihm war, dass sein Körper einfach nicht mithalten wollte. Sein Spitzname war *El Enano* – »der Zwerg«.

Mangelnde Körpergröße ist im Fußball nicht unbedingt ein Hindernis, denn er ist eine der wenigen Sportarten, die sich für alle Körpertypen eignen. Wichtiger ist, dass man neunzig Minuten lang laufen kann.

In Argentinien weiß das jedes Kind, schließlich war der beste Spieler, den das Land je hervorgebracht hat, Diego Maradona, nur 1,65 Meter groß. Doch Messi wuchs so langsam, dass der Verein seine Eltern bat, mit ihm zu einem Facharzt zu gehen, der nachsehen sollte, ob mit dem Knirps in dem wallenden Trikot irgendetwas nicht stimmte. Diego Schwarzstein, Endokrinologe und Newell's-Fan aus Rosario, fand heraus, dass der kleine Leo an einer Wachstumsstörung litt, und schlug vor, den Elfjährigen mit Wachstumshormonen zu behandeln. Auch wenn es ziemlich radikal klingt, einem Kind jahrelang regelmäßige Injektionen zu verschreiben, war Messis Familie bereit, sich darauf einzulassen.

»Ich weiß nicht, ob du besser sein wirst als Maradona«, sagte Dr. Schwarzstein zu ihm. »Aber größer wirst du bestimmt.«

Es sollte noch Jahre dauern, bis sich seine Worte bewahrheiteten. Als währenddessen das argentinische Krankenversicherungssystem zusammenbrach, musste die Familie immer wieder Mittel und Wege finden, um die Spritzen zu bezahlen. Newell's tat sein Bestes, um auszuhelfen: Im Jahr 2000 überwies der Verein der Familie Messi umgerechnet 100 bis 200 Euro pro Monat für eine Behandlung, die fast 1000 Euro kostete. Die Belastung für die Familie wurde immer größer, aber zumindest wurde Messi langsam auch immer bekannter. Es kursierte ein Video, auf dem zu sehen war, wie er eine Orange mit den Füßen jonglierte und 113-mal hochfliegen ließ, ohne dass sie platzte. Mit einem Tennisball gelang ihm der Trick sogar 140-mal. In der Lokalzeitung *La Capital* aus Rosario wurde Anfang September ein Interview mit ihm veröffentlicht, in dem er verriet, dass sein Lieblingsbuch die Bibel und sein zweitliebster Sport Handball sei und dass er später einmal Sportlehrer werden wolle.

Ein Netzwerk aus Agenten und Talentsuchern interessierte sich inzwischen für ihn und zahlte auch die Rechnungen für die Hormonspritzen. Sie waren sich alle sicher, dass irgendwann jemand aus Europa zumindest einen Blick auf den zu klein geratenen Jungen würde werfen wollen. Dieser Jemand war Barcelona. Im September 2000 lud der Verein Messi, seinen frisch gebackenen Agenten und seinen Vater zu einem Probetraining nach Spanien ein. Und Leo bestieg zum ersten Mal in seinem Leben ein Flugzeug.

Als das Trio in Barcelona landete, stellte sich jedoch heraus, dass sie fast 10.000 Kilometer durch heftige Turbulenzen geflogen waren, um sich mit einem Mann zu treffen, der sich gerade buchstäblich am anderen Ende der Welt aufhielt. Der Sportliche Leiter des Vereins, Charly Rexach, der entscheiden sollte, ob der Club Messi verpflichten würde, war zu den Olympischen Sommerspielen in Sydney gereist, um neue Spieler zu scouten. »Charly, der ist ein Phänomen«, hatte ihm der argentinische Agent Horacio Gaggioli gesagt. »Den musst du dir angucken.« Rexach nahm an, dass Gaggioli von einem vielversprechenden 17-Jährigen redete. Als er erfuhr, dass Messi erst 13 war, beschloss er, ihn sich auf keinen Fall anzugucken – zumindest nicht jetzt schon. Rexach wusste, dass die logistischen Anforderungen, einen 13-Jährigen zu verpflichten, unendlich kompliziert waren. Fußballvereine durften keine Rechte an so jungen Spielern erwerben, wenn sie nicht aus ihrer unmittelbaren Umgebung kamen, es sei denn, die Eltern zogen aus beruflichen Gründen in die Stadt. (Dadurch sollte eine

Branche reguliert werden, die manchmal allzu sehr an Menschenhandel erinnerte.)

Doch jetzt war Messi nun einmal hier. Die Trainer, die von den vagen Gerüchten über den Jungen gehört hatten, schickten ihn auf den Trainingsplatz, um ihn ein paar Übungen zur Ballkontrolle absolvieren zu lassen. Er meisterte alle mit Bravour – es war, als hätte er Magnete in den Knöcheln. Dann arrangierten sie ein paar Trainingseinheiten mit den Jungs von La Masia, und auch dort machte Messi seine Sache so gut, dass es sich in der ganzen Akademie herumsprach. Plötzlich wollte jeder einen Blick auf den Dribbelzwerg aus Argentinien werfen.

Alles in allem war Messi elf Tage lang beim Training dabei, bevor Rexach heimkehrte und ihn sich ebenfalls anschaute. Der letzte Test war ein Spiel gegen Jungs, die zwei Jahre älter als Messi waren, allerdings so viel größer, als wären sie ihm zehn Jahre voraus. Rexach tauchte erst auf, als das Spiel bereits lief, und schlenderte gelassen von der Ecke des Felds zur Trainerbank. Er schaute sich das Spiel nur fünf Minuten lang an und sah »einen Jungen, der auf dem Spielfeld wie verwandelt war«, wie er später schrieb. »Sonst war er schüchtern und ganz still. Aber wenn er spielte, war er ein anderer Mensch, ein geborener Gewinner, ein mutiger Spieler, der immer am Ball blieb.«

»Sie müssen ihn unter Vertrag nehmen«, sagte Rexach zu seinen Vorgesetzten.

Auch wenn Messi gelandet war, als sich Rexach noch am anderen Ende der Welt befand, und bis zu seiner Rückkehr fast zwei Wochen lang festgesessen hatte, hätte er kein besseres Zeitfenster wählen können, um in Katalonien aufzutauchen. Als er später in jenem Jahr nach Barcelona umsiedelte – bekanntlich wurde der Entwurf für seinen ersten Vertrag auf einer Papierserviette skizziert –, war eine ganz einzigartige Konstellation von Ereignissen eingetreten, ohne dass Messi es damals überhaupt mitbekam.

Anfang der 2000er-Jahre war Barcelona der perfekte Ort für

einen jungen, genialen Sportler. Damals erlebte Katalonien ein ganz seltenes Zusammentreffen von Kultur, Experten und politischen Kräften – eine historische Situation, die vergleichbar war mit dem Paris der 1860er-Jahre für Maler oder dem Silicon Valley der 1980er für Computerfreaks. Nur dass es hier eben um junge Fußballer ging.

Ein ganz wichtiger Auslöser für diese Entwicklung waren die Olympischen Spiele. Barcelona hatte sich gegen Paris und Brisbane durchgesetzt, was die Austragung der Olympischen Sommerspiele 1992 betraf, und die Auswirkungen waren noch lange danach spürbar. Auch Fàbregas kann nicht genau erklären, was es war, das in den Jahren nach den Spielen in Barcelona in der Luft lag, aber er hat es ganz deutlich gespürt: »Sie brachten diese ganz besondere Sport-Atmosphäre mit sich«, schwärmt er. »Außerdem liegt die Stadt direkt am Meer und hat großartige Strände, wo man Sport treiben und sein Talent entwickeln kann.«

Die Organisatoren von Olympia leisteten ganze Arbeit. Was die positiven Folgen für die austragende Stadt angeht, gelten die Spiele von Barcelona weithin als die erfolgreichsten aller Zeiten. Eine ganz neue Infrastruktur entstand, die jedem Kind, das sich auch nur ansatzweise für Sport interessierte, zahllose Optionen bot. Im Rahmen des Programms »Campus Olímpia« konnten Jungen und Mädchen in den Sommerferien die ehemaligen olympischen Sportstätten nutzen. Ein anderes, vom Consell de l'Esport Escolar de Barcelona ins Leben gerufenes Programm organisierte dort Wettkämpfe für etwa 40.000 Kinder. Und überall in der Stadt wurden Stadtteile eigens für den Sport renoviert und aufgepeppt. Der stillgelegte Bahnhof Estació del Nord, der zwanzig Jahre lang leer gestanden hatte, wurde in eine Sporthalle umgewandelt, deren Nutzungsmöglichkeiten weit über ihre Verwendung als olympische Tischtennishalle hinausgingen. Sogar Sportarten, für die sich kein Katalane jemals interessiert hätte, trugen zum Aufschwung der Fußballszene der Stadt bei: Aus dem großen olympischen Baseballstadion (wo Spanien seine ersten sechs Spiele mit insgesamt 79:8 verlor) wurde die 7000 Zuschauer fassende Heimspielstätte des Zweitligisten CE l'Hospitalet. Von 1999 an hatte L'Hospi, der immer wieder zwischen zweiter und dritter Liga wechselt, das »zweifellos beste Fußballfeld der Segunda B«, so ein Stadtrat.

Aber es ergab sich auch etwas weniger Greifbares: Die Stadt Barcelona besann sich auf ihre ureigenen Stärken. Die katalanische Sprache und Flagge waren während der Diktatur von Francisco Franco bis zu seinem Tod im Jahr 1975 offiziell verboten gewesen. 17 Jahre später war Katalanisch neben Spanisch, Englisch und Französisch eine der vier offiziellen Sprachen der Olympischen Spiele. Nach Angaben der Stadtverwaltung waren in Barcelona rund 35.000 Senyeras gehisst, die rot-gelb gestreiften Fahnen der Region Katalonien. Die Spiele waren ein globales Event, das dennoch irgendwie einer einzigen Region im Nordosten Spaniens gehörte. »Olympia lud die Menschen dazu ein, die katalanische Kultur und das eigentliche Wesen Barcelonas besser zu verstehen«, so Fàbregas.

Die Fußballmannschaft hatte lange genug darauf warten müssen. Der FC Barcelona war während der Franco-Jahre einer der entschiedensten Verfechter der katalanischen Identität gewesen und hatte ständig mit dem Regime in Madrid im Clinch gelegen. Jetzt, zu Beginn des globalen und kommerziellen Zeitalters des Fußballs, richteten sich die katalanischen Slogans des Vereins, *Visça Barça* (»Es lebe Barça«) und *Mes que un club* (»Mehr als ein Verein«), an ein weltweites Publikum. Und jedes Kind, das in den Farben des Vereins spielte, vertrat nicht nur eine Fußballmannschaft. Barcelona war eine Nation.

Dass die spanische Mannschaft, die 1992 olympisches Gold im Fußball geholt hatte (die erste Medaille in dieser Disziplin seit der Silbermedaille von 1920), einen starken katalanischen Einschlag hatte, trug ebenfalls dazu bei. Der beste Spieler auf Spaniens Weg zu Gold im Camp Nou war ein junger Mittelfeldspieler namens Josep Guardiola, genannt Pep, vom FC Barcelona. Er war kein brillanter Virtuose, doch dafür hatte er den Cruyff'schen Stil verinnerlicht wie kein Zweiter und hielt sich sklavisch an das simple, aber für den Gegner umso fatalere Mantra: *Wenn du den Ball kriegst, gib ihn ab.* »Pep war auf dem Feld der Dirigent, alles lief über ihn«, sagte sein Barça-Teamkamerad Albert Ferrer später. »Er sah die Pässe, die niemand sonst sah.«

Guardiola, der bei Barça von Johan Cruyff persönlich trainiert worden war, demonstrierte, wie es aussehen könnte, wenn man die Spieler in La Masia nach dessen System formte. Er war gerade erst 21 Jahre alt und hatte innerhalb weniger Monate den Europapokal der Landesmeister und Olympisches Gold gewonnen. Was würde erst passieren, wenn Barcelona in der Lage wäre, eine ganze Mannschaft aus La-Masia-Absolventen aufzustellen?

Im Jahr 2000 war der Verein auf dem besten Wege, das herauszufinden. Die Jungs, die nie etwas anderes als die Methode gekannt hatten, die Johan Cruyff einst seinen Schülern an der Akademie vermittelt hatte, wurden gerade erwachsen. In ihrer Kindheit hatte man den FC Barcelona als »Dreamteam« bezeichnet, und der Verein hatte einen ästhetischen, ambitionierten Fußball gespielt, dessen Spielweise sich in ihr kollektives Bewusstsein eingebrannt hatte. Ein Junge wie Fàbregas hatte den Spruch »Wenn du den Ball kriegst, gib ihn ab« im Ohr, seit er laufen konnte.

Doch nicht alle Lehren Cruyffs wurden perfekt umgesetzt. Nach seinem Fortgang haftete der ersten Mannschaft noch eine ganze Weile eine Besessenheit mit niederländischen Spielern an. Das war schön und gut, als man Ronald Koeman im Team hatte, den draufgängerischen defensiven Mittelfeldspieler des Dreamteams von 1992, aber Ende der 90er-Jahre, als Barça jeden verfügbaren Spieler im Oranje-Trikot vom internationalen Markt zu fischen versuchte, dann nicht mehr so wirklich zielführend. Das allgemeine Unbehagen wuchs. Es war an der Zeit, die Mannschaft umzukrempeln.

Teure Neuverpflichtungen wie Ronaldinho schafften immer nur kurzfristig Abhilfe. Die langfristige Lösung musste aus den eigenen Reihen kommen.

Es war an der Zeit, die La-Masia-Pipeline anzuzapfen.

///////

Was genau im Sommer 1986 im *Rioja* war, wird man wohl nie erfahren, aber über die spanischen Fußballer, die Ende der 90er-Jahre zur gleichen Zeit wie Messi nach Barcelona kamen und alle 1987 geboren worden waren, sollte man noch ein ganzes Jahrzehnt lang sprechen. Das Team wurde als *Generación 87* bezeichnet, was gar nicht so viel anders klang als *La máquina del 87* (»die Maschine von '87«), der Spitzname von Messis alles dominierender Mannschaft bei Newell's. Der Unterschied war, dass Messi in Barcelona von anderen angehenden Weltklassespielern umgeben war. Drei weitere Jungen im Team stachen bereits hervor: der spätere Weltmeister Cesc Fàbregas, der spätere Kapitän von Barça, Gerard Piqué, und ein Stürmer, der vor dem Tor genauso tödlich war wie Messi, ein ortsansässiger Junge namens Víctor Vázquez. Alle vier waren auf dem besten Wege, groß rauszukommen. Nur Vázquez gelang es nicht, denn mit nur 18 Jahren erlitt er eine schlimme Knieverletzung, die seine Karriere vorzeitig beendete.

Das Bemerkenswerte an diesen vier Jungs war, dass sie schon mit zwölf oder 13 wussten, was viele andere selbst nach einem Jahrzehnt auf höchstem Niveau nicht begreifen. Ohne groß nachzudenken konnten sie den Ball in komplexen Mustern zirkulieren lassen, gegnerische Pässe blocken und auf dem Spielfeld eine numerische Überlegenheit schaffen. Sie schienen ewig in Ballbesitz zu sein, falls sie das Spielgerät ausnahmsweise einmal verloren, holten sie es sich sofort zurück – und sie schienen noch nie etwas von Kopfbällen gehört zu haben. Diese Knirpse spielten so sauber, dass sie auf engstem Raum agieren konnten, und nutzten diese Fähigkeit, um das Feld so groß wie möglich zu machen. Man muss selbst nicht besonders groß sein, wenn der Gegner gar nicht erst an einen herankommt.

Schon bei den ersten Trainingseinheiten konnten die Barça-Jungs sehen, dass Messi mit einer ganz anderen Art von Fußball aufgewachsen war. Mit dem auch als »Tiki-Taka« bekannten Kurzpassspiel der Spanier gewann man in Argentinien keinen Blumentopf. Die Kinder in Buenos Aires wie auch in Messis Heimatstadt Rosario bewunderten enge Ballkontrolle und kunstvolle Dribblings. Wenn Brasilien von sich behauptete, sein Fußball sei vom Samba geprägt, so war Argentiniens Antwort ein Tango, mit dem man die gegnerischen Verteidiger verführte, um ihnen dann auf die Füße zu treten. Der Inbegriff dafür war Diego Maradonas zweites Tor gegen England im Viertelfinale der Weltmeisterschaft 1986. Vier Minuten, nachdem er den Schiedsrichter irregeführt und mit der legendären »Hand Gottes« das erste Tor für Argentinien erzielt hatte, tänzelte er an vier englischen Feldspielern und am Torwart vorbei und schoss das 2:0. Seine prägenden Jahre, bevor er nach Katalonien umsiedelte, verbrachte Messi damit, diesen Moment nachzuspielen.

»In Barcelona sind wir eher Kollektivspieler – wir spielen einander den Ball zu, bewegen ihn hin und her und spielen füreinander«, kommentiert Vázquez. Messi konnte das ganz alleine. »Beim ersten Mal war man echt geschockt.«

Sogar der damalige Trainer der Jugendmannschaft, ein alter Hase namens Rodolfo Borrell, konnte nicht glauben, was er da sah. Also stellte er Fàbregas in einer Trainingseinheit eine scheinbar unmögliche Aufgabe: »Versuch, ihn zu stoppen. Selbst wenn du ihm in die Beine gehen musst.« Cesc befolgte die Anweisung und trat Messi schließlich seine Beinchen weg. Messi stand wortlos auf – er musste nichts mehr beweisen. »Wir dachten, wir wären tolle Spieler, wir waren so gut«, sagt Vázquez. »Aber dieser Typ hatte etwas, das wir nicht hatten.«

Innerhalb des Vereins sahen sich die Kinder und Jugendlichen der verschiedenen Altersgruppen ständig die Spiele der anderen an. Messi und seine Freunde verbrachten ihre kompletten Wochenenden damit, den anderen Barça-Mannschaften zuzuschauen, von den jüngsten Junioren bis hin zur ersten Mannschaft im Camp Nou. Und auch die *Generación 87* zog mehr und mehr Zuschauer an. Bald war sie auch über die Vereinsgrenzen hinaus bekannt, und Trainer, Eltern und sogar die Mütter und Väter der Jungs aus den gegnerischen Mannschaften wollten sehen, was hier geschah.

Die *cadetes* der *Generación 87* wussten, dass man sie genau beobachtete, als sie durch ganz Europa zu hochkarätigen Turnieren reisten. Sie *waren* La Masia. Keiner spielte wie sie, und niemand konnte ihnen Paroli bieten. Mit seinen Ablenkungsmanövern und subtilen Finten verwandelte Messi jeden Sprint in die flüchtige Showeinlage eines Ballzauberers, und das in einer Geschwindigkeit, mit der kein Gegner rechnete. Wenn ihre Kontrahenten die Waffen streckten, änderten sie meistens die Taktik und versuchten, Messi zu foulen. Doch selbst dann war er dank seines niedrigen Körperschwerpunkts meist noch in der Lage, sich im letzten Moment wegzudrehen, bevor ein gegnerischer Fußballschuh seinen Knöchel berührte.

Auch wenn es sich nur um Jugendfußball handelte, versuchten ihre Gegner bereits, was in den kommenden Jahren viele verzweifelte Profimannschaften tun würden, die gegen die großen Teams des FC Barcelona in der Primera División und der Champions League antraten: Sie zogen sich in die Defensive zurück, machten den Strafraum dicht und hofften auf eine Möglichkeit zum Konter. »Und trotzdem«, erzählt Vázquez, »haben wir sie alle vernichtet. Wir waren supergut. Wir spielten uns so schnell den Ball zu. Und in diesem Alter macht das einen großen Unterschied.« Keine andere Jugendmannschaft war in der physischen Verfassung, da mitzuhalten.

»Wir waren damals einfach die Besten«, bestätigt Fàbregas.

»Manche Leute sagen, dass wir sogar die beste Mannschaft in der Geschichte von La Masia waren. Ich weiß nicht, ob das stimmt. Ich weiß nur, dass wir zu notorischen Siegern wurden. Wir waren besessen davon zu siegen.«

Sobald die Jungs der *Generación 87* in einem Spiel den Ball hatten, schlugen sie meistens ganz schnell zu. Genau das wurde aber auch von ihnen erwartet: »Wenn ihr zehn Tore machen könnt, macht zehn Tore«, sagten die Trainer zu ihnen. »Aber wenn ihr zwölf Tore machen könnt, macht zwölf Tore. Hört niemals auf. Wenn ihr aufhört, ist das den anderen gegenüber respektlos.«

Leider kann man nicht gleichzeitig gemeinsam Spaß beim Fußball haben und alle Gegner in Grund und Boden spielen. Und Messi und seine Mannschaftskameraden waren sich des Schadens, den sie anrichteten, durchaus bewusst. Vázquez erinnert sich an ein Auswärtsspiel, bei dem Barcelona in der ersten Halbzeit mit 15:0 führte und sie in der Umkleidekabine gesagt bekamen: »Schießt noch einmal 15 Tore!« Doch zurück auf dem Spielfeld merkten die Spieler, dass sie es nicht übers Herz brachten. »Du sahst die Gesichter dieser armen Jungen«, sagt Vázquez. »Darin stand: ›Wir möchten nicht mehr weiterspielen.‹« Die Mannschaft einigte sich darauf, dass sie noch ein paar Tore schießen und dann den Fuß vom Gas nehmen würden. *Tranquilo.*

Das Spiel endete 20:0. Als Belohnung bekamen sie eine Standpauke über Engagement und Siegermentalität und darüber, warum es manchmal in Ordnung ist, andere Kinder zum Weinen zu bringen.

Messi war das längst klar. Jeder von den Jungs der *Generación 87*, der schon einmal an der PlayStation gegen ihn angetreten war, wusste, dass in seinem schmächtigen Körper ein aufbrausendes, fauchendes Kampfmonster steckte. Vázquez erinnert sich, wie er einmal bei einem ihrer vielen haushohen Siege zehn Tore schoss. Messi war bei neun. Kurz vor Abpfiff und nach über zwanzig Toren wussten all seine Mannschaftskameraden, was passieren würde. Jeder merkte, wie Messi innerlich kochte. »Bestimmt schießt er noch ein Tor.«

Er schoss zwei. Messi beendete das Spiel mit elf Toren.

///////

Doch auch diese Leistung, elf Tore in einem Spiel, kommt nicht ansatzweise an das denkwürdigste Spiel von Messi bei La Masia heran: das Finale der Copa Catalunya, des katalanischen Pokals – ein Finale, das unter einem Namen in die Geschichte des FC Barcelona einging, der wie ein Filmtitel klingt: *El partido de la máscara.* Das »Maskenspiel«.

Der Gegner war Espanyol, der andere, etwas weniger geschichtsträchtige Verein aus Barcelona. Gefühlt spielte der FC jede Woche gegen Espanyol, und in diesem Fall war es tatsächlich so: Acht Tage vor dem Pokalfinale waren beide bereits aufeinandergetroffen, im letzten Ligaspiel der Saison. Der FC hatte das Lokalderby problemlos gewonnen, allerdings auf Kosten von Messis Jochbein. Ein anderer Junge hatte seinen schnellen Wendungen nicht folgen können und beschlossen, dass es einfacher war, Messi kurzerhand so heftig zu rammen, dass er vorübergehend das Bewusstsein verlor. Espanyol hatte die Nase voll. »Wir hatten ein ganz schlechtes Gewissen, weil wir sie seit über sieben Jahren regelmäßig vernichteten«, verrät Vázquez. »Wir gewannen immer, immer, immer.« Und falls Espanyol doch einmal einen Sieg errang, »feierten sie, als hätten sie die Champions League gewonnen«, fügt er hinzu.

Beim Finale der Copa Catalunya hoffte Espanyol, das Kunststück zu wiederholen – zumal der beste Spieler ihrer Erzrivalen nun verletzt war.

Eigentlich sollte Messi mit seinem gebrochenen Jochbein mindestens 15 Tage ausfallen. Er war die ganze Woche über nicht beim Training und verbrachte die Zeit damit, seine Wut in sich hineinzufressen. Am Freitag vor dem Spiel hielt er es dann nicht mehr aus und teilte dem damaligen Trainer der Mannschaft, Álex García, mit, dass er mitspielen wolle. García fragte ihn, ob er sicher sei und keine Angst habe, sich wieder zu verletzen. Dann gäbe es vielleicht wirklich eine Möglichkeit, ihn spielen zu lassen. García wusste bereits, wie Messi reagieren würde. Wenn er die Chance hatte zu spielen, dann würde er sie ergreifen.

Wie es der Zufall wollte, hatte sich früher in jener Saison ein anderer Absolvent von La Masia, der Verteidiger Carles Puyol, ebenfalls eine Gesichtsverletzung zugezogen, und dank einer Plastikmaske, die aussah wie eine Requisite aus einem Zorro-Film, hatte er trotzdem für die erste Mannschaft spielen können. Zum Glück für Messi hatte man die Maske noch nicht weggeworfen. Der einzige Haken an der Sache war, dass Puyol einen riesigen Kopf hatte, und Messi war, nun ja … Messi. Am Tag des Spiels legte er das Plastikteil an und stellte fest, dass er genauso gut eine Augenbinde hätte aufsetzen können.

Gleich nach dem Anpfiff begann Messi, daran herumzufummeln. Er beschwerte sich bei seinen Teamkameraden, dass er nichts sehen könne – ständig verrutsche das verdammte Ding. Außerdem kam er ins Schwitzen. Noch bevor zehn Minuten gespielt waren, hatte Messi genug. Er riss sich die Maske herunter, warf sie hinüber zur Ersatzbank, und das Spiel lief weiter, als wäre nichts gewesen. Als die Trainer ihn zur Halbzeit vorsichtshalber auswechselten, lag Barcelona mit 3:1 vorne. Messi hatte zwei Tore geschossen und beim dritten die Vorlage geliefert. Bis heute glauben viele, die das krönende Spiel der *Generación 87* miterlebt haben, sie wären Zeuge eines Wunders geworden.

»Das ist ein ganz erstaunlicher Typ Spieler«, schwärmt Vázquez, der damals mit auf dem Platz stand. »Das ist nicht normal.«

///////

Das wusste die Fußballindustrie inzwischen auch.

Einer nach dem anderen kamen die Scouts nach Barcelona, um die Stars der *Generación 87* herauszupicken.

Den Jungs war klar, dass sie irgendwann in den letzten Jahren in ein Spiel hineingerutscht waren, bei dem es um viel höhere Einsätze ging, als sie es gewohnt waren. Bis hierhin hatten sie sich durchgesetzt, und jetzt waren sie fast erwachsen. Plötzlich war die erste Mannschaft in Reichweite. Und die Jugendlichen, die früher enge Freunde gewesen waren, wurden auf einmal zu Rivalen. Die Trainer ließen intensiver trainieren, und einigen Spielern wurde mitgeteilt, dass ihr Weg hier zu Ende sei. »Vielleicht schaffst du es, vielleicht auch nicht. Aber sie müssen dich darauf vorbereiten«, erinnert sich Vázquez. »Und wenn du dann wirklich die Chance bekommst, musst du bereit sein, denn wenn du erst einmal in der ersten Mannschaft spielst, beginnt der Ernst des Lebens. Du musst siegen, du musst siegen, und du musst siegen.«

Doch so brillant die *Generación 87* auch war: Je näher die jungen Männer dem großen Ziel kamen, desto offensichtlicher war, dass sie es nicht alle schaffen würden. Wenn Fàbregas sich umschaute, waren da Typen wie Mikel Arteta und Andrés Iniesta, die auf seiner Position spielten und ein paar Jahre älter waren als er. »Hunderte sehr talentierte Kinder besuchen La Masia, und wie viele schaffen es? Nur sehr, sehr wenige«, sagt Fàbregas. »Die zwei würden ihre Chance vor mir bekommen.« Wenn das richtige Angebot von einem anderen Verein käme, würde Fàbregas also nicht nein sagen.

Und das Angebot kam tatsächlich, von Arsène Wenger von Arsenal. Gerade hatte man ihm Cristiano Ronaldo vor der Nase weggeschnappt, das würde Wenger mit Fàbregas nicht passieren. Also traf dieser wenige Wochen nach dem *partido de la máscara* eine herzzerreißende Entscheidung: Er würde den einzigen Verein, für den er je gespielt hatte, verlassen und nach England gehen. Ein Jahr später sollte Piqué dasselbe tun – er hatte Wind davon bekommen, dass es bei Manchester United einen Engpass bei den Innenverteidigern gab, und nutzte die Chance, um unter Alex Ferguson zu arbeiten. Die Überraschung war gar nicht so sehr, dass diese Spieler fortwollten. Die Überraschung war, dass Barcelona sie gehen ließ.

Die Haie umkreisten auch Messi, aber der Verein war schlau genug, sie ihm vom Hals zu halten. Und anders als Piqué oder Fàbregas hatte Messi auch gar keinen Grund, sich woanders umzusehen. Barça hatte keinen anderen Spieler wie ihn in der Pipeline. Sein Weg in die erste Mannschaft war völlig frei.

Keine sechs Monate nach dem »Maskenspiel« absolvierte Barcelona mitten in der Saison in Portugal ein Freundschaftsspiel gegen eine Mannschaft aus Porto, die von einem ehemaligen Co-Trainer von Barça namens José Mourinho trainiert wurde. Das Spiel war wenig erinnerungswürdig – bis auf die 71. Minute, als die Gäste Messi auf das Spielfeld winkten. Es war sein Debüt in der ersten Mannschaft des FC Barcelona.

Er war 16 Jahre, vier Monate und 23 Tage alt – und Barcelona hatte ihn praktisch umsonst unter Vertrag genommen und dann wie einen eigenen Sohn großgezogen.

Drei
Jorge und Jorge

Die beiden Jorges, die Ronaldo und Messi aus den Vereinen ihrer Jugend holten und in die Kathedralen des europäischen Fußballs führten, hätten unterschiedlicher nicht sein können. Obwohl keiner von ihnen es darauf angelegt hatte, Fußballagent zu werden und sich in Verhandlungen zu stürzen, bei denen es um Hunderte Millionen Euro ging, hatte immerhin einer der beiden Jorges schon immer von Ruhm und Reichtum geträumt – und es war nicht Jorge Messi.

Während Jorge Mendes seit jeher ein ehrgeiziger Typ gewesen war, verfolgte Jorge Messi in der ersten Hälfte seines Lebens eher bescheidene Ziele. Er war ein unauffälliger Fußballspieler, der als Vorarbeiter in einem Metallurgiebetrieb arbeitete, um seine Frau und seine vier Kinder zu ernähren. Er trainierte außerdem die Jugendabteilung von Abanderado Grandoli, seinem örtlichen Stadtteilverein in Rosario. Eine Ausbildung als Trainer hatte er nicht, er brachte sich alles selbst bei. Sein Leben drehte sich um Arbeit, Fußball und Familie. Dass sich Jorge Messi irgendwann überlegte, was jenseits von Rosario, in der weiten Welt des Profifußballs, möglich war, lag nur daran, dass der beste Spieler von Grandoli zufällig sein eigener Sohn war.

Als aus dem Vater Jorge Messi der improvisierte Fußballagent Jorge Messi wurde, war sein Plan von Anfang an, nur einen einzigen Klienten zu haben. Aber bloß weil er als Agent keine Erfahrung hatte, hieß das nicht, dass Messi Senior kein Schlitzohr war. Jorge Messi bat Newell's auch dann noch, Leos Hormonbehandlung zu bezahlen, als der FC Barcelona bereits Interesse zeigte. Zugleich organisierte er für seinen Sohn ein Probetraining bei River Plate, einem der beiden führenden Vereine von Buenos Aires. Auch wenn beim Probetraining mit Gonzalo Higuaín ein weiterer späterer argentinischer Nationalspieler anwesend war, kam nicht viel dabei heraus – außer, dass Barcelona signalisiert wurde, dass das allgemeine Interesse an dem Jungen aus Rosario wuchs. Messi Seniors Drucktaktik hatte Erfolg.

Es sollte nicht das letzte Mal sein, dass er eine solche Taktik anwendete. Nachdem sich Familie Messi in Barcelona niedergelassen hatte, damit Leo La Masia besuchen konnte, schien der Junge das einzige Familienmitglied zu sein, das glücklich und zufrieden war. Er spielte den ganzen Tag mit seinen Freunden in der Sonne Fußball. Die anderen saßen gelangweilt und voller Heimweh vor dem Fernseher, 10.500 Kilometer von Rosario entfernt. Jorge wollte Garantien dafür, dass sich das alles lohnen würde. Wenn er das Gefühl hatte, dass sein Sohn vom FC Barcelona nicht korrekt behandelt wurde – was meistens hieß: dass sich die Bedingungen seines Vertrags noch verbessern ließen –, hatte er eine Drohung parat, die lediglich aus zwei Wörtern bestand: Real Madrid. Kümmert euch um meinen Sohn, sonst tun es die anderen. Es war eine leicht durchschaubare Strategie, aber für den Vater, der gerade herausgefunden hatte, dass es im Agentengeschäft immer um Druckmittel geht, funktionierte sie jedes Mal.

///////

Nebenan in Portugal stellte Jorge Mendes derweil wieder einmal fest, dass er der geborene Verkäufer war. Für ihn spielte es keine große Rolle, ob es um Fußballspieler oder Werbedeals ging. Er stammte aus einem der bescheideneren Viertel Lissabons, und als Jugendlicher hatte er an der Promenade Sonnenhüte und Strandspielzeug verkauft. Was er dort gelernt hatte, konnte er heute noch anwenden. Damals hatte er davon geträumt, Profifußballer zu werden oder zumindest in irgendeiner Weise beruflich mit Fußball zu tun zu haben. Was Mendes an gottgegebenem Talent fehlte, machte er durch Betriebsamkeit und Fleiß wett.

Auf der Suche nach Arbeit zog er kurz nach seinem Schulabschluss nach Viana do Castelo im Norden des Landes, wo er mithilfe eines Kredits von seinem Bruder sozusagen in die Filmbranche einstieg: Mendes eröffnete eine Videothek. Samui Video, benannt nach der traumhaften Insel vor der thailändischen Küste, hatte gegenüber der Konkurrenz einen entscheidenden Vorteil: einen großen Parkplatz vor der Tür. Wie sich sein damaliger Partner erinnert, hatten die Kunden Glück, dass sie nicht zu Fuß nach Hause gehen mussten, denn Mendes schwatzte ihnen regelmäßig mehr VHS-Kassetten auf, als sie tragen oder sich anschauen konnten. »Es war die Art und Weise, wie er mit ihnen redete«, berichtet Antonio Alberto in Mendes' Autobiografie. »Die meisten Leute kamen, um sich einen Film auszuleihen, und gingen mit fünf! Dabei mussten sie sie ja innerhalb von 24 Stunden wieder zurückbringen!«

Zu jener Zeit spielte Mendes in der dritten portugiesischen Liga als Verteidiger für einen kleinen halbprofessionellen Verein namens UD Lanheses. Während seine Mannschaftskameraden umgerechnet 150 bis 200 Euro im Monat verdienten, hatte er einen Vertrag ausgehandelt, der ihm mehr als 1000 Euro einbrachte. Dass er mehr bekam als die anderen, lag nicht an seinen fußballerischen Fähigkeiten, sondern an seinem Geschick als Verkäufer: Er organisierte Mieter für die Bandenwerbung im Stadion. Zu den lokalen Sponsoren zählte selbstverständlich auch Samui Video.

Aber Mendes kam gerade erst in die Gänge. Wo er auch hinsah, überall gab es neue Kunden zu gewinnen. Mit der Videothek sprach er Leute an, die abends gerne zu Hause saßen. Sein nächstes Projekt richtete sich an Leute, die stattdessen gerne ausgingen: Mendes investierte in einen kleinen Komplex am Strand und eröffnete den Nachtclub Alfândega. Dort lernte er seinen ersten echten Klienten kennen, einen jungen Torwart mit kantigem Gesicht namens Nuno Espírito Santo.

Nuno wünschte sich, von Vitória Guimarães zu einem größeren Verein wechseln zu können, und er hoffte, dass ihn sein neuer Kumpel, der im Alfândega vom Tresen aus die abendlichen Abläufe dirigierte, dorthin bringen konnte. Und so wurde Jorge Mendes, der Videothekenbesitzer, Nachtclubmanager und Verteidiger aus der dritten Liga, im Sommer 1996 nun auch noch zum Fußballagenten. Es dauerte nicht lange, bis er merkte, dass dies eine Branche war, in der es keine allgemeingültigen Regeln gab. Ein Agent brauchte vor allem zweierlei: strapazierfähige Nerven und ein vollgetanktes Auto. Bald schien Mendes sein halbes Leben auf den Autobahnen Portugals und Spaniens zu verbringen, um sich mit Fußballvereinen zu treffen. Doch als er schon glaubte, mit dem FC Porto einen Deal für Nuno abgeschlossen zu haben, kam ihm Guimarães in die Quere. Der Vereinspräsident teilte ihm mit, Nuno werde nirgendwo hingehen.

Mendes suchte nach einem anderen, höheren Angebot, und er bekam es: von Deportivo La Coruña. Um den Deal perfekt zu machen, fuhr er eine Weile fast täglich die sechshundert Kilometer zwischen seiner Heimat und Nordspanien hin und her. Doch Guimarães willigte immer noch nicht ein. Es mussten drastischere Maßnahmen her. Mendes und Nuno sahen nur eine Lösung: Sie würden Nuno nach den Olympischen Spielen 1996 in Atlanta kurzerhand verschwinden lassen: Er erschien nicht zum Vorbereitungstraining für die anstehende Saison bei Vitória Guimarães, und er tauchte auch nirgendwo sonst auf. Niemand im Verein wusste, wo ihr Torwart steckte, er war wie vom Erdboden verschluckt.

Nuno wohnte währenddessen abwechselnd bei Verwandten von Mendes in Lissabon und an einem geheimen Ort in La Coruña. Drei Monate blieb er dem Profifußball fern und hielt sich anderweitig fit, während er darauf wartete, dass sich die Vereine einigen würden. Er ging täglich laufen und machte Krafttraining am Strand. Mendes holte sich sogar ein paar Tipps, wie er Nuno als behelfsmäßiger Torwarttrainer betreuen und mit ihm trainieren konnte. Die spanische und die portugiesische Presse fragten immer wieder: »Wo steckt Nuno?« Mendes hielt die Zeitungen nur allzu gern hin. Die Scharade endete im Oktober, als Guimarães zu Beginn der neuen Spielzeit einem Verkauf zustimmte, wenn auch nur, um die beiden Nervensägen Nuno und Jorge endlich los zu sein.

Es hatte drei Monate, Hunderte von Litern Benzin und eine kleine Entführung gebraucht, aber Mendes hatte endlich seinen ersten Transfer abgeschlossen.

Bei seinen nächsten paar Klienten war keine so komplizierte Geheimoperation nötig. Er spürte vielversprechende lokale Talente auf und nutzte die Eigentümlichkeiten des europäischen Transfermarktes, um so seine eigene portugiesische Fußball-Diaspora zu schaffen. Für Agenten winkte das große Geld nämlich nicht, wenn sie für ihre Klienten hohe Gehälter aushandelten: Sie kassierten einen bestimmten Prozentsatz der Ablösesumme. Je öfter man einen Spieler also den Verein wechseln ließ, desto häufiger konnte man an ihm verdienen. Das Ganze war eine Sache des Vertrauens. Die Spieler mussten daran glauben, dass sie das Zeug zum Superstar hatten, und die Vereinspräsidenten mussten davon überzeugt sein, dass die Agenten nicht nur Lücken in ihren Reihen stopften, sondern ein Fließband einrichteten, das in den kommenden Jahren immer wieder neue Talente ausspucken würde. Nachdem er Ronaldo zu Manchester United geholt hatte, konnte Mendes noch zwei weitere Spieler aus der portugiesischen Liga bei Alex Ferguson unterbringen: Nani, einen Flügelspieler, der ebenfalls bei Sporting Lissabon groß geworden war, und Anderson, einen brasilianischen Mittelfeldspieler, der von seinem neuen Vertrag so begeistert war, dass er ab sofort an beiden Handgelenken auffällige Armbanduhren trug. Dank seiner vielen Stammkunden erfand Mendes seinen Job neu – vom Agenten als reiner Spielervermittler zum Agenten als

Manager, der sich um alles kümmert. Als Ende der 1990er-Jahre die Handys aufkamen, hatte Mendes immer mindestens zwei Stück bei sich. Und als die Bluetooth-Technologie es möglich machte, jederzeit alle Klienten und Vereine im Gehörgang zu haben, war er ebenfalls sofort dabei.

»Ihr könnt euch nicht vorstellen, was ich für ein Leben führe«, sagte Mendes gerne zu Außenstehenden.

Als Mendes' Stall an Spielern und Trainern Anfang der 2000er-Jahre immer größer wurde, blieb Ronaldo sein klarer Favorit. Mendes hatte ihm Ruhm versprochen und ihn zu einem der größten Vereine der Welt gebracht. Der nächste Punkt auf der Tagesordnung war nun, ihm sein eigenes kommerzielles Imperium aufzubauen. Das einzige Problem war, dass sich Mendes mit Sponsorenverträgen für große Marken ungefähr so gut auskannte wie Jorge Messi. Aber jetzt, wo sie nicht mehr in der Videothek bzw. in der Metallurgie arbeiteten, hatten sie genug Zeit herauszufinden, was es damit auf sich hatte. Eines war beiden von Anfang an klar: Alle Fußball-Imperien bauten auf dem gleichen Fundament auf: Sie brauchten für ihre Jungs als Erstes einen Schuh-Vertrag.

Seit jeher wurde der Markt für Fußballschuhe von zwei verfeindeten Zweigen einer Familie kontrolliert, die aus dem verschlafenen bayerischen Städtchen Herzogenaurach stammt. Auf der einen Seite des Flusses, der durch den Ort fließt, wohnte früher die Familie von Adolf Dassler, genannt Adi, dem revolutionären Schuhmacher, der die Firma Adidas nach sich benannte und den Namen auf seine bahnbrechenden Sportschuhe schrieb. Auf der anderen Seite des Flusses saß Adis Bruder Rudolf mit seinen Kindern, der seine Konkurrenzfirma Puma nannte, als die beiden 1948 getrennte Wege gingen.

Dabei hatte alles ganz friedlich begonnen. Die zwei Brüder hatten in den 1920er-Jahren damit angefangen, Nagel- und Fußballschuhe herzustellen, die allerdings aussahen, als seien sie eher dazu geeignet, einen Acker zu pflügen, als damit zu dribbeln. In seiner Werkstatt tüftelte Adi jahrelang wie besessen an immer leichteren und stabileren Modellen. Erste Erfolge stellten sich ein, nachdem er endlich einmal einen Kursus im Schuhmachen besucht hatte. Unter Sportlern kursierte das Gerücht, die Nagelschuhe der Gebrüder Dassler seien eine Art Geheimwaffe. Sie machten damals nicht viel Werbung – und 1936 sorgte ein amerikanischer Sprinter von der Ohio State University dafür, dass sie das auch gar nicht nötig hatten: Als Jesse Owens bei den Olympischen Spielen in Berlin vier Goldmedaillen holte und damit Adolf Hitler zur Weißglut trieb, trug er die handgefertigten Schuhe der Dasslers.

Sie verstanden früher als die meisten ihrer Konkurrenten, dass Schuhe für sich selbst sprachen, wenn man nur genügend Sportler dazu brachte, sie anzuziehen. Sie pflegten Kontakte zu Händlern auf der ganzen Welt und versorgten sie mit Schuhen und der Anweisung, zu tun, was auch immer nötig war, um sie zu verkaufen. Bei den Olympischen Spielen galt noch die Regelung, dass nur Amateure gegeneinander antreten durften, aber in der Welt der Schuh-Vermarktung gab es damals genauso viele Regeln wie heute, nämlich quasi keine. Turnschuhe wurden aus Seesäcken und Kofferräumen heraus verkauft, die Bezahlung erfolgte in Form von dicken Batzen Bargeld.

Als sich die Welt des Sports nach dem Zweiten Weltkrieg langsam wieder erholte, waren die Brüder perfekt aufgestellt, um die Kontrolle zu übernehmen.

Erst zu diesem Zeitpunkt wagten sie sich ernsthaft an den Fußball. Nachdem sie seit Ende der 1940er-Jahre getrennte Wege gingen, hatte Rudolfs Unternehmen Puma hier zunächst die Nase vorn. Aber Adis kürzlich Adidas getaufte Konkurrenzfirma hatte direkte Verbindungen zur bundesdeutschen Nationalmannschaft und obendrein eine wichtige neue Erfindung: auswechselbare Schraubstollen. Und hätte eines Nachmittags im Jahr 1954 nicht der Himmel über dem Stadion Wankdorf in Bern seine Pforten geöffnet, hätte Adi vielleicht nie die Gelegenheit gehabt, der Welt seine Erfindung zu präsentieren. Das Ereignis, das den Lauf der Fußballschuhgeschichte für immer veränderte, war das WM-Finale zwischen dem Außenseiter Deutschland und einer virtuosen ungarischen Mannschaft mit dem Spitznamen »magische Magyaren«. Sie waren schneller, wendiger und raffinierter als die Deutschen – zumindest bis es wenige Stunden vor dem Spiel zu regnen anfing und das Spielfeld komplett durchnässt wurde. Nationaltrainer Sepp Herberger bat Dassler, die Stollen an den Schuhen seiner Mannschaft gegen längere auszutauschen, wie Barbara Smit in ihrer Geschichte des Unternehmens erzählt.

»Adi, stoll auf!«, wies Herberger ihn an.

Inzwischen hatte Adi auch begriffen, dass seine Schuhe unverwechselbar sein mussten – auf Pressefotos von siegreichen Sportlern sollte man sofort sehen, was sie an den Füßen trugen. Und so beschloss er, für die drei Lederstreifen, die in die Schuhe eingearbeitet waren, um sie stabiler zu machen, eine andere Farbe zu verwenden. Als die deutsche Mannschaft durch einen 3:2-Sieg gegen Ungarn Weltmeister wurde, hatten die Schuhe von Adidas eine neue Technologie unter der Sohle und drei weiße Streifen an der Seite.

Bald darauf spaltete sich die Fußballwelt in zwei Lager. Die Brüder, ihre jeweiligen Familien und Legionen von Handelsvertretern begannen ein Wettrüsten, das alle Kontinente erfasste und alle vier Jahre rund um die Fußball-WM einen neuen Höhepunkt erreichte. Sie rüsteten ganze Mannschaften aus, nur damit ein einziger Superstar in ihren Schuhen auftrat. Sie expandierten in neue Bereiche – Sportbekleidung, Bälle, Trikots. Der beliebteste Sport der Welt wurde zur beliebtesten Reklamefläche der Welt. Als Puma Johan Cruyff unter Vertrag nahm, schnappte sich Adidas Franz Beckenbauer – und zwar für gewaltige Summen. Die Preise gerieten in den 1960er-Jahren dermaßen außer Kontrolle, dass sich die Dasslers darauf einigten (man könnte auch sagen: konspirierten), sich bei einem ganz bestimmten Spieler zurückzuhalten, weil ein Bieterkrieg in seinem Fall für beide Seiten kontraproduktiv gewesen wäre. Die Cousins Horst und Armin Dassler, die die zwei Familienunternehmen inzwischen leiteten, beschlossen einen vorübergehenden Waffenstillstand: Keiner von beiden würde versuchen, den berühmtesten Fußballer der Welt als Werbeträger anzuwerben. Ihre Abmachung wurde als »Pelé-Pakt« bekannt.

Aber ein einziger Händedruck bedeutete wenig angesichts einer jahrzehntelangen Fehde. Im Vorfeld der Fußballweltmeisterschaft 1970 brach Puma den Waffenstillstand. Mithilfe eines deutschen Journalisten, der gute Beziehungen zur brasilianischen Nationalmannschaft hatte, kontaktierte das Unternehmen Pelé und bot ihm 25.000 Dollar, wenn er bei der WM ihre Schuhe trug, sowie weitere 25.000 Dollar pro Jahr für die nächsten vier Jahre. Außerdem sicherte das Unternehmen ihm eine zehnprozentige Beteiligung am Verkauf der Pelé-Schuhe zu, einem schlichten schwarzen Modell mit dem breiten Lederstreifen von Puma an der Seite. Die gesamte Summe wurde bar bezahlt, und Pelé warf die Geldbündel in einen Safe.

Zwar gab es damals im Fußball keinen größeren Star als Pelé, doch dafür gelangte man bei Adidas zu einer Erkenntnis, die dem Unternehmen einen Platz in der Geschichte des Fußballs sichern sollte, den Puma nie würde erreichen können: Adidas wollte nicht mehr nur einzelne Mannschaften oder Spieler als Werbeträger, sondern die ganze Institution. In einem kleinen Büro im Zürich der 1970er-Jahre bewarb sich Adidas also um die Marketingrechte für die FIFA und ihre Fußballweltmeisterschaft. Adidas' größter Fürsprecher im Raum war Sepp Blatter, ein ehemaliger PR-Manager von Longines mit schütterem Haar und einer Vorliebe für schlüpfrige Witze. Auf seinem Weg an die Spitze des Weltfußballs sollte er immer wieder dafür sorgen, dass Adidas mit dabei war. Eine der vielen langfristigen Vereinbarungen sah vor, dass das

Unternehmen den Ball für die Weltmeisterschaft 1970 herstellte. Seither wird bei jeder Fußball-WM mit Bällen von Adidas gespielt. Für Spieler, die in den 1980er- und 90er-Jahren aufwuchsen, war die Marke längst ein Synonym für das wichtigste Turnier ihres Sports.

Die Dassler-Brüder haben sich nie versöhnt. Rudolf starb 1974, Adi vier Jahre später. Sie wurden auf dem Friedhof in Herzogenaurach begraben, jeder in einer anderen Ecke.

///////

Was die beiden nicht mehr miterlebten, war der Aufstieg eines neuen Rivalen, der mehr als 8000 Kilometer von Bayern entfernt ansässig war. Nike wurde von dem Leichtathletiktrainer Bill Bowerman und seinem ehemaligen Schützling Phil Knight gegründet, die anfangs Turnschuhe aus einem Lieferwagen heraus verkauften, sich aber schnell im Laufsport, American Football, Basketball und Tennis einen Namen machten. Dennoch fühlten sich die Nachkommen der Dasslers zu diesem Zeitpunkt noch unangreifbar. Denn selbst als Nike die US-Profiligen zu dominieren begann und mit der Einführung des Air Jordan im Jahr 1984 das Sportmarketing revolutionierte, hielt sich die Firma noch vom Fußball fern.

1994 war es dann schließlich der Fußball, der zu Nike kam. Als die Weltmeisterschaft zum ersten Mal in den USA ausgetragen wurde, konnte es sich der führende Sportbekleidungshersteller des Landes nicht länger leisten, den Lieblingssport der ganzen Welt so stiefmütterlich zu behandeln. Da es bereits zu spät war, um für die Mannschaften noch Trikots zu produzieren, plante man, direkt im Anschluss an das Turnier für Furore zu sorgen. Adidas stattete zehn der 24 Mannschaften aus, um den Rest kümmerten sich Diadora, Lotto, Umbro und einige andere nationale Marken. Für den Moment konnte Nike sich nur zurücklehnen und darauf warten, dass sein Moment kommen würde. Aktuell rangierte man auf dem globalen Fußballmarkt lediglich auf Platz sieben. »Wir hatten das Gefühl, dass man uns als Fußball-Marke nicht wirklich ernst nahm«, erinnert sich ein Nike-Manager.

In jenem Sommer gab es bei den Zuschauerzahlen und den Ticketeinnahmen neue Rekorde. Nach der WM stieg in den USA langsam die Vorfreude auf den ersten Anstoß im Major League Soccer, der neu gegründeten Fußballliga. Mehr als anderthalb Jahrhunderte, nachdem 1863 erstmals in einem Londoner Pub die Fußballregeln niedergeschrieben worden waren, sah es endlich so aus, als würde die Sportart auch in den USA Fuß fassen. Und Nike wollte dafür sorgen, dass dieser Fuß den »Swoosh« trug, das Markenzeichen der Firma. Zunächst einmal wollte man bei Nike aber den Eindruck zerstreuen, man habe von der beliebtesten Sportart der Welt keine Ahnung. Zu diesem Zweck setzte sich Ende 1995 ein junger Werbefachmann namens Jelly Helm in einem Bürogebäude in Oregon mit ein paar Kollegen zusammen. Zugegebenermaßen wussten sie tatsächlich so gut wie nichts über Fußball. Aber sie hatten eine Menge Ahnung davon, wie man Schuhe verkauft. Und so beschlossen sie, den Fußballmarkt zu knacken, indem sie auf eine Gruppe von Werbeträgern setzten, die über die Jahre mehr Schuhe verkauft hatte als sonst irgendwer: All-Star-Teams.

»Wir hatten das Dreamteam von '92 in Portland spielen sehen«, erinnert sich Helm, »mit Jordan, Bird und Magic, und wir wussten, wenn es uns gelang, ein Team aus Fußballstars zusammenzustellen, würden die europäischen Kids total ausrasten.« Es gab nur ein kleines Problem: Im europäischen Fußball gab es keine All-Star-Teams. Doch davon ließ sich Nike nicht aufhalten.

Um seine Vision einer All-Star-Fußballmannschaft Wirklichkeit werden zu lassen, beschloss das Unternehmen, den teuersten Werbespot seiner Geschichte zu produzieren. Bald stiegen einige der größten Namen des Weltfußballs in gecharterte Jets und zogen Nike-Stollenschuhe an, darunter der portugiesische Flügelspieler Luís Figo, der Kapitän der italienischen Nationalmannschaft, Paolo

Maldini, der mexikanische Torwart Jorge Campos und kurioserweise auch Tomas Brolin, ein untersetzter schwedischer Mittelfeldspieler, der sich binnen zwei Jahren aus dem Fußball zurückziehen und als preisgekrönter Staubsaugervertreter von sich reden machen sollte. In Ermangelung eines gegnerischen All-Star-Teams, gegen das die Mannschaft spielen konnte, heuerte Nike die Special-Effects-Crew von *Apollo 13* an, die am Computer eine Armee untoter Fußballdämonen auferstehen ließ, mit dem Teufel als Trainer. Der Werbespot wurde »Good vs. Evil« getauft.

Die Reaktion auf Nikes Blockbuster-Spot grenzte an Hysterie. Die FIFA verdammte den Werbefilm, in Dänemark wurde er aus den Kinos verbannt, und doch wurde er später bei den Filmfestspielen in Cannes ausgezeichnet.

Ein halbes Jahr nach der Premiere des Werbespots unterzeichnete Nike für 400 Millionen Dollar einen Zehn-Jahres-Vertrag als offizieller Ausrüster der brasilianischen Nationalmannschaft. Nike war der erste Disruptor der Fußballbranche, bevor überhaupt jemand wusste, was »Disruptor« bedeutet.

Immerhin bekam die Öffentlichkeit ein Gefühl dafür, wie so etwas aussehen konnte. Während sich bei Adidas alles um das fußballerische Erbe drehte, wollte Nike die hellsten Sterne in den Mittelpunkt seines Universums stellen – auch wenn einige von ihnen bald zu explodieren drohten. Der erste große Name war eine Supernova namens Éric Cantona. Er kam 1992 nach England und brachte einer ganzen Nation bei, dass man den Kragen am Fußballtrikot aufstellen konnte. Cantona hatte schon vor dem Brasilien-Deal Fußballschuhe von Nike getragen. Er trug sie auf dem Trainingsplatz von Manchester United, wo er eine aufstrebende junge Generation von Spielern mit Namen wie Neville, Beckham und Scholes dazu inspirierte, härter zu trainieren als bisher. Und er trug sie immer noch, als er viermal die Premier League gewann, zweimal den FA Cup in die Höhe stemmte und im Werbespot »Good vs. Evil« das entscheidende Tor erzielte. Und im Januar 1995, als er einem frechen Crystal-Palace-Fan einen Kung-Fu-Tritt verpasste, war das Letzte, was dieser sah, bevor er zu Boden ging, das Nike-Logo an Cantonas Schuh.

Daher war man bei der expandierenden Fußball-Abteilung von Nike alles andere als begeistert, als Cantona 1997 seine Liebe zum Fußball verlor und in den Ruhestand ging – vor allem, da der Marktanteil von Nike in allen Sportarten plötzlich abrupt sank. In jenem Jahr verzeichnete das Unternehmen einen Verlust von 40 Millionen Dollar.

Zum Glück hatte Nike reichlich Rückhalt durch eine Riege von Stürmern, die mit beiden Händen ihre Werbehonorare ausgaben. Das Unternehmen liebte exzentrische Stars, die auf dem Bildschirm etwas hermachten, und graste den internationalen Fußball ab, um so schnell wie möglich passende Kandidaten unter Vertrag zu nehmen. Laut einem führenden Manager hatte Nike »fußballbesessene Teenager« als neue Zielgruppe identifiziert. Und die interessierten sich nicht für die Vergangenheit. Fußballschuhe mussten von jetzt an nicht mehr schwarz sein, und Trikots mussten nicht länger wie Müllsäcke sitzen.

In den USA rüstete Nike die Frauen-Nationalmannschaft mit Trikots aus, die auf Figur geschnitten waren – das Team sah schicker aus als die Konkurrenz und wirkte professioneller, ohne auch nur den Ball berührt zu haben. In Nordlondon hatte Nike den Stürmer Ian Wright unter Vertrag, der mit respektloser Coolness seine Tore für Arsenal schoss. Und in Brasilien sponserte Nike einen Stürmer mit Zahnlücke, der sich blitzschnell bewegte und auf den klangvollen Namen Ronaldo Luís Nazário de Lima hörte. Er war der erste Weltstar mit dem Namen Ronaldo und wurde in Rio nur *o fenômeno* genannt – »das Phänomen«. Seit er Südamerika verlassen hatte, hatte der Brasilianer von 1994 bis 1998 die Ligen der Niederlande, Spaniens und Italiens aufgemischt und im Schnitt 34 Tore pro Saison geschossen. Ronaldo war so bekannt, dass Nike mit ihm zum ersten Mal im Fußball eine Taktik anwendete, die im

US-Sport längst gang und gäbe war: einen eigenen Schuh zu entwerfen. So ein schräger Vogel Cantona auch gewesen war, er hatte meist die klassischen schwarzen Schuhe mit aufgenähtem Nike-Logo an der Seite getragen. Und so betrat Ronaldo bei der WM 1998 den Rasen in einem speziell für ihn kreierten, silber-blauen Schuh, dem R9 Mercurial. Damit gehörte er zu einer kleinen Gruppe von Sportlern, die im Nike-Sortiment »ihren« Schuh hatten. Der Erste war 1984 Michael Jordan mit seinem legendären Air Jordan 1 gewesen, und erst kürzlich war der Reigen um eine Sportart erweitert worden, um einen gut aussehenden jungen Golfer zu promoten, dessen Name wie für Werbeplakate gemacht war: Tiger Woods.

Ein solcher »Signature-Schuh« bestätigte nicht nur den Status des jeweiligen Athleten als weltweite Ikone seines Sports, sondern hatte auch erhebliche finanzielle Vorteile. Die Sportler gaben ihren Namen nicht umsonst her, sondern verdienten an jedem einzelnen verkauften Paar Schuhe mit. Einem Nike-Manager zufolge lag der Satz damals bei etwa sieben Prozent – das reichte, um Ronaldo zusammen mit seinem Gehalt bei Inter Mailand zum bestbezahlten Fußballer der Welt zu machen.

Gleich dahinter rangierte Adidas' Aushängeschild David Beckham, dessen Marketingpotenzial sich als bahnbrechend für die Firma erwies – nicht nur durch seinen steigenden Bekanntheitsgrad, sondern auch durch seine Beziehung bzw. Fusion mit Victoria Adams, damals besser bekannt als Posh Spice von den Spice Girls. »Im Grunde war es Beckham, der den Stein ins Rollen brachte«, sagt Thierry Weil, der damalige Leiter der Fußballabteilung von Adidas.

Auch wenn der Einstieg in die Welt des Fußballs für Nike ein voller Erfolg gewesen war, musste sich das Unternehmen erst daran gewöhnen, dass es den ganzen Erdball nach potenziellen Werbeträgern absuchen musste. Bisher hatte man nur die Basketball- und Football-Abteilungen von ein paar Dutzend Colleges im Auge behalten und bei den Ausscheidungskämpfen für die nächsten Olympischen Spiele ein paar Turnschuhe verteilen müssen. Jetzt konnte der nächste Superstar genauso gut aus einem brasilianischen Dorf wie aus einer Plattenbausiedlung am Rande Liverpools kommen. Genau wie die Vereine, die längst dazu übergegangen waren, größere Netze auszuwerfen, baute sich auch Nike ein eigenes Netzwerk von Scouts, befreundeten Trainern, Agenten und Informanten auf, die dem Unternehmen für ein paar kostenlose Trainingsanzüge und eine kleine Provision Informationen zuspielten.

Portugal war für Nike ein besonders ergiebiges Jagdrevier. Das Unternehmen unterhielt langjährige Beziehungen zur Nationalmannschaft und, was genauso wichtig war, zu Fußballfans im ganzen Land. Luís Figo und der Mittelfeldspieler Rui Costa hatten bereits bei Nike unterschrieben. Während bei seiner letzten Saison bei Sporting halb Europa um Cristiano Ronaldos Aufmerksamkeit buhlte, schloss er sich einem Team an, bei dem er länger bleiben sollte als bei jedem Fußballverein: Nach einem kurzen Flirt und mehreren Dutzend Paar Schuhen unterzeichnete er 2003 einen Vertrag mit Nike. Zu diesem Zeitpunkt war Messi ebenfalls bei Nike mit an Bord, da seinem Vater langsam klar geworden war, dass sein Nachname möglicherweise bald etwas wert war.

Keine zehn Jahre, nachdem Nike beschlossen hatte, sich für Fußball zu interessieren, setzte das Unternehmen auf zwei Spieler, die es bald in die Lage versetzen würden, diesen Sport ein für alle Mal zu erobern. Durch kluges Urteilsvermögen, geschicktes Timing und ein Quäntchen Glück hatte Nike zwei Superstars in spe entdeckt, zwei Fußballer, die eine ganze Ära prägen sollten, und sie direkt am Anfang ihrer Karriere an sich gebunden. Genau wie später mit Roger Federer und Rafael Nadal im Tennis und mit LeBron James und Kevin Durant in der NBA war es dem Unternehmen gelungen, beide Parteien eines sich anbahnenden Konkurrenzkampfs auf seine Seite zu ziehen. Der Unterschied war, dass es in diesem Fall um den beliebtesten Sport der Welt ging. Milliarden Menschen würden zuschauen, und Messi und Ronaldo gehörten beide Nike.

Bis Nike einen von ihnen verlor.

///////

Auf die Frage, wie Messi ihnen durch die Lappen gehen konnte, gab es in der Nike-Zentrale in Beaverton nie eine offizielle Antwort. »Der Erfolg hat viele Väter«, sagt ein ehemaliger Manager über den Vorfall, »der Misserfolg ist ein Waisenkind.«

In diesem Fall war das Problem aber vor allem ein ganz bestimmter Vater. In den ersten Jahren war Jorge Messi völlig zufrieden damit, dass sein Kind in den Nike-Klamotten herumlief, die Barça seinen Spielern zur Verfügung stellte. Das Unternehmen war gerade dabei, mehrere Werbekampagnen mit Ronaldinho zu kreieren. Im Vorfeld der WM 2006 erkannte Nike dann, dass Leo auf dem besten Weg war, ebenfalls ein Star zu werden. Im Jahr 2005 produzierte man einen Werbespot mit Aufnahmen von Kindern und Jugendlichen, die auf den Straßen Barcelonas Kunststücke vorführen – einer nervt die Verkäufer auf dem Marktplatz mit seinem Ball, zwei üben am Strand Fallrückzieher, einer zirkelt auf einer Wiese einen Freistoß gegen den Kopf einer Vogelscheuche. Einige waren aufstrebende Talente von La Masia, andere brachten es nicht ganz so weit. Im Laufe des sechzigsekündigen Spots sagen mehrere der Jungen ihren Namen in die Kamera. Jonathan dos Santos, der spätere mexikanische Nationalspieler, taucht auf einem Balkon auf, um sich vorzustellen. Die meisten der Spieler kannte niemand mehr, als der Spot irgendwann ausgestrahlt wurde. Doch dann, gerade als der Werbespot fast zu Ende ist, schießt ein zottelhaariger Teenager ganz allein auf einem dunklen Trainingsplatz aus 25 Metern Entfernung einen Freistoß über einige Spielerattrappen hinweg ins Netz. Anschließend schaut er direkt in die Kamera und lässt die Fußballwelt aufhorchen.

»*Recuerda mi nombre*«, sagte er. »Merkt euch meinen Namen.« »*Leo Messi.*« Er ist von Kopf bis Fuß in Nike gekleidet.

Es war das Jahr, in dem Messi 18 Jahre alt wurde. Und es war das Jahr, in dem jedem, der sich mit Fußball auskannte, klar wurde, dass man diesen Jungen nicht länger ignorieren konnte. Im Sommer 2005 glänzte er bei der FIFA-U-20-WM in den Niederlanden, die damals noch »Junioren-Weltmeisterschaft« hieß. Dank Messi holte Argentinien den Titel. Er schoss in jedem Spiel der K.-o.-Runde ein Tor und verwandelte im Finale gegen Nigeria zwei Elfmeter zum Endstand von 2:1. Für seine Leistung im Turnier wurden ihm der Goldene Ball und der Goldene Schuh verliehen. Dass er Argentinien den Pokal beschert hatte, versetzte Diego Maradona geradezu in Hysterie. (Nicht, dass es beim begeisterungsfähigsten Fußballer aller Zeiten viel dazu gebraucht hätte.) »Lionel Messi wird einmal mein Nachfolger«, verkündete Maradona, der schon diverse Spieler von Ariel Ortega bis Andrés d'Alessandro zu seinem Nachfolger ernannt hatte. »Er wird der neue Goldjunge.«

Der Unterschied war, dass dieses Mal viele, die Ahnung vom Fußball hatten, ebenfalls Maradonas Meinung waren. Jeder von Barcelona bis Beaverton wusste, dass Messis nächste Etappe die Weltmeisterschaft in Deutschland sein würde. Auch wenn er dort zusammen mit der argentinischen Nationalmannschaft im Adidas-Trikot antreten würde, war Nike bei dem Turnier doch voll dabei. Zum ersten Mal rüstete das Unternehmen bei einer Fußball-WM mehr Mannschaften aus als sein Konkurrent aus Deutschland. (Auch Puma war mit von der Partie, versuchte aber nie ernsthaft, Messi oder Ronaldo abzuwerben.)

Nikes Kampagne stand unter dem portugiesischen Motto *Joga Bonito*, »das schöne Spiel«. Dank seiner Riege außergewöhnlicher Dribbler, allen voran der ewig tänzelnde Ronaldinho, ergab dieser Ansatz durchaus Sinn. Der Sommer 2006 sollte ganz im Zeichen eines besonderen fußballerischen Flairs stehen, und die Werbespots sollten wieder besonders aufsehenerregend werden. Also begann Nike mit mehr als einem Jahr Vorlauf, seine Stars in ganz Europa in Stellung zu bringen. Das Unternehmen arrangierte ein Fotoshooting mit Messi in Barcelona und ließ ihn alle Tricks aus seinem Repertoire vorführen, immer und immer wieder, aus jedem Winkel. Keiner wusste genau, was Nike mit all dem Material anfangen würde, aber die Kreativteams, die dem Unternehmen mit einer Reihe klassischer Spots – von der brasilianischen Nationalmannschaft, die auf einem Flughafen herumalbert, bis hin zu Superstars, die sich in einem Fußballkäfig duellieren – einen klaren Vorsprung vor Adidas verschafft hatten, wussten, dass sie alle Aufnahmen mit Messi gut gebrauchen konnten. Bis Nike Anfang 2006 einen Anruf erhielt, in dem ihnen mitgeteilt wurde, dass sie alle Aufnahmen mit Messi löschen mussten.

Messi durfte in keinem Nike-Werbefilm mehr auftauchen, weil er nicht mehr von Nike gesponsert wurde. Er war jetzt bei Adidas.

Die Verantwortlichen bei Nike trauten ihren Ohren nicht. Ihr Unternehmen hatte den Jungen mit Schuhen versorgt, seit er 14 Jahre alt gewesen war, und sponserte den einzigen Profiverein, bei dem er je gespielt hatte. Wenn es jemals einen logischen Kandidaten für eine lebenslange Bindung an Nike gegeben hatte, dann Messi.

Darüber, was der Auslöser für seinen Wechsel war, erzählt man sich unterschiedliche Geschichten. In Wirklichkeit war es wohl eine Kombination mehrerer Faktoren, die aber alle einen gemeinsamen roten Faden haben: Jorge Messi fand, dass Nike seinen Sohn nicht so behandelte, wie er es verdiente. Wie mehrere ehemalige Führungskräfte von Nike berichten, hatte Adidas der Familie Messi immer höhere Angebote unterbreitet, und die Geldgeber in Oregon hatten beschlossen, sich nicht wegen eines Teenagers in die Haare zu kriegen. Die Leute bei Nike in den USA riefen ihre Kollegen in Europa immer an, wenn sie glaubten, im Fernsehen ein neues Talent gesehen zu haben, und sagten: »Den Typ müssen wir uns schnappen!« Aber zu einer Zeit, als Spieler von Messis und

Ronaldos Rang vom Unternehmen einen niedrigen sechsstelligen Betrag pro Jahr bekamen, schien es sich nicht zu lohnen, das Honorar zu verzehnfachen, um mit dem millionenschweren Angebot von Adidas mitzuhalten. Außerdem war Jorge Messi nicht gerade in der Stimmung für Verhandlungen. Eine Person bei Nike, die mit den Verträgen der Messis vertraut war, erinnert sich, dass Leos Vater in Folge einer scheinbar harmlosen Bitte um mehr Ausrüstung, auf die weder Nike Iberia noch Nike South America rechtzeitig reagiert hatte, die Fassung verlor.

Auf jeden Fall waren Vater und Sohn entschlossen, das Angebot von Adidas anzunehmen. Doch Nike wollte nicht gänzlich kampflos aufgeben. Immerhin würden sich jetzt, wo Leo den Sprung in die erste Mannschaft des FC Barcelona schaffte, die jahrelangen Investitionen in ihn endlich auszahlen. Das Unternehmen war der Ansicht, dass sie eine Abmachung hatten, die noch für viele weitere Jahre galt. »Nike hat eine verbindliche Vereinbarung mit Lionel Messi«, sagte ein Unternehmenssprecher damals gegenüber Reportern. Man sei bereit, »alle notwendigen Maßnahmen« zu ergreifen, um die Vereinbarung durchzusetzen.

Aber Jorge Messi ließ sich nicht einschüchtern. Der Streit würde dort beigelegt werden, »wo er beigelegt werden muss«, erwiderte er. Damit meinte er wohl die spanischen Gerichte, vielleicht aber auch einen Faustkampf Mann gegen Mann in einer dunklen Gasse.

Das größte Problem für Nike war, dass kein schriftlicher Vertrag existierte. Entweder hatte es nie eine rechtsverbindliche Vereinbarung gegeben, oder es gab sie nicht mehr. Das Einzige, was das Unternehmen vorzuweisen hatte, war eine Absichtserklärung, die es mit den Messis abgeschlossen hatte und die, wie spanische Richter nach mehreren Monaten befanden, nicht das Faxpapier wert war, auf dem sie gedruckt war.

Am 1. Februar 2006 betrat Messi das Camp Nou zu einem Pokalspiel gegen Real Saragossa in einem Paar Adidas F50. Obwohl er an jenem Tag einen Treffer erzielte, würde es noch etwas dauern, bis er mit seinen neuen Adidas das erste Tor schoss – der Treffer gegen Saragossa war ein Kopfballtor.

In der Adidas-Zentrale in Herzogenaurach waren die Manager begeistert, oder zumindest die meisten. Einige wenige machten sich insgeheim Sorgen, dass sie die Rechte an einem der talentiertesten Fußballspieler der Welt erworben hatten, der als Werbeträger aber das Charisma eines Stummfilmstars besaß. Der wortkarge Junge, den die Teamkameraden in La Masia kennengelernt hatten, war jetzt ein wortkarger 18-Jähriger, der so gar nicht athletisch wirkte. Wenn man nicht auf ihn aufpasste, ernährte sich Messi nur von Pizza und Cola. Sein Trikot schlackerte an ihm herum, als hätte er es sich bei irgendwem ausgeliehen, und den Kraftraum des FC kannte er im Grunde nur von außen.

Aber auf höchster Ebene in Herzogenaurach hielt man die Abwerbung von Messi für so bedeutsam, dass Herbert Hainer, der Vorstandsvorsitzende von Adidas (und jetzige Präsident des FC Bayern München), im Mai mitten in der Telefonkonferenz des Unternehmens zu den Finanzergebnissen des ersten Quartals eigens darauf hinwies. »Ich wollte noch ein paar weitere positive Entwicklungen bei unseren Fußballaktivitäten erwähnen«, verkündete Hainer, und ganz oben auf seiner Liste – noch vor den atemberaubenden Zahlen für einen neuen Fußball (15 Millionen verkaufte Exemplare) und die neuesten Fußballschuhe (750.000 Paar allein im ersten Jahr) – stand »die Verpflichtung des weltbesten Fußballspielers unter 21 aus Argentinien, von dem viele sagen, dass er das Potenzial hat, der nächste Maradona zu werden«.

///////

In ganz Europa wurde man nun hellhörig, vor allem in Spanien. Das Letzte, was die anderen Vereine dort brauchten, war ein FC Barcelona, der wieder auf die Beine kam. Der dreisteste Versuch, den nächsten Maradona auszuschalten, kam von Deportivo La Coruña. Anfang der 2000er-Jahre, als Barça sein Formtief hatte,

hatte sich Deportivo einen Platz in der oberen Tabellenhälfte erkämpft und seit fast hundert Jahren zum ersten Mal die spanische Meisterschaft gewonnen. Der Verein beanstandete, dass Messi erst nach dem 31. August, dem Stichtag, an dem die Kader feststehen mussten, für die Saison 2005/06 angemeldet worden war. Es war kein Zufall, dass sich Barças Stadtrivale Espanyol der Beschwerde anschloss.

Vereinspräsident Joan Laporta vermutete allerdings, dass jemand ganz anderes die Fäden zog – nämlich Real Madrid. »Alle sind gegen Barcelona«, wetterte er.

Alle außer der spanische Fußballverband Real Federación Española de Fútbol, der entschied, dass Messi ganz legal registriert war, und ihn nicht suspendierte. Aber zu diesem Zeitpunkt hatte Laporta im Umgang mit Schwierigkeiten bereits jede Menge Erfahrung. Als die Primera División im Jahr 2005 strenge Beschränkungen für die Anzahl der Spieler aus Nicht-EU-Ländern einführte, sorgte er dafür, dass Messi und sein Vater spanische Pässe bekamen. Für den Fall, dass ihm das nicht gelungen wäre, hatte sich Espanyol großmütig bereit erklärt, Messi für eine Saison auszuleihen, während Barcelona seinen Kader umorganisierte, um Platz für einen Nicht-EU-Spieler zu schaffen. Der niederländische PSV Eindhoven und der italienische Gigant Juventus Turin versuchten diesen Trick ebenfalls. Die Turiner hatten Wind davon bekommen, dass die spanische Bürokratie vielleicht dafür sorgen würde, dass sie Messi zeitweise unter Vertrag nehmen könnten. Bei einem Freundschaftsspiel vor Beginn der Saison war Juve von Messi regelrecht auseinandergenommen worden. Nur 25 Minuten, nachdem er ihn zum ersten Mal gesehen hatte, versuchte Juves Trainer Fabio Capello ihn auf Leihbasis zu verpflichten. Das ernsthafteste Angebot kam aber von Inter Mailand, dem Verein des italienischen Ölmagnaten Massimo Moratti, der eine Vorliebe für linksfüßige Spieler hatte und sich Hals über Kopf in das zu kurz geratene Genie verliebte. »Ich würde irrsinnig viel

Geld ausgeben, um Messi zu kaufen«, verriet er der italienischen Presse.

Das alles bereitete Laporta extremes Kopfzerbrechen, denn sein Telefon klingelte ununterbrochen. Alle wollten dringend mit ihm sprechen: Einwanderungsanwälte, potenzielle Käufer für Messi und – wie immer – Messis Vater. Die Angebote für seinen Sohn waren Musik in Jorges Ohren. Nur drei Monate, nachdem er Leo im Sommer 2005 einen neuen Vertrag gesichert hatte, witterte er schon wieder Morgenluft. Jorge ließ Barcelona wissen, dass Leo bereit war, die Koffer zu packen und nach Mailand zu gehen.

Laporta musste also schnell handeln. Im Laufe von zwei Krisensitzungen tat er sein Bestes, um die Messis zu beschwichtigen und ihnen zu versichern, dass er dafür sorgen werde, dass Leo in Barcelona bleiben konnte. Als die spanischen Pässe dann endlich da waren, war alles wieder gut. Eine dritte Nachbesserung beim Vertrag innerhalb von anderthalb Jahren half allerdings ebenfalls.

»Es ging alles sehr schnell«, sagte der frischgebackene Spanier Messi, der jedoch das Angebot ausschlug, in der spanischen Nationalmannschaft zu spielen. »Ich unterschrieb einen Zettel, schwor einen Treueeid, und schon war alles wieder vorbei.«

Laportas administrativer Zweipunkteplan hatte ausgereicht, um Leo in der Mannschaft zu halten. Ob er auch spielen durfte, entschied jemand anderes, ein äußerst talentierter Ex-Mittelfeldspieler aus den Niederlanden namens Frank Rijkaard. Laporta hatte ihn 2003 als Trainer in den Verein geholt, im Rahmen seiner Bemühungen, wieder an die glorreiche Vergangenheit des FC Barcelona unter Johan Cruyff anzuknüpfen. Als Spieler sah Rijkaard das Spielfeld wie Cruyff, er bewegte den Ball wie Cruyff, und er stritt sich sogar wie Cruyff – und manchmal sogar *mit* Cruyff. Rijkaard hatte den Großteil der 1980er-Jahre unter seinem Landsmann bei Ajax gespielt, bis er eines Tages im Jahr 1987 beim Training die Beherrschung verloren hatte. Rijkaard hatte Cruyffs ständige Sticheleien satt, stürmte vom Platz und schwor sich, nie wieder für

Ajax zu spielen – ein Vorhaben, bei dem Cruyff ihm nur allzu gerne half. Rijkaard wurde an Sporting Lissabon und Real Zaragoza ausgeliehen, bevor er schließlich beim AC Mailand landete.

Jetzt, als Trainer, war es Rijkaards erklärte Aufgabe, dort weiterzumachen, wo Cruyff aufgehört hatte. Nach und nach integrierte er Jungs aus La Masia in die Mannschaft und begann damit, dem FC Barcelona seine alte Identität zurückzugeben. Barça-Urgesteine wie die Mittelfeldspieler Xavi und Andrés Iniesta, den Verteidiger Carles Puyol und den Torhüter Víctor Valdés mixte Rijkaard ab der Saison 2004/05 mit weltgewandteren Spielern wie Ronaldinho, Samuel Eto'o und Deco und holte so den ersten Liga-Titel seit 1999. Damals durfte Messi zwar schon mit der ersten Mannschaft trainieren, stand bei Spielen aber meistens noch für die Junioren auf dem Platz. Insgesamt spielte Messi während der gesamten Saison gerade einmal 84 Minuten für die Profis. Das meiste davon war völlig uninteressant – kurze Einsätze am Ende von Spielen, die das Team ohnehin schon gewonnen hatte. Auch Messis letzter Einsatz in dieser Saison dauerte nur vier Minuten, wurde aber sein denkwürdigster. Barcelona führte im Camp Nou mit 1:0 gegen das schwache Albacete. Messi wurde für Eto'o eingewechselt und löste sich sofort von der Verteidigung. Mit einem perfekten Schlenzer mit dem linken Fuß erzielte er sein erstes offizielles Tor für die A-Mannschaft des FC Barcelona. Ein paar Monate vor seinem 18. Geburtstag wurde er so zum jüngsten Torschützen in der Geschichte des Vereins. Dass das Tor wegen Abseits nicht gezählt wurde, machte gar nichts: Er schoss kurzerhand noch eines – dieses Mal war es ein gut platzierter Heber über den Torwart. Anschließend sprang er Ronaldinho in die Arme. Für Rijkaard waren Messis Tore lediglich der Beweis, dass er wieder einmal die richtige Entscheidung getroffen hatte. »Es war der passende Moment, um einen jungen Spieler wie Messi zu bringen«, teilte er den Reportern mit.

Die Sportpresse von Barcelona war ein wenig überschwänglicher. In den Dutzenden Seiten, die sie jedem Spiel widmete, war von jetzt an ein besonderer Platz für Messi reserviert, den Jungen, über den man schon seit Jahren schrieb, den man bisher aber nur selten aus der Nähe gesehen hatte. »Messi hat jetzt das Gefühl, dass Barça den Ligatitel, den sie höchstwahrscheinlich gewinnen werden, ihm zu verdanken hat«, schrieb *Mundo Deportivo* am Tag nach dem Spiel.

Leo sah das allerdings etwas anders, genau wie Jorge, der sich regelmäßig darüber beschwerte, dass sein Sohn nicht genug zum Einsatz kam. In der darauffolgenden Saison 2005/06 ließ Rijkaard Messi zum Glück länger auf den Platz und setzte ihn in mehr als zwanzig Spielen ein, während er herauszufinden versuchte, auf welcher Position der Junge am nützlichsten war. Bei den Junioren war Messi im Angriff eine Allzweckwaffe gewesen, die alle Gegner zerlegte, doch dort hatte Taktik kaum eine Rolle gespielt. In der ersten Mannschaft sah das ganz anders aus. Der Spielmacher war Ronaldinho in der Mitte, und Eto'o gab den unerschütterlichen Stürmer. Daher setzte Rijkaard Messi meistens auf dem rechten Flügel ein, wo ihm die meiste Zeit irgendwelche unbeholfenen Verteidiger in die Beine traten. Und wenn eines der wichtigeren Spiele anstand, war Rijkaard immer noch der Meinung, dass Messi auf der Ersatzbank am besten aufgehoben war. Die einzige Ausnahme war ein Achtelfinalspiel in der Champions League gegen Chelsea im Londoner Stadion Stamford Bridge im Februar 2006, wo Messi im Scouting-Bericht des Gegners als »sehr linksfüßig« bezeichnet worden war. An jenem Abend, Barça gewann 2:1, brachte er Chelseas Verteidiger zur Weißglut und zog sich eine wütende Schimpftirade von Trainer José Mourinho zu, der Messi vorwarf, er wolle den Verteidiger durch sein ständiges Herumzappeln zu einer Tätlichkeit verleiten.

»Wie sagt man ›betrügen‹ auf Katalanisch?«, fragte Mourinho erbost. (Mourinho spricht übrigens fließend Katalanisch.)

Zwei Wochen später, beim Rückspiel in Barcelona, als der Verein sein Ticket für das Viertelfinale löste, war Messi wieder mit dabei, und er war genauso gefährlich. Das Problem diesmal war, dass er nur 25 Minuten lang durchhielt: Messi stellte fest, dass er sich einen fünf Zentimeter langen Muskelfaserriss im Oberschenkel zugezogen hatte, und musste durch den schwedischen Stürmer Henrik Larsson ersetzt werden. Das zweite Spiel gegen Chelsea, das er unter Tränen verließ, blieb sein letzter Einsatz in dieser Saison.

In den folgenden Wochen gewann der FC Barcelona ohne ihn die Liga und zog ins Champions-League-Finale ein. Während Barça in Paris gegen Arsenal gewann, blieb Messi nichts übrig, als zu schmollen und die Tage zu zählen, bis er wieder spielen konnte. Er war der Ansicht, dass nichts, was auf dem Spielfeld passierte, etwas mit ihm zu tun hatte, wenn er nicht mit da draußen war. Selbst an jenem Abend im Stade de France, als Barcelona zum zweiten Mal in der Vereinsgeschichte – und zum ersten Mal seit dem Dreamteam – den Europapokal holte, fühlte sich Messi bloß wie ein Zuschauer. Er saß auf der Bank und musste mitansehen, wie Larsson in der zweiten Halbzeit seine Position einnahm und beide Tore zum 2:1-Sieg vorbereitete. Nach dem Schlusspfiff beschloss Messi, dass er genug gesehen hatte. Für ihn war der Abend gelaufen. Er schlurfte noch vor der Pokalübergabe durch den Tunnel.

Während seine Mannschaftskameraden ihre Medaillen abholten, machte er sich bereits Gedanken über größere Ziele – solche, die er selbst kontrollieren konnte, wie die Weltmeisterschaft 2006 und das, was danach alles passieren würde. Messi spürte, dass sein Moment gekommen war, bevor Rijkaard es wusste, bevor Argentinien es wusste und definitiv, bevor Nike es wusste. Bald würde er es allen zeigen. Und wenn er das tat, gab es für die, die so lange an ihm gezweifelt hatten, nur einen Trost. Ein Nike-Manager erinnert sich: »Wir sagten immer: Stellt euch mal vor, wie viel mehr Ärger wir gehabt hätten, hätte Messi auch noch eine Persönlichkeit gehabt.«

Vier
PlayStation-Kicker

Als die argentinische Nationalmannschaft zur Weltmeisterschaft 2006 in Deutschland eintraf, wartete ihr roter Teppich an einem Ort auf sie, dessen Namen kaum einer der Spieler aussprechen konnte: Anfang Juni kamen sie auf dem Campus von Adidas in Herzogenaurach an. Dort fanden sie frisch renovierte Zimmer vor, gepflegte Trainingsplätze und ein ganzes Team von Hotelangestellten, darunter mindestens zwanzig, die extra Spanischunterricht genommen hatten, um der Mannschaft ihren Aufenthalt so angenehm wie möglich zu gestalten. Sie hatten sogar die deutschen Bettdecken durch Laken ersetzt, wie sie in Argentinien üblich sind, und dafür gesorgt, dass drei spanischsprachige Kanäle auf den Fernsehgeräten liefen.

Adidas hatte die Anlage für 30 Millionen Euro renoviert, um sie als Basislager für eine der 16 Mannschaften zu nutzen, die das Unternehmen bei der WM 2006 ausstattete – darunter Frankreich, Spanien und Gastgeber Deutschland. Argentinien hatte als Erstes, so das Unternehmen, sein Interesse bekundet, und so hatten sich Messi, das neueste Aushängeschild des Adidas-Stalls, und seine Kollegen von der Nationalmannschaft das Fünf-Sterne-Hotel HerzogsPark gesichert. Dass der Chef des argentinischen Fußballverbands, Julio Grondona, gleichzeitig Finanzchef der FIFA war, also von einem der wichtigsten Partner von Adidas, war natürlich reiner Zufall.

Normalerweise ist so ein Basisquartier bei einem internationalen Turnier kaum mehr als ein glorifiziertes Sommercamp in einem

Luxusresort. Sport am Morgen, gemeinsame Mahlzeiten an langen Tischen und alles, was junge Menschen brauchen, um zwischen den wichtigsten Spielen ihres Lebens nicht auf dumme Gedanken zu kommen: Billard, Tischtennis und ein »Zeit-Raum« mit New-Age-Musik und beruhigender Beleuchtung – all das sollte die Monotonie zwischen den Trainingseinheiten auf dem *Adi-Dassler-Sportplatz* vertreiben. In den Sälen des HerzogsPark zählten die Argentinier die Tage bis zu ihrem Auftaktspiel gegen die Elfenbeinküste, während Carlos Tévez zu Cumbia-Rhythmen sang und Hernán Crespo Kartenspiele veranstaltete. Das Zimmer von Juan Román Riquelme diente als Café, in dem die Veteranen herumsaßen und Mate tranken, den bitteren, koffeinhaltigen Tee, ohne den kein Argentinier leben kann. Dort tratschten die älteren Spieler und machten sich über Messi lustig, weil er so viel Zeit in seinem Zimmer vor der PlayStation verbrachte. Manchmal fanden sie, er hätte mehr mit ihren Kindern gemein als mit ihnen.

Das hört sich an, als wären sie ein wenig eifersüchtig gewesen, und das war sicherlich auch der Fall. Messi war im Vorfeld der WM besonders oft in den Schlagzeilen gewesen. Obwohl er erst 2005 sein Debüt in der argentinischen Nationalmannschaft gegeben hatte (bei dem er nach nur 25 Sekunden des Feldes verwiesen worden war, weil er einen ungarischen Verteidiger mit dem Ellbogen gerammt hatte), konnte man den Eindruck gewinnen, dass die Presseleute nur wegen Messi mitgereist waren. Ständig ging es entweder um sein offensichtliches Talent oder um seine langwierige Verletzung. Die Frage, die die Reporter am meisten umtrieb, lautete: Ist Leo fit genug, um zu spielen?

Messi selbst hatte da überhaupt keine Zweifel. Er hatte das Frühjahr abwechselnd in Barcelona und in Rosario verbracht und ununterbrochen darauf geachtet, dass er seinen Oberschenkelmuskel schonte, um bei der Weltmeisterschaft einsatzbereit zu sein. Jetzt, so teilte er den Reportern mit, fühle er sich »*a la perfección*«.

Argentiniens grauhaariger Trainer José Pékerman war sich da

nicht so sicher. Der Enkel ukrainisch-jüdischer Einwanderer war früher Taxi gefahren, bevor er sich zu einem der wichtigsten Nachwuchstrainer des Landes aufgeschwungen hatte. Als langjähriger Trainer der argentinischen Jugendnationalmannschaft hatte er zwischen 1995 und 2001 dreimal die alle zwei Jahre stattfindende U-20-Weltmeisterschaft gewonnen und währenddessen eine ganze Generation von Nationalspielern betreut. Diese ehemaligen Jugendlichen waren jetzt eine eingeschworene Gemeinschaft von Veteranen, die den Kern seiner Mannschaft in Deutschland bildeten. Und ihrer Meinung nach hatte der Teenager mit den vielen Adidas-Werbespots zu warten, bis er an der Reihe war, ob er nun gesund war oder nicht. Als Argentinien die Elfenbeinküste mit 2:1 schlug, musste Messi von der Bank aus zusehen.

Da es sich hier um die argentinische Nationalmannschaft handelte, bestand immer die Gefahr, dass es beim Team drunter und drüber ging – vor allem als Diego Maradona drohte vorbeizuschauen. Er hatte schon beim ersten Spiel in Hamburg auf der Tribüne ein Spektakel veranstaltet und wiederholte seinen Auftritt beim zweiten Spiel gegen Serbien und Montenegro, das auf Schalke stattfand – nur dass er dieses Mal auch noch vor dem Spiel in die Umkleidekabine kam, um die Spieler anzubrüllen. Maradona wollte vor allem eines: Messi spielen sehen.

Von allen Seiten wuchs der Druck auf Pékerman. Maradona, der sowieso ständig für irgendeinen Spieler schwärmte, ließ sich leicht ignorieren. Viel lästiger war Messis Vater, der dauernd mit der Presse sprach und dabei hintenherum deutlich machte, dass er mit dem Verlauf der WM überhaupt nicht zufrieden war. »Lionel geht es gut, er ist fit und kann spielen«, verkündete Jorge. »Immer wenn er spielen darf, ist Lionel glücklich.«

Erschwerend kam hinzu, dass sich Adidas angeblich der Forderung nach mehr Spielzeit für sein wertvolles Investment angeschlossen hatte und direkt auf Pékerman Druck ausübte, Leo in die Startelf aufzunehmen. Die Gerüchte wurden so hartnäckig, dass sich das Unternehmen gezwungen sah, sie anzusprechen, um das letzte bisschen Frieden zu bewahren, das im Camp noch herrschte. »Argentinien hat einen der besten Trainer der Welt, und es ist seine Aufgabe, die Mannschaft auszuwählen«, verkündete der Unternehmenssprecher Thomas van Schaik gegenüber Reportern. Im Übrigen würden die Spieler, die vor Messi zum Einsatz gekommen waren, die Stürmer Hernán Crespo und Javier Saviola, ja ebenfalls von Adidas gesponsert, fügte van Schaik hinzu. Beide hatten die »drei Streifen« am Fuß, als sie gegen die Elfenbeinküste ihre Tore erzielten.

In der folgenden Woche gab Pékerman schließlich dennoch nach – zumindest ein wenig. Als er Messi im zweiten Gruppenspiel in der 75. Minute einwechselte, lag Argentinien bereits mit 3:0 vorne. Der übergewichtige Maradona war schweißgebadet, aber als Messis Nummer 19 aufgerufen wurde, flippte er aus, als säße er beim Gottesdienst einer Pfingstkirche in der vordersten Reihe. Messi belohnte seinen Jünger mit einem Tor und einer Vorlage, und Argentinien besiegte Serbien und Montenegro mit 6:0.

Das reichte aus, um die Stimmung explodieren zu lassen. Jedes Mal, wenn Pékerman vor die Mikrofone trat, wurde er nun nach Messi gefragt. Ja, er würde im letzten Gruppenspiel gegen die Niederlande spielen, da Argentinien ja bereits für das Achtelfinale qualifiziert sei. Und nein, er wisse noch nicht, wie er die Mannschaft für das Spiel gegen Mexiko aufstellen werde.

Im Achtelfinale wechselte Pekerman Messi schließlich erst sechs Minuten vor Ende der regulären Spielzeit ein, um in der Verlängerung ein paar frische Beine auf dem Platz zu haben. Leo machte sich sofort rechts an die Arbeit, um auf der anderen Seite des Spielfelds den Raum zu öffnen. Innerhalb von sieben Minuten war Messi an Argentiniens Siegtreffer beteiligt. Gut, wenn man ganz ehrlich ist, trug er zu Maxi Rodríguez' meisterlichem Tor ungefähr so viel bei, wie die Gehilfen, die Michelangelo die Farbe anmischten, zu den Gemälden in der Sixtinischen Kapelle. Dennoch reichten Messis Ballberührungen und die Art und Weise, wie er nacheinander drei Verteidiger ausdribbelte, aus, um alle Anwesenden davon zu überzeugen, dass der junge Mann beim Viertelfinale gegen Deutschland in die Startelf gehörte. Alle außer Pékerman.

Als Argentinien seine Aufstellung verkündete, war Messi wieder Gesprächsthema Nummer eins. Am Abend nach dem Sieg über Mexiko hatte die Mannschaft seinen 19. Geburtstag und den 28. Geburtstag von Juan Román Riquelme gefeiert, mit aus der Heimat importierten Steaks. Leo war gerade dabei, sich in der Mannschaft zurechtzufinden, und die älteren Spieler merkten langsam, wie wichtig er für das Team sein konnte. Aber beim Spiel gegen Deutschland wollte der Trainer vor allem auf Erfahrung setzen. Messi saß auf der Bank.

Etwa achtzig Minuten lang schien Pékermans Entscheidung die richtige zu sein. Argentinien ging zu Beginn der zweiten Halbzeit mit 1:0 in Führung und beschloss, sich darauf zu konzentrieren, die Führung zu verteidigen.

Pékermans erste Auswechslung im Spiel war komplett unfreiwillig: Er musste seinen verletzten Torwart ersetzen. Bei der zweiten Auswechslung ging Riquelme vom Platz, für ihn kam der defensive Esteban Cambiasso. Bei seiner dritten und letzten Auswechslung, zehn Minuten vor Abpfiff, fand Pekerman, dass es an der Zeit sei, einen frischen Angreifer zu holen. Also nahm er Crespo aus dem Spiel und ersetzte ihn durch einen Spieler, der ganz und gar nicht Messi war.

Messi saß angewidert auf der Bank. Er sagte nichts, aber die Kameras filmten ihn, wie er sich seine Adidas-F50-Fußballschuhe auszog. Das sagte den argentinischen Fans alles, was sie wissen mussten.

Eine Minute, nachdem Crespo vom Platz gegangen war, erzielte Miroslav Klose den Ausgleich, und am Ende siegte die deutsche Mannschaft im Elfmeterschießen, als Jens Lehmann zwei Elfer parierte. Die Messi-Debatte folgte den Argentiniern den ganzen Weg bis nach Hause. Pékerman wich der öffentlichen Schelte aus, indem er sein Amt niederlegte, noch bevor die Mannschaft ihren Bus bestiegen hatte, aber in der südamerikanischen Presse wurde die Frage tagelang diskutiert. Welche Botschaft hatte Messi ausgesendet, indem er barfuß auf der Bank gesessen hatte? Vergeudete Argentinien sein Talent? Und welcher neue Trainer konnte der Nationalmannschaft zum Comeback verhelfen – war es Zeit für Maradona? Können Halbgötter Taktik beibringen?

In Deutschland schritt die Weltmeisterschaft zu schnell voran, als dass man sich damit hätte aufhalten können, wie ein Verlierer seine Wunden leckte. Vierundzwanzig Stunden nach dem Ausscheiden Argentiniens war das große Thema in Deutschland das Viertelfinale zwischen England und Portugal. Und was Kontroversen anging, so sollte sich Portugals größtes Talent bei diesem Viertelfinale etwas leisten, das viel unerhörter war, als sich die Schuhe auszuziehen.

///////

Cristiano Ronaldo musste sich schon lange keine Sorgen mehr um seine Spielzeit machen.

In den drei Jahren seit seinem Wechsel zu Manchester United war er sowohl für seinen Verein als auch für sein Land zu einer unverzichtbaren Größe geworden. Wenn Ronaldo gesund war, stand er in der Startelf. Punkt. Dennoch stellte sich nur Stunden vor dem Spiel gegen England die Frage: War er wirklich gesund? Kaum sieben Minuten nach Beginn des Achtelfinals gegen die Niederlande hatte ihn der niederländische Verteidiger Khalid Boulahrouz auf brutale Weise mit gestrecktem Bein gefoult. Im Fußball sind solche Akte vorsätzlicher Aggression gegen den besten Spieler der gegnerischen Mannschaft, um ihn einzuschüchtern und seinen Einfluss im Spiel zu mindern, nicht unüblich. Abseits vom Spielfeld nennt man so etwas eher »vorsätzliche Körperverletzung«. Es lief, wie

Boulahrouz spekuliert hatte: Ronaldo sackte mit einer drei Zentimeter langen Wunde am Oberschenkel auf dem Rasen zusammen und wurde vom Platz genommen. Die Narbe sollte fast zwei Jahre später immer noch sichtbar sein.

So schlimm Boulahrouz' Foul auch gewesen war, es war nur das Appetithäppchen in einem der gewalttätigsten Spiele der WM-Geschichte. 16 Gelbe und vier Rote Karten wurden verteilt, von den zwei Schlägereien an der Seitenlinie ganz zu schweigen. Portugal hat die »Schlacht von Nürnberg«, wie die Presse das Spiel später taufte, zwar gewonnen, aber zu einem hohen Preis: Deco und Costinha waren nach ihren Platzverweisen für das Viertelfinale gesperrt, und da Ronaldo verletzt war, würde Portugal beim Spiel gegen England auf drei Viertel seines Mittelfelds verzichten müssten.

Doch Cristiano hatte nicht die Absicht, das Spiel auszusitzen. Er würde nicht zulassen, dass eine lächerliche Fleischwunde ihn vom WM-Viertelfinale abhielt. Dies war seine Chance, der Welt zu zeigen, wie gut Cristiano Ronaldo wirklich war.

Das war seine fixe Idee gewesen, seit er im August 2003 seine erste halbe Stunde im britischen Fußball absolviert hatte. Nur wenige Tage nach seinem Wechsel zu Manchester debütierte Ronaldo, als er gegen die Bolton Wanderers in der zweiten Halbzeit eingewechselt wurde. Er verwandelte einen Elfmeter, bereitete ein weiteres Tor vor und sorgte in den 29 Minuten, die er auf dem Platz war, für ein derartiges Chaos, dass United-Legende George Best später verkündete, es sei das aufregendste Spiel gewesen, das er je gesehen hätte. Als Ronaldo nach dem Schlusspfiff das Feld verließ, skandierten die Zuschauer im Old Trafford bereits seinen Namen.

Die Saison 2005/06 war für ihn dann aber deutlich weniger triumphal. Es war das schwierigste Jahr in Ronaldos bisherigem Leben.

Im September 2005, kurz vor einem WM-Qualifikationsspiel von Portugal in Moskau, starb sein Vater, Dinis Aveiro, im Alter von 51 Jahren an Leberversagen. Nationaltrainer Luiz Felipe Scolari überbrachte Ronaldo die Nachricht im Mannschaftshotel und teilte ihm mit, ein Auto stehe bereit, um ihn zum Flughafen zu bringen, damit er nach Hause fliegen könne. Ronaldo entgegnete Scolari, er werde nirgendwo hinfliegen. »Ich wollte spielen, das war alles, woran ich denken konnte«, sagte er später. »Ich wollte allen zeigen, dass ich ein echter Profi bin und meinen Job ernst nehme.« Erst nach dem Spiel flog er nach Madeira zur Beerdigung, und drei Tage später war Ronaldo wieder beim Training. Der Zwanzigjährige verpasste nur ein einziges Spiel für Manchester United.

Im darauffolgenden Monat wurde Ronaldo von der britischen Polizei verhört, weil er angeblich eine Frau in einem Londoner Hotel sexuell belästigt hatte. Es wurde keine Anklage erhoben, aber die Nachricht von seiner Verhaftung war weltweit auf den Titelseiten zu lesen.

Schon bald folgten weitere negative Schlagzeilen, wenn auch wegen weniger schwerwiegender Vergehen. Als Manchester United gegen Benfica Lissabon, den großen Rivalen von Sporting, eine hässliche Niederlage erlitten hatte, durch die sein Verein aus der Champions League ausgeschieden war, zeigte er den Zuschauern den Stinkefinger. Und ein paar Wochen später geriet er auf dem Trainingsplatz mit seinem Mannschaftskameraden Ruud van Nistelrooy aneinander, der sich über Ronaldos Vorliebe für Übersteiger ärgerte – und das seinem Mannschaftskameraden ein wenig deutlicher klarmachte als damals László Bölöni.

»Was will der beim Fußball? Der sollte zum Zirkus gehen!«, brüllte van Nistelrooy, bevor er vom Trainingsplatz stürmte.

Das Verhältnis zwischen den beiden verschlechterte sich im Laufe der Saison noch weiter, und obwohl United van Nistelrooy im Sommer an Real Madrid verkaufte, machte die schlechte Stimmung in der Kabine Ronaldo schwer zu schaffen.

Das alles sorgte dafür, dass die Saison 2005/06 alles andere als glatt lief. Viele hatten das Gefühl, dass Ronaldos Karriere ins Stocken geriet. Unbestritten war, dass er nach wie vor einer der spannendsten jungen Spieler der Welt war. Die Frage war eher, ob er noch lange der spannendste junge Spieler bei Manchester United sein würde. Denn 2004 tauchte dort ein anderer frühreifer Teenager auf, den alle europäischen Spitzenklubs haben wollten, bevor er alt genug war, um den Führerschein zu machen. Die Rede ist von Wayne Rooney.

Rooney war acht Monate jünger als Ronaldo, aber er sah aus, als käme er aus einer anderen Zeit – einer Zeit, als der Fußball noch rauer und brutaler war. Mit seinem kantigen Kiefer und seiner gedrungenen Statur wirkte der ständig die Zähne fletschende Rooney eher wie ein Boxer als wie ein Fußballer. Und so spielte er auch. Er setzte auf rohe Kraft und ungezügelte Aggression, und sein bulliger Körperbau half ihm dabei. Während Ronaldo mit der Anmut und Geschwindigkeit eines olympischen Eisschnellläufers an den gegnerischen Verteidigern vorbeirauschte, rannte Rooney geradewegs durch sie hindurch – und oft trat er zur Sicherheit auch noch auf sie ein. In den ersten vier Jahren seiner Karriere schoss er dank seiner spektakulären Schusstechnik 42 Tore und kassierte dank seiner spektakulären Reizbarkeit 32 Gelbe Karten sowie eine Rote. Manchmal wirkte Rooney, als könnte er sich auch beim Gassigehen mit seinem Hund noch einen Platzverweis einhandeln.

Trotz ihrer Meinungsverschiedenheiten einte Rooney und Ronaldo ein geradezu manischer Kampfgeist, der vom Trainingsplatz bis zur Tischtennisplatte reichte. Im Trainingslager in Carrington wurden sie zu engen Freunden. Jeden Morgen tauchten sie als Erste zum Training auf, wo Alex Ferguson und Carlos Queiroz beim Frühstück regelmäßig über die Fähigkeit von Rooney und Ronaldo staunten, sich mit diversen Aktivitäten zu unterhalten, bevor das eigentliche Training begann.

Ihre Freundschaft machte »Roonaldo« zu einem Albtraum für alle Verteidiger. Auf dem Spielfeld verstanden sie sich so gut, dass sie zusammen atemberaubend komplexe Angriffssequenzen vollführten. Sie passten und wechselten ihre Positionen so schnell, dass die Verteidiger kaum noch mitbekamen, wo sich der Ball gerade befand.

Allerdings war es immer öfter Rooney, der diese Spielzüge zum Abschluss brachte und so zum eigentlichen Star von Manchester United avancierte. Während Ronaldo sich durch eine Saison voller persönlicher Traumata kämpfte, blühte Rooney auf und schoss 16 Tore, so viel wie noch nie in einer Saison. Wenige Wochen vor der Fußball-WM 2006 wurde er zum englischen Nachwuchsspieler des Jahres gewählt. Ronaldo war ebenfalls in die engere Auswahl gekommen und ärgerte sich, dass er die prestigeträchtige Auszeichnung nicht bekommen hatte – vor allem, weil er feststellen musste, dass nicht einmal sein eigener Mannschaftskamerad für ihn gestimmt hatte: Rooney hatte seine Stimme für Cesc Fàbregas von Arsenal abgegeben.

Die Weltmeisterschaft war Ronaldos Chance, die Dinge wieder geradezurücken. »Es gibt mehrere Spieler, die eventuell zum besten Spieler der WM gekürt werden, und ich will versuchen, einer davon zu sein«, kündigte er vor dem Turnier an. »Ich will allen zeigen, was ich wert bin.«

Und was war dafür eine geeignetere Bühne als ein K.-o.-Spiel gegen England und Rooney?

//////

Das WM-Viertelfinale lief seit etwas mehr als einer Stunde, und die Arena AufSchalke bebte vor nervöser Anspannung. Ein besonders spannendes Spiel erlebten die 54.000 Fans im Stadion – und weitere 40.000, die das Spiel auf der Trabrennbahn in der Nähe auf einer Riesenleinwand verfolgten – allerdings nicht.

Von Anfang an hatten sich England und Portugal ineinander verkeilt und lieferten sich ein zweikampfbetontes Spiel mit zahlreichen Fehlpässen und Fouls, das ständig unterbrochen werden musste. Je länger es dauerte, desto unwahrscheinlicher wurde es, dass eine der beiden Mannschaften ein Tor erzielen würde. Es war eine dieser zähen internationalen Begegnungen, die nach einem Superstar schreien, der ein wenig zaubert.

Wayne Rooney spürte das auch. Acht Wochen zuvor hatte er sich den Fuß gebrochen und in aller Eile die Reha absolviert, um bei der WM dabei zu sein. Mit seiner Teilnahme setzte er sich dennoch über die Ratschläge der Ärzte hinweg – und über seinen Vereinstrainer Alex Ferguson, der ihn anwies, das Turnier auszulassen und wieder ganz gesund zu werden. Als Rooney dann in Deutschland eintraf, wurde ihm klar, dass sein Fuß doch noch nicht wieder ganz heil war. Schlimmer noch: Er war sicher, dass er sich zehn Tage zuvor im Training außerdem eine Leistenzerrung zugezogen hatte, verschwieg das aber den Mannschaftsärzten, weil sie ihn sonst direkt wieder nach Hause geschickt hätten.

Jetzt, im bisher wichtigsten Spiel seiner Karriere, spielte Rooney, wie jemand mit einem verletzten Fuß und einer gezerrten Leiste nun eben spielt. Obendrein war er ungewohnterweise als einziger Stürmer aufgestellt worden, und so stand er jetzt seit 61 Minuten auf dem Feld, ohne viel bewirkt zu haben. Er hatte ein halbes Dutzend Mal den Ball verloren, und als er endlich einmal die Chance auf einen Torschuss gehabt hatte, da hatte er den Ball nicht getroffen. In der feuchten Atmosphäre unter dem geschlossenen Stadiondach floss Rooney der Schweiß in Strömen herunter. Ihm war heiß, er war müde und frustriert. Es war an der Zeit, zu handeln – was bei Rooney in der Regel bedeutete, dass er den Gegnern in die Knochen ging.

Rooney ließ sich zurückfallen, um kurz hinter der Mittellinie den Ball anzunehmen, aber als er sich wieder nach vorne wenden wollte, wurde er vom portugiesischen Verteidiger Ricardo Carvalho erwischt und kam ins Straucheln. Er fand rechtzeitig sein Gleichgewicht wieder, um einem anderen Verteidiger den Ball abzuluchsen, aber Carvalho war sofort wieder da und grätschte ihm in die Knöchel. Rooney stolperte, richtete sich aber wieder auf, doch

Carvalho hielt ihn am Arm und versuchte ihn zu Boden zu ziehen. Rooney konnte ihn nicht sofort abschütteln, und genau in diesem Moment, in der blanken Wut über ein WM-Viertelfinale, in dem alles schiefzugehen schien, kochte Rooneys alter Jähzorn hoch. Er trat dem auf dem Boden liegenden Carvalho in die Eier.

Es war ein Akt sinnloser Gewalt. Aber für Millionen Zuschauer auf der Welt – darunter die gesamte Bevölkerung Englands – war das, was jetzt kam, noch viel ungeheuerlicher.

Cristiano Ronaldo war etwa dreißig Meter entfernt, als Rooney und Carvalho aneinandergerieten. Er hatte sich das ganze Spiel über eher am Rande des Geschehens aufgehalten. Sein Trainer Scolari hatte ihm gesagt, er könne ganz frei agieren, und erklärt: »Ich finde nicht, dass ein Fußballer wie eine zahme Kuh beim Krippenspiel sein sollte oder eine Maria, die nur Ja und Amen sagt. Ich möchte, dass meine Spieler aktiv mitmachen und eine eigene Meinung haben.« Bislang hatte Ronaldo diese Anweisung noch nicht befolgt. Als er dann aber endlich aufhörte, sich wie eine zahme Kuh zu benehmen, war das wohl nicht ganz, was Scolari im Sinn gehabt hatte. Denn Cristiano rannte zu der Stelle, wo Rooney die Tätlichkeit begangen hatte, und forderte den Schiedsrichter lautstark auf, ihm einen Platzverweis zu erteilen.

Für die Reporter, die das Spiel für die BBC kommentierten, grenzte Ronaldos Verhalten an Hochverrat, schließlich war Rooney sein Mannschaftskamerad bei Manchester United. »Ronaldo ist sofort da und redet auf den Schiedsrichter ein, dass er etwas tun soll«, sagte Mark Lawrenson und seufzte. Rooney war nicht weniger entsetzt. Er verpasste Ronaldo einen harten Stoß gegen die Brust. Die Enttäuschung der BBC-Reporter schlug in offene Abscheu um, als der argentinische Schiedsrichter Horacio Elizondo, ein ehemaliger Sportlehrer, der in seiner Freizeit Gedichte schrieb, Rooney die Rote Karte zeigte und damit Englands Chancen auf das Halbfinale quasi direkt zunichtemachte.

Rooney marschierte vom Spielfeld. Bevor er im Tunnel verschwand, verpasste er noch einer herumstehenden Wasserflasche einen kräftigen Tritt. In diesem Moment richteten sich die Fernsehkameras auf Ronaldo, der sich gerade vom Ort des Geschehens entfernte. Er blickte in Richtung der portugiesischen Tribüne, ein Lächeln umspielte seine Lippen.

Und dann zwinkerte er.

Es war eine Geste, die nichts und zugleich doch alles sagte. Natürlich waren die BBC-Kommentatoren völlig außer sich vor Empörung.

»Jetzt seht euch das an!«, stotterte Ian Wright, den Nike wegen seiner lässigen Coolness so sympathisch gefunden hatte. »Hat er da gerade wem zugezwinkert?«

»Bitte sagt mir, dass das nicht wahr ist«, stöhnte Alan Hansen mit seinem starken schottischen Akzent.

Als Ronaldo später beim Elfmeterschießen dann auch noch den Ball küsste, ihn in der oberen rechten Ecke platzierte und Portugal so ins Halbfinale schoss, sorgte er dafür, dass er in England ab sofort in etwa so beliebt war wie Jack the Ripper, der Sheriff von Nottingham oder Yoko Ono.

Ehrensache, dass die britische Boulevardpresse diese Episode mit dem gebotenen Augenmaß behandelte. »Lasst diesen Mann nicht mehr ins Land«, forderte der *Daily Mirror*. »Verpasst Ron einen Denkzettel«, titelte *The Sun* und zeigte das Gesicht des »verweichlichten portugiesischen Schönlings Cristiano Ronaldo« auf einer Dartscheibe.

Sogar die sonst so nüchterne *Times* ließ sich von der Hysterie anstecken und befand, Ronaldos Augenzwinkern könnte sich negativ auf Portugals 15 Milliarden Dollar schwere Tourismusindustrie auswirken. England schob Ronaldo alles Erdenkliche in die Schuhe, mit Ausnahme vielleicht des schlechten Wetters.

Und die Empörung beschränkte sich nicht auf Großbritannien. Im Halbfinale, bei dem Portugal gegen Frankreich unterlag, wurde Ronaldo bei jeder Ballberührung ausgebuht. (Die *Sun* und der

Daily Mirror dachten sich für das Spiel die gleiche Schlagzeile aus: »Jetzt zwinkerst du nicht mehr«.) Ein frühes Anzeichen dafür, wie umstritten er auch im Internet war, war eine Online-Kampagne, bei der man dagegen stimmen konnte, dass er von der FIFA als »bester Nachwuchsspieler der WM« ausgezeichnet werden würde. Als diese Auszeichnung stattdessen an Lukas Podolski ging, räumte die verantwortliche Jury dann auch tatsächlich ein, Ronaldos Zwinkern habe ihre Entscheidung maßgeblich beeinflusst. »Er hat wegen seiner Geste mit Rooney bestimmt ein paar Minuspunkte gesammelt«, sagte der ehemalige Kapitän der deutschen Nationalmannschaft, Lothar Matthäus.

Für Ronaldo, der individuelle Auszeichnungen so sehr schätzt, dass er alle Trophäen, die ihm seit seinem sechsten Lebensjahr verliehen wurden, aufgehoben hat, war das eine Katastrophe. Ausgebuht zu werden war eine Sache, aber ihm eine persönliche Anerkennung vorzuenthalten, stand auf einem ganz anderen Blatt. Und wenn der englische Fußball ihn nicht zu schätzen wusste, dann war es halt an der Zeit, sich von diesem zu verabschieden. In einem Interview nach Portugals Niederlage gegen Deutschland im Spiel um den dritten Platz verriet Ronaldo erstmals, dass er einen Wechsel nach Spanien ins Auge fasste.

Jorge Mendes machte sich direkt an die Arbeit. Er führte informelle Gespräche mit dem FC Barcelona und Real Madrid und konnte sich mit dem FC Valencia sogar auf einen Vertragsentwurf einigen.

»Ich werde nicht bei Manchester United bleiben«, verkündete Ronaldo. »Nach dem, was mit Rooney passiert ist, kann ich da nicht länger spielen. Ein paar Tage noch, dann werde ich meine Zukunft geklärt haben.«

Der Einzige, der nicht völlig empört war, war interessanterweise Wayne Rooney.

Direkt vor dem Elfmeterschießen, bei dem Ronaldo England aus dem Turnier kickte, saß Rooney allein in der Umkleidekabine und starrte auf die Einrichtung, die er gerade zertrümmert hatte. In diesem Moment beschloss er, den Vorfall mit Ronaldo auf sich beruhen zu lassen. »Ich versetzte mich in seine Lage. Hätte ich dasselbe getan? Wahrscheinlich«, schrieb Rooney später. »Hätte ich auf den Schiedsrichter eingeredet, um sicherzustellen, dass der andere vom Platz fliegt? Wenn er die rote Karte verdient hätte, wenn es uns zum Sieg verholfen hätte – klar, keine Frage.« Im privaten Rahmen gestand er, dass er in der ersten Halbzeit selbst versucht hatte, Ronaldo wegen einer Schwalbe verwarnen zu lassen.

Nach dem Spiel unternahm Rooney bereits im Tunnel einen ersten Versuch, die Wogen zu glätten. »Ich habe kein Problem mit dir«, sagte er zu Ronaldo. »Genieß das Turnier, und viel Glück! Wir sehen uns in ein paar Wochen wieder – dann versuchen wir zusammen Meister zu werden.« Einige Wochen später reiste Alex Ferguson persönlich an die Algarve, um Ronaldo zu versichern, dass die Engländer nicht ewig sauer auf ihn sein würden. David Beckham hatte Ähnliches durchgemacht, nachdem er im Achtelfinale der WM 1998 wegen einer Tätlichkeit vom Platz geflogen war und so maßgeblich zum Ausscheiden Englands beigetragen hatte. Bei United konnten sich auch die größten Schurken rehabilitieren.

Als Ronaldo dann beim ersten Training nach der Sommerpause bei Manchester auftauchte, begrüßte Rooney ihn mit einem Augenzwinkern.

///////

Ausnahmsweise hatte Ferguson Unrecht. Über ein Jahr später wurde Ronaldo in den Fußballstadien des Landes immer noch ausgebuht.

Als er an einem Mittwochabend im August nach einem Auswärtsspiel den Tunnel betrat, der zur Umkleidekabine der Gastmannschaft führte, versuchte er wieder einmal, die Pfiffe und Buhrufe zu ignorieren, die auf ihn niederprasselten. Er konnte sich sogar ein müdes Lächeln abringen. Wo auch immer er mit Manchester United auftauchte, wurde Ronaldo mit Beleidigungen und Beschimpfungen überschüttet, und es wurde sogar ein Spottlied erfunden, in dem er mit einer einäugigen Ratte verglichen wird. Britische Fußballfans haben noch nie eine Gelegenheit ausgelassen, jemanden zu verhöhnen, und jetzt, 13 Monate nach der Weltmeisterschaft, war Ronaldo immer noch ihre liebste Zielscheibe.

An diesem Mittwochabend in Portsmouth ging es jedoch ausnahmsweise nicht (nur) um das Augenzwinkern damals auf Schalke. Es ging darum, dass Ronaldo gerade jemandem eine Kopfnuss verpasst hatte.

Eigentlich konnte nicht wirklich von einer Kopfnuss die Rede sein. Als Manchester United auf einen späten Siegtreffer drängte, geriet Ronaldo vor einem Eckstoß mit einem schottischen Mittelfeldspieler von Portsmouth namens Richard Hughes aneinander. Die beiden bauten sich voreinander auf, schubsten sich gegenseitig, und dann erwischte Ronaldo Hughes leicht seitlich am Kopf. Hughes reagierte, wie man es von einem echten Fußballprofi erwarten darf, und tat so, als sei er gerade von Mike Tyson niedergestreckt worden.

Noch Jahre später bezeichnete Hughes den Vorfall mit Ronaldo als einen Höhepunkt seiner Karriere. »Ich habe nicht sonderlich viele Tore geschossen, also muss ich mich an andere Meilensteine halten«, sagte er. »Ich kann immer erzählen, wie mir einer der ganz Großen im Fußball eine Kopfnuss verpasst hat.«

Nicht alle Beteiligten waren so großmütig. Der Schiedsrichter zeigte Ronaldo die Rote Karte, und der Fußballverband sperrte ihn wegen gewalttätigen Verhaltens für die nächsten drei Spiele. Nach Abpfiff bekam Alex Ferguson einen Tobsuchtsanfall und schimpfte auf Hughes, den Schiedsrichter und sogar auf Ronaldo. »Er wurde provoziert und ist in die Falle getappt«, polterte der United-Trainer.

Ein paar Monate zuvor hatte Fergusons Team nach einer dreijährigen Durststrecke endlich wieder die Premier League gewonnen.

Nachdem Ronaldo und Rooney ihren WM-Streit beigelegt hatten, hatten sie in der Saison 2006/07 zusammen 41 Tore erzielt. Endlich zahlte sich Fergusons Entscheidung aus, auf diese zwei Teenager zu setzen. Doch als Cristiano die Sicherung durchgebrannt war, hatte das den Plan des Vereins, den Titel zu verteidigen, frühzeitig ins Wanken gebracht. Wegen des Unentschiedens in Portsmouth hatte United zum ersten Mal seit fast zehn Jahren keines seiner zwei Liga-Auftaktspiele gewonnen. Rooney fiel bereits wegen einer Verletzung aus, und jetzt war auch noch Ronaldo für drei Spiele gesperrt, was er selbst als »absurd und ungerecht« bezeichnete.

Diese außergewöhnlich harte Strafe änderte den Verlauf von Ronaldos Karriere. Da seine Sperre mit einer *Länderspielpause* in der Premier League zusammenfiel, kam er einen ganzen Monat lang bei Manchester United nicht zum Einsatz. In einer Zeit, in der Fußballstars oft dreimal pro Woche spielten und mehr als sechzig Spiele pro Jahr absolvierten, musste Ronaldo eine einmonatige Pause wie ein Sabbatjahr vorkommen. Er fuhr nicht zu Auswärtsspielen mit und war von Taktik-Training und Erholungseinheiten freigestellt. Zum ersten Mal seit einer gefühlten Ewigkeit konnte Ronaldo tun und lassen, was er wollte.

In seinem Haus auf dem Lande bei Manchester – »ein großes Bauernhaus, mit Kühen und so«, wie er in einem Interview mit *Vogue* erzählte – wurde Ronaldo aber schnell langweilig, und er beschloss, sich seiner Lieblingsbeschäftigung zu widmen: ein wenig Extra-Training. Das erwies sich als sehr gute Entscheidung, denn so verbrachte er eine Menge Zeit in der Gesellschaft eines Mannes namens René Meulensteen.

///////

Man kann es kaum anders sagen: Nichts an René Meulensteens Karriere als Trainer deutete darauf hin, dass er eines Tages einem der besten Fußballspieler der Geschichte dabei helfen würde, sein volles Potenzial zu entfalten.

Der gebürtige Niederländer Meulensteen spielte in seiner Heimat für eine Handvoll semiprofessioneller Vereine als Verteidiger, bis ihm klar wurde, dass er es als Spieler nicht bis ganz nach oben schaffen würde. Also beendete er im Alter von 26 Jahren seine aktive Karriere und wurde Fußballtrainer.

Ein paar Jahre später sah es dann allerdings so aus, als würde er es auch als Trainer nicht bis ganz nach oben schaffen.

Zu den Höhepunkten seiner Karriere zählten ein Engagement als Co-Trainer für zwei Vereine in Saudi-Arabien und als Trainer der U-18-Nationalmannschaft von Katar. Von den großen europäischen Ligen war er so weit entfernt wie Katar von Manchester.

Das sollte sich allerdings ändern, als er zufällig Les Kershaw kennenlernte, den Scout von Manchester United, der ihm einen Job als Trainer der F-Jugend in seinem Verein vermittelte. Hier war er zu gleichen Teilen Grundlagenvermittler und Babysitter, aber es war immerhin ein Anfang. In den folgenden fünf Jahren übernahm Meulensteen diverse Aufgaben als Trainer in der Jugendakademie und bei den Reservemannschaften des Vereins. 2006 nutzte er seine bisherige Erfahrung, um im Ausland seinen ersten Job als Cheftrainer zu ergattern, und unterzeichnete einen Dreijahresvertrag beim dänischen Verein Brøndby IF. Dort hielt er jedoch kaum eine halbe Saison durch, während Brøndby nur sechs von 18 Superliga-Spielen gewann. Seine Zeit in Dänemark ist vor allem wegen einer bizarren Mannschaftsbesprechung vor einem Spiel in Erinnerung geblieben: Meulensteen verlangte von jedem Spieler, sich in ein Tier hineinzuversetzen, und benannte dann eine Startaufstellung, in der unter anderem ein Elefant, ein Fuchs, eine Giraffe und ein Tiger antraten. »Offenbar schicken wir heute einen ganzen Zoo aufs Spielfeld«, meinte Mannschaftskapitän Per Nielsen. Ein echter Zoo hätte kaum schlechter gespielt – Brøndby IF verlor mit 0:4 und beendete das Spiel mit neun Spielern.

Viele andere hätten nach einer solchen Aktion jede Hoffnung begraben, jemals Elitetrainer zu werden. Aber nicht so Meulensteen, im Gegenteil: Sechs Monate später war er zurück im Old Trafford, diesmal als Assistenztrainer von Alex Ferguson.

Dass sein kurioses zoologisches Experiment letztlich dazu führte, dass Meulensteen Spieler wie Wayne Rooney, Ryan Giggs und Cristiano Ronaldo betreuen durfte, hatte er Fergusons neuester Innovation zu verdanken. Heute erinnert man sich an den legendären Trainer von United vor allem als strengen Zuchtmeister, der in der Halbzeitpause regelmäßig ausrastete. Doch hinter der rauen Fassade schlug das Herz eines fortschrittlichen, weitsichtigen CEO. Er war ein früher Befürworter von Teamrotation und Lastmanagement gewesen, und er hatte ein System eingeführt, bei dem einer von zwei Mittelstürmern als hängende Spitze spielte, sich also zurückfallen lassen konnte, um das Mittelfeld zu verstärken. Sein neuestes Projekt waren die Optimierung des Trainerstabs und das Delegieren von Aufgaben. Ferguson nahm sich das Playbook der NFL zum Vorbild und stellte einen Stab von Spezialisten zusammen.

Um den frischgebackenen Premier-League-Meister zur besten Mannschaft Europas zu machen, setzte er auf eine Philosophie, die zu jener Zeit bereits diverse andere Sportarten in Großbritannien revolutionierte, vom Rugby bis zum Bahnradsport: Das Stichwort hieß *marginal gains*, also »winzige Steigerungen« in vielen verschiedenen Bereichen, die in der Summe zum Sieg führen sollten. Kein Detail war zu klein, als dass man es ignorieren durfte. Carlos Queiroz, bereits zum zweiten Mal Fergusons Assistenztrainer, war inzwischen de facto der Taktik-Coach von United. Tony Strudwick wurde als Performance-Coach eingestellt und stellte sicher, dass die Spieler in bester körperlicher Verfassung waren, und Meulensteen kehrte als Technik-Coach nach Old Trafford zurück und kümmerte sich in dieser Rolle um die technischen Kompetenzen der Spieler. Bis zum Beginn der Saison 2007/08 hatte Ferguson so viele Trainer eingestellt, dass er den Unterstand im Old Trafford umgestalten lassen musste.

So kurios Meulensteens Rückkehr zu Manchester United auch gewesen sein mag, seine erste wichtige Aufgabe schien geradezu absurd – mit Cristiano Ronaldo an dessen technischen Fähigkeiten zu arbeiten, klingt ungefähr so sinnvoll, wie Sebastian Vettel Fahrstunden anzubieten.

Zum Glück sah Ronaldo das nicht so.

Was ihn seiner Ansicht nach seit so vielen Jahren von allen anderen Spielern unterschied, war nicht Talent, sondern Arbeitsmoral. Auch jetzt noch konnte man den jungen Mann, der in Lissabon mit den Autos um die Wette gelaufen war, um die Bäume am Rande des Trainingsgeländes von Manchester United herumdribbeln sehen, wenn seine Teamkameraden längst Feierabend gemacht hatten. Die Rote Karte in Portsmouth hatte er nicht zum Anlass genommen, die Füße hochzulegen, sondern noch intensiver an seinem Spiel zu arbeiten. Sein neuer Technik-Coach war der Meinung, dass Ronaldo vor allem an einer ganz bestimmten technischen Fähigkeit arbeiten sollte, dem ältesten und fundamentalsten Trick im Fußball: den Ball im Netz zu versenken.

Ronaldo hatte schon immer Tore geschossen, nur eben nie so viele, wie seine Trainer erwartet hatten. Er wusste das, weil Ferguson nicht müde wurde, ihn daran zu erinnern. Seit Ronaldo im Verein war, hatte er mit Ferguson eine Wette über 100 Pfund laufen, wie viele Tore er pro Saison schießen würde. In seiner ersten Saison wettete Ronaldo, er würde zehn oder mehr Treffer landen. Er verlor. Im nächsten Jahr legten sie die Untergrenze auf 15 Tore fest. Wieder verlor Ronaldo, genau wie im Jahr darauf. In seinem vierten Jahr im Verein und mit 400 Pfund im Jackpot gelang Ronaldo dann der Durchbruch: Im Februar, drei Monate vor Ende der Saison, schoss er sein 15. Saisontor. »Elfmeter zählen nicht!«, schimpfte Ferguson nach dem Spiel in einem Interview, um seinen Einsatz nicht zahlen zu müssen, aber am Ende der Saison hatte er keine Wahl mehr: Ronaldo schoss insgesamt 23 Tore. Endlich hatte er das Gefühl, auch diesen Teil des Spiels verstanden zu haben.

Meulensteen war da ganz anderer Meinung. In einer ihrer ersten Trainingseinheiten während seiner Zwangspause fragte er Ronaldo nach dessen Zielen für 2007/08: »Was glaubst du, wie viele Tore schießt du in dieser Saison?«

»Dreißig«, antwortete Ronaldo. »Sieben Tore mehr als letztes Mal.«

»Okay, das ist schon besser«, stimmte Meulensteen zu.

»Was glauben Sie denn?«, fragte Ronaldo.

»Ich finde, du solltest vierzig anpeilen.«

»Aber das ist ja fast das Doppelte!«

»Ja«, gab Meulensteen zu, »aber du hast ja auch noch nie trainiert, aufs Tor zu schießen.« Meulensteens größter Einfluss als junger Trainer war sein Landsmann Wiel Coerver gewesen, der für seine Überzeugung bekannt war, dass fußballerisches Können nicht angeboren ist, sondern erst erlernt werden muss. Mit anderen Worten: Er war das genaue Gegenteil von Johan Cruyff. Also beschloss Meulensteen, Cristiano in den nächsten vier Wochen beizubringen, wie man Tore schießt.

Sein erster Schritt bestand darin, Ronaldos gesamte Herangehensweise an das Toreschießen umzukrempeln. Meulensteen war der Ansicht, dass Ronaldo vor allem deshalb nicht genug Tore schoss, weil es ihm nicht reichte, einfach nur zu treffen, er wollte *spektakuläre* Tore schießen. »Schau mich an! Obere Ecke!«, schimpfte Meulensteen. »Du willst den Ball immer mit voller Kraft ins Netz ballern, sogar bei einem Abstauber.«

Um zu verdeutlichen, was er meinte, sahen sie sich zusammen Videos von anderen großen Stürmern an, die bereits bei United unter Ferguson gespielt hatten, wie Éric Cantona, Ruud van Nistelrooy, Mark Hughes und Andy Cole. Hunderte Tore fielen, eines nach dem anderen: Kopfbälle, Volleys, Abstauber, Fallrückzieher.

Als der Zusammenschnitt vorbei war, wandte sich Meulensteen an Ronaldo und fragte ihn, was er gesehen habe.

»Eine Menge Tore«, antwortete dieser.

Also sahen sie sich dasselbe Video noch einmal an.

Diesmal fiel der Groschen. »Jetzt sehe ich es auch«, sagte Ronaldo. »Die meisten Tore werden mit einer oder zwei Berührungen erzielt, und die meisten fallen innerhalb des Strafraums, aus verschiedenen Winkeln.«

Jetzt, da er es verstanden hatte, begann für Meulensteen die eigentliche Arbeit. Er entwickelte eine Reihe von Schießübungen, um Ronaldo zu zeigen, wie er sich auf dem Spielfeld positionieren und aus verschiedenen Winkeln innerhalb des Strafraums ein Tor erzielen kann. Er bastelte eine Karte mit Spielfeld und Tor, auf der er alle denkbaren Torschüsse kategorisierte.

Sie konzentrierten sich auf drei verschiedene Positionen: direkt vor dem Tor (Zone 1), links und rechts vom Tor (Zone 2) und weiter draußen (Zone 3) – und neun verschiedene Bereiche am Tor, um festzulegen, wie man von wo aus am besten wohin schießt. »Vollspannstoß, Innenseite, eine Berührung oder zwei«, erinnert sich Meulensteen. »Das Toreschießen muss dir in Fleisch und Blut übergehen, deshalb die Trainingseinheiten.«

Zu sagen, dass Ronaldo die Trainingseinheiten absolvierte, wäre definitiv untertrieben. Er verschlang sie. Jeden Morgen, wenn Meulensteen im Trainingszentrum von United in Carrington eintraf, wartete Ronaldo bereits vor seinem Büro. Er hatte kaum Zeit, eine Tasse Tee zu trinken, bevor der junge Mann ihn drängte, mit ihm aufs Spielfeld zu gehen. Dort übte er dann mit Ronaldo wieder und wieder den Torschuss und filmte ihn dabei. Anschließend ging Meulensteen in sein Büro und lud das Filmmaterial auf seinen Rechner, damit Ronaldo es später studieren konnte. Sie verbrachten so viel Zeit auf dem Trainingsplatz, dass Meulensteen schätzt, Ronaldo habe in jenen vier Wochen fünftausend Tore geschossen.

Immer wenn sie mit dem Training fertig waren, lief Ronaldo noch zum »Käfig«, einem kleinen, von einem Maschendrahtzaun umgebenen Kunstrasenplatz, wo die Spieler von United gezielt daran arbeiteten, neue Skills in ihr Spiel einzubauen. Ronaldo reduzierte sein Spiel auf das Nötigste. *Ballannahme, Drehung, Schuss. Ballannahme, Drehung, Schuss.* Der pickelige Übersteiger-Fan von Sporting hätte ihn kaum wiedererkannt.

»Seine ganze Einstellung zum Abschluss hatte sich geändert«, erzählt Meulensteen. »Er sagte nicht mehr: ›Ich will das beste Tor der Saison schießen‹, sondern: ›Ich will eine Tormaschine sein.‹ Er hatte eine Mission.«

Es dauerte dann auch nicht lange, bis die »Operation Tormaschine« Früchte trug. In den ersten beiden Spielen nach seiner Sperre gelang Ronaldo kein Tor, aber im dritten erzielte er den Siegtreffer. Und in den nächsten 15 Premier-League-Spielen schoss Ronaldo dann 18 Tore – 17 davon innerhalb des Strafraums mit einer oder zwei Ballberührungen.

Als Ronaldo im März, zwei Monate vor Saisonende, sein dreißigstes Saisontor erzielte, wurde klar, dass das mehr als eine Glückssträhne war. Er hatte seine Leistung noch einmal enorm gesteigert, und niemand zweifelte daran, wer jetzt der beste Spieler bei Manchester United war. Ferguson hatte die Mannschaft so umorganisiert, dass Ronaldo jedem Gegner maximalen Schaden zufügen konnte. Er hatte keine feste Position, sondern sollte seinem Instinkt folgen. »Er findet die Schwachstellen in der Viererkette«, schrieb United-Verteidiger Gary Neville in einer Zeitungskolumne. »Wenn er den linken Verteidiger in der ersten Viertelstunde nicht überwinden kann, wechselt er zum rechten Verteidiger. Wenn er den rechten Verteidiger nicht schafft, wechselt er zum linken Innenverteidiger. Einen in deiner Viererkette findet er garantiert, der gegen sein Tempo und seine Kraft im Zweikampf nicht ankommt.« Von Wayne Rooney und Carlos Tévez, beides Weltklasse-Stürmer, erwartete man nun, sich an Ronaldo zu orientieren und die entstehenden Lücken zu füllen.

Es war nicht die erste Transformation, die Ronaldo bei United durchmachte. Schon früh in seiner Karriere in Manchester hatten die Trainer beschlossen, dass er härter werden musste. Er ging allzu leicht zu Boden und verbrachte zu viel Zeit damit, auf dem Rasen herumzurollen, um ein Foul herauszuschlagen. Walter Smith, einer von Fergusons Trainerassistenten, fand eine simple Lösung für dieses Problem: Er hörte einfach auf, im Training bei Fouls das Spiel zu unterbrechen. Hohes Bein, Rempler, Grätschen – nichts wurde geahndet. Es dauerte nicht lange, bis Ronaldo die Tür von Fergusons Büro aufriss und ihn zur Rede stellte. »Hey Boss, gibt es in Schottland keine Fouls?«, fragte er ihn, wie Ferguson sich erinnert. »Er kam mit allen Tricks der Welt im Gepäck und wollte alle Spieler schlagen, aber er war lernfähig. Er lernte, wie man den Ball abgibt, keine Frage.«

Außerdem baute er so viel Muskelmasse auf wie nie zuvor in seiner Karriere. Nach wenigen Jahren sah der ehemalige schlaksige Teenager aus wie ein Boxer im Supermittelgewicht. Sein Körper schien an vielen Stellen wie aus Granit gemeißelt, was insofern passte, als sich alle einig waren, dass er sich einen Platz im Mount Rushmore der besten Manchester-United-Spieler verdient hatte. Des Trikots mit der Rückennummer 7, das so viele bedeutende Spieler vor ihm getragen hatten, hatte er sich längst als würdig erwiesen.

Dabei hatte er eigentlich darum gebeten, die Rückennummer 28 behalten zu dürfen, die er als Jugendlicher bei Sporting gehabt hatte. Ferguson hatte direkt abgewunken. Bei Manchester United hatte die Nummer 7 eine ganz besondere Bedeutung, erklärte der Trainer ihm. Es war das Trikot von George Best, von Denis Law, von Éric Cantona und von David Beckham. Die Nummer 28? Das war das Trikot von Danny Higginbotham.

Ronaldo freundete sich schnell mit der neuen Rückennummer an, und bald integrierte er dieses Stück United-Geschichte in seine persönliche Marke. 2006 eröffnete Ronaldo auf Madeira seine erste Kleiderboutique mit dem Namen »CR7«. In seinem Haus in Cheshire ließ er die 7 in Schränke, Sofa und Bett gravieren, und auch den Boden seines Swimmingpools zierten Kacheln mit der

Nummer. Im Jahr 2007 kaufte er einem schottischen Versicherungsmakler für 150.000 Pfund das Autokennzeichen »CR7« ab – Ronaldo wollte es unbedingt für seinen silbernen Bentley.

Aber auch als Cristiano neue spielerische Höhen erreichte, wollte er seine Technik immer noch weiter verfeinern. Die Torschuss-Übungen mit Meulensteen waren jetzt ein fester Bestandteil seiner täglichen Routine, genau wie Bauchmuskeltraining, Eisbäder und das ständige Auftragen von Haargel. Aber er verbrachte auch viel Zeit mit Carlos Queiroz und Mike Phelan, die ihm beibrachten, die gegnerische Abwehr zu lesen und vorausschauend zu spielen, um Torchancen herauszuarbeiten. Dass er Tore schießen konnte, hatte er bewiesen. Jetzt musste er noch lernen, wie ein Torjäger zu denken.

Bei einer morgendlichen Trainingseinheit in Carrington im Frühjahr 2008 rief Meulensteen Ronaldo zu sich, um zu testen, wie weit er damit war. Statt ihm den Ball direkt in die Füße spielen zu lassen, damit er losdribbeln konnte, wollte er, dass Cristiano auf dem Spielfeld mehr Strecke ohne Ball zurücklegte. Da war so viel Potenzial, das er gar nicht nutzte.

»Cris, sag mal: Bist du schnell oder langsam?«, fragte Meulensteen.

Ronaldo sah aus, als hätte man ihn gerade gefragt, ob Portugal neben Spanien lag. »Ich bin schnell«, erwiderte er wie selbstverständlich.

»Und wie schnell?«, fuhr Meulensteen fort. »Glaubst du, dass du schneller bist als alle deine Teamkameraden?«

»Ich glaube schon«, antwortete Ronaldo.

»Und wer ist deiner Meinung nach der beste Passgeber im Team?«

Wieder schaute Ronaldo verwirrt drein. Jeder, der United in den letzten zehn Jahren spielen gesehen hatte, wusste, dass Paul Scholes aus fünfzig Metern Entfernung das spitze Ende eines Zahnstochers treffen konnte. »Scholes«, sagte er.

»Glaubst du, dass Scholes den Ball genau dorthin spielen kann, wo du ihn haben willst?«

Ronaldo nickte.

»Dann will ich dich noch etwas fragen: Warum willst du den Ball immer in die Füße bekommen?«, fragte Meulensteen, und plötzlich klang er wie ein wütender Lehrer. »Du hast mir gerade gesagt, dass du der Schnellste auf dem Platz bist. Er ist Paul Scholes! Er kann den Ball platzieren, wo du willst! Wenn der Gegner auf dich zukommt, warum willst du den Ball dann am Fuß haben und versuchen, die anderen zu umdribbeln, wenn du ihn einfach vorne annehmen und aufs Tor schießen kannst?«

Auch diese Lektion verinnerlichte er schnell. Einige Tage später, beim Hinspiel des entscheidenden Champions-League-Viertelfinales gegen AS Rom, flankte Scholes den Ball von der rechten Strafraumkante direkt in den gegnerischen Strafraum. Auf der TV-Übertragung war Ronaldo nicht einmal im Bild, als der Ball losflog. Aber er timte seinen Sprint so gut, dass er in den Strafraum gestürmt kam und direkt einen fulminanten Kopfball in die untere Ecke setzte. Es war ein klassisches Stürmertor.

»Es ist immer das Gleiche«, keuchte der englische TV-Kommentator Clive Tyldesley, als sich die Teamkameraden jubelnd auf Ronaldo stürzten. »Derselbe Mann, dieselbe Geschichte.«

Ronaldo war der größte Fisch im größten Teich. Die Premier League hatte United so gut wie gewonnen. Nun konzentrierte sich der Verein auf einen noch verlockenderen Preis.

///////

Epische Rivalitäten im Sport entstehen oft fernab des Rampenlichts und ohne viel Aufsehen. Daher wird ihre Bedeutung meistens erst im Nachhinein erkennbar.

Als Roger Federer 2004 bei den Miami Masters in der dritten Runde gegen den 17-jährigen Spanier Rafael Nadal verlor, wurde das in den Zeitungen am nächsten Tag kaum erwähnt. Als Tiger

Woods und Phil Mickelson zum ersten Mal in einem Profi-Golfturnier gegeneinander antraten, interessierte das kaum jemanden.

Als Cristiano Ronaldo und Lionel Messi im Frühjahr 2008 zum ersten Mal gemeinsam auf einem Fußballplatz standen, war das jedoch ganz anders. Die ganze Fußballwelt wusste, was ihr bevorstand. Kaum war die Begegnung bestätigt, titelten die Zeitungen in Barcelona, es werde »ein Spiel, für das die Welt stillstehen wird«. Und da es sich um das Halbfinale der Champions League handelte, würden die beiden innerhalb von sechs Tagen sogar gleich zweimal gegeneinander antreten.

Es gab einen solchen Rummel um das Aufeinandertreffen von Ronaldo und Messi, dass Letzterer die internationale Presse daran erinnern musste, dass noch vierzig weitere Beine auf dem Spielfeld stehen würden: »Das ist kein Duell zwischen Cristiano und mir.«

Theoretisch war Messi Teil einer Sturmabteilung, die man als die »fantastischen Vier« bezeichnete. Zumindest hatte Barcelona sich das so vorgestellt. Aber Ronaldinho war ausgebrannt. Thierry Henry, der acht Jahre bei Arsenal gespielt hatte, war noch dabei, sich beim FC zurechtzufinden. Und Samuel Eto'o war nach einer Verletzung zu Beginn der Saison drei Monate lang außer Gefecht. Im Moment spielten die »fantastischen Vier« nur im Training zusammen. Ronaldinho, Henry, Eto'o und Messi verbrachten nicht eine Minute miteinander auf dem Feld. Johan Cruyff zog in seiner Kolumne ein vernichtendes Fazit: »Wer die ›fantastischen Vier‹ sehen will, sollte ins Kino gehen.«

Folglich drehte sich alles um Messi. Schließlich war er kein x-beliebiges neues junges Talent bei Barça mehr, sondern galt als Spieler, der buchstäblich Wunder bewirken konnte. Nirgends war das deutlicher geworden als an einem Abend im April 2007 in einem Spiel gegen den FC Getafe.

Seit über zwanzig Jahren verglich man jeden zu klein geratenen argentinischen Fußballer, der die gegnerischen Verteidiger im Dribbling schlug, mit Maradona. Aber keinem war bisher eine ähnlich spektakuläre Aktion gelungen wie Maradona beim entscheidenden Treffer gegen England bei der WM 1986, der später zum »WM-Tor des Jahrhunderts« gewählt wurde. Dieses Tor genießt einen besonderen Platz in der Folklore Argentiniens, wo man mindestens alle vier Jahre mit einer beinahe religiösen Nostalgie daran erinnert. Umso verzückter war die Fußballwelt, als Leo Messi für den FC Barcelona quasi aus dem Nichts seine eigene Version dieses unglaublichen Treffers gelang.

Genau wie damals Maradona rannte Messi mit dem Ball über das halbe Spielfeld. Genau wie damals Maradona ließ er fünf gegnerische Spieler stehen. Und genau wie damals Maradona rannte er am verblüfften Torwart vorbei und schoss den Ball aus spitzem Winkel ins Netz.

Alles begann mit einem Fünf-Meter-Pass von Xavi innerhalb der Hälfte des FC Barcelona, die eigentlich gar keine Vorlage hatte sein sollen. Messi nahm den Ball mit dem rechten Fuß an und berührte ihn dann dreimal schnell mit dem linken, um sich gegen zwei Verteidiger durchzusetzen. In vollem Tempo und ohne aus dem Schritt zu kommen, hielt er den Ball nur wenige Zentimeter vom Fuß entfernt, in eben jenem Stil, den Maradona zur hohen Kunst erhoben hatte. Joaquim Maria Puyal, der das Spiel auf Radio Catalunya kommentierte, wurde regelrecht hysterisch: »Deco zu Xavi, Xavi zu Messi. Messi, Messi, Messi, immer noch Messi, Messi, Messi …«. Und nach 18-mal »Messi« kam das Unvermeidliche: »*Gol! Gol! Goooooooool!*«

Zwischen dem Pass von Xavi und dem Moment, als der Ball im Netz landete, vergingen 16 Sekunden, in denen Messi etwa sechzig Meter zurücklegte und den Ball nur 13-mal berührte.

So großartig dieses Tor gegen Getafe im Halbfinale der Copa del Rey auch war, ein paar Jahre zuvor wäre es bestimmt schnell in Vergessenheit geraten. Doch irgendjemand lud einen Mitschnitt davon auf der gerade erst zwei Jahre alten Video-Plattform YouTube hoch, und bald war die ganze Fußballwelt verrückt nach dem

Clip, der zu einer Zeit zum Social-Media-Hit avancierte, als »viral« noch ein medizinischer Begriff war.

Die katalanische Presse bezeichnete den Treffer direkt als »Tor des 21. Jahrhunderts« – und obwohl dieses Jahrhundert erst sieben Jahre alt war, schien das gar nicht so übertrieben. Messi und Maradona hatten jetzt mehr gemein als nur die Staatsangehörigkeit und die Rückennummer. Wie zum Beweis schoss Messi wenige Monate später ein weiteres Tor, das auf unheimliche Weise an Maradona erinnerte. Bei einem Punktspiel gegen Espanyol erzielte er den Ausgleich, indem er den Ball mit der linken Hand ins Netz beförderte.

Als er sich darauf vorbereitete, zum ersten Mal das Spielfeld mit Cristiano Ronaldo zu teilen, hatten die Fans also allen Grund, einen spannenden Showdown zu erwarten.

Am Ende war dann auch wirklich ein Portugiese für den Sieg von Manchester United verantwortlich.

Nur nicht der, vom dem es alle erwartet hatten.

Carlos Queiroz bereitete die Mannschaft eine ganze Woche lang darauf vor, wie man Messi stoppen konnte. Beim taktischen Training legte er Turnmatten auf dem Trainingsplatz aus, um die genauen Positionen zu markieren, auf denen er seine Verteidiger haben wollte. Die Botschaft lautete: Kümmert euch nicht um den Ballbesitz. Lasst Barça den Ball haben. Dieses Spiel würde dadurch entschieden werden, wie Manchester United die Räume auf dem Spielfeld kontrollierte. »Bleibt kompakt«, wies Queiroz sie an, »und wenn ihr den Ball habt, geht so schnell wie möglich nach vorne.« Und dann passt den Ball einfach zu Ronaldo.

»So viel Liebe zum Detail hatten wir noch nie erlebt«, erinnert sich Gary Neville. »Wir haben immer wieder geprobt und sind ganz langsam die Taktik durchgegangen, mit dem Ball in der Hand.«

In den insgesamt 180 Minuten Spielzeit des Halbfinales fiel nur ein einziges Tor. Beim Rückspiel im Old Trafford platzierte Paul

Scholes, der treffsichere Passgeber von Manchester United, den Ball rechts oben im Netz von Barça. Das war alles. Messi sorgte für Unruhe, fand im Bollwerk von United aber keine Lücke. Verteidiger Wes Brown blieb so dicht an ihm dran, dass es fast ein Wunder war, dass Brown in der Halbzeitpause nicht mit in der Umkleidekabine von Barcelona landete.

Ronaldo war in den beiden Spielen ungewöhnlich unauffällig. Niemand hätte bestritten, dass Messi eine bessere Figur machte. Ronaldo war das egal – oder er tat zumindest so. United fuhr zum Finale in Rom, wo sie Chelsea im Elfmeterschießen besiegten.

Für Ronaldo war die Sache damit erledigt. Er beendete die Saison mit einer Champions-League-Medaille um den Hals und räumte in England nach 31 Toren in 31 Premier-League-Spielen alle verfügbaren Auszeichnungen ab. Ein paar Monate später gewann er zum ersten Mal den Ballon d'Or. Er hatte keinen Zweifel daran, dass er der beste Spieler der Welt war.

Und als ob er noch mehr Beweise dafür gebraucht hätte, versuchte Real Madrid ihn zu kaufen.

///////

Wenn Real Madrid einen Superstar verpflichten wollte, ging der Verein immer auf die gleiche Art und Weise vor. Los ging es mit einer Kampagne in der befreundeten Sportpresse, dann folgten genügend Leaks, um das Estadio Santiago Bernabéu zu füllen. Als Nächstes verkündete der Vereinspräsident, dass man sich geeinigt habe oder kurz vor einer Einigung stehe, und die folgenden Wochen über berichtete eine der fußballaffineren Tageszeitungen immer wieder darüber, bis der Spieler bei seiner offiziellen Vorstellung schließlich das weiße Trikot in der Hand hielt. Dieser Ansatz bewirkte zweierlei. Wenn alles klappte, erhöhte Real so den Druck auf den verkaufenden Verein, den Deal schnell abzuschließen, allein um den ganzen Zirkus zu beenden. Und wenn es nicht funktionierte, dann wurde dem Spieler zumindest so weit der Kopf verdreht, dass fortan sein einziges Lebensziel der Wechsel zu Real Madrid war, auch wenn es noch ein oder zwei Jahre dauerte, bis der Deal über die Bühne ging.

In Ronaldos Fall nahm die Kampagne im Laufe der Saison 2007/08 an Fahrt auf. Federführend war der Madrider Rechtsanwalt Ramón Calderón, der 2006 Präsident von Real geworden war, als der Verein gerade eine kleine Durststrecke durchmachte: Vor seiner Ankunft war Real drei Jahre lang nicht mehr spanischer Meister geworden und hatte vier Jahre lang nicht mehr das Champions-League-Finale erreicht. So etwas galt schon als Krise. Die »*Galáctico*-Ära«, eine Phase, in der Real Madrid diverse Superstars wie Luís Figo, David Beckham, Zinédine Zidane und den brasilianischen Ronaldo unter Vertrag hatte, die man als *Los Galácticos* bezeichnete, war vorbei, und Calderón war angetreten, um ein neues Fundament aus Spielern aufzubauen, das dem Verein langfristig wieder an die Spitze verhelfen sollte. Leider gingen ihm mehrere große Transfers durch die Lappen. Er versuchte, Kaká vom AC Mailand und Cesc Fàbregas von Arsenal zu verpflichten, aber keiner der beiden schluckte den Köder. Doch das war nicht annähernd so peinlich wie das, was 2008 passierte, als er den Schauspieler Nicolas Cage als Stargast in Reals Umkleidekabine im Bernabéu mitbrachte, nur um festzustellen, dass er von einem italienischen Fernsehmoderator hereingelegt worden war, der Cage leidlich ähnlich sah.

Im Frühjahr jener Saison musste der Vereinspräsident also unbedingt wieder an Glaubwürdigkeit gewinnen. Er war bereit, alles zu tun, was nötig war, um die Fans wieder auf seine Seite zu bringen und Cristiano Ronaldo in ein weißes Trikot zu stecken.

Calderón war sich sicher, dass Ronaldo seit mindestens einem Jahr schon offen für einen Wechsel war. Zumindest hatte Jorge Mendes ihm das gesagt. Calderón hatte sich in jenem Sommer mit ihm bereits auf eine Ablösesumme für den portugiesischen Verteidiger Pepe geeinigt, Ronaldos alten Teamkameraden bei Sporting.

Und im Rahmen dieser Gespräche hatte Mendes eher beiläufig erwähnt, dass Cristiano Ronaldo schon immer ein großer Real-Fan gewesen sei. »Er würde gerne seinen Verein verlassen«, sagte der Agent unverblümt. »Und Madrid wäre eine gute Option.« Calderón horchte auf.

Dass ein Spieler von Ronaldos Format der wichtigsten Sportliga der Welt den Rücken kehrt und nach Spanien wechselt, mag angesichts der wirtschaftlichen Verhältnisse verwunderlich erscheinen. Die englische Premier League war nicht nur sportlich die stärkste Fußballliga der Welt (zwischen 2005 und 2009 stand immer mindestens ein Verein der Premier League im Champions-League-Finale), die letztplatzierte Mannschaft dort kassierte immer noch höhere Preisgelder als die Top drei der Primera División.

Aber Real Madrid und der FC Barcelona waren etwas anderes als die übrigen Mannschaften, die die spanische Liga bevölkerten. Und Ronaldo ging es ohnehin nicht um irgendwelche Vereinsbilanzen. Was Real ihm bot, war nicht weniger, als Teil einer europäischen Legende zu werden. Dies sollte der nächste Schritt in einer Karriere sein, die er sich schon damals im Schlafsaal bei Sporting ausgemalt hatte.

Dass Ronaldo Manchester United verlassen könnte, beschäftigte Alex Ferguson und seinen Assistenten Carlos Queiroz schon eine ganze Weile. Sie räumten ein, dass Ronaldo schon so lange im Verein war, dass sich die Investition in ihn bereits amortisiert hatte: ganze fünf Jahre. Aber in der Öffentlichkeit gab Ferguson jedes Mal, wenn das Thema Real Madrid aufkam, wie üblich den Glasgower Streithammel. »Ihr glaubt doch nicht, dass wir uns auf einen Vertrag mit dieser Verbrecherbande einlassen, oder?«, schimpfte er. »Denen würde ich nicht mal einen Virus verkaufen.«

Andererseits hatte er ihnen im Sommer zuvor den argentinischen Verteidiger Gabriel Heinze verkauft. Die Anzugträger bei Real Madrid gingen davon aus, dass Ferguson mit seinen Sprüchen nur den Preis in die Höhe treiben wollte. Sie wussten ganz genau, dass Manchester gesprächsbereit war. Im Dezember entließ Real Madrid dann seinen deutschen Trainer Bernd Schuster nach nur 17 Monaten im Amt. Ferguson wandte sich an seinen langjährigen Chef David Gill, den Vorstandsvorsitzenden von United, und teilte ihm mit, die Entlassung von Schuster habe den Rummel um Ronaldo nur noch weiter angeheizt. Seiner Meinung nach gab es für Real in schwierigen Situationen nämlich immer nur zwei Optionen: den Trainer zu entlassen oder Superstars zu verpflichten – und nun war der Trainer schon weg.

»Wir müssen das ignorieren, wir dürfen uns nicht ständig Gedanken über andere Leute machen«, forderte Ferguson dennoch. »Wir müssen uns auf unsere eigene PR und unsere spielerische Form konzentrieren. Man kann in dieser Situation wütend werden und sich aufregen. Aber wem nützt das? Wir wissen, welches Spiel die spielen, das beeindruckt uns überhaupt nicht.«

Das alles hielt Madrid aber nicht davon ab, dieses Spiel bis zum logischen Ende durchzuziehen. Das Einzige, was Ferguson tun konnte, um die Pläne von Real zu sabotieren, war einen Last-Minute-Deal mit einem anderen Verein einzugehen, wie eine Person berichtet, die mit den damaligen Gesprächen vertraut war: Ferguson und Mendes wollten Ronaldo dem FC Barcelona anbieten. So sehr es den Trainer auch schmerzte, Ronaldo zu verlieren, es war immer noch besser, wenn er künftig bei einem spanischen Verein – egal bei welchem, nur eben nicht bei Real – spielte als bei einem Konkurrenten aus der Premier League.

Aus dem Deal mit Barça wurde jedoch nichts, denn Ronaldo hatte sich bereits auf einen Wechsel nach Madrid eingeschossen. Und als das bekannt wurde, wusste Calderón, was er zu tun hatte. »Wenn du auf so einen Spieler zugehst und er wirklich seinen Verein verlassen und zu deinem Team kommen will, ist es meiner Erfahrung nach nur noch eine Frage des Geldes«, so Calderón. »Du musst entscheiden, wie viel du zahlen willst, und dich mit dem anderen Verein einigen.«

Was dann geschah, konnte jeder auf der Titelseite von *Marca* verfolgen, einer täglich erscheinenden Madrider Sportzeitung, der oft vorgeworfen wird, über Real Madrid in etwa so objektiv zu berichten wie die *Prawda* über das Politbüro. Die Gerüchte häuften sich seit Monaten, aber Mitte Mai, als sich Ronaldo auf das Champions-League-Finale vorbereitete, konnte sie keiner mehr ignorieren.

Am 16. Mai wurde Ronaldo mit den Worten zitiert: »Ich würde gerne in Spanien spielen.« Eine Woche und sechs Titelseiten später klang er bereits spezifischer: »Mein großer Traum ist, für Madrid zu spielen.« An diesem Punkt warf Ferguson Real ganz offen vor, Ronaldo mit unlauteren Mitteln für sich interessieren zu wollen, was natürlich auch stimmte. Tag für Tag, Woche für Woche hielt *Marca* seine Leser bei der Stange, indem man immer neue Formulierungen dafür fand, dass der Transfer ganz kurz bevorstand. Am 2. Juni räumte die Zeitung erstmals ein, dass der Deal vielleicht doch noch nicht ganz in trockenen Tüchern war – oder dass es zumindest noch etwas dauern könne, bis Ronaldo unterschrieb. An diesem Morgen wurde Calderón auf der Titelseite mit den Worten zitiert: »Wenn Cristiano nicht kommt, ist das kein Reinfall.« Am nächsten Tag berichtete *Marca* bereits über potenzielle Alternativen zu Ronaldo, nur um 72 Stunden später wieder zurückzurudern: »*Acuerdo total*«, »komplette Einigung«, lautete die Schlagzeile am 6. Juni.

In den 19 Tagen zwischen dem 20. Mai und dem 8. Juni zierte Cristiano 17-mal die Titelseite von *Marca*. Erst als Rafael Nadal zum dritten Mal in Folge Roger Federer im Finale der French Open besiegte und die spanische Nationalmannschaft zur Fußball-EM 2008 aufbrach, kamen wieder andere Themen auf die Titelseite. Und dann stellte sich heraus, dass die Einigung mit Ronaldo alles andere als »komplett« war.

Denn Alex Ferguson wollte Cristiano nicht gehen lassen. *Marca* bezeichnete ihn daraufhin als »kleinen General Franco«.

Das war aber noch lange nicht das Ende vom Lied. Ronaldo fand einen unerwarteten Verbündeten in einem Schweizer Bürokraten, der ihm echte Sympathie entgegenbrachte. Sepp Blatter, FIFA-Präsident und Ehrenmitglied von Real Madrid, hatte sich die Situation angeschaut und erklärte, es gebe im Fußball »zu viel moderne Sklaverei« – eine mutige Behauptung über jemanden, der mehr als einen Ferrari in der Garage hatte. Noch erstaunlicher war, dass Ronaldo ihm zustimmte. »Was der FIFA-Präsident gesagt hat, stimmt«, sagte er im Juli in einem Interview im portugiesischen Fernsehen. Ronaldo verdiente zu jener Zeit über 10 Millionen Dollar im Jahr.

Ob es nun die Schlagzeilen der spanischen Boulevardpresse oder die überzogenen Behauptungen über moderne Sklaverei waren, die bei Ferguson das Fass überlaufen ließen: Im Sommer hatte er die Nase gestrichen voll und beschloss, die Angelegenheit mit Cristiano persönlich zu besprechen. Er beauftragte Carlos Queiroz, ein Treffen in dessen Haus am Rande von Lissabon zu arrangieren. Ronaldo wollte in letzter Minute absagen und behauptete, er habe eine wichtige Physio-Behandlung. Doch Queiroz, der von sich selbst sagt, er strahle als Trainer eine »väterliche Autorität« aus, überredete ihn, sich der Unterredung zu stellen.

»Am Ende dieses Gesprächs«, redete er Ronaldo ins Gewissen, »musst du für beide Seiten eine Lösung haben.«

Ferguson und Gill flogen für United ein, und auch Mendes war dabei, um seinen Klienten zu unterstützen. Aber als sie schließlich zur Sache kamen, mussten alle außer Ferguson und Cristiano draußen warten.

Queiroz schloss die Tür seines Wohnzimmers. Die Unterredung dauerte über eine Stunde.

Ferguson nahm kein Blatt vor den Mund und kam direkt zur Sache: Für ihn bestand Real Madrid aus einem Haufen von Amateuren. Er erklärte, Calderón und der Verein hätten sich unmöglich verhalten, als sie versucht hatten, Ronaldo abzuwerben; so könne man dieses Spiel nicht spielen. Er, Ferguson, dürfe sich auf solche Taktiken nicht einlassen, das müsse Cristiano doch einsehen. »Wenn ich das tue, setze ich meine ganze Ehre aufs Spiel, dann verliere ich alles, und es ist mir egal, ob du auf der Tribüne sitzen musst«, sagte Ferguson. »Ich weiß, dass es so weit nicht kommen wird, aber ich muss es dir so sagen: Dieses Jahr kann ich dich nicht gehen lassen.«

Ronaldo sagte nicht viel – aber das brauchte er auch nicht. Ferguson wusste, dass Ronaldo unbedingt zu Real Madrid wollte. »Ich würde dich eher erschießen, als dich gerade jetzt an diesen Typen zu verkaufen«, fügte der Trainer etwas drastisch hinzu. »Wenn du Leistung bringst und uns nicht verarschst und nächstes Jahr jemand kommt und uns eine Rekordsumme bietet, dann lassen wir dich gehen.«

Damit konnte Ronaldo leben. Spanien würde auch nächstes Jahr noch da sein. Auf diese Weise konnte er zu Real Madrid wechseln, ohne Ferguson zu enttäuschen, der so etwas wie eine Vaterfigur für ihn war. Sie besiegelten die Abmachung per Handschlag und verabredeten, dass sie sich bald in Manchester zur Saisonvorbereitung wiedersehen würden.

Nach dem Gipfeltreffen fand Ronaldo, er müsse Real die Neuigkeiten persönlich überbringen. Er rief Calderón in Bogotá in Kolumbien an, wo der Verein gerade ein Testspiel gegen Independiente Santa Fe bestritt. »Herr Präsident«, sagte Ronaldo, »ich würde gerne noch ein Jahr hierbleiben. Ich habe mit United vereinbart, dass ich den Club 2009 verlassen kann.«

Calderón hielt einen Moment inne, um darüber nachzudenken. Das war zwar nicht, was er hatte hören wollen, aber es war zweifelsohne eine gute Nachricht. Der erste Vertreter einer neuen Generation von *Galácticos* war unterwegs – dass er als Präsident zurücktreten würde, bevor Cristiano tatsächlich nach Spanien kam, konnte Calderón damals noch nicht ahnen.

Als Real Madrid im Jahr 2008 also endlich damit beginnen

konnte, seine Zukunft um Ronaldo herum zu planen, befand sich sein größter Rivale in erheblichen Schwierigkeiten. Mehrere Jahre früher als gedacht bereitete sich der FC Barcelona darauf vor, die Ära Ronaldinho abzuhaken.

///////

In dem Duell um die größere Krise, das sich Real Madrid und der FC Barcelona immer wieder lieferten, ging es für den katalanischen Verein am Ende der Saison 2007/08 um alles: Zwei Jahre waren vergangen, seit Barça in Paris die Champions League gewonnen hatte, und seitdem hatte man genau null Trophäen eingefahren. Frank Rijkaard steckte mitten in einer Scheidung und schien dauernd mit den Gedanken woanders zu sein. Und Ronaldinhos ständige Feierei hatte dazu beigetragen, dass er seine bisher schlechteste Saison im Verein absolviert hatte. Die Hälfte des Jahres fiel er wegen Verletzungen aus, und er schoss nur acht Tore. »Er braucht eine neue Herausforderung«, sagte Vereinspräsident Joan Laporta in einem bissigen Interview im katalanischen Fernsehen. »Wenn ein Zyklus endet, dann müssen auch die emblematischsten Stücke zu Ende gehen.«

Präsident Laporta bekam allerdings ebenfalls zu spüren, dass eine Ära zu Ende ging. Als er Ronaldinho und Rijkaard im Mai die Tür zeigte, wollte der Vorstand des FC Barcelona mit ihm am liebsten dasselbe tun. Die wütenden Auseinandersetzungen fanden ihren Höhepunkt, als es im Juli zu einer Vertrauensabstimmung kam. Die *socis* sollten für oder gegen Laporta abstimmen. Der FC Barcelona ist stolz auf seine demokratische Struktur, aber für seine Führungsriege kann die Macht der Fans sehr unangenehm werden. Rund 40.000 Vereinsmitglieder gaben rund ums Camp Nou ihre Stimme ab. Hunderte von Mitarbeitern waren dafür nötig, und die Abstimmung kostete den Verein eine halbe Million Euro. Das Ergebnis war knapp, aber Laporta durfte im Amt bleiben. Für seine Abwahl war eine Zweidrittelmehrheit erforderlich, und am Ende stimmten nur 61 Prozent gegen ihn. Jetzt musste er sich nur noch mit den Fans auseinandersetzen, von denen die Mehrheit gerade deutlich gemacht hatte, dass sie ihn loswerden wollten. »Die Reaktion der Basis von Barça war meiner Ansicht nach unverhältnismäßig«, ließ sich Laporta später zitieren.

Aber in jenem Frühjahr war keine Zeit für Verhältnismäßigkeiten. Andauernd mussten bedeutsame Entscheidungen getroffen werden. Die Vertrauensabstimmung war bereits der zweite bahnbrechende Beschluss des Vorstands innerhalb von zwei Monaten.

Der erste war die Ernennung eines neuen Trainers gewesen. Ein Großteil des Vorstands von Barça glaubte, den idealen Kandidaten direkt vor der Nase zu haben. Er war jung. Er war ehrgeizig. Er hatte bereits bewiesen, dass er Jungs, die im Verein groß geworden waren, zu Weltklassespielern ausbilden konnte. Und obendrein hatte der Kandidat, den sie im Auge hatten, seine prägenden Jahre beim FC Barcelona verbracht. Er kannte die Kultur des Vereins aus dem Effeff. Er hatte mit den Kindern von La Masia gearbeitet. Er konnte sogar Katalanisch.

Der künftige Trainer war einfach perfekt geeignet für den Job. Sein Name: José Mourinho.

Acht Jahre nachdem Mourinho seinen Job als Trainerassistent aufgegeben hatte, war ein großer Teil des Vorstands der Meinung, dass man den portugiesischen Adoptivsohn des Vereins wieder nach Hause holen sollte. Seine Jahre bei Barça hatte er als rechte Hand des englischen Trainers Bobby Robson begonnen, der 1996 Johan Cruyff nachgefolgt war. Mourinho war zuvor dessen Dolmetscher in Portugal gewesen, aber der clevere junge Mann aus Setúbal lernte schnell dazu. Schon bald trat er bei Pressekonferenzen auf und erstellte Trainingspläne. (Das beeindruckte den damaligen Präsidenten des FC Barcelona, Josep Lluís Núñez, allerdings wenig – er nannte José weiterhin hartnäckig den »Übersetzer«.)

Mourinho blieb dann allerdings länger im Amt als Robson und arbeitete als Nächstes unter Louis van Gaal. Intern hatte er ein so gutes Standing, dass man ihn auch noch die B-Mannschaft von Barça trainieren ließ. Im Jahr 2000 kehrte er trotzdem nach Portugal zurück, diesmal als Cheftrainer. In kurzer Folge coachte er Benfica, União Leiria und den FC Porto, der unter seiner Ägide überraschend die Champions League gewann, bis ihm 2004 der Sprung zum FC Chelsea gelang, mit dem er englischer Meister wurde. Es war das erste Mal seit Jahren, dass weder Alex Ferguson mit Manchester United noch Arsène Wenger mit Arsenal die Premier League gewann. Mourinho mochte Barcelona als Übersetzer verlassen haben. Doch als er zurückkommen sollte, war er der angesagteste, eingebildetste und begehrteste Trainer Europas.

Nicht jeder in Barcelona war jedoch davon überzeugt, dass er der Beste für den Job war. Es gab noch einen anderen internen Kandidaten, der ganz ähnliche Qualitäten aufwies und außerdem das Trikot des FC Barcelona getragen hatte und sogar Katalane war. Bei jedem Lebenslauf, der im Camp Nou eintraf, waren diese Eigenschaften mindestens zehn Jahre an Erfahrung wert – was praktisch war, da Pep Guardiola keinerlei Erfahrung als Trainer einer solchen Top-Mannschaft besaß.

Der glatzköpfige Ex-Mittelfeldspieler des Dreamteams von Barça von Anfang der 90er-Jahre trainierte zu dieser Zeit die B-Mannschaft des FC, die in der Segunda División RFEF rangierte, der vierten spanischen Liga. Seinen Kader aus La-Masia-Absolventen – darunter Messis alter Kumpel Víctor Vázquez sowie die späteren Spitzenprofis Sergio Busquets, Pedro und Thiago – ließ Pep Guardiola eine ganz pure Form des Stils spielen, den Johan Cruyff ihm damals beigebracht hatte. Guardiola hatte fast sein ganzes Fußballerleben beim FC Barcelona verbracht, abgesehen von einem fünfjährigen Zwischenspiel, das ihn nach Italien, nach Mexiko und an den Persischen Golf geführt hatte – und zu Arsène Wenger nach Nordlondon, wo er für Arsenal spielen wollte, sich aber anhören musste, er sei zu alt für die Mannschaft. All das, was er in über zwanzig Jahren beim FC Barcelona gelernt hatte, ermöglichte seinem Team nun, mit einem wunderschönen Fußball lokale Mannschaften wie Castelldefels und Rapitenca zu schlagen. Leider hatte noch niemand außerhalb von Katalonien je von ihnen gehört.

Aber mindestens ein Mann in Katalonien hatte Pep Guardiola auf dem Schirm. Während die B-Mannschaft auf dem besten Weg war, in die dritte Liga aufzusteigen, hatte Barças niederländischer Prophet Johan Cruyff Guardiola bereits seinen Segen gegeben: »Pep weiß Bescheid«, verkündete Cruyff im April 2008 im katalanischen Radio. »Und er ist sehr clever. Er hat hinreichend bewiesen, dass er fähig wäre, die erste Mannschaft zu trainieren.« Da war Rijkaard noch gar nicht entlassen worden.

Mourinho oder Guardiola? In den Büros im Camp Nou war diese Frage Tagesgespräch, und bald schwappte die Debatte auch auf die Sportzeitungen über. Jeder wusste, dass Laporta Guardiola favorisierte. Sein Finanzchef Ferran Soriano, der den Club 2003 vor dem Ruin bewahrt hatte, sprach sich nach Aussage eines Vorstandsmitglieds hingegen für Mourinho aus. Am Ende setzten sich dann aber doch jene Kräfte im Verein durch, die nach wie vor besessen von Cruyff und seinen Jüngern waren. Alles, was den FC Barcelona potenziell wieder ein Stück näher an den großen Niederländer bringen würde, war ein Risiko wert. Dass Pep Guardiola so mit einem Satz von der vierten Liga in die Champions League aufsteigen würde, spielte da keine Rolle.

»Aus unserer Sicht war das nicht so riskant, wie die Leute behaupteten. Ein Team aufzubauen, indem man bloß eine Menge Geld für große Namen ausgibt, ist viel riskanter«, sagte Laporta später mit einem kaum verhohlenen Seitenhieb auf Real Madrid.

//////

Nicht minder riskant für einen Trainer ist es allerdings, sein erstes Spiel in der ersten Liga zu verlieren. Und genau das tat Guardiola. Im August 2008 unterlag der FC Barcelona vor nicht einmal 10.000 Zuschauern auswärts in Zentralspanien mit 0:1 dem

CD Numancia. In der darauffolgenden Woche lief es nur wenig besser: Barça spielte zu Hause gegen das schwache Racing Santander 1:1. Das passte nicht so recht zu der Hysterie, die den Verein sonst immer umgab. Die wilde Atmosphäre hatte den FC Barcelona schon so lange ausgezeichnet, dass Cruyff sie kurzerhand als *el entorno* bezeichnet hatte: die Umgebung.

Doch als sich im Camp Nou langsam Panik breitmachte, erhielt Guardiola Bestätigung von zwei Seiten. Erstens von ganz oben: In seiner regelmäßigen Montagskolumne im *Periódico de Catalunya* attackierte Cruyff nach dem Unentschieden gegen Racing alle Zweifler: »Ich weiß nicht, welches Spiel ihr gesehen habt«, schrieb er in seinem typischen angriffslustigen Stil. »Das Spiel, das ich gesehen habe, hat es so im Camp Nou schon lange nicht mehr gegeben.« Klar, Barcelona hätte ein paar Tore mehr schießen müssen, aber die grundlegenden Elemente waren vorhanden. Cruyff freute sich über das komplexe Passspiel und über Spieler wie Messi und Andrés Iniesta, die offensichtlich verstanden hatten, worum es dabei ging. Er schrieb, Guardiola sei »weder unerfahren noch selbstmörderisch« (für Cruyffs Verhältnisse war das ein großes Lob), und pries ihn für seine großartigen Ideen (die er sich rein zufällig von ihm selbst, Cruyff, geborgt hatte). »Was vorher auf die Tafel gezeichnet worden war«, lobte der Niederländer, »wurde auf dem Rasen zu Fleisch, Schuh und Ball.«

Zweitens erhielt er Bestätigung von den Spielern. Es machte ihnen gar nichts aus, dass sie den schlechtesten Start in eine Ligasaison seit dem Ende der Ära Franco hingelegt hatten. Sie hatten endlich wieder Spaß, sowohl an den Punktspielen als auch an den endlosen Ballbesitzübungen beim Training.

Der 24-jährige Spielmacher Iniesta ließ Guardiola das persönlich wissen. Nach dem Spiel gegen Racing Santander schaute er im Keller im Büro des Trainers vorbei. »Machen Sie sich keine Sorgen, Boss. Wir werden noch alles gewinnen«, teilte er ihm mit. »Wir sind auf dem richtigen Weg … Bitte, machen Sie genauso weiter.«

Auf dem Weg nach draußen rief Iniesta ihm dann noch zu: »*¡Vamos de puta madre!*« – »Auf geht's, verdammte Scheiße!«

Messi war zunächst weniger überschwänglich. Denn einige der neuen Regeln des Trainers betrafen ihn ganz direkt: Bei den gemeinsamen Mahlzeiten der Mannschaft waren plötzlich Cola, Fanta & Co. verboten, und die Spieler durften nach Mitternacht nicht mehr mit ihren Partnerinnen intim werden. Guardiola verbot Messi außerdem seine geliebte Pizza und wies ihn an, regelmäßig in den Fitnessraum zu gehen, damit er den gegnerischen Spielern, die ihn ständig foulen wollen, mehr entgegenzusetzen hatte. Im Großen und Ganzen redeten Messi und Guardiola allerdings kaum miteinander. Oder, wie ein ehemaliger Teamkamerad von Barça es ausdrückte: »Sie unterhielten sich eher ohne Worte.«

Als sie sich dann doch einmal mit Worten unterhielten, sollte das Resultat Fußballgeschichte schreiben.

Diese spezielle Unterhaltung ist inzwischen in den Kanon der Messi-Anekdoten eingegangen und wird meistens wiedergegeben, als sei es ein plötzlicher Geistesblitz gewesen, wie bei Isaac Newton, als ihm der Apfel auf den Kopf fiel. (Sogar Pep erzählt die Geschichte so.)

Wir befinden uns am Ende der Saison 2008/09, am Abend vorm Auswärtsspiel gegen Real Madrid. Die Mannschaft hat sich von ihrem wackeligen Start schnell erholt und führt souverän die Tabelle an. Guardiola sitzt, wie immer vor wichtigen Spielen, in seinem Büro und schaut sich Videos vom Gegner an. Im Hintergrund läuft leise klassische Musik. Guardiola weiß, wenn sie in dem 80.000 Zuschauer fassenden Hexenkessel des Estadio Santiago Bernabéu ein gutes Ergebnis liefern, hat Barça die Meisterschaft praktisch in der Tasche. Er achtet auf Spielzüge, die er so vielleicht noch nicht gesehen hat, lässt seine Gedanken schweifen, um festzustellen, ob er neue Verbindungen herstellen kann. Er achtet auf Bewegungen und Räume und vor allem darauf, wo auf dem Spielfeld Real vielleicht etwas Dummes tut. Gegen 22 Uhr sieht er es dann.

Guardiola ruft sofort Messi an. »Leo, ich bin's, Pep. Ich habe gerade etwas Wichtiges gesehen«, teilt er ihm mit, wie Martí Perarnau in seinem Buch ›Herr Pep‹ berichtet. »Es ist sehr wichtig.«

Messi soll ins Büro kommen. Guardiola erklärt ihm, dass er mitten im Spiel von der rechten Seite des Mittelfelds in die Mitte wechseln soll, wo er sich als hängende Spitze immer wieder zurückfallen lassen und die Innenverteidiger von Real Madrid nerven kann, die sich nicht trauen, sich weiter vom Tor zu entfernen. Wenn er seine Aufgabe als »Falsche 9« gut macht, sollte er ausreichend Platz haben, um dem Gegner jede Menge Probleme zu bescheren.

Messi findet die Idee großartig. Guardiola informiert die Mannschaft, und obwohl sie nicht sofort überzeugt sind, dass es funktionieren wird, wollen sie mithelfen, den Plan umzusetzen. »Wenn es schiefgeht, setzen wir den Meistertitel aufs Spiel«, gibt Trainerassistent Domènec Torrent zu bedenken. »Und er wird eine ganz schöne Abreibung bekommen.«

Am nächsten Tag bekommt dann aber einzig und allein Real Madrid eine Abreibung. Messi schießt zwei Tore, der FC Barcelona gewinnt das Auswärtsspiel mit 6:2. Madrid steht Kopf. Mit einem Schlag hat Guardiola nicht nur den wichtigsten Rivalen des Vereins blamiert und direkt in seiner ersten Saison beim FC vorzeitig die Primera División gewonnen, sondern auch ein Problem gelöst, das Rijkaard nie hatte lösen können: Pep weiß jetzt, wie man Messi am effektivsten einsetzen kann.

Ein Heureka-Moment, eine Geheimwaffe und ein überwältigender Sieg – bei dieser Anekdote stimmt wirklich alles. In Wirklichkeit hätte Real Madrid es jedoch kommen sehen können – oder sogar müssen. Sie hätten sich nur mit einem weniger bemerkenswerten Spiel beschäftigen müssen, das sieben Monate vorher stattgefunden hatte: Im September 2008 hatte Barcelona mit 6:1 gegen Sporting Gijón gewonnen, und Messi hatte zum ersten Mal auf der Position der Falschen 9 gespielt. Es war Guardiolas drittes Spiel in der Primera División und sein erster Sieg gewesen – und zumindest für Pep hatte damals noch mehr auf dem Spiel gestanden als jetzt bei *El Clásico* (wie man das Duell Barcelona gegen Madrid in Spanien traditionell bezeichnet). Bei einer Niederlage oder einem Unentschieden wie in den ersten beiden Ligaspielen hätte Guardiola sofort die Koffer packen müssen. »Wenn wir verlieren«, hatte er damals zu Torrent gesagt, »kann es sein, dass wir uns zum ersten Mal in der Geschichte Barcelonas am Ende der Tabelle wiederfinden.«

Nur wenigen war damals die taktische Innovation aufgefallen, die Guardiola den Job gerettet hatte. Aber als er sie jetzt einsetzte, um Real Madrid zu demontieren, schien sie unübersehbar.

In Guardiolas Team, umgeben von Jungs, die er schon als Kind in La Masia bewundert hatte, und mit einem Spielsystem, das ihm fast ein Jahrzehnt lang eingebläut worden war, blühte Messi richtiggehend auf. Zum ersten Mal seit seiner Zeit in der Jugendakademie schoss er in einer Spielzeit zwanzig Tore in der Liga, in allen Wettbewerben zusammen sogar dreißig. Die Saison, die mit so viel Unsicherheit begonnen hatte, wurde für Barça unter Guardiola zum Selbstläufer. Innerhalb weniger Wochen holte das Team im Mai die Meisterschaft und die Copa del Rey, indem es Athletic Bilbao im Finale schlug. Es gab keinen Zweifel mehr: Das hier war Spaniens beste Mannschaft.

Doch um zu zeigen, dass sie auch die beste Mannschaft Europas waren, mussten sie nicht nur Bayern München besiegen, sondern auch die besten Teams aus England. Und das waren im Frühjahr 2009 Chelsea und Manchester United.

Seit ihrer Gründung im Jahr 1992 hatte sich die englische Premier League dank der Umsätze des Pay-TV zur reichsten Fußballliga der Welt entwickelt. Ihre Vereine zahlten die höchsten Ablösesummen und die höchsten Gehälter und wurden so zum Magneten für Talente aus aller Welt. Das Geld sorgte dafür, dass es in jeder Saison gleich mehrere englische Anwärter auf den Europapokalsieg gab. Seit Barça 2006 das letzte Mal die Champions League gewonnen hatte, hatten englische Mannschaften neun der zwölf Halbfinalplätze belegt. Zwischen 2006 und 2009 waren der FC Barcelona und der AC Mailand die einzigen nichtenglischen Vereine, die es unter die letzten vier schafften. Wenn Guardiolas Team das Triple der großen Titel schaffen wollte – Meisterschaft, Pokal und Champions League –, schien ein Duell mit den Briten unausweichlich. Und damit wohl auch ein weiteres Aufeinandertreffen mit Cristiano Ronaldo.

Davor gab es jedoch das spannendste Halbfinale, an das man sich in Barcelona bis dato erinnern konnte: zwei brutale Spiele gegen Chelsea. Der Londoner Club hatte eine Spielweise, auf die Messi nicht vorbereitet war, schließlich war er nicht wie Ronaldo im Norden Englands abgehärtet worden. Waren Cristiano während seiner prägenden Jahren bei United seine Gegner und seine Mannschaftskameraden ständig gnadenlos in die Knochen gegangen, war Messi von den meisten spanischen Verteidigern gewohnt, dass sie gar nicht erst in seine Nähe kamen – und seine Mannschaftskameraden waren nicht so verrückt, beim Training mit erhobenen Stollen auf ihn loszugehen. »Keiner riskierte, ihn anzugreifen«, erzählt einer aus dem Team. »Wir wussten doch, dass er dafür sorgen würde, dass wir gewinnen.«

Obendrein wurde jeder, der dumm genug war, ihn allzu hart anzugehen, für den Rest des Trainings zur Zielscheibe von Leos Rache. Er setzte dann sein ganzes Arsenal an Tricks ein, um den betreffenden Spieler zu blamieren. Insofern war es nur logisch, dass Messi in der Regel ohne einen Kratzer aus dem Training kam.

Bei den Spielen gegen Chelsea war das nun anders. Der englische Verein kam ins Camp Nou mit dem festen Vorsatz, Barcelonas flüssiges Aufbauspiel mit allen Mitteln zu stören. Schon im Hinspiel beging Chelsea zwanzig Fouls, also im Schnitt ein Foul alle 110 Sekunden, in denen Barça den Ball hatte. Allein Messi und Iniesta wurden sieben Mal von Ellbogen getroffen, niedergegrätscht oder am Trikot gezogen. »Barcelona war die einzige Mannschaft, die Fußball spielen wollte«, echauffierte sich ein wütender Gerard Piqué an jenem Abend.

Beim Rückspiel in London kamen die Spieler von Barça deutlich angriffslustiger aus der Kabine. Sie brauchten nur ein einziges Tor, um weiterzukommen, doch es dauerte mehr als neunzig Minuten, bis Messi eine Lücke fand, und das, obwohl Barcelona bereits eine Rote Karte gesehen hatte und nur noch mit zehn Mann spielte. In der 94. Minute konnte Messi endlich die vielen Verteidiger abschütteln, die ihn den ganzen Abend über in die Zange genommen hatten, und passte zu Iniesta, der die Vorlage verwandelte. Jetzt war Chelsea an der Reihe, sich über den Schiedsrichter zu ärgern. (Einer der Spieler rief in ein TV-Mikrofon, die Leistung des Unparteiischen sei ein »verdammter Skandal« gewesen.)

Den Ersatzspielern von Barça war das egal. Sie rannten auf das Spielfeld und feierten den hässlichsten Sieg ihrer schönsten Ära. Messi war wieder im Champions-League-Finale. Und dort wartete auf sie der Titelverteidiger Manchester United.

Ronaldo und seine Mannschaftskameraden reisten an einem warmen Frühlingsabend als klare Favoriten ins Olympiastadion in Rom an. Sie wollten als erste Mannschaft, seit man 1992 den Europapokal der Landesmeister in UEFA Champions League umbenannt hatte, den Titel verteidigen. United kombinierte Motivation und Können mit jener Art von roher Kraft, mit der die kleinen Genies von Barcelona absolut nichts am Hut hatten. Barças hohes Tempo kam von den kurzen, knackigen Pässen – eine Methode, die meistens als »Tiki-Taka« bezeichnet wurde, auch wenn Guardiola diesen Begriff überhaupt nicht mochte. Tiki-Taka bedeutete für Pep ein Passen um des Passens willen, und das taten seine Spieler nicht. Sie spielten Pässe, um zu sondieren und einen numerischen Vorteil herauszuarbeiten. Das hatte mehr mit einer cleveren Schacheröffnung gemein als mit dem Ansatz von Manchester United, seine Gegner kurzerhand zu erdrücken. Und auch wenn die Buchmacher davon nichts verstanden: Alex Ferguson wusste genau, was das bedeutete. Vor dem Spiel warnte er seine Mannschaft, Barças Mittelfeldzauberer Andrés Iniesta und Xavi könnten sie zusammen mit Messi, der sich scheinbar ziellos im hinteren Drittel des Feldes herumtrieb, leicht »schwindlig spielen«.

Es dauerte nicht lange, bis Fergusons schlimmste Befürchtungen wahr wurden. Barcelonas Passmaschinerie kam in Fahrt und fand immer mehr Platz. Sie spielten um die Verteidiger von United herum und durch sie hindurch. Die beiden Säulen der Verteidigung, die Muskelberge Rio Ferdinand und Vidić, bekamen kaum mit, wo die 1,70 Meter kleinen Störenfriede gerade herumwuselten. Nach zehn Spielminuten passte Iniesta zu Messi, Messi zu Iniesta und Iniesta zu Samuel Eto'o, und Barça schoss sein erstes Tor. Als Ferdinand versuchte, Messi zu foulen, musste er feststellen, dass Messi so schnell die Richtung wechselte, dass er sich praktisch unter ihm wegduckte. Arsenals Trainer Arsène Wenger nannte Messi später einen »PlayStation-Fußballer« – er wirkte, als würde er von einem Joystick gesteuert, nachdem jemand irgendwelche Cheat-Codes eingegeben hatte. (Wenger findet es übrigens schade, dass Messi nicht *noch kleiner* ist: Er würde gerne sehen, was er zustande bringen würde, wenn er noch näher am Boden wäre.)

Umso ärgerlicher war es für United, als ausgerechnet einer der kleinsten Spieler auf dem Platz das zweite Tor per Kopfball erzielte: Messi sprang rückwärts und platzierte den Ball über dem Torwart, ohne auch nur den Hals zu recken. Es war der Siegtreffer zum 2:0.

Ronaldo gelang nichts Vergleichbares. Zwar gab er die Hälfte der zehn Torschüsse von United in diesem Spiel ab, doch vier davon verfehlten komplett das Ziel. Ein Jahr, nachdem er in Moskau Freudentränen in den Rasen geschluchzt hatte, starrte er in Rom nun ins Leere. Er blieb nur zur Pokalverleihung, um sich selbst daran zu erinnern, wie sich das angefühlt hatte.

Und dieses Mal blieb auch Messi. Anders als 2006 in Paris hatte er jetzt das Gefühl, dass er maßgeblich zum Champions-League-Titel beigetragen hatte.

Für Guardiola und die Hohepriester des Cruyffismus, nicht zuletzt den Propheten höchstpersönlich, war diese Saison die pure, unverfälschte Bestätigung ihres Glaubens. Schon wenige Stunden nach dem Abpfiff prangerte Cruyff in seiner Kolumne den »Resultatismus« an – dass sich manche Leute nur für das Endergebnis interessierten statt für den Prozess. »Der Stil gewinnt«, schrieb Cruyff. »Der bessere Stil gewinnt.«

»Diese Mannschaft von Barça hat sich einen fußballerischen Stil angeeignet, der in jedem Winkel der Welt Millionen Lobeshymnen hervorruft«, fügte er hinzu. »Und sie hat in großen goldenen Lettern die meistgelesene Mitteilung des Jahres 2009 verfasst: Du kannst gewinnen, wenn du schön spielst, wenn du den Zuschauern etwas bietest. Macht es gerne nach. Falls ihr euch traut.«

Aber es gab einen Resultatisten, der kein Wort davon glaubte – und der an dem Begriff »Resultatismus« nichts Negatives finden konnte. Für Cristiano Ronaldo waren Trophäen die einzig anerkannte Methode, um Erfolg zu messen. Ein Resultat war ein Resultat. War das Endergebnis nicht überhaupt der Sinn jeder Sportart, vom Sackhüpfen bis zum Champions-League-Finale?

Doch ausnahmsweise musste er einsehen, dass er den Kürzeren gezogen hatte. Mehr noch, er hatte das Gefühl, dass sein aktueller Verein, Manchester United, für ihn auf seinem Weg zum größten Spieler der Welt so viel getan hatte, wie er konnte. Ihm war klar, dass seine nächste Station woanders sein musste, in Spanien. Das war die Wahlheimat seines direkten Rivalen, und er war entschlossen, sie zu erobern. Es war an der Zeit zu gehen.

Das nächste Gipfeltreffen zwischen Cristiano Ronaldo und Lionel Messi würde an einem anderen Ort stattfinden: in Barcelona.

TEIL II
DIE GRÖSSTEN ALLER ZEITEN

Fünf
Die Galácticos

Als Cristiano Ronaldo das Spielfeld im Estadio Santiago Bernabéu betrat, jubelten ihm fast 80.000 Fans in weißen Trikots zu. Wie immer war er überzeugt davon, dass all diese Menschen nur gekommen waren, um *ihn* zu sehen. Und dieses Mal hatte er sogar Recht.

Obwohl an diesem Tag gar kein Fußballspiel stattfand, hatten die Fans zum Teil sieben Stunden vor dem Stadion angestanden, um hineinzukommen. Wer es nicht schaffte, musste sich mit einer riesigen Leinwand vor dem Gebäude begnügen. Die offizielle Präsentation von Cristiano Ronaldo als neuer Spieler von Real Madrid glich eher einer königlichen Hochzeit als einer Pressekonferenz. Für Vereinspräsident Florentino Pérez war sie in diesem Moment nicht nur das wichtigste Ereignis in der spanischen Hauptstadt, sondern das wichtigste Ereignis in der ganzen Welt des Fußballs.

Dabei war es bereits das zweite Mal innerhalb von einer Woche, dass Pérez solch einen Zirkus veranstaltete: Ein paar Tage zuvor hatte Real Madrid Kaká begrüßt, den bis dato teuersten Spieler der Fußballgeschichte. Nur hatten da nicht so viele Fans ins Stadion gepasst, weil gerade ein neuer Rasen verlegt wurde. Außerdem war Pérez bereits klar, dass Kaká nicht allzu lange der teuerste Spieler der Fußballgeschichte bleiben würde. Real Madrids langwierige Jagd nach Ronaldo war endlich erfolgreich gewesen, und man hatte sich auf eine weitere Rekordablöse geeinigt.

»Ich finde es toll, der teuerste Spieler in der Geschichte des Fußballs zu sein«, sagte Ronaldo hinterher, als wäre das ganz selbstverständlich.

Die lange Liste offizieller Verpflichtungen, die mit der Präsentation eines neuen Spielers in Madrid einhergeht, ist der eines Staatsbesuchs in Spanien nicht unähnlich – abgesehen davon, dass der »Würdenträger« ärztlich untersucht und mit nacktem Oberkörper fotografiert wird. Ronaldo hatte damit überhaupt kein Problem, im Gegenteil. Der Vereinsarzt, Carlos Díez, redete über ihn, als wäre er der »Sechs-Millionen-Dollar-Mann«. »Herz- und Lungenkapazität sind außergewöhnlich«, sagte er. »Alles ist in perfektem Zustand.«

Es gab eine Führung durch das Bernabéu, ein feierliches Mittagessen mit mehreren Vereinslegenden und schließlich seinen Auftritt auf dem Spielfeld, ganz in Weiß, mit dem Abzeichen von Real Madrid auf der Brust und der Nummer 9 auf dem Rücken. (Da die Vereinslegende Raúl die Rückennummer 7 getragen hatte, erklärte sich Cristiano großzügig bereit, ein Jahr lang darauf zu verzichten – allerdings erst, nachdem er sich in Spanien »CR9« als Marke hatte schützen lassen.)

Pérez hatte sich diesen Moment schon seit Monaten ausgemalt. Ein paar kleine Details liefen allerdings nicht ganz so, wie er es sich ursprünglich vorgestellt hatte. Zum einen hatte er dafür sorgen müssen, dass hinten auf Cristianos Trikot »C. Ronaldo« stand und nicht bloß »Ronaldo«. Pérez erklärte ihm, dass Real Madrid ja bis vor kurzem schon einen Ronaldo gehabt hatte, den Brasilianer, und massenhaft Trikots von ihm verkauft hatte. Die Fans hatten bereits ein »Ronaldo 9«-Trikot zu Hause. Cristiano war das egal.

Ein anderes Problem an jenem Tag war das T-Shirt mit dem großen orangefarbenen Nike-Logo, das Ronaldo den ganzen Vormittag getragen hatte. Da Real Madrid offiziell von Adidas ausgerüstet wurde, war Pérez alles andere als begeistert, dass seine neueste Anschaffung in Nike-Klamotten herumlief. Doch trotz dieser kleinen Hindernisse war es eine große Erleichterung, Ronaldo endlich im Trikot von Real Madrid zu sehen. Immerhin hatte der Verein zweieinhalb Jahre lang darauf hingearbeitet.

Und Ronaldo fühlte sich ausgeglichen wie selten. Hier in Madrid kam er endlich zur Ruhe. Zwölf Jahre, nachdem ihn sein Ziel, der beste Fußballer der Welt zu werden, von Madeira zu Sporting Lissabon geführt hatte, sechs Jahre, nachdem er den Schritt zu Manchester United gewagt hatte, und zwölf Monate, nachdem das Hin und Her um den Transfer seinen Wechsel nach Spanien zu gefährden gedroht hatte, war Ronaldo endlich bei einem Verein, bei dem er das Gefühl hatte: *Hier gehöre ich hin.* Bei einem Verein, wo man genauso überzeugt davon war, dass er der beste Fußballer der Welt war, wie er selbst.

Pérez fragte sich allerdings, ob Ronaldo auch wirklich verstand, wo sein Platz war. Auch wenn sie ihn eine halbe Ewigkeit umworben hatten, sollte er doch bitte nicht vergessen, dass es Real Madrid vor ihm schon seit über hundert Jahren gegeben hatte und noch weitere hundert Jahre geben würde, wenn er längst wieder fort war. Während er Ronaldo dabei zusah, wie er mit dem Publikum spielte, war Pérez, dieser unscheinbare Bürokrat, auf dem besten Weg, sich zum mächtigsten Manager im europäischen Fußball aufzuschwingen. Im Laufe von zwei Jahrzehnten sollte er den beliebtesten Sport der Welt nachhaltiger prägen als irgendjemand sonst auf diesem Planeten.

Ronaldo war ein Baustein in Pérez' Masterplan. Nicht andersherum.

///////

Florentino Pérez Rodríguez war vier Jahre alt, als er sein erstes Spiel von Real Madrid in dem Stadion besuchte, das später den Namen Santiago Bernabéu tragen sollte. Das Erlebnis hinterließ Spuren. Er verbrachte den Großteil des Spiels damit, am Tribünengeländer herumzuklettern, aber als Madrid ein Tor schoss, rannte er zurück zu seinen Eltern, rutschte auf der Stadiontreppe aus und schlug sich die Lippe auf. »Man hat mich sofort verarztet«, erinnerte er sich später, »aber ich behielt eine Narbe zurück. Eine Kriegsverletzung aus dem Stadion.«

Eine aufgeplatzte Lippe konnte ihn jedoch nicht davon abhalten wiederzukommen. In den folgenden siebzig Jahren, schätzt Pérez, hat er kaum eine Handvoll Heimspiele von Real Madrid verpasst. Sein Vater war Drogeriebesitzer, und die Familie wohnte ganz in der Nähe vom Stadion. Ein Besuch des Bernabéu gehörte zum üblichen Wochenendprogramm. Zu einem Zeitpunkt wesentlich später besaß Pérez 29 Dauerkarten für die *Tribuna Preferencia*, die verschiedene Familienmitglieder, enge Freunde, etwas weniger enge Freunde und Geschäftspartner benutzen durften. Und am Tag seiner Hochzeit überreichte er seiner Braut den wahrhaftigsten Ausdruck lebenslanger Treue, den er sich denken konnte: ihren eigenen Mitgliedsausweis von Real Madrid.

Dass Pérez eine solche Leidenschaft für den Club entwickelte, lag nicht zuletzt daran, dass der Verein in seiner Jugend eine der faszinierendsten Mannschaften aller Zeiten war. Real Madrid in den 1950er-/60er-Jahren – das war die erste echte Dynastie des europäischen Fußballs, die ultimative Siegermaschine. Gleich 1956, als zum ersten Mal die Meister der großen europäischen Ligen in einem Turnier gegeneinander antraten, holte Real den Europapokal der Landesmeister, und das taten sie fünfmal in Folge, bis 1960, als sie in einem phänomenalen Finale mit 7:3 über Eintracht Frankfurt triumphierten. 1966 holte Real den Europapokal zum sechsten Mal, und außerdem wurde die Mannschaft innerhalb von zwei Jahrzehnten zwölfmal spanischer Meister. Niemand war seit der Zeit der Konquistadoren von Spanien aus in die Welt aufgebrochen, um dermaßen viel Schaden anzurichten. Für Leute wie Pérez, die in der Ära von Alfredo Di Stéfano, Ferenc Puskás, Paco Gento & Co. aufwuchsen, war es selbstverständlich, dass die größten Talente im Fußball das weiße Trikot trugen.

»Das unterschied den Verein von anderen und gab ihm einen bestimmten Platz in der Welt«, so Pérez.

In den 1990er-Jahren war dieser Platz jedoch plötzlich viel weiter unten in der Tabelle, als Pérez und seine 28 Freunde und Verwandten, die mit ihm auf der Tribüne saßen, es früher gewohnt waren. Der Name Real Madrid war nicht mehr in ganz Europa gefürchtet, und nach vier Jahren ohne gewonnene Meisterschaft hatte man nicht einmal mehr in Spanien Angst vor ihm.

Zum Glück war Pérez inzwischen in der Lage, aktiv etwas dagegen zu tun. Denn in den wenigen Momenten seines Lebens, die er nicht Real Madrid widmete, hatte er gerade genug Zeit gehabt, um als Boss eines multinationalen Konzerns Milliardär zu werden. Das war eine bemerkenswerte Leistung, nicht zuletzt, weil Pérez eigentlich nie vorgehabt hatte, in die Wirtschaft zu gehen. Seine wahre Berufung – so dachte er – war die Politik. Nach seinem Abschluss am Institut für Bauwesen an der Polytechnischen Universität Madrid nahm Pérez einen Job bei einer Lobbygruppe für die Bauindustrie an, wo er wertvolle Kontakte zur Wirtschaft und zu den Gewerkschaften der Stadt knüpfen konnte. Diese Kontakte machten sich bezahlt, als er im Alter von 29 Jahren vom Bürgermeister von Madrid mit der Leitung der städtischen Abwasserentsorgung betraut wurde. Noch im selben Jahr wurde er der jüngste Stadtrat in der spanischen Geschichte. Anfang der 1980er-Jahre galt Pérez als Shootingstar der Unión de Centro Democrático, der Zentrumspartei von Adolfo Suárez, den der spanische König 1976 zum Ministerpräsidenten ernannt hatte, um nach dem Tod von Diktator Francisco Franco den Übergang zur Demokratie zu organisieren. Pérez bekam einen Posten im Landwirtschaftsministerium und schien eine lange Karriere in der Zentralregierung vor sich zu haben. Doch dann wurde sein scheinbar unaufhaltsamer Aufstieg durch etwas unterbrochen, auf das ihn seine lebenslange Begeisterung für Real Madrid nicht ausreichend vorbereitet hatte: eine spektakuläre Niederlage.

Bei den Parlamentswahlen 1982 fuhren die Sozialisten einen erdrutschartigen Sieg ein. Pérez' Partei wurde buchstäblich von der politischen Landkarte gefegt und verlor 93 Prozent ihrer Sitze. Es war die größte Niederlage einer Regierungspartei in der modernen europäischen Geschichte. Pérez, der nie gelernt hatte, sich von Rückschlägen zu erholen, fasste einen Entschluss: Wenn er schon eine Organisation von Grund auf neu aufbauen musste, wollte er auch angemessen dafür entlohnt werden. Also wechselte er 1983 in die Privatwirtschaft und erwarb zum symbolischen Preis von einer Pesete eine kleine, bankrotte Baufirma.

Aus dieser Baufirma machte er ACS, einen der größten Baukonzerne der Welt. Dass ihm das gelang, führt man in der Regel auf dreierlei zurück: sein politisches Gespür, seine akribische Arbeitsweise (sein Lieblingsausdruck ist »jede Schraube im richtigen Kasten«) und etwas, das die Spanier *enchufe* nennen: gute Freunde in hohen Positionen. Innerhalb von anderthalb Jahrzehnten wuchs ACS auf über 25.000 Beschäftigte an und erwirtschaftete einen Jahresumsatz von einer halben Milliarde Peseten, nicht zuletzt dank lukrativer öffentlicher Bauaufträge, die von Regierungsvertretern vergeben wurden, die Pérez von früher kannte.

1995 war Florentino Pérez schließlich Chef eines der größten Unternehmen des Landes, ein enger Berater des Ministerpräsidenten und auf Rang 40 der reichsten Spanier. Damit war er endlich so weit, dass er sich qualifiziert fühlte, sich für den einzigen Job zu bewerben, den er jemals wirklich hatte haben wollen: In jenem Sommer gab er seine Kandidatur als Vereinspräsident von Real Madrid bekannt.

Mit seiner Brille, dem ordentlich frisierten Haar und seinem gelassenen Auftreten wirkt er nicht gerade wie ein dynamischer Sportmanager, der alle vom Hocker reißt. Bis heute besitzt er kein Auto, er mag keine schicken Restaurants, und wenn er ausnahmsweise sein übliches hellblaues Oberhemd gegen ein gewagteres eintauscht, zum Beispiel eines in einem etwas dunkleren Blauton, ist das für seine Verhältnisse richtiggehend extravagant. Aber dank seines geschäftlichen Geschicks, seiner gesellschaftlichen und politischen Verbindungen und der Tatsache, dass er sein halbes Leben im Stadion von Real verbracht hatte, war Pérez zuversichtlich, dass die anderen Madridistas ihn als naheliegenden Kandidaten für das Amt ansehen würden.

///////

Der allererste Präsident von Real Madrid war alles andere als ein naheliegender Kandidat gewesen.

Das ging schon damit los, dass er aus Barcelona stammte. Doch es dauerte nicht lange, bis Juan Padrós allen bewies, dass er der Richtige für den Job war. Kurz nachdem er 1902 an die Spitze des neu gegründeten Vorstands des »Madrid Foot Ball Club« gewählt worden war, rief er ein nationales Fußballturnier zu Ehren von König Alfons XIII. ins Leben, die Copa del Rey. Und bald darauf tat Madrid, was es bis heute am besten kann: Es holte den Pokal.

Padrós wurde 1904 von seinem Bruder Carlos abgelöst, aber seine kurze Amtszeit brachte auf den Punkt, welche Rolle der Vereinspräsident in den Augen der Fans von Real Madrid übernehmen sollte. Die Vereinsmitglieder, die *socios*, wählen alle vier Jahre einen Präsidenten, und von dem, den sie wählen, erwarten sie, dass er ihnen dafür einen Haufen Trophäen beschert.

Was für Real Madrid mehr als alles andere zählt, ist Ruhm. Andere Vereine betrachten das Fußballspiel als eine Form des individuellen Ausdrucks und möchten die Art und Weise, wie der Ball auf dem Feld bewegt wird, zu einer eigenen Kunstform erheben. Real Madrid hat keinerlei solche Ansprüche. Der Verein will weder von allen geliebt noch für den unverwechselbaren Stil seiner Spieler bewundert werden. Der Verein will nur eins: der Beste sein. Was auf dem Spielfeld passiert, ist bloß das Mittel zum Zweck, das Ziel ist immer der Sieg. Die einzige Philosophie von Real findet sich im Trophäenraum im Estadio Santiago Bernabéu, der sieben Tage die Woche für Besucher geöffnet ist und ein permanentes, beeindruckendes Zeugnis für die Bedeutung des Vereins darstellt. Im Jahr 2015 nannte Pérez ihn »den berühmtesten Trophäenschrank aller Zeiten«. Die Dutzenden Trophäen und Pokale – von rekordverdächtigen 35 Meistertiteln bis hin zur (zweimal gewonnenen) La Pequeña Copa del Mundo – machen auch dem letzten Zweifler klar: Dies ist der erfolgreichste Verein der Fußballgeschichte. Ein besonderer Platz ist für die 14 Europapokale reserviert. Madrid hat die Champions League und ihren Vorläufer so oft gewonnen, dass die Fans irgendwann dazu übergingen, diese Siege durchzunummerieren, wenn davon die Rede war – *la Septima, la Decima* usw.

Falls das noch unklar sein sollte: Real Madrid hat nicht nur Unmengen an Erfolgen zu verzeichnen, sondern auch das dazu passende Selbstbewusstsein. Ab einer bestimmten Sphäre geht Größe eben Hand in Hand mit Grandezza – oder Selbstüberschätzung. Zur Feier seines hundertjährigen Bestehens im Jahr 2002 veranstaltete Real ein Sommerturnier für vier Mannschaften, zu dem es den AC Mailand, Bayern München und Liverpool einlud. Einfach so, weil man es konnte. Der Verein lud sich in jenem Jahr auch zu einer Audienz beim Papst und zur UN-Generalversammlung in New York ein und veranstaltete im Dezember ein Jubiläumsspiel gegen eine Mannschaft aus FIFA-Stars, die nur für diesen einen Abend zusammenkamen. Da man nur einmal hundert Jahre alt wird, beantragte Real bei der FIFA, an seinem Geburtstag weltweit alle anderen offiziellen Fußballspiele abzusagen. Und der Präsident der FIFA, Real-Ehrenmitglied Sepp Blatter, kam dem Wunsch gerne nach. Schließlich war dies *der* FIFA-Verein des 20. Jahrhunderts.

Für das 21. Jahrhundert würde Real sich allerdings erst noch fit machen müssen.

///////

Aber es war nicht nur der Erfolg, der Real Madrid von allen anderen Fußballvereinen unterschied, sondern zunehmend auch die Vereinsstruktur. Seit britische Minenarbeiter 1889 den ersten spanischen Fußballverein gegründet hatten, um ihren Angestellten regelmäßige Bewegung an der frischen Luft zu ermöglichen, wurden die Clubs größtenteils von den Fans geleitet, die jedes Wochenende zu den Spielen kamen. Die Vereinsmitglieder wählten einen Präsidenten und einen Vorstand, der die alltäglichen Verwaltungsaufgaben erledigte und wichtige Aufgaben übernahm, zum Beispiel politischen Funktionären Honig um den Bart zu schmieren und sich mit neu verpflichteten Spielern fotografieren zu lassen. Die Finanzen zu verwalten war in der Regel nicht allzu aufwendig, denn meistens gab es gar keine. Das wenige Geld, das die spanischen Vereine einnahmen, kam aus dem Verkauf von Eintrittskarten, den Mitgliedsbeiträgen und dem, was die örtlichen Unternehmen dafür springen ließen, dass ihr Name auf der Vorderseite der Trikots oder auf den Banden am Spielfeldrand zu sehen war. Fernseheinnahmen spielten jahrzehntelang überhaupt keine Rolle, da das spanische Fernsehen bis 1982 nur zwei Sender hatte und bis 1990 komplett öffentlich-rechtlich war. Selbst die ersten glorreichen Jahre von Real Madrid mit Spielern wie Di Stéfano wurden größtenteils dadurch finanziert, dass man das größte Stadion aller Mannschaften im Europapokal besaß.

Das Modell des Clubs, der den Fans gehörte, leistete Spanien fast hundert Jahre lang gute Dienste. Doch in den 1980er-Jahren wurde der Betrieb eines Fußballvereins immer kostspieliger. Nachdem die Europäische Gemeinschaft die Freizügigkeit für Fußballspieler eingeführt hatte, zahlte Barcelona 1982 eine Ablösesumme von 7,6 Millionen Dollar, um Diego Maradona zu verpflichten – ein Weltrekord! Die Spitzenspieler der Primera División bekamen nun Jahresgehälter von über 12 Millionen Peseten (umgerechnet 72.000 Euro). Da es so gut wie keine Fernseh- oder Werbeeinnahmen gab, waren die spanischen Vereine zunehmend auf eine andere Einnahmequelle angewiesen: Bankkredite.

Fast jeder spanische Profiverein schrieb bald tiefrote Zahlen. Das ist an sich nichts Ungewöhnliches – hohe Schulden gehören zum modernen europäischen Fußball wie die Halbzeitpause und obszöne Fangesänge. Doch nun wurde die Eigentümerstruktur der spanischen Fußballvereine plötzlich zum Problem. Einige Mannschaften waren so stark verschuldet, dass sich langsam die Frage stellte, wer im Falle einer Zahlungsunfähigkeit des Vereins eigentlich haftete. Die spanische Regierung war nicht gewillt, auf eine Antwort zu warten: 1990 erließ sie das Sportgesetz 10/1990, nach dem sich jeder Fußballverein, der sich als finanziell nicht tragfähig erwies, in eine Sociedad anónima deportiva (SAD) umwandeln musste, das spanische Äquivalent einer GmbH. Diese Regelung galt ab sofort für alle Vereine, die in den letzten fünf Jahren, also ab der Saison 1985/86, keine positive Bilanz vorweisen konnten. Und das waren so gut wie alle.

Als das Gesetz in Kraft trat, waren nur vier der 42 spanischen Profivereine davon ausgenommen – Real Madrid, FC Barcelona, Athletic Bilbao und CA Osasuna. Die drei letzteren Vereine standen alle aus demselben Grund finanziell gut da: Sie waren und sind sehr regional geprägt. Die Identität ihrer Städte ist in besonderer Weise mit ihren Fußballmannschaften verbunden. Barça und Bilbao sind echte Aushängeschilder ihrer Gemeinden und Bastionen des Regionalstolzes, mit einer treuen Fangemeinde, großen Stadien und mehr Mitgliedern als manch kleine Religion. Dass der Verein den Fans gehört, ist für das Selbstverständnis dieser Institutionen von zentraler Bedeutung, und der Rückhalt der Basis ist ihnen immer sicher. Mit anderen Worten: Es bräuchte schon ein unternehmerisches Missmanagement vom Ausmaß von Schlecker, damit sie in ernsthafte finanzielle Schwierigkeiten geraten – was bei spanischen Fußballvereinen allerdings gar nicht so abwegig wäre.

Der Real Madrid Club de Fútbol war ein Sonderfall. Er war weder eine lokalpatriotische Bastion noch ein Symbol des kulturellen Separatismus. Vielen ganz treuen Fans des Vereins war die Stadt, in der er seine Spiele austrug, komplett egal. Für sie war Real Madrid einfach *die* Fußballmannschaft Spaniens. Das lag zum Teil an der unangefochtenen Dominanz von Real. Nichts ist dankbarer, als Fan einer Mannschaft zu sein, die ständig gewinnt – Anhänger vom FC Bayern München werden das bestätigen. »75 Prozent der Menschen, die in Madrid wohnen, mich eingeschlossen, sind nicht hier geboren«, sagt der ehemalige Real-Präsident Ramón Calderón. »Die Fans haben keinen regionalen oder lokalen Bezug zur Mannschaft, ihnen geht es um den Erfolg. Sie identifizieren Real mit Erfolg.«

Die Tatsache, dass dieser Erfolg auch und gerade auf internationaler Ebene stattfand, beim Europapokal, machte Real Madrid für viele Spanier zu einem Symbol für ihr Land. Für sie war der Anblick von Männern in weißen Trikots, die einen Pokal in die Höhe recken, ein genauso fester Bestandteil des spanischen Lebens wie der Stierkampf, der Flamenco oder das Abendessen um 23 Uhr.

Die Funktionäre von Real Madrid hatten das schon immer gewusst. Und im Jahr 2001 wurde ihnen klar, dass sich das auch in Zahlen ausdrücken ließ. Laut einer landesweiten Umfrage, die von den Vorständen der Vereine in Auftrag gegeben wurde, war Real nicht nur der beliebteste Verein des Landes (49 Prozent der spanischen Fußballfans bezeichneten sich als *Madridistas*), sondern es gab im ganzen Land nur drei Städte, in denen Madrid *nicht* der Verein mit den meisten Fans war: Barcelona sowie Bilbao und San Sebastián im Baskenland. Der Rest von Spanien war fest in der Hand von Real Madrid. Selbst in Städten mit einer langen Fußballgeschichte und mehreren Spitzenvereinen hatte Real viele Fans. In Sevilla zum Beispiel, so die Studie, war Real Madrid der beliebteste Verein und hatte mehr Fans als der FC Sevilla und Real Betis zusammen. Der Vorstand von Real Madrid feierte die Ergebnisse der Umfrage wie einen weiteren Pokal.

Florentino Pérez verstand besser als jeder andere, welchen besonderen Platz Real Madrid in der Fußballwelt einnahm. Nicht nur, weil er gleich um die Ecke vom Bernabéu-Stadion wohnte, sondern auch, weil er nach so vielen Jahren auf der Tribüne genau wusste, was die Fans von ihrer Mannschaft erwarteten. Natürlich wollten sie gewinnen, aber sie wollten das mit Ehre tun und mit einer gewissen Noblesse. Immerhin unterhielt sich König Juan Carlos bei offiziellen Sitzungen immer erst einmal über die letzten Spiele des Vereins.

Als Pérez seinen Hut in den Ring warf, warb er explizit mit Reals glorreicher Vergangenheit. Der Verein hatte den Europapokal seit 29 Jahren nicht mehr gewonnen, und er war der Mann, der Real wieder an die Spitze bringen konnte. Er kannte sich mit Erfolg und ehrenhaftem Geschäftsgebaren aus wie kein Zweiter – das waren genau die Qualitäten, die er verkörperte.

Doch dann tat Pérez etwas, das für Real Madrid ziemlich untypisch ist: Er verlor.

///////

Immerhin war diese Niederlage nicht ganz so katastrophal wie seine letzte damals in der Politik. Als alle Stimmen zur Wahl des Vereinspräsidenten von Real Madrid im Jahr 1995 ausgezählt waren, lag Pérez nicht einmal fünfhundert Stimmen hinter seinem Gegner Lorenzo Sanz, einem lauten Selfmade-Geschäftsmann mit einer Vorliebe für Sportwagen, kubanische Zigarren und nächtliche Zocker-Runden. Pérez unterlag Sanz mit nur einem Prozent der Stimmen, doch dieser knappe Ausgang machte seine Niederlage nur noch schmerzhafter. Als er sich am Wahlabend 1982 von seiner jungen Karriere in der Regierung verabschieden musste, konnte sich Pérez damit trösten, dass politische Kräfte im Spiel waren, auf die er letztlich keinen Einfluss hatte. Diesmal jedoch fühlte es sich wie eine persönliche Niederlage an. Die *socios* waren seine Leute. Viele waren sogar seine Familienangehörigen. Und dass er gegen einen Typen wie Lorenzo Sanz verloren hatte, machte alles nur noch schlimmer. In Pérez' Augen war Sanz bloß ein *nuevo rico*, ein ordinärer Neureicher, dem die nötige Klasse fehlte, um das Amt des Präsidenten von Real Madrid zu bekleiden.

Zugegeben, die Herrschaftsstruktur bei Real Madrid entspricht nicht gerade dem Ideal basisdemokratischer Selbstverwaltung. Der Vereinspräsident wird alle vier Jahre gewählt, es sei denn, der Amtsinhaber beschließt, die Wahl früher abzuhalten als geplant. Oder manchmal auch später. Von den 17 bisherigen Präsidenten von Real Madrid – es waren tatsächlich alles Männer – haben sieben nicht einmal ihre erste Amtszeit überstanden. Ganz anders Santiago Bernabéu, der Namensgeber des Stadions von Real und angebliche Erfinder des Europapokals, der 35 Jahre lang wie ein Diktator regierte. Und wie in allen großen Demokratien wurde im Internetzeitalter alles nur noch schlimmer. Heutzutage sind die wichtigsten Voraussetzungen für eine Kandidatur zum Vereinspräsidenten offenbar eine ausgeprägte Selbstherrlichkeit, ungebremster persönlicher Ehrgeiz und die Bereitschaft, die Gegner mit Schmutz zu bewerfen.

Aber das konnte Pérez genauso wenig von seinem großen Ziel abhalten wie die Auflage, dass die Kandidaten nachweislich in der Lage sein mussten, für 15 Prozent des Vereinsbudgets zu haften. Als gerade die letzten Stimmen ausgezählt wurden und sich seine Niederlage schon abzeichnete, beschloss Pérez bereits, erneut zu kandidieren. In den kommenden Jahren würde er dafür sorgen, dass es beim nächsten Mal besser lief. Denn tief in seinem Herzen war er nach wie vor davon überzeugt, dass Real ihn dringend brauchte.

Als der Verein dann 1998 den Europapokal gewann, der inzwischen UEFA Champions League hieß, und damit eine jahrzehntelange Durststrecke beendete, hieß der Vereinspräsident allerdings noch Lorenzo Sanz. Für Pérez' Kampagne war das ein herber Rückschlag. Zwei Jahre später sah er dann endgültig seine Felle davonschwimmen, als Real nur wenige Wochen vor der Wahl des Vereinspräsidenten, im Finale der Champions League in Paris, den FC Valencia mit 3:0 besiegte und schon wieder den Pokal holte.

Pérez hatte einst versprochen, Real Madrid wieder an die Spitze des europäischen Fußballs zu führen, und nun war Sanz genau das gelungen. Zweimal. Die meisten Beobachter waren überzeugt, dass er wiedergewählt werden würde. Dass ein Amtsinhaber abgewählt würde, der gerade zwei Champions-League-Titel innerhalb von drei Jahren errungen hatte, war schlicht undenkbar. Doch Pérez wusste es besser. Als alter *Madridista* war er sich bewusst, dass es nur eines gab, das die Fans von Real Madrid noch mehr begeisterte als der Europapokal: die Chance, dem FC Barcelona eins auszuwischen.

Deshalb dachte sich Pérez in seinem zweiten Wahlkampf für das Amt des Vereinspräsidenten von Real Madrid ein anderes Wahlversprechen aus – eines, das noch ehrgeiziger war, als die größten Clubs Europas auszustechen. Diesmal versprach er, Luís Figo zu Real zu holen, den unverschämt begabten und unglaublich gut aussehenden portugiesischen Flügelspieler, der zufällig der Star und Kapitän des FC Barcelona war.

Pérez wettete drauf, dass die Aussicht, Figo von Madrids größtem Rivalen abzuwerben, für die *socios* so unwiderstehlich war, dass sie gar keine andere Wahl hätten, als ihm ihre Stimmen zu geben. Zum einen war Figo »Mr. Barcelona«, der Talisman der Mannschaft, der bei den Fans genauso beliebt war wie bei seinen Mannschaftskameraden. Figo setzte sich so sehr für die *blaugrana* ein, dass er sich, als Barça 1998 die Copa del Rey gewann, rot-blaue Streifen ins Haar färbte. Und als ob das nicht schon genug wäre, gab es noch einen weiteren Grund, warum Pérez davon überzeugt war, dass die Madrider *socios* alles dafür tun würden, Figo zu verpflichten: Sie hatten es ihm selbst mitgeteilt.

In den Monaten vor dem Start seines Wahlkampfs hatte Pérez im Verein eine Mitgliederbefragung durchgeführt. Dabei ging es um alle möglichen Themen, vor allem um die wirtschaftliche Situation des Vereins – er war sicher, dass es um Real finanziell viel schlechter stand, als Sanz es zugeben wollte. Er baute aber auch eine Frage zur Mannschaft ein: Welchen Spieler würden die *socios* am liebsten bei Real Madrid sehen? Die mit Abstand meistgenannte Antwort: Figo.

Da begann Pérez einen teuflischen Plan auszuhecken, einen Transfer, der so detailliert ausgearbeitet war und so akribisch ausgeführt wurde, wie man es höchstens von einem ausgeklügelten Bankraub kennt. Es war einer der kühnsten Coups in der modernen Sportgeschichte.

Wie bei jedem klassischen Coup kam es auch hier in erster Linie auf das Timing an. Denn im Sommer 2000 war Real Madrid nicht der einzige spanische Fußballverein, der seinen Vereinspräsidenten wählte. Die Mitglieder des FC Barcelona waren aufgerufen, einen Nachfolger für Josep Lluís Núñez zu wählen. (Im Frühjahr hatte er ganz überraschend nach 22 Jahren im Amt seinen Rücktritt angekündigt. Offenbar hatte Johan Cruyff ihn in seiner Zeitungskolumne einmal zu oft kritisiert.) Daher war man beim FC Barcelona die ganze Sommerpause über mit Vereinspolitik beschäftigt, was ein denkbar schlechter Zeitpunkt war, denn ausgerechnet jetzt beschloss der Agent José Veiga, dass es höchste Zeit war, für seinen Klienten Luís Figo eine Gehaltserhöhung auszuhandeln.

Die meisten Fußballagenten sind natürlich der Ansicht, dass ihre Spieler bereits eine Gehaltserhöhung verdienen, wenn sie es schaffen, ihre Schienbeinschoner richtig anzuziehen. In diesem Fall hatte Veiga allerdings nicht ganz unrecht. In den letzten zwölf Monaten hatte sich Figo nicht nur zum besten Spieler des FC Barcelona entwickelt, sondern vielleicht sogar zum besten der Welt. In der Saison 1999/2000 hatte er zwanzig Tore für seinen Verein und sein Land geschossen. (Das war damals für einen Flügelspieler eine absurde Zahl.) Was ihn im Verein aber mehr adelte als alles andere, war das eindeutige Lob von Cruyff. »Er kann alles: Er kann flanken, er kann Haken schlagen, er kann mit rechts schießen und mit links«, schrieb der Niederländer. »Ja, er hat wirklich alles drauf.«

Niemand beim FC Barcelona hätte bestritten, dass Figo einen

neuen Vertrag verdient hatte. Das Problem war nur, dass sich gleichzeitig niemand dafür zuständig fühlte. Núñez zählte die Tage bis zu seinem Abschied, und die beiden Männer, die sich um seine Nachfolge bewarben – Joan Gaspart und Luis Bassat –, hatten wenige Wochen vor der Wahl genug um die Ohren. Dreimal fuhr Veiga in jenem Jahr nach Barcelona, um einen neuen Vertrag auszuhandeln, und dreimal musste er unverrichteter Dinge wieder abreisen. Im Sommer hatten der Spieler und sein Agent langsam die Nase voll. Im Camp Nou herrschte ein Machtvakuum. Das war genau der Moment, auf den Florentino Pérez gewartet hatte.

Während die Augen der Fußballwelt auf Belgien und die Niederlande gerichtet waren, wo in jenem Sommer die Europameisterschaft stattfand, setzte Pérez seinen cleveren Plan in Gang. Um ihn durchzuziehen, musste er sein ganzes Verhandlungsgeschick und einen beträchtlichen Teil seines persönlichen Vermögens aufbieten. Die ganze Operation war überhaupt nur möglich, weil Pérez fünf Jahre zuvor die Wahl zum Vereinspräsidenten von Real verloren hatte: Da er zu diesem Zeitpunkt nur Präsidentschaftskandidat war und keine offizielle Funktion bei Real Madrid innehatte, war er nämlich nicht an die Regeln der FIFA für Vertragsverhandlungen mit Spielern gegnerischer Mannschaften gebunden. Nur so war er in der Lage, Figo und seinem Agenten ein Angebot zu machen, das sie nicht ablehnen konnten. Pérez würde Figo einen Scheck über 400 Millionen Peseten (rund 2,4 Millionen Euro) ausstellen, wenn Figo einen Vertrag unterschrieb, mit dem er sich verpflichtete, zu Real Madrid zu wechseln, falls Pérez die Wahl gewann (was höchst unwahrscheinlich schien). Sollte Pérez die Wahl verlieren, durfte Figo das Geld trotzdem behalten.

Für José Veiga, der immer noch darauf aus war, für Figo in Barcelona ein höheres Gehalt herauszuschlagen, sah das aus wie im Schlaf verdientes Geld. Kein Fußballagent, der seiner Prada-Slipper würdig ist, hätte so ein Angebot abgelehnt.

Für Veiga war es eine reine Win-win-Situation. Nicht nur, dass

Pérez so gut wie keine Chance hatte, Präsident von Real zu werden, schon der kleinste Hinweis auf ein Angebot aus Madrid hätte ausgereicht, um Barça dazu zu bringen, seinem Klienten endlich mehr zu bezahlen. Mit Figos Segen unterschrieb Veiga den Vertrag. Sie sprachen nicht einmal persönlich miteinander.

Der Teufel steckte hier allerdings, wie immer, im Kleingedruckten. In dem von Pérez aufgesetzten Vertrag stand nämlich, dass Figo in dem Fall, dass Pérez die Wahl gewann und er trotzdem nicht zu Real wechselte, eine Entschädigung in Höhe von 5 Milliarden Peseten (umgerechnet 30 Millionen Euro) zahlen musste. Weder Figo noch Veiga hatten sich um diese Klausel gekümmert – die Wahrscheinlichkeit, dass Pérez seine Wahl gewinnen würde, schien verschwindend gering. Doch genau diese Klausel war für Pérez der Schlüssel zum Erfolg, denn sie garantierte, dass Figo es sich nicht leisten konnte, später aus dem Vertrag auszusteigen.

Mehr brauchte er nicht, denn er wusste, dass der FC Barcelona keinen Einspruch einlegen konnte. Schuld war eine Besonderheit im spanischen Vertragsrecht.

Im spanischen Fußball enthält nämlich jeder Spielervertrag eine *cláusula de rescisión*, eine Ausstiegsklausel, die den offiziellen Preis nennt, zu dem ein Spieler verkauft werden *muss*. Falls jemand den dort genannten Betrag in der Geschäftsstelle der Primera División hinterlegt, kann der Verein gegen den Verkauf nichts einwenden. In der Regel wird dieser Betrag entweder so hoch angesetzt, dass er alle potenziellen Bieter abschreckt, oder so niedrig, dass der Verein einen Spieler schnell loswerden kann, ohne den Zorn der Fans auf sich zu ziehen. Bei Figo waren es 10 Milliarden Peseten (60 Millionen Euro), ein Betrag, der eindeutig in die erste Kategorie gehörte. Noch nie hatte jemand so viel für einen Fußballspieler gezahlt, und Anfang 2000 gab es auch keinen Grund zur Annahme, dass es demnächst jemand tun würde. Die höchste Ablösesumme, die je von einem spanischen Verein gezahlt worden war, waren die umgerechnet 35 Millionen Euro, die Lorenzo Sanz im Jahr zuvor für den französischen Stürmer Nicolas Anelka von Arsenal hingeblättert hatte. Der für Figo in der Ausstiegsklausel genannte Betrag war um siebzig Prozent höher. Dass jemand so viel für einen Fußballer ausgab, war undenkbar.

Doch als Florentino Pérez das Ganze durchrechnete, schien es plötzlich gar nicht mehr so unvorstellbar. Er führte ein paar Telefonate mit seinen Kontaktleuten im Bankwesen. Unter der Bedingung, dass Pérez persönlich für den Betrag bürgen würde, erklärten sich die Banken bereit, Real Madrid die 10 Milliarden Peseten zu leihen, um Figo auszulösen. Pérez, der selbst immer noch in einem recht bescheidenen Haus im Madrider Stadtteil Chamberí wohnte, konnte es kaum abwarten, die Dokumente zu unterschreiben.

Anfang Juli, zwei Wochen vor der Wahl bei Real Madrid, war dann alles unter Dach und Fach. Trotzdem gab es noch einen Gedanken, der an Pérez nagte: Sein Wahlversprechen, Figo zu Real zu holen, klang so abwegig, dass er sich Sorgen machte, dass ihm niemand glaubte. Aber auch dieses Hindernis ließ sich mit etwas Geld beseitigen. In den letzten Tagen des Wahlkampfs teilte er jedem einzelnen der 70.000 *socios* des Vereins mit: Falls er gewählt würde und sein Wahlversprechen nicht einlösen könnte, werde er ein Jahr lang alle ihre Vereinsbeiträge – insgesamt rund 8 Millionen Euro – aus eigener Tasche bezahlen.

Als am 6. Juli dann bekannt wurde, dass Pérez einen Vertrag mit Figo abgeschlossen hatte, befand sich Lorenzo Sanz gerade auf der Hochzeit seiner Tochter mit Míchel Salgado, dem rechten Außenverteidiger von Real Madrid. Der komplett überrumpelte Sanz tat das Ganze als völligen Unsinn ab. »Was gibt Florentino als Nächstes bekannt? Dass er Claudia Schiffer unter Vertrag genommen hat?«, spottete er. Aber Pérez war ihm einen Schritt voraus. Das Versprechen mit den Vereinsbeiträgen kauften ihm selbst die skeptischsten *socios* ab.

Pérez hatte Sanz übertölpelt. Und er hatte Luís Figo übertölpelt, der verzweifelt versuchte, sich aus seinem Vertrag mit Pérez herauszuwinden, während es in Barcelona drunter und drüber ging. José Veiga rief unter Tränen bei Pérez an und bot ihm an, ihm die 400 Millionen Peseten zurückzugeben, die er ein paar Wochen zuvor erhalten hatte. Figo erschien auf der Titelseite der katalanischen Tageszeitung *Sport* im Barça-Trikot und versicherte den Fans, er werde nirgendwo hingehen. Und seinen Mannschaftskameraden – darunter Pep Guardiola, der Patenonkel einer seiner Töchter – erzählte er, das mit dem Wechsel nach Madrid sei völlig frei erfunden.

Trotz allem gab es kein Zurück mehr. Als am 16. Juli die Stimmen ausgezählt wurden, hatte Pérez Sanz mit mehr als dreitausend Stimmen Vorsprung besiegt.

Acht Tage später präsentierte Real Madrid in einer feierlichen Zeremonie im Trophäenraum Luís Figo als neuen Spieler. Als er mit einem weißen Real-Trikot in der Hand für Fotos posierte, zwang er sich zu einem knappen Lächeln und hielt eine kurze Ansprache. »Ich hoffe, dass ich hier genauso glücklich werde, wie ich es bei Barcelona war«, sagte er, bevor er verschwand, um seinen neuen Vertrag zu unterschreiben, der eine Ausstiegsklausel enthielt, in der die Ablösesumme auf 30 Milliarden Peseten (180 Millionen Euro) festgelegt war. Links von Figo stand ein weiterer Neuzugang: Alfredo Di Stéfano, den Pérez schon als Kind verehrt hatte und der nun im Alter von 74 Jahren als Ehrenvizepräsident zu seinem alten Verein zurückkehrte. Auf der anderen Seite stand Pérez in seinem üblichen blauen Hemd und grauen Anzug und lächelte. Es war das Lächeln eines Mannes, der gerade die härteste Rivalität im spanischen Fußball auf den Kopf gestellt hatte. Stunden zuvor hatte er in der Geschäftsstelle der Primera División die Ablösesumme von 10 Milliarden Peseta hinterlegt, dadurch mit einem Schlag eine neue Ära für Real Madrid eingeläutet und dafür gesorgt, dass Barcelona wieder einmal im Chaos versank. Es war der Fiebertraum eines jeden *Madridista*.

»Es war nicht einfach«, erzählte Pérez später. »Im Jahr 2000 hat noch keiner 60 Millionen Euro ausgegeben. Aber er war der Kapitän von Barcelona! Es war, als würde ich ihnen das Herz herausreißen.«

///////

Figo zu verpflichten war ein kühner Schachzug, aber längst nicht so kühn wie das, was danach kam. In den folgenden fünf Jahren stellte Pérez die etablierte Ordnung des Fußballs gänzlich auf den Kopf, indem er die wirtschaftlichen Strukturen des Spiels umkrempelte, die Regeln des Transfermarkts umschrieb und das Finanzmodell revolutionierte, das seit einem halben Jahrhundert dem Vereinsfußball zugrunde lag. Als er damit fertig war, hatte er Real Madrid zum wertvollsten Sportverein der Welt gemacht.

Zuvor musste er allerdings erst einmal verhindern, dass der Verein bankrottging.

Wenige Tage nach seinem Amtsantritt nahm Pérez die Bilanzen des Vereins gründlich unter die Lupe. Das Ergebnis war niederschmetternd. Madrid hatte 144 Millionen Euro Schulden und machte pro Saison mehr als 19 Millionen Euro Verlust. Je genauer Pérez und sein Team sich die Zahlen ansahen, desto schlimmer stellte sich die Situation dar. Die Löhne machten erstaunliche 86 Prozent der laufenden Kosten aus, und die größte Einnahmequelle waren die Ticketverkäufe und die Mitgliedsbeiträge. Das war insofern ein Problem, als in der Saison 1999/2000 18 der 19 Heimspiele von Real Madrid nicht ausverkauft gewesen waren und die Zahl der *socios* in den letzten fünf Jahren zurückgegangen war. In ›White Angels‹, John Carlins Buch über Pérez' erste Amtszeit, fasst der ehemalige Real-Manager Carlos Martínez de Albornoz die Situation treffend zusammen: »Als Florentino übernahm, hatten wir nicht einmal genug Geld, um einen Kugelschreiber zu kaufen.«

Zum Glück wusste Pérez, an wen er sich wenden musste, wenn ihm die Schreibwaren ausgingen. Die Banken waren seine Freunde. Dort stand Pérez bereits mit den umgerechnet 18 Millionen Euro, für die er hatte bürgen müssen, um zu kandidieren, und dem 60-Millionen-Euro-Kredit, den er für Figo aufgenommen hatte, in der Kreide. Aber die Sanierung von Real Madrid hatte gerade erst begonnen – er würde sich noch mehr Geld leihen müssen. Um einen Kredit für die Verpflichtung der Mittelfeldspieler Claude Makélélé und Flávio Conceição zu decken, bürgte Pérez persönlich für weitere 39 Millionen Euro. Mit dem Verkauf von Spielern wie Anelka, der für 36 Millionen Euro zu Paris Saint-Germain wechselte, konnten vier weitere Neuverpflichtungen finanziert werden, aber die gestiegenen Ausgaben blähten das Budget von Real weiter auf. Laut Gesetz musste Pérez weitere 12 Millionen Euro beisteuern, um den Fehlbetrag zu decken. Somit summierte sich Florentino Pérez' persönliches finanzielles Risiko wenige Wochen nach seinem Amtsantritt bereits auf mehr als 129 Millionen Euro. Real Madrid wieder auf Kurs zu bringen war ab sofort nicht mehr nur Pérez' Lebensziel, sondern eine finanzielle Notwendigkeit.

Aber auch hier hatte Pérez bereits einen Plan. Und dieser war ein wenig hochtrabender, als irgendwelche Kredite aufzunehmen. Seiner Meinung nach ging es bei der Sanierung von Real Madrid nicht nur darum, die Kosten zu senken und die Finanzen auszugleichen. Nein, ein mutigerer Schritt war nötig. Einer, der ihnen zusätzliche und simplere Einnahmequellen eröffnete. Der Verein, der von der FIFA offiziell zur besten Mannschaft des 20. Jahrhunderts erklärt worden war, musste modernisiert und für das 21. Jahrhundert fit gemacht werden. Das Geheimnis lag irgendwo in den kommerziellen Möglichkeiten des Fußballs.

Im Prinzip war das gar nichts Neues. Was sich Pérez für Real Madrid ausmalte, hatte eine Handvoll englischer Fußballmanager ja schon zehn Jahre vorher in die Tat umgesetzt. 1992 kam es unter Federführung von Manchester United, Arsenal und Tottenham Hotspur zu einer Abspaltung der Spitzenvereine der englischen Liga, die zur Gründung der Premier League führte. Die dort versammelten Vereine entwickelten in den folgenden Jahren neue

Strategien zur Nutzung der kommerziellen Möglichkeiten des Fußballs, die es so noch nie gegeben hatte. Manchester United gab dabei die Richtung vor. Die Kombination aus unternehmerischem Geschick, Marketing-Power und einer Ansammlung von Stars auf dem Spielfeld verschaffte United einen wirtschaftlichen Vorteil gegenüber allen anderen Vereinen in Europa. Manchester United war das Musterbeispiel dafür, wie man einen über hundert Jahre alten Fußballverein in ein modernes Firmenimperium verwandelt. Doch glücklicherweise lieferte der Verein die Blaupause, wie das funktioniert hatte, gleich mit: Da United 1991 an die Börse gegangen war, waren die Vereinsbilanzen der letzten neun Jahre öffentlich zugänglich. Pérez studierte diese Unterlagen wie ein Exeget die Heilige Schrift. Er kam zu dem Schluss, dass Real Madrid von Grund auf umstrukturiert werden musste. Die finanzielle Abhängigkeit von Eintrittsgeldern und Vereinsbeiträgen war nicht mehr zeitgemäß. Bis in die 1990er-Jahre bekam man von den Spielen von Real Madrid – und allen anderen spanischen Vereinen – außerhalb der Landesgrenzen kaum etwas mit. Die Internationalisierung des Vereinsfußballs steckte noch in den Kinderschuhen.

Aber Pérez blieb nicht verborgen, was anderswo passierte. Marketing, Merchandise, Corporate Branding – das waren die neuen wirtschaftlichen Antriebskräfte im europäischen Fußball. Früher hatten die Vereine den Fans vor Ort Eintrittskarten, Schals und Limonade verkauft und so gerade eben ihre Kosten gedeckt. Doch diese Zeiten waren ein für alle Mal vorbei. Der Wettlauf um Medienrechte und eine weltweite Fanbasis hatte begonnen.

In der Premier League hatte man das längst erkannt. Die Funktionäre von Manchester United wussten genau, dass die Popularität und das Staraufgebot des Vereins die beste Voraussetzung dafür waren, United zu einem globalen Marketingphänomen und damit auf viele Jahre zu einem nationalen und internationalen Titelanwärter zu machen. Doch als Pérez sich die Zahlen ansah, wurde ihm klar, dass United noch nicht weit genug gegangen war. Der englische Verein hatte seinen finanziellen Vorsprung dafür genutzt, seinen Kader mit Weltklassespielern zu bestücken. Pérez fand, dass es eigentlich genau andersherum laufen sollte: Die Spieler mussten die treibende Kraft sein. Wenn man aggressiv in die größten Stars des Spiels und ihren weltweiten Ruhm investierte, konnte man umso mehr mit Marketing verdienen. Und wenn man genug Stars kaufte, würde sogar Manchester Uniteds finanzieller Vorsprung bröckeln. Pérez hatte eine Vision: eine Mannschaft aus lauter Fußballstars, die Madrid wieder Höhenflüge wie in den 1950er-Jahren bescheren sollte. Figo war die erste Verpflichtung der *Galáctico*-Ära.

Dank José Angel Sanchez, einem Marketing-Manager, den er von Sega abgeworben hatte und den er später als seinen »*Galáctico* in Sakko und Krawatte« bezeichnete, bekam Pérez ein Auge für neue Möglichkeiten, Geld zu verdienen. Der Verein beschäftigte sich eingehend damit, wie Disney den Film *König der Löwen* vermarktete, der nicht nur ein Blockbuster gewesen war, sondern dem Studio mit Merchandising und Spin-offs immer noch Geld einbrachte, obwohl er schon längst nicht mehr im Kino lief. Dank dieser neuen Denkweise betrachteten Sanchez und Pérez die Spieler bald nicht mehr nur als Investitionsobjekte auf dem Spielfeld, sondern auch als Akteure in einem breit aufgestellten kommerziellen Angebot.

Der Real Madrid Club de Fútbol war jetzt nicht mehr nur ein professioneller Sportverein, sondern ein Produzent von Inhalten. Pérez sah es als seine Aufgabe, den Zuschauern ein Spektakel zu bieten, und er wusste, dass nichts im Fußball so spektakulär ist wie die Verpflichtung eines Superstars. Er plante daher, jeden Sommer einen neuen an Bord zu holen, so wie ein Hollywood-Studio einen neuen Blockbuster herausbringt. Das war eine risikoreiche Strategie, aber Pérez war überzeugt, dass sie sich auszahlen würde.

Und für den Fall der Fälle hatte er noch ein paar altmodischere Tricks in der Hinterhand.

Im Jahr 2001 arrangierte Pérez mit Hilfe seiner alten Kumpels im Madrider Rathaus, die Ciudad Deportiva, das Trainingsgelände von Real, für unglaubliche 500 Millionen Euro an einen Bauträger zu verkaufen. Damit war der Verein seine Schulden auf einen Schlag los. Es war ein genialer Schachzug, brachte Pérez aber auch jede Menge Kritik ein.

Jahrelang hatten sich die städtischen Behörden geweigert, die Bebauung des 15 Hektar großen Geländes zu genehmigen, das einst am Rande der Stadt gelegen hatte, sich inzwischen aber im Herzen des Finanzviertels befand, an der teuersten Straße des Landes. Der Verkauf des Trainingsgeländes, das 1998 nur 421.000 Euro gekostet hatte, wurde von der linken Opposition scharf verurteilt und später von der Europäischen Kommission als illegale staatliche Beihilfe eingestuft. Und als sich dann auch noch herausstellte, dass Pérez' Baufirma ACS einen Teil der Aufträge zur Sanierung des Geländes erhalten hatte, wurden die Kritiker noch lauter. Doch damals, im Jahr 2001, zählte für Pérez nur, dass Real Madrid seine 278 Millionen Euro Schulden los war. Jetzt war der Weg frei, das Projekt *Los Galácticos* in die Tat umzusetzen.

//////

So begann im Sommer 2001 eine der ehrgeizigsten Strategien in der Geschichte des modernen Vereinsfußballs, die letztlich aber wenig bis gar nicht durchdacht war. Pérez brach innerhalb eines Jahres zum zweiten Mal den Weltrekord für den teuersten Transfer, als er umgerechnet 73 Millionen Euro hinblätterte, um den französischen Mittelfeldspieler Zinédine Zidane von Juventus Turin zu verpflichten. Ihm folgte 2002 der brasilianische Stürmer Ronaldo von Inter Mailand. Als ein Jahr später dann auch noch David Beckham zu Real wechselte, hatte Pérez die größte Ansammlung von Stars zusammengestellt, die je auf einem Fußballplatz zu sehen gewesen war.

Das eigentlich Irrsinnige daran waren aber gar nicht die horrenden Ablösesummen oder die Tatsache, dass Pérez' Vision, jeden Sommer einen neuen Superstar zu verpflichten, zur offiziellen Vereinspolitik erklärt wurde. Es war die Tatsache, dass das Projekt *Los Galácticos* alle üblichen Regeln für die Zusammenstellung einer erfolgreichen Mannschaft zu ignorieren schien. Wie viele Stars konnte man in ein Team stecken, wenn es nur einen Ball gab? Langsam wirkte Real Madrid immer weniger wie eine Fußballmannschaft und eher wie die Avengers.

Immerhin funktionierte es eine Zeitlang genauso, wie Pérez es geplant hatte: In ihrer ersten und dritten Saison gewannen die *Galácticos* die Primera División, und dazwischen feierten sie an einem kühlen Abend im Frühjahr 2002 im Hampden Park in Glasgow ihren größten Erfolg. Genau dort, wo der Verein schon 1960 den Titel geholt hatte, schoss Zidane im Champions-League-Finale gegen Bayer Leverkusen mit dem linken Fuß aus zwanzig Metern Entfernung volley ins linke obere Eck und sicherte Real Madrid im Jahr seines hundertjährigen Bestehens den neunten Europapokal – *la Novena*.

Zwei Jahre später feierte Pérez dann einen ganz anderen Triumph: Real Madrid hatte Manchester United überholt und war der reichste Fußballverein der Welt.

Damit fühlte Pérez sich rundum rehabilitiert. Ihm war nicht verborgen geblieben, wie die Kritiker über seine astronomischen Ausgaben, seine inkohärenten Personalentscheidungen und seine schamlose Missachtung der Regeln des Transfermarkts geschimpft hatten. Jetzt musste auch dem Letzten klar geworden sein, dass er die ganze Zeit Recht gehabt hatte. Er hatte die unwiderstehliche Anziehungskraft der Superstars des Fußballs erkannt und wusste, dass Beckham, Ronaldo & Co. Marken waren, die den Betrieb von Real Madrid so rentabel machen konnten wie noch nie. »Zidane hat 73 Millionen Euro gekostet«, sagte Pérez, »und damit war er der günstigste Spieler, den ich verpflichtet habe.« Tatsächlich begann sich der Kauf von Zidane noch vor dem ersten Ballkontakt zu rentieren. Pérez hatte die Übertragungsrechte für dessen Präsentation als neuer Spieler für 250 Millionen Peseten (umgerechnet 1,5 Millionen Euro) an Canal+ verkauft.

Schon bald galten solche Summen als Peanuts. Im vierten Jahr von Pérez' Amtszeit hatten sich die Einnahmen von Real exakt verdoppelt: von 138 Millionen (2000) auf 276 Millionen Euro (2004). Mit einem Anteil von vierzig Prozent an den Gesamteinnahmen stellten Marketing und Vermarktung nun die bei weitem größte Einnahmequelle dar – eine Zahl, die Pérez ganz besonders freute, denn sie war viel höher als der Anteil der marketingbezogenen Einnahmen von Manchester United im gleichen Zeitraum (27 Prozent).

Dank des All-Star-Teams, das er zusammengestellt hatte, konnte Real Madrid nicht nur mehr Geld aus den bestehenden Sponsoringverträgen herausholen. Jetzt klopften sogar Unternehmen bei ihnen an, die noch nie etwas mit dem Profisport zu tun gehabt hatten.

Im Jahr 2002 war Real Madrid zum Beispiel auf der Suche nach einem neuen Trikotsponsor, und Pérez wollte, dass das jeder wusste. Mitten in der Saison 2001/02 kündigte er an, die Trikots des Vereins würden für den Rest der Saison lediglich den Schriftzug »realmadrid.com« tragen – angeblich, weil er nicht wollte, dass im Jahr des hundertjährigen Vereinsjubiläums ein Firmenlogo das makellose Weiß der Trikots verunstaltete. In Wirklichkeit wollte Pérez damit ein Signal an alle Interessenten aussenden, dass das wertvollste Stück Stoff im Vereinsfußball einen neuen Pächter suchte. Dieses Signal erreichte schließlich auch einen langhaarigen Marketing-Manager namens Rolf Beisswanger, der bis vor kurzem für Hugo Boss gearbeitet hatte und jetzt die Sponsoringaktivitäten eines Unternehmens leitete, das sich dringend ein neues Image verpassen wollte.

Im Sommer 2002 war Siemens einer der größten multinationalen Konzerne der Welt. Das 155 Jahre alte Unternehmen hatte einen

Jahresumsatz von rund 75 Milliarden Euro und Niederlassungen in fast zweihundert Ländern. Dennoch war Siemens außerhalb von Deutschland so gut wie unbekannt. Für einen Industriekonzern, der sein Geld mit Kraftwerksturbinen und Transportsystemen verdiente, war Anonymität kein Thema. Aber vor kurzem war Siemens in das Mobilfunkgeschäft eingestiegen, und plötzlich wurde dem Konzern klar, dass sein behäbiges, großväterliches Image nicht zu dem hippen neuen Produkt passte. Um mit Marken wie Nokia und Motorola konkurrieren zu können, brauchte das Unternehmen einen gewissen Sexappeal. Und Real Madrids Staraufgebot war genau das Richtige, um dem Unternehmen neuen Schwung zu verleihen. »Es brauchte viel Überzeugungsarbeit«, erzählte Beisswanger dem *Wall Street Journal*, aber schließlich stimmte der Vorstand zu, und 2002 wurde Siemens der neue Trikotsponsor von Real Madrid. Mit einer jährlichen Vergütung, die bis auf 17 Millionen Euro stieg, war es der weltweit teuerste Sponsorenvertrag im Fußball. Für Siemens war es trotzdem ein Schnäppchen. Sobald das Logo auf der Vorderseite der Real-Trikots prangte, stiegen die Verkaufszahlen der Handys rapide an. In Lateinamerika konnte Siemens seinen Marktanteil fast verdreifachen, in Spanien stieg er immerhin um vier Prozent. Die internen Daten des Unternehmens zeigten sogar einen deutlichen Zuwachs in einem Markt, mit dem man gar nicht gerechnet hatte: Katalonien.

Das war sogar, bevor Beckham im Jahr 2003 zu Real kam und Pérez' geschäftliche Pläne noch einmal zusätzlich Fahrt aufnahmen. (Als die Führungsetage von Adidas erfuhr, dass ihr wichtigster Klient zu Real Madrid wechselte, dem Club, der bereits seit 1998 von Adidas ausgerüstet wurde, knallten dort die Korken.) Der Beckham-Effekt sorgte dafür, dass Real ab sofort zehnmal so viel für ein Freundschaftsspiel verlangen konnte wie bisher. Im Vorfeld der Saison 2005 ging der Verein auf Tournee durch die USA, China, Japan und Thailand und kassierte für sechs Spiele insgesamt 25,6 Millionen Dollar. Mit den Marketingeinnahmen wurde das

Bernabéu-Stadion modernisiert. *Los Galácticos* konnten künftig in einem komfortableren Unterstand mit Deckenheizung sitzen, und eine Etage höher hatte Pérez eine neue VIP-Loge einrichten lassen, einen Ort zum Sehen und Gesehenwerden. Dort saß König Juan Carlos neben Kofi Annan und Tom Cruise. Ab und zu tauchten aber auch etwas zwielichtigere Promis auf, wie Gao Ping, ein wichtiger Pate der chinesischen Mafia in Spanien.

Ganz unabhängig davon, wer in der VIP-Loge saß, war Real Madrid der reichste Fußballverein der Welt, hatte die besten Spieler, und auch wenn sich die Trophäen nicht so schnell häuften, wie Pérez gehofft hatte, war klar, dass Real endlich wieder das Maß aller Dinge im Fußball war. Zu allem Überfluss hatte sich der FC Barcelona noch immer nicht von Figos Hochverrat erholt und kam in den folgenden drei Spielzeiten nicht über den vierten Platz in der Liga hinaus. Im Juli 2004 wurde Pérez mit 91 Prozent der Stimmen wiedergewählt.

Was das Projekt *Los Galácticos* so einzigartig machte, war nicht nur sein durchschlagender Erfolg, sondern auch die Tatsache, dass niemand es kopieren konnte. Real Madrid war der einzige Verein, der so etwas hinbekam, da Superstars seit jeher ein fester Bestandteil seiner Identität gewesen waren und kein Luxus, den man sich irgendwann später einmal leistete. Seit den Tagen von Di Stéfano und Puskás ist die gesamte Struktur des Vereins darauf ausgerichtet, die Elite des Fußballs willkommen zu heißen, zugleich aber dafür zu sorgen, dass kein Spieler eine Sonderbehandlung bekommt. Um Streitigkeiten zu vermeiden, sind die Spinde in der Umkleidekabine im Bernabéu nach Trikotnummern geordnet, mit zwei langen Bänken auf jeder Seite. Keiner kann sich aussuchen, wo er sitzt. Der Kapitän wird bei Real nicht wie in anderen Vereinen vom Trainer bestimmt oder sogar von den Mitspielern gewählt: Die Kapitänsbinde bekommt immer der dienstälteste Spieler, egal auf welcher Position er spielt oder welchen Status er innerhalb der Mannschaft genießt.

Der Niedergang der *Galácticos* war also kein Problem von Egos oder Bilanzen. Schuld war Pérez, der sich nur noch für die wirtschaftlichen Belange seines Clubs interessierte und nicht mehr für die sportlichen. Rückblickend wissen die damaligen Manager von Real Madrid genau, wann es so weit war: »Ab dem Tag, als wir Beckham verpflichteten, ging es bergab«, räumt der langjährige Sportdirektor Jorge Valdano ein. Beckham war keineswegs ein schlechter Fußballer – man bestreitet keine 115 Länderspiele, wenn man kein guter Fußballer ist, auch nicht für eine so tragikomische Formation wie die englische Nationalmannschaft. Auf dem Spielfeld hatte er unbestreitbare Qualitäten. Nur hatte niemand bei Real Madrid einen Plan, wie man diese nutzen sollte.

Weitere Risse bekam das Projekt, als die Zahl der *Galácticos* die der verfügbaren Startplätze überstieg. Da die weltgrößten Fußballstars ausnahmslos Offensivspieler sind, verpflichtete Pérez unweigerlich mehrere *Galácticos*, die auf derselben Position spielten. Als 2005 der englische Stürmer Michael Owen kam, musste er feststellen, dass sein Platz in der Startaufstellung bereits von Ronaldo besetzt war. Figo war über die Verpflichtung von Beckham, der normalerweise wie er auf dem rechten Flügel spielte, so sauer, dass er in den ersten drei Monaten der Saison 2003/04 kaum mit den Teamoffiziellen kommunizierte und sich weigerte, jemand anderen seine Ecken schießen zu lassen.

Ein weiteres Problem war, dass man in jeder Saison die Taktik ändern musste, um sich auf einen neuen Star einzustellen. Doch dafür war kaum Zeit, denn auch das Vorsaisontraining hatte mittlerweile den Charakter einer PR-Veranstaltung. Die Verpflichtungen gegenüber den Sponsoren waren so zahlreich, dass sich die Spieler jederzeit vom Training freistellen lassen konnten. Die ganz profane Aufgabe, gemeinsam als Team spielen zu lernen, blieb dabei auf der Strecke.

»Es ist schon wichtig, dass der Verein mit Werbung und so weiter Geld verdient«, sagte Figo später, »aber da muss es ein Gleichgewicht geben. Wir waren immer weniger, wie eine Fußballmannschaft sein sollte.«

Plötzlich hatten Gegner mit weniger talentierten Spielern, aber ausgewogenerer Taktik wieder Chancen gegen Real Madrid. Die *Galácticos* waren langsam besser darin, Umsätze zu generieren, als Fußballspiele zu gewinnen. Den Kopf mussten allerdings immer die Trainer hinhalten. Vicente del Bosque stand in Pérez' ersten drei Saisons an der Seitenlinie und zahlte dann den Preis dafür, dass er 2003 nicht die Champions League gewann. In den folgenden drei Spielzeiten probierte Pérez fünf verschiedene Trainer aus. »Es war keine gute Zeit für den Verein, als der Präsident anfing zu glauben, er würde sich mit Fußball auskennen«, sagte Carlos Queiroz, der del Bosque ablöste, aber nur zehn Monate blieb, bevor er zu seinem alten Job als Assistent von Alex Ferguson bei Manchester United zurückkehrte.

An einem regnerischen Abend auf Mallorca im Januar 2006 konnte dann sogar Pérez die Zeichen der Zeit erkennen. Sie lauteten: *Real Mallorca – Real Madrid 2:1.* Es war die siebte Saisonniederlage in der Primera División, und sie warf Real zehn Punkte hinter den FC Barcelona zurück, was bedeutete, dass sie das dritte Jahr in Folge nicht Meister werden würden – die längste Durststrecke seit mehr als einem halben Jahrhundert. Zwei Tage später gab Pérez seinen Rücktritt als Präsident von Real Madrid bekannt.

Er konnte nicht länger leugnen, dass das Team, das er aufgebaut hatte, einen Neustart benötigte. Figo, der erste *Galáctico*, war zu Inter Mailand abgewandert, Zidane war kurz davor, sich als aktiver Sportler zur Ruhe zu setzen, und Ronaldo war ständig verletzt und wurde immer dicker. Pérez brachte es nicht übers Herz, alles abzureißen, was er aufgebaut hatte, und neu anzufangen. Hinter geschlossenen Türen erzählte er seinen Beratern, im Nachhinein wünsche er sich, er wäre 2004 zurückgetreten, statt zur Wiederwahl anzutreten.

»Ich habe den gleichen Fehler gemacht wie ein Vater, der für sein Kind nur das Beste will und es dann zu sehr verwöhnt«, sagte Pérez. »Das ist nicht die Schuld der Spieler, sondern meine.«

///////

Aber so ganz konnte Florentino Pérez sich doch nicht von Real Madrid trennen.

Er hatte zu viel Zeit, zu viel Energie und, ganz offen gesagt, viel zu viel Geld in die Umstrukturierung des Vereins investiert, um einfach so seinen Hut zu nehmen. Pérez verkündete, sich von nun an mehr auf seine Arbeit bei ACS zu konzentrieren, aber schon wenige Wochen nach seinem Rücktritt plante er bereits seine Rückkehr ins Bernabéu. Natürlich nicht sofort, aber vielleicht irgendwann – wenn ein paar Jahre ins Land gegangen waren und das Desaster der letzten Monate vergessen war. Er war sich sicher, dass sein Image, seine Präsidentschaft und sein Projekt *Los Galácticos* irgendwann rehabilitiert werden würden. Es war nur eine Frage der Zeit.

In der Zwischenzeit gab sich sein Nachfolger Ramón Calderón alle Mühe, Real Madrid daran zu erinnern, dass es zuallererst ein Fußballverein war und keine Traumfabrik. »Wir hielten es für extrem wichtig, die Mentalität der Spieler zu verändern«, erzählt er. »Sie sollten sich einfach wieder auf das tägliche Training konzentrieren.«

Im Frühjahr 2009, drei Jahre nach seinem Rücktritt als Präsident von Real, war Pérez dann klar, dass er nicht länger die Füße stillhalten konnte. Seit einigen Monaten beschäftigte ihn eine elementare Krise, die nicht nur ihn bis ins Mark erschütterte, sondern das ganze Land in Atem hielt. Aber diese Krise hatte nichts mit dem spektakulären Kollaps des spanischen Immobilienmarkts zu tun, der eine ernsthafte Bedrohung für Pérez' Bauimperium ACS darstellte. Diese Krise war viel ernster.

Der FC Barcelona war wieder da.

Pérez kam es vor, als würde die Welt auf den Kopf gestellt. Zum ersten Mal in der Geschichte schien sich die Achse des spanischen Fußballs weg von Madrid und nach Katalonien zu neigen. Ein paar Monate später bestätigen sich seine schlimmsten Befürchtungen, als Barça mit einem Sieg über Manchester United und Cristiano Ronaldo das Triple aus Primera División, Copa del Rey und Champions League perfekt machte. Für Pérez fühlte sich die Saison wie eine einzige lange blau-rote Siegesparade an.

Es waren allerdings nicht nur die Siege, die ihn beunruhigten. Es war die Art und Weise, *wie* Barça gewann. Sie ließen ihre Gegner stehen, als würden sie auf einem Spielplatz »Schweinchen in der Mitte« spielen, und mit jedem Tor, das sie schossen, wuchs die Zahl ihrer Fans. Wenn sie so weitermachten, befürchtete Pérez, würden sie bald erfolgreicher sein als die Teams von Real Madrid, denen er als Kind zugejubelt hatte. Diesen Gedanken fand er unerträglich.

Genauso unaushaltbar fand er die Hochnäsigkeit der vermeintlichen Puristen beim FC Barcelona, die Guardiola, Cruyff & Co. wie Halbgötter verehrten. Wie sie stundenlang über einen so simplen Sport wie Fußball theoretisierten, machte ihn wahnsinnig. Um Fußball zu spielen, brauchte man einen Ball und zwei Tore, fertig. Er hatte keine Zeit für diesen pseudo-intellektuellen Unsinn, für Spielsysteme oder *juego de posición*, was auch immer das sein sollte. (Dass Pérez kein begeisterter Leser von Cruyffs Kolumne war, versteht sich wohl von selbst.) Er bezeichnete die selbsternannten Hüter des Fußballsports im Camp Nou immer abfällig als »*futboleros*«, die unaufhörlich über die richtige Spielweise dozierten und dabei den seiner Ansicht nach wichtigsten Punkt außer Acht ließen: Der Schlüssel zum Sieg war, die besten Spieler zu haben.

Um den Unterscheid zwischen den beiden Vereinen zu erklären, verwendete Pérez in persönlichen Gesprächen gerne eine Analogie mit Musikern: Wenn man die zehn besten Musiker der Welt nach Barcelona holen würde, so Pérez, würde Guardiola sie zusammen in einen Raum setzen, ihnen Noten geben und sie so lange üben lassen, bis sie die Partitur beherrschen. Wenn die Show beginnt, spielen sie alles perfekt herunter. Der Unterschied bei Real Madrid sei, dass es keine Partitur gebe. Er würde die Musiker in einen Raum setzen und sie selbst herausfinden lassen, wie und was sie spielen wollen. Kann sein, dass einem die ersten fünf, sechs Aufführungen in den Ohren wehtun, aber mit der Zeit kreieren sie etwas wirklich Schönes.

»Das ist halt was ganz anderes«, sagte Pérez immer. Und mit »anders« meinte er »viel besser«.

Als er jetzt aber mitansehen musste, was Messi bei Barça veranstaltete, wurde sein Vertrauen in Real nachhaltig erschüttert.

In der Primera División die zweite Geige hinter dem FC Barcelona zu spielen war eine Sache. Aber für die Fans, die daran gewöhnt waren, dass ihr Verein den besten Fußballkader der Welt hatte, war ein neuer Megastar, der seine Karriere im blau-roten Trikot begann, zu viel des Guten.

///////

Jetzt spürten die *Madridistas* es auch: Sie brauchten jemanden, der die Dinge wieder geraderückte. Sie brauchten Florentino Pérez. Im Mai 2009 gab er auf einer Pressekonferenz im Hotel Ritz in Madrid bekannt, dass er erneut für die Präsidentschaft kandidieren würde. Bis Ende Mai hatten dann alle anderen Bewerber ihre Kandidatur zurückgezogen.

Innerhalb von einer Woche nach seiner Wiederwahl brach er zum dritten Mal den Weltrekord für den teuersten Transfer, als er für 65 Millionen Euro Kaká verpflichtete. Drei Tage später folgte Cristiano Ronaldo, für 120 Millionen Euro. Als der französische Stürmer Karim Benzema und der spanische Mittelfeldspieler Xabi Alonso hinzukamen, hatte der Verein insgesamt mehr als eine Viertelmilliarde Euro für neue Spieler ausgegeben. Das war eine obszöne Summe, zumal zur gleichen Zeit die Rezession die Arbeitslosenquote in Spanien auf fast zwanzig Prozent steigen ließ. Doch

Pérez fand, dass die vielen Millionen den Fans des Vereins etwas gaben, was viel wertvoller war: Hoffnung.

»Real Madrid ist für manche Leute ja das Einzige, worauf sie sich noch freuen können«, sagte er damals gegenüber dem *Wall Street Journal.*

Hoffnung allein reichte aber nicht, um Barcelona zu schlagen. In ihrer ersten Saison holten die neuen *Galácticos* beachtliche 96 Punkte, aber trotzdem wurde Barça zum zweiten Mal in Folge spanischer Meister: mit 99 Punkten.

Pérez' Amtskollege in Katalonien, Joan Laporta, saß zufrieden herum und schwärmte von Geschäftsmodellen und davon, wie man die Dinge *richtig macht.* »Ein mögliches Modell besteht darin, dass man mit Schecks und Geld eine Mannschaft aufbaut«, dozierte der Anwalt. »Wir haben ein anderes Modell – wir haben eine Entwicklungskurve, wir sind mündig und haben eine Kultur, mit der wir uns identifizieren.«

Pérez hatte auch eine Kultur. Und zu dieser gehörte, dass er sein Scheckbuch zückte, um den einzigen Mann auf der Welt an Bord zu holen, der ihm das Gegenmittel gegen Barça liefern konnte. Die Champions-League-Saison 2010 zeigte ganz deutlich, wer dieser Mann war.

José Mourinho war es gelungen, die Magie von Barça zu neutralisieren – zumindest für einen Abend. Zugegeben, er hatte dabei ein wenig Hilfe von einem isländischen Vulkan gehabt. Der Trainer von Inter Mailand erwartete den FC Barcelona für das Halbfinale der Champions League im Stadio San Siro. Die Gäste mussten eine zehnstündige Busfahrt auf sich nehmen, nachdem der Ausbruch des Eyjafjallajökull den europäischen Flugverkehr lahmgelegt hatte. Und als die Katalanen dann den Rasen betraten, empfing Mourinho sie mit der verwirrendsten Strategie, die ihnen je untergekommen war.

Aus irgendeinem Grund schien Mourinhos Motto »Kein Ball, keine Gefahr« zu sein. Immer wieder gab Inter Mailand den Ball quasi absichtlich her. Barcelona spielte ein extrem starkes Pressing, lief dabei aber immer wieder Gefahr, in der gegnerischen Hälfte aus ungünstigen Positionen heraus den Ball zu verlieren, was dem Gegner Räume für verheerende Konter öffnete. Inter erzielte in der zweiten Halbzeit auf diese Weise drei Tore und gewann das Hinspiel in einem der erstaunlichsten Drahtseilakte des modernen Fußballs mit 3:1. Bei der folgenden Auswärtsniederlage mit einem Ergebnis von 1:2 beschränkte sich Mourinhos Mannschaft dann auf eine Taktik, die er »den Bus parken« nannte.

Als er den Bann gebrochen und Barcelona in deren eigenem Stadion aus der Champions League geworfen hatte, sprintete er mit erhobenem Zeigefinger über den Rasen. Es war die absolute Genugtuung. (Er hatte Barça weder vergessen noch verziehen, dass sie ihn zwei Jahre zuvor zugunsten von Guardiola übergangen hatten.) Bei Barcelona war man so empört darüber, wie Mourinho sich aufführte, dass man sich umgehend rächte, indem man die Sprinkleranlage aufdrehte. Eigentlich konnte er von Glück sagen, dass er nicht wegen Verbrechen gegen Katalonien verhaftet wurde.

Pérez war schwer beeindruckt.

Mourinho gewann dann auch das Champions-League-Finale 2010 gegen Bayern München, das rein zufällig im Bernabéu-Stadion stattfand, und hinterher ließ Pérez ihn einfach nicht mehr gehen. Er überzeugte Mourinho davon, dass er nach Madrid gehörte, indem er ihm anbot, ihn zum bestbezahlten Fußballtrainer der Welt zu machen. Dass Mourinho nicht für den betont offensiven Fußball stand, den das Publikum im Bernabéu traditionell schätzte, war ihm egal. Der stilvolle Fußball konnte warten. Pérez interessierte jetzt nur noch eines: Barça zu stoppen. Und er würde jeden anheuern, den er dazu brauchte.

Wenn Lionel Messi in Pep Guardiola seinen Yoda gefunden hatte, dann fand Cristiano Ronaldo in Pérez seinen Imperator, der ihm einen Todesstern baute.

Sechs
Mes que un Clásico

Selbst für Pep Guardiolas Geschmack waren es einfach zu viele *El Clásicos.*

Zu viel Chaos, zu viel Anspannung, zu viel Lokalpatriotismus, zu viel Messi vs. Ronaldo und definitiv zu viel von diesem dämlichen José Mourinho. Vier *El Clásicos* in 18 Tagen. Einer reichte schon aus, um ganz Spanien zum Stillstand zu bringen und alles andere, was in der Fußballwelt passierte, verblassen zu lassen. Vier hintereinander, das war einfach irrwitzig. Aber es half nichts: Dank einer Laune des Spielplans mussten Real Madrid und der FC Barcelona in drei verschiedenen Wettbewerben zwischen dem 16. April und dem 3. Mai 2011 viermal gegeneinander antreten. Die Fans würden ausrasten.

Allzu überraschend war das andererseits aber auch nicht. So etwas passiert nun einmal, wenn die beiden besten Mannschaften Europas in derselben Liga spielen. Wenn es am Ende einer Saison Zeit war, die Trophäen zu verteilen, kamen die beiden Superclubs nicht aneinander vorbei. Und dieses Jahr trafen sie nicht nur in der Primera División aufeinander, sondern auch noch in der Copa del Rey und schließlich sogar in den beiden wichtigsten Spielen: dem Hin- und Rückspiel des Halbfinales der Champions League.

Johan Cruyff hatte erklärt, Barça müsse nur das zweite und vierte dieser Spiele gewinnen. Dann hätten sie den spanischen Pokal in der Tasche und sich einen Platz im wichtigsten Spiel der Saison gesichert. Aber das Ganze lediglich auf ein paar Siege zu reduzieren, blendete aus, was diese 18 Tage wirklich waren: eine Orgie aus Angriffen, Gegenangriffen, Strategien und Psychospielchen, aufgeladen mit siebzig Jahren Vereinsrivalität und vermischt mit einer ganz neuen globalen Perspektive. All das wollte José Mourinho nutzen, um zu gewinnen. Er wusste, dass er Barça gehörig irritieren und ihnen auf die Nerven gehen musste, um sie zu besiegen. Und im dritten Spiel der Serie gelang ihm das dann auch.

Im Presseraum tief unter dem riesigen Estadio Santiago Bernabéu in der spanischen Hauptstadt platzte Pep Guardiola schließlich der Kragen. »Morgen um 20:45 Uhr werden wir auf dem Platz ein Fußballspiel austragen«, schimpfte er. »Abseits des Spielfelds hat er das ganze Jahr lang gewonnen, die ganze Saison über, und da wird er auch in Zukunft gewinnen. Abseits des Spielfelds kann er gerne seine persönliche Champions League haben. Meinetwegen. Soll er es genießen, das gönne ich ihm. Aber dies hier ist ein Spiel. Und wenn es um Sport geht, dann werden wir gegeneinander spielen, und manchmal werden wir gewinnen, manchmal werden wir verlieren. Wir sind mit weniger bedeutsamen Siegen zufrieden, aber für die bewundert uns die ganze Welt, und darauf sind wir sehr stolz.«

Pep war noch nicht fertig. Er zählte all die Schiedsrichter auf, über die er sich *eigentlich* hätte beschweren müssen, all die Vorfälle bei den *El Clásicos*, die er demonstrativ auf sich hatte beruhen lassen. Doch jetzt habe er genug – er werde sich nicht länger in Mourinhos Psychospielchen hineinziehen lassen, sagte er, und zeigte damit ganz deutlich, dass er sich durchaus wieder in Mourinhos Psychospielchen hineinziehen ließ. Hätte Guardiola noch Haare auf dem Kopf gehabt, so hätte er sie sich jetzt vor laufender Kamera gerauft.

»In diesem Raum hier ist er der verdammte Boss Hier drinnen weiß er mehr als jeder andere auf der Welt, da kann ich nicht mit ihm mithalten. Wenn Barcelona jemanden will, der damit konkurriert, dann sollen sie sich einen anderen Trainer suchen. Aber wir – als Person und als Institution – tun das nicht.«

Josés Strategie ging voll auf.

Mourinho hatte diese Taktik seit Jahren perfektioniert. Schon damals, als er selbst in Barcelona gewesen war, hatte er gelernt, dass der Job eines Fußballtrainers nur zu etwa einem Drittel aus Fußballtraining besteht. Den Rest der Zeit, so hatte Cruyff immer wieder betont, müsse man die Nebenkriegsschauplätze kontrollieren.

Als Mourinho beim FC Chelsea war, war der wichtigste Nebenkriegsschauplatz, den es zu kontrollieren galt, die Presse. Eine kleine eingeschworene Gruppe von Journalisten lokaler und überregionaler Medien berichtete über die Pressekonferenzen von Chelsea, als gehe es um wichtige Staatsangelegenheiten. Im britischen Journalismus setzen sich bestimmte Narrative deshalb so schnell durch, weil sie koordiniert werden. Ob im Westminsterpalast oder dem winzigen Presseraum an der Stamford Bridge: Nach jeder Pressekonferenz setzen sich die führenden Reporter zusammen und legen »die Zeile« fest, das eine Zitat oder den einen Fakt, der am nächsten Tag die Schlagzeilen bestimmt. Wenn man in Großbritannien den Eindruck hat, dass alle Zeitungen die gleiche Story aus dem gleichen Blickwinkel bringen, dann liegt das daran, dass sich die Presse wirklich explizit darauf geeinigt hat, bis hin zum wichtigsten Zitat. Und um sicherzustellen, dass alle genügend Zeit haben, ihre Artikel zu schreiben, setzen sich die Reporter ein großzügiges Embargo.

Mourinhos genialster Schachzug bestand darin, dass er diese eingeschworene Pressemeute in seine eigene Propagandamaschine verwandelte. Indem er vom ersten Moment an dafür sorgte, dass er im Mittelpunkt des Interesses stand, machte er sich zum Blitzableiter. (»Ich bin keiner von der Stange, ich bin jemand ganz Besonderes« – »*a special one*«, verkündete er, als er bei Chelsea vorgestellt wurde.) Die meisten seiner Spieler wussten zu schätzen, dass er sich so in den Vordergrund drängte, da sie dadurch von der Presse im Großen und Ganzen in Ruhe gelassen wurden. In den Zeitungen war nur soundso viel Platz für den FC Chelsea, und den beanspruchte er fast komplett für sich. Mourinho machte sein Ego zur Waffe.

Als er dann im spanischen Fußball ankam, war dieser Ansatz bereits bekannt und hatte schon fast karikatureske Züge angenommen. Sein legendärer Jubel mit gen Himmel gerecktem Zeigefinger auf dem Spielfeld im Camp Nou lebte in seinem Büro bei Real in Form eines riesigen Pappaufstellers weiter. Während seiner ersten Saison in Madrid lieferte Mourinho die größten Shows ab, wenn er vor die Medien trat. Guardiola hielt indessen den Ball flach. Bis zu jenem Tag im Mai 2011, als er einfach nicht mehr stillhalten konnte.

Die Spieler saßen gerade beim Essen im Mannschaftshotel, als er mit seiner Tirade begann. Eigentlich gehörte es bei Barça zur Vereinskultur, die Außenwelt so weit wie möglich zu ignorieren. Niemand brachte Zeitungen mit auf den Trainingsplatz, einige Trainer verhängten sogar Geldstrafen dafür, und Medienauftritte waren streng begrenzt. Aber ausnahmsweise lief an diesem Tag auf einem Fernseher im Speisesaal zufällig Guardiolas Pressekonferenz. Und ausnahmsweise bat niemand aus dem Team, mal bitte den Fernseher auszuschalten. Messi und seine Mannschaftskameraden verfolgten gebannt, wie ihr Chef endlich einmal gegen den Mann wetterte, der sie seit seiner Ankunft in Spanien ständig schikaniert hatte. Alle wussten, dass Guardiola hin und wieder die Beherrschung verlor, aber keiner hatte je miterlebt, dass er dermaßen explodiert war. Sie konnten nicht wegschauen, vor allem, als ihnen klar wurde, was Pep da gerade tat.

Er wandte sich nämlich weder an Mourinho noch an die versammelten Medien noch an die Barcelona-Fans. Er wandte sich direkt an seine Mannschaft. »Das war der Moment«, erinnert sich einer der Spieler, der damals mit am Tisch saß. »Da sagten wir:

›Wir werden dieses Spiel gewinnen, wir werden zeigen, dass wir die Besten sind. Wir werden unsere Stärke zeigen.‹ Von diesem Moment an konzentrierte sich jeder von uns voll und ganz auf seine Aufgabe.«

///////

Als sich Messi und Ronaldo in ihrem ersten gemeinsamen *El Clásico* wiederfanden, dem Stellvertreterkampf um die Einheit Spaniens, waren diesem Ereignis rund siebzig Jahre böses Blut zwischen Katalonien und der Zentralregierung in Madrid vorausgegangen. Meistens werden die beiden Parteien dieses Konflikts zu stereotypen Karikaturen vereinfacht: hier das separatistische Barcelona, Hüter der katalanischen Identität und des kulturellen Liberalismus, und dort das zugeknöpfte Madrid mit der Lieblingsmannschaft von General Franco.

Die Wirklichkeit ist etwas differenzierter. Zum einen interessierte sich der faschistische Diktator Francisco Franco, der Spanien von 1936 bis zu seinem Tod im Jahr 1975 regierte, nicht sonderlich für Fußball. *El Caudillo*, ein Mann, der so unsympathisch war, dass Adolf Hitler einmal sagte, er würde sich lieber mehrere Zähne ziehen lassen, als ihm noch einmal zu begegnen, ging lieber auf die Jagd oder zum Angeln oder malte Selbstporträts, als sich Fußballspiele anzuschauen. Aber in den 1950er-Jahren, als Spanien vom Rest der Welt abgeschottet war, diente eine stylishe, kosmopolitische Mannschaft, die den europäischen Fußball dominierte, dem Regime als nützlicher Fahnenträger. Wie Francos ehemaliger Außenminister Fernando María Castiella es einmal ausdrückte: »Real Madrid ist die beste diplomatische Gesandtschaft, die wir jemals ins Ausland geschickt haben.«

Im eigenen Land war Franco damit beschäftigt, alles auszurotten, was er als fremde Kultur ansah. Im öffentlichen Raum war es verboten, die katalanische Sprache zu benutzen. Der FC Barcelona musste sich den kastilisch klingenden Namen Barcelona Club de Fútbol geben, und die *senyera*, die rot-gelb gestreifte Fahne, wurde aus seinem Wappen entfernt. Der Schweizer Gründer des Vereins, Hans Gamper, der die katalanische Kultur so sehr liebte, dass er seinen Vornamen in Joan ändern ließ, musste angesichts des wachsenden spanischen Nationalismus aus dem Land fliehen.

Der FC Barcelona hatte sich schon früh als Verteidiger Kataloniens positioniert: Bereits 1932, vier Jahre vor Beginn des Spanischen Bürgerkriegs, hatte der Verein seine Statuten umgeschrieben und sich als »Kultur- und Sportverein« definiert. 1935 fasste der Vereinsvorsitzende Josep Sunyol die Verbindung zwischen dem Fußball und dem großen Traum der Katalanen von vollständiger Selbstverwaltung in dem Motto *esport i ciutadania*, »Sport und Bürgerschaft«, zusammen.

Sunyol, der auch politischer Aktivist war, wurde später auf einer Reise nach Valencia von den Franquisten verhaftet und hingerichtet. Laut der offiziellen Geschichte des FC Barcelona war er nicht im Auftrag des Vereins unterwegs, als er auf offener Straße festgenommen wurde. »Er handelte als politische Figur und war nicht dabei, einen Spieler zu verpflichten«, so der Verein.

Später war es dann aber doch eine Spielerverpflichtung, die Barças Hass auf Madrid mehr schüren sollte als sonst etwas und über die man sich in Katalonien mehr als ein halbes Jahrhundert lang ärgerte. Der Spieler, um den es dabei ging, war ein Dribbelkünstler aus Argentinien mit Namen Alfredo Di Stéfano, und 1953 läutete seine Ankunft eine neue Ära in der ruhmreichen Geschichte von Real Madrid ein.

Real war seit 1933 nicht mehr spanischer Meister geworden. Obwohl der Verein das größte Stadion im Land hatte, die höchsten Gehälter zahlte und dank einer Verfügung von König Alfons XIII. aus den 1920er-Jahren das königliche Wappen auf seinem Trikot tragen durfte, gab es im Bernabéu kaum erwähnenswerte Trophäen zu bestaunen. Mit Di Stéfano änderte sich das. Er stand im Mittelpunkt des ersten Star-Teams von Real, das als das »weiße

Ballett« in die Fußballgeschichte einging. In den elf Spielzeiten von seiner Ankunft im Verein bis zu seinem Abschied 1964 lag Real in der Tabelle achtmal vor Barça. Und bei 15 der 22 Begegnungen in der Liga besiegten die »Königlichen« die Katalanen.

Die Fehde war zu dieser Zeit so einseitig, dass Di Stéfano Barcelona nicht einmal als seinen wichtigsten Gegner ansah. Viel wichtiger war ihm das lokale Umfeld. »Für mich war der große Rivale damals Atlético Madrid«, zitiert Sid Lowe ihn in seinem Buch ›Fear and Loathing in La Liga. Barcelona vs Real Madrid‹. »Sie waren ein gutes Team, und sie waren direkt nebenan. Wenn sie gewannen, sprangen plötzlich alle auf wie Pilze und fingen an zu schreien. Barcelona? Die waren sechshundert Kilometer entfernt – die konnten wir ja nicht einmal riechen.«

Was die Katalanen aber bis heute noch mehr schmerzt als die Verachtung durch Real, ist der Umstand, dass der FC Barcelona 1953 geglaubt hatte, *er* hätte Di Stéfano unter Vertrag.

Schuld an der damaligen Verwirrung war dessen ungeklärter Beschäftigungsstatus in Südamerika. Rein technisch gehörten seine Rechte River Plate in Buenos Aires. Aktiv spielte er jedoch bei Millonarios FC in der (nicht von der FIFA sanktionierten) Liga von Kolumbien. Mit dem einen Verein verhandelte Real über einen Transfer, mit dem anderen Barça, und beide glaubten, sie hätten *La Saeta Rubia* – »den blonden Pfeil« – verpflichtet. Die spanische Regierung schaltete sich ein und entschied, dass Real Madrid Anspruch auf Di Stéfano habe, weil sie den Vertrag mit River Plate abgeschlossen hatten. Es kam zu einem Vermittlungsverfahren vor der FIFA, die ein wahrhaft salomonisches Urteil fällte: Die beiden Vereine sollten sich Di Stéfano teilen. Vier Jahre solle er abwechselnd jeweils eine Saison bei Real und eine bei Barça spielen. Das war natürlich völlig absurd. So etwas klappt ja nicht einmal, wenn sich Freunde gemeinsam ein Ferienhaus kaufen – wie sollte es erst funktionieren, wenn sich zwei verfeindete Vereine einen Fußballstar teilen? Di Stéfano selbst war das völlig egal. »Ich habe immer gesagt, dass es mir gleich ist, ob ich für Barcelona oder für Madrid spiele«, schrieb er später. »Für mich war das alles dasselbe.«

Doch da sich die beiden Vereine aber nun einmal auf das Vermittlungsverfahren eingelassen hatten, mussten sie den Schiedsspruch der FIFA wohl oder übel akzeptieren. Und als dann der gesamte Vorstand Barcelonas ausgetauscht wurde, beging der Verein einen epochalen Fehler: Der Einfachheit halber übertrug er seine Rechte an Di Stéfano kurzerhand Real Madrid.

Jahrzehntelang wurde diskutiert, wie viel Einfluss die spanische Regierung auf das ganze Fiasko gehabt hat. Heute weiß man, dass sie definitiv im Rahmen diverser Verwaltungsverfahren zugunsten von Real eingegriffen hat, aber wahrscheinlich nicht auf eine so ruchlose Weise, wie die Anhänger Barcelonas es lange Zeit geglaubt haben. Jedenfalls hat sich Franco nicht im Real-Madrid-Pyjama die Treppe heruntergeschlichen, um höchstpersönlich einen der spannendsten Fußballer der Welt für seinen Heimatverein auszuwählen.

Wenn das Regime Druck ausüben wollte, ging es meistens wenig subtil vor. So wie 1943 bei der Copa del Generalísimo (wie die Copa del Rey unter Franco hieß), als Barcelona im Halbfinale auf Real traf. Das Hinspiel gewann Barça im Les Corts, dem Vorgängerstadion des Camp Nou, mit 3:0. Aber beim Rückspiel stimmte irgendetwas nicht, das ließ zumindest der Spielstand vermuten. Real Madrid besiegte Barça mit 11:1.

Was genau im Vorfeld des Rückspiels im Estadio de Chamartín in der spanischen Hauptstadt geschah, ist nicht ganz klar. Jahrelang ging das Gerücht um, die Spieler von Barça hätten vor dem Spiel Besuch von einem hochrangigen Polizei- oder Militärbeamten bekommen, der ihnen mitgeteilt habe, es sei in ihrem eigenen Interesse, das Spiel zu verlieren. Diese Version der Ereignisse wurde schließlich widerlegt. Wahrscheinlicher ist, dass der Schiedsrichter vor dem Spiel die Anweisung erhalten hatte, Real ein wenig auf die Sprünge zu helfen. Auf jeden Fall wurden die Barça-Spieler in

Madrid so heftig angefeindet, dass sie kaum professionell spielen konnten – sie wurden von Ordnungskräften eingeschüchtert und während des Spiels von Fans mit Steinen beworfen.

Marca würdigte den Sieg zwar auf seiner Titelseite, nannte das Zusammentreffen der Teams aber zugleich eine »unbegreifliche Abnormität«. Das Spiel, das in Barcelona als »Chamartín-Skandal« in die Geschichte einging, ist der einseitigste *El Clásico* aller Zeiten. In Anbetracht der Umstände wird er aber auch nicht mehr allzu oft erwähnt.

Jetzt, knapp siebzig Jahre später, wussten Ronaldo und Messi davon wenig bis gar nichts. Der spanische Faschismus und der katalanische Separatismus waren keine Themen, mit denen sie sich eingehender beschäftigten. Für sie begann die moderne Ära des *El Clásico* im Jahr 2002, als sie den Lauf der Fußballgeschichte schon zur Kenntnis nahmen, auch wenn sie selbst noch nicht darin eingriffen. Messi war noch auf der La Masia, als er die Geschichte eines der großen Verräter des *El Clásico* verfolgte.

Zur gleichen Zeit beobachtete auch Ronaldo in Lissabon aufmerksam, was vor sich ging. Schließlich war dieser Verräter in Portugal eine lebende Legende.

//////

Als Luís Figo im Sommer 2000 von einer Seite des *El Clásico* auf die andere wechselte, waren alle Beteiligten schockiert – der FC Barcelona, Real Madrid und allen voran Figo selbst. Niemand war darauf vorbereitet, dass sein Gemauschel mit Pérez tatsächlich dazu führen würde, dass er gezwungen wäre, nach Madrid zu gehen. Es war ein ähnlich radikaler Einschnitt wie Bob Dylans erste Platte mit E-Gitarre. Jetzt musste Figo damit leben, dass er sich auf einen Schlag anderthalb Millionen neue Feinde gemacht hatte.

Als er das erste Mal mit Real Madrid nach Barcelona zurückkehrte, ließen ihn 98.000 Zuschauer neunzig Minuten lang wissen, was sie von ihm hielten, indem sie ihn in einem fort ausbuhten.

Wegen einer Verletzung und einer Sperre erfolgte sein zweiter Besuch erst wieder im November 2002. Und auch dieses Mal hatten sich die Barça-Fans gebührend auf ihn vorbereitet.

Von der Tribüne kamen diesmal nicht nur Buhrufe, es regnete Münzen, Feuerzeuge, leere Flaschen und ausgedruckte Dollarscheine. Unter diesen Umständen war es ziemlich mutig von Figo, dass er freiwillig für Real die Eckstöße ausführte. Jedes Mal, wenn er sich der Eckfahne näherte, bauten sich Bereitschaftspolizisten zwischen ihm und den Barça-Fans auf. Gegen das Sperrfeuer an Wurfgeschossen konnte allerdings auch die Polizei nichts ausrichten. Einmal landete in der Nähe von Figo das seltsamste Objekt, das jemals während eines *El Clásico* auf das Spielfeld geworfen wurde. Die Botschaft, die es vermitteln sollte, war eindeutig: *Willkommen zurück. Wir haben dich früher geliebt. Du hast uns verraten. Jetzt hassen wir dich. Hier, für dich, ein abgetrennter Schweinekopf.*

Einen stinkigen Schweinekopf ins Camp Nou zu schmuggeln muss ziemlich schwierig gewesen sein, ihn mit so viel Kraft zu werfen, dass er auf dem Rasen landete, erst recht. Allerdings konnte man im Chaos des Augenblicks kaum ausmachen, was dieses rosa Ding zwischen den ganzen leeren Bierflaschen genau war. In der zweiten Halbzeit sah sich der Schiedsrichter gezwungen, das Spiel zu unterbrechen, und bat die Barça-Fans, es nicht mehr zu stören. Sogar die Spieler des FC Barcelona forderten ihre Hardcore-Fans auf, sich zu beruhigen. Nach einer 16-minütigen Unterbrechung wurde das Spiel schließlich fortgesetzt. Es endete mit 0:0. Im Anschluss entschuldigte sich der Präsident des FC Barcelona, Joan Gaspart, dann aber nicht etwa für das Verhalten der Fans, im Gegenteil.

»Ich will jetzt nicht sagen, dass Figo sich provokant verhalten hat«, erklärte er, »aber wenn ein Spieler rübergeht, um eine Ecke zu schießen …« Damit deutete er an, Figo habe allein dadurch, dass er sich der Tribüne genähert hatte, quasi darum gebeten, mit Schweinekadavern beworfen zu werden. »Immerhin hat ihn ja keiner der vielen Gegenstände, die geworfen wurden, getroffen.«

Im Prinzip war also überhaupt nichts passiert. So lief das beim *El Clásico* nun einmal. Abgetrennte Tierköpfe waren dennoch eine absolute Seltenheit.

Es gibt wohl keine weiteren zwei Vereine auf der Welt, die so sensibel für vermeintliche Beleidigungen sind wie der FC Barcelona und Real Madrid. Im Jahr 2008 lag Frank Rijkaards Amtszeit als Trainer von Barça in den letzten Zügen – jeder wusste, dass es vorbei war, und die wichtigeren Spieler erschienen kaum noch zum Training. Aber eine letzte Demütigung für ihn stand noch aus. Mit perfektem Timing hatte Real Madrid mit dem letzten Spiel, bevor sie im Bernabéu auf den FC Barcelona trafen, vorzeitig die Primera División gewonnen. Gemäß alter fußballerischer Tradition musste der FC Barcelona einen *pasillo* bilden, ein Ehrenspalier, um den Spielern von Real zur gewonnenen Meisterschaft zu gratulieren, wenn sie aus dem Tunnel kommen. Für die Barça-Spieler wäre es weniger demütigend gewesen, in rosa Lederhosen zu spielen.

Vor dem Stadion verkauften fliegende Händler T-Shirts mit der Aufschrift: »Ich habe den *pasillo* gesehen«. »Marca« schlug in dieselbe Kerbe und zeigte an diesem Morgen auf seiner Titelseite ein Foto vom Real-Tunnel mit gestrichelten Linien und den Worten: »Barça, hier aufstellen«.

Von allen peinlichen Momenten jener Saison blieb den Spielern und Fans von Barcelona vor allem der *pasillo* im Gedächtnis. Selbst als sich der Verein in den nächsten beiden Spielzeiten unter Guardiola zu neuen Höhen aufschwang, brannte die Schande, dass sie – auch noch vor einer 1:4-Niederlage auf dem Rasen – in Madrid stehen und den Spielern von Real applaudieren mussten, immer noch im kollektiven Gedächtnis.

Messi, für den das ganze *El-Clásico*-Theater noch relativ neu war, hatte am Ende der Reihe gestanden, so weit weg von den hämischen Real-Fans wie möglich. Doch sein Aufstieg und Ronaldos

Ankunft in der darauffolgenden Saison gaben diesem historischen Duell eine neue Dimension, die den *El Clásico* auf ein ungeahntes Niveau hob.

Mit zwei Mannschaften voller Megastars, allen voran die beiden Gewinner der letzten drei Ballons d'Or, wurde diese bislang rein spanische Angelegenheit plötzlich zu einer weltweiten Sensation. Das Schöne daran war, dass das Spiel auch ohne den größeren politischen Zusammenhang – Franco, Di Stéfano und den katalanischen Separatismus – keiner Erklärung bedurfte. Barcelona gegen Real Madrid, das hatte einen einprägsamen Namen und garantierte eine feindselige Atmosphäre. In der Ära Messi/Ronaldo wurde daraus etwas, das der europäische Sport bisher nie so recht hinbekommen hatte: ein All-Star-Game, wie man es aus den USA kannte und wie es sich die Werbetreibenden schon zehn Jahre zuvor gewünscht hatten. Jetzt brauchten Nike und Adidas keine Stars mehr, die im Käfig gegeneinander antraten oder nach Nordafrika geflogen wurden, um in einem TV-Spot gegen Satans Team von Untoten anzutreten. Jetzt standen sich in Spanien mindestens zweimal pro Saison zwei All-Star-Teams gegenüber, manchmal sogar fünfmal. Und anders als beim All-Star-Game der NBA oder der Pro Bowl der NFL handelte es sich nicht um ein glorifiziertes Training als Show-Veranstaltung, sondern um echte Spiele, bei denen es wirklich um etwas ging.

In der Geschäftsstelle der Primera División in Madrid wussten die Verantwortlichen, dass man dank dieses Spiels ganz neue Dimensionen erreichen würde. Die Fernsehsender behaupteten, den *El Clásico* würden sich 400 Millionen Menschen anschauen. Auch wenn die tatsächliche Zuschauerzahl wahrscheinlich eher bei einem Viertel davon lag, wurde der spanische Fußball jetzt live in fast zweihundert Länder und Regionen übertragen und erreichte mehr Fans als jemals zuvor in der Geschichte der Liga. Messi vs. Ronaldo wurde zum Sprungbrett für Barça vs. Real – und umgekehrt.

»Der *El Clásico* war für uns das Maximum«, sagt Javier Tebas, der schon bei elf spanischen Vereinen Manager und damals Vizepräsident der Primera División war. »Wir hatten Mannschaften mit den besten Spielern der Welt, und wir hatten die besten Trainer der Welt. Mourinho, Guardiola, Messi, Cristiano ... Bei uns kamen so viele Umstände auf einmal zusammen. Dass man so etwas in irgendeiner anderen Liga der Welt noch einmal erleben wird, ist ziemlich unwahrscheinlich.«

Es war kein Zufall, dass Real und Barça zu jener Zeit die ersten beiden Plätze in der jährlichen Rangliste der umsatzstärksten Fußballvereine eroberten. Nach Angaben der Wirtschaftsprüfungsgesellschaft Deloitte machte Real Madrid in der Saison 2008/09 erstmals mehr als 400 Millionen Euro Umsatz, Barça lag mit 366 Millionen knapp dahinter. Innerhalb der drei Jahre, in denen es die meisten *El Clásicos* mit Messi und Ronaldo gab, steigerten beide Vereine diese Zahlen noch einmal um über 25 Prozent. Am Ende der Saison 2011/12 beliefen sich die jährlichen weltweiten Einnahmen von Real Madrid und dem FC Barcelona insgesamt auf über eine Milliarde Euro.

Reals internationale Anziehungskraft konnten sogar Leute nachvollziehen, die sich nicht besonders gut mit Fußball auskannten. Überall auf der Welt lieben die Menschen nun einmal Superstars, und die *Galácticos* warfen ihren eigenen Ruhm auf den Verein zurück. Aus fast jeder Ära des Vereins gab es Fotos von Spielern im schneeweißen Trikot, die Europa eroberten. Es ist derselbe Ansatz, den seit jeher alle selbstverliebten Dynastien verfolgen, von den römischen Kaisern bis zu den Trumps: Wir haben gewonnen, und wir werden wieder gewinnen, warum setzen wir uns nicht ein paar Denkmäler?

Der Ansatz des FC Barcelona war ein wenig esoterischer. Er war, getreu seinem eigenen Motto, *més que un club* – mehr als ein Verein. Diese Parole hatte Joan Laporta zu seinem Wahlkampfslogan gemacht, als er als Vereinspräsident kandidiert hatte. Sie fasste zusammen, was es bedeutete, in dieser Stadt mit ihrer speziellen Identität Fußballfan zu sein. Der Verein wollte den Menschen vermitteln, dass sich die Geschichte von Barça nicht auf das beschränkte, was auf dem Spielfeld geschah. Es war viel mehr als das – eine ganz eigene Kultur, die man mit jedem Atemzug lebte. Jeder, der wusste, warum die Fans andächtig applaudierten, wenn die Uhr im Camp Nou 17:14 Uhr anzeigte, spürte das ganz tief in seinen katalanischen Knochen. (1714 war das Jahr, in dem Barcelona an Philipp V. fiel und Teil Spaniens wurde.)

Die große Herausforderung für die Marketingabteilung von Barça bestand darin, dieses Gefühl auch Menschen außerhalb Kataloniens zu vermitteln. »Es ist viel schwieriger, das Konzept ›mehr als ein Verein‹ einem Fußballfan des FC Barcelona zu erklären, der weder Katalane noch Spanier ist und absolut keine Ahnung von der Geschichte des Vereins, Kataloniens oder Spaniens hat«, schrieb Ferran Soriano. »Was bedeutet ›mehr als ein Verein‹ für ein Kind in China?«

Für ein internationales Publikum musste das Ethos von Barça ein wenig angepasst werden. Barcelonas kleine kaufmännische Abteilung mit ihren rund zehn Mitarbeitern – ein Bruchteil des kaufmännischen Personals, das Manchester United in seinen Niederlassungen in London, Manchester und später in Asien beschäftigte – kam auf die Idee, eine Partnerschaft mit einer humanitären Einrichtung einzugehen. Im Gegensatz zu fast allen anderen großen Sportvereinen auf der Welt hatte Barça sein Trikot noch nie mit dem Namen eines Sponsors verunstaltet, nur das kleine Logo des Trikotherstellers prangte auf der Brust. Seit den 1980er-Jahren war Trikotwerbung weltweit verbreitet, und einige Sponsorenlogos waren zu ikonischen Elementen des Trikotdesigns geworden, wie Carlsberg beim Liverpool FC oder Pirelli bei Inter Mailand. Barça hatte sich bisher dagegen gesträubt, mit seinem Trikot Geld zu verdienen. Eine Wohltätigkeitsorganisation schien dann jedoch die ideale Möglichkeit, den Zeh ins Wasser des Trikotsponsorings zu tauchen, ohne die Fans allzu sehr vor den Kopf zu stoßen. Gegen einen guten Zweck konnte schließlich niemand etwas sagen.

Der erste Partner, den der Verein Mitte der 2000er-Jahre ins Auge fasste, war dann allerdings nicht gerade der Ausbund an Wohltätigkeit, den sich die Fans vorgestellt hatten: Es war die Volksrepublik China. Barcelona verhandelte darüber, den Schriftzug »Beijing 08« auf seine Trikots zu drucken, um für die bevorstehenden Olympischen Sommerspiele 2008 zu werben. 20 Millionen Euro pro Saison sollte Barça dafür bekommen. Doch als die Presse Wind von den Verhandlungen bekam, platzte der Deal. Im Jahr 2006 bot das Unternehmen Bwin dem FC Barcelona noch mehr Geld für einen Platz auf dem Trikot, wie eine Person berichtet, die mit dem Angebot vertraut war. Doch am Ende beschloss der Verein, dass auch ein österreichischer Online-Wettanbieter nicht gerade förderlich für sein Image war. (Stattdessen zierte das Logo von Bwin dann von 2007 bis 2013 die Trikots von Real Madrid.)

Später im selben Jahr trat aber der perfekte Kandidat auf den Plan, ein wirklich guter Zweck. Es handelte sich weder um die Regierung eines umstrittenen Landes noch um ein Glücksspielunternehmen, sondern um das Kinderhilfswerk der Vereinten Nationen. Barcelona würde eine der wertvollsten Werbeflächen im Sport nutzen, um für UNICEF zu werben.

Später, in der Saison 2011/12, wanderte UNICEF dann auf die Rückseite des Trikots und wurde durch eine andere Wohltätigkeitsorganisation ersetzt: die Qatar Foundation. Der entsprechende Vertrag enthielt jedoch eine Klausel, nach der das Logo im dritten Jahr durch das Logo einer anderen Organisation aus Katar ersetzt werden würde – der nicht ganz so wohltätigen Qatar Airways. »Was Barcelona da getan hat, war extrem schlau«, erzählte Dan Jones, der Leiter der Sports Business Group von Deloitte, hinterher dem *Wall Street Journal*. »In einem dreistufigen Prozess sind sie von einem sauberen Trikot zu einem Trikot mit dem Logo einer

Fluggesellschaft aus dem Nahen Osten gelangt, und bei jeder Stufe hatten die Leute kaum Grund, sich zu beschweren.«

2011 gewann der FC Barcelona dank UNICEF und Messi viele neue Anhänger. Jeder wollte den Verein sehen, der seine Spiele mit seinem unvergleichlichen Stil gewann, und dank des Fernsehens war seine Reichweite so hoch wie nie zuvor. Weltweit hatte Barça mehr als 300 Millionen Fans.

»Das war wahrscheinlich für uns alle die einfachste Zeit im Hinblick auf Sponsoring«, erzählt ein ehemaliger Barça-Manager. »Im Grunde konnten wir bei jedem Deal unsere Konkurrenten ausstechen, mit Ausnahme vielleicht von United.«

Denn was Manchester United besser – und früher – als alle anderen getan hatte, war, die ganze Welt nach Branchen in regionale Märkte aufzuteilen. Anstatt globale Deals, zum Beispiel mit einem Getränkehersteller, abzuschließen, wurden die Rechte in Dutzende kleinerer lokaler Deals aufgeteilt, die nach Kategorien und Ländern verkauft wurden. Das alles wurde von einer Niederlassung in London koordiniert, und so entstand das größte kommerzielle Imperium im Fußball. Der Verein operiert so schon seit den 90er-Jahren. Deshalb gibt es heute nicht nur einen globalen Trikotsponsor und eine offizielle Fluggesellschaft, sondern auch einen »Consumer-Banking-Partner für Indonesien«, einen »Softdrink-Partner für Nigeria« und, und, und.

Doch so erfolgreich der FC Barcelona auf dem Spielfeld auch war: Das Modell von United konnte er nicht nachmachen. Die katalanische Identität, die den Verein für viele Fans so attraktiv machte, lähmte zugleich die kommerziellen Aktivitäten des Clubs. Nehmen wir als Beispiel den Biersponsor von Barça. Es war nur logisch, dass die beliebteste Fußballmannschaft Kataloniens mit der beliebtesten Brauerei der Region zusammenarbeitete, einer Firma namens S. A. Damm, an deren Brauereigelände man auf dem Weg vom Flughafen in die Stadt vorbeifährt. Sie besteht seit mehr als hundert Jahren und vertreibt ihre Biermarke Estrella mit dem markanten roten Etikett in ganz Europa, macht aber dennoch nur einen Bruchteil des Umsatzes großer internationaler Brauereikonzerne wie Anheuser-Busch oder Heineken. Im Verein waren einige der Ansicht, man hätte mit Damm einen regional begrenzten Vertrag abschließen müssen und dazu einen globalen Deal mit einer größeren Marke. Leider erwies es sich als schwierig, den bestehenden Vertrag mit Damm umzustrukturieren.

Das Gleiche galt für Barças Partnerbank, la Caixa. Da sie in Katalonien gegründet wurde, genoss sie beim Verein von jeher einen Sonderstatus. Aber als Barça die Welt eroberte, konnte sich die Geschäftsleitung nicht des Eindrucks erwehren, dass sie Geld zum Fenster hinauswarfen, indem sie mit dem nur drittgrößten spanischen Kreditinstitut zusammenarbeiteten. Dieses Unternehmen würde keinen Sinn darin sehen, lächerlich hohe Prämien zu zahlen, um ein Publikum in den USA oder Ostasien zu erreichen. Doch beim FC Barcelona lief es inzwischen so gut, dass sie absurd hohe Prämien kassieren konnten – oder es zumindest versuchen wollten.

Denn der Club hatte ein ganz hervorragendes Verkaufsargument. Er vermarktete nicht nur die Coolness einer lockeren Großstadt am Strand und die freche Kultur einer separatistischen Region, sondern handelte mit einem Aktivposten, der für den Rest der Welt noch viel attraktiver war: Reinheit. Hier wurde der Fußball zu einem platonischen Ideal erhoben. Barça war ein Team von Gleichgestellten, die in orchestraler Harmonie um einen Spieler herum agierten, der auf Abruf Magie erzeugen konnte. Messi verkörperte das, was jedes Kind, das jemals Fußball gespielt hat, werden will.

Und nicht nur das – er trat in einem Trikot auf, auf dessen Vorderseite UNICEF stand. Das Image, das die Werbetreibenden kauften, war das eines Jungen, der mit kindlicher Freude spielte und siegte – und der das alles auch noch zum Wohl von Kindern tat. »Sie hatten das Gefühl, dass es sich um puren, reinen Fußball handelte und nicht um ein kommerzielles Unternehmen«, so der ehemalige Barça-Manager. »Aber spannenderweise erzielten wir genau dadurch mehr kommerzielle Einnahmen als je zuvor.«

Trotzdem hatte man im Verein das Gefühl, dass man aus dieser Zeit noch mehr Kapital hätte schlagen müssen. Die Einnahmen außerhalb von Ticketverkäufen und Medienrechten überstiegen laut Deloitte 100 Millionen Euro pro Jahr. Natürlich hatte Real Madrid, der dieses Spiel schon seit Jahrzehnten spielte, weiterhin die Nase vorn. Aber der FC Barcelona schloss langsam auf, und Ende 2009/10 war er der zweitreichste Fußballverein der Welt – und das alles, weil er das überzeugendste Verkaufsargument im Fußball für sich entdeckt hatte. Es lässt sich mit einem Wort zusammenfassen: Heiligenschein-Effekt. Eine Marke, die eine Partnerschaft mit Barcelona einging, konnte sich mit allem schmücken, was am beliebtesten Sport der Welt gut und positiv war.

//////

Keiner hatte einen größeren Heiligenschein als Messi. Er verkörperte die kindliche, reine Freude am Fußball um des Fußballs willen. So klein er selbst war, so groß war das Podest, auf das die Fans ihn stellten. Und umso mehr war José Mourinho daran gelegen, seinen Spielern zu vermitteln, dass Messi kein Engel war.

»In Wirklichkeit ist Messi ein ganz durchtriebener Kerl«, sagte er zu seiner Mannschaft. »Er hält sich die Hand vor den Mund, damit keiner seine Lippen lesen kann, wenn er die Verteidiger provoziert. Er reizt seine Gegner, auch wenn er auf dem Spielfeld keine Emotionen zeigt.«

Reals Torwart Jerzy Dudek behauptet, was Messi einmal den Innenverteidigern Pepe und Sergio Ramos ins Ohr flüsterte, hätte sogar Maradona erröten lassen. »Wenn ich Ihnen verraten würde, was er gesagt hat, würden Sie mir wahrscheinlich nicht glauben, dass das von einem Spieler kam, der für viele Menschen auf der Welt ein Vorbild ist.« Dudek betont, dass es hier nicht nur um ein paar gehässige Bemerkungen über das Aussehen eines Spielers ging. »Messi und seine Teamkameraden provozierten ständig außerhalb des Blickfelds vom Schiedsrichter die Gegner und hofften, dass er deren Reaktion bemerken würde. Sie wussten auch genau, wie man im richtigen Moment im Strafraum zu Boden geht. Solche kleinen Details machten den Unterschied, wenn Barcelona wichtige Spiele gewann, und Mourinho wollte den Leuten die Augen dafür öffnen.«

Die größte Provokation, die sich der FC Barcelona leistete, war aber immer noch, Real Madrid zu besiegen. Ein paar Monate vor den vier *El Clásico*s im Frühjahr trafen die beiden Mannschaften im November 2010 zu einem regulären Ligaspiel in Barcelona aufeinander. Das Spiel geriet zum Blutbad. Acht Spieler von Real erhielten eine Gelbe Karte, Sergio Ramos wurde des Feldes verwiesen, und Barça gewann 5:0. Gerard Piqué von Barça verließ das Spielfeld mit fünf erhobenen Fingern, einem für jedes Tor, während Ronaldo mit den Händen in den Hüften dastand und ins Nichts starrte. Als die Spieler von Real in die Kabine zurückkehrten, konnten sie ihre Gegner nebenan grölen hören.

Mourinhos Team stritt sich und kämpfte mit den Tränen, bis der Trainer hereinkam und die Tür hinter sich zuschlug. »Seid still und hört zu!«, rief er. »Hört, wie sie singen … Sie haben 5:0 gewonnen, aber was kriegen sie dafür? Drei Punkte. Mehr nicht. Merkt euch das, wenn wir das nächste Mal gegen sie spielen.«

»Morgen fällt das Training aus«, fuhr er fort. »Aber ich habe trotzdem eine Aufgabe für euch. Geht mit euren Frauen und Kindern raus in die Stadt. Geht an eure Lieblingsorte. Geht unter Leute. Sprecht mit ihnen über das 0:5. Niemand wird darüber ein böses Wort verlieren. Sie werden euch unterstützen. So könnt ihr die Niederlage besser verarbeiten. Unser Gegner war halt besser – sagt ihnen das. Aber das nächste Mal werden wir bereit sein.«

Trotzdem sorgte Mourinho dafür, dass seine Spieler das 0:5 in den folgenden Wochen nicht vergaßen und sich ihre Wut bewahrten. In der Trainingsanlage in Valdebebas hängte er Zeitungsausschnitte auf: Fotos von Piqué, der seine fünf Finger hochhielt. Eine Schlagzeile von Xavi, der meinte, ein Tor gegen Real sei wie ein Orgasmus. Ronaldos persönlicher Zorn wuchs, als beim Ballon d'Or im Winter 2010 drei Spieler aus Barcelona zu den drei Weltfußballern des Jahres gewählt wurden. Messi wurde Erster, zum zweiten Mal in Folge.

Diese Mannschaft von Real Madrid zusammenzustellen hatte mehrere hundert Millionen Euro gekostet, aber Mourinho machte aus ihnen einen Haufen Underdogs. Als klar war, dass sie im Frühjahr innerhalb von 18 Tagen vier *El Clásicos* absolvieren würden, änderte Reals Trainer die Strategie.

»Sie waren so gut, und bei Madrid wurden wir langsam besser, aber wir waren noch nicht auf ihrem Level«, gibt der ehemalige Real- und Bayern-Mittelfeldspieler Xabi Alonso zu. »Wir mussten wirklich sehr, sehr … intensiv spielen. Mehr möchte ich dazu nicht sagen.«

Intensiv war noch milde ausgedrückt. Mourinho lag Alonso ständig in den Ohren: Tritt, wen auch immer du treten musst. Tu alles, was nötig ist, um das Passspiel zu unterbrechen – das berühmte Passspiel, das so komplex war, dass Akademiker später wissenschaftliche Abhandlungen darüber schreiben sollten. Nichts war tabu. Einen kühlen Kopf zu behalten war ohnehin überschätzt.

Das funktionierte immerhin gut genug, um beim Ligaspiel am 16. April im Bernabéu eine Blamage zu vermeiden. Aber mit dem 1:1-Unentschieden, bei dem Messi und Ronaldo jeweils vom Elfmeterpunkt aus trafen, konnte Real Barças unaufhaltsamen Marsch in Richtung Meistertitel nicht verhindern. Sechs Spiele standen noch aus, und Real brauchte als Nächstes einen Sieg, um den Druck aufrechtzuerhalten. Aber der Rückstand war jetzt schon fast zu groß, um aufzuholen – wie Piqué den Spielern von Real im Tunnel nur zu gerne mitteilte, um noch ein wenig separatistisches Salz in ihre Wunden zu streuen.

»Acht Punkte, acht Punkte! Ihr kleinen Spanier, eure spanische

Liga haben wir schon gewonnen«, rief er. »Jetzt, *Españolitos*, holen wir uns euren Königspokal.«

Das eigentlich Bemerkenswerte an Piqués Ausbruch war, dass viele dieser »kleinen Spanier« in der Nationalmannschaft seine Kollegen waren. Einige von ihnen kannte er seit seiner Kindheit. Er hatte sich mit ihnen gemeinsam durch alle Altersklassen gekämpft. Und vor neun Monaten waren sie zusammen in Südafrika Weltmeister geworden. Er war einer von sieben Spielern des FC Barcelona, die an jenem Tag im Trikot der spanischen Nationalmannschaft auf dem Platz gestanden hatten. Und alle waren gleich stolz gewesen, als die Königin von Spanien höchstpersönlich die Mannschaft in der Kabine besucht hatte. (Carles Puyol, der katalanischer war als eine Flasche Estrella, begrüßte sie nur mit einem Handtuch bekleidet.)

Nichts von alldem spielte bei einem *El Clásico* eine Rolle. Die Spieler von Barça, die keine Katalanen waren, staunten über das Ausmaß der Rivalität. »Du kannst es richtig fühlen«, erinnert sich einer. »Du kannst es fühlen, weil du hier in der Stadt arbeitest, du siehst die Leidenschaft der Leute, wenn du an der Seite dieser Spieler stehst. Für mich war das ziemlich überraschend, um ehrlich zu sein. Ich habe schon [anderswo] große Partien gespielt, aber wenn man das jeden Tag hat und darüber nachdenkt, versteht man, dass es um mehr geht als um Fußball. Es sind andere Menschen. Es gibt einen kulturellen Unterschied. Und wenn man mit diesen Spielern aus Katalonien zusammenlebt, spürt man, wie viel der Fußball für sie bedeutet.«

Beim Finale der Copa del Rey vier Tage später ging es auf dem Spielfeld wieder genauso feindselig zu, obwohl das Spiel im offiziell neutralen Mestalla-Stadion in Valencia (wo Katalanisch regionale Amtssprache ist) ausgetragen wurde. Mourinho hielt an seiner Taktik fest, Barcelonas Aufbauspiel zu stören, und hoffte, dass Ronaldo aus dem Nichts irgendetwas zaubern würde. Seine Entscheidung, im Ligaspiel ganze sieben Defensivspieler aufzustellen, hatte ihm bereits viel Kritik eingebracht – nicht zuletzt seitens Johan Cruyff, der bei Mourinho einen schweren Fall von »Barcelonitis« diagnostizierte: »Das größte Lob für Barça kam von Mourinho mit seiner Aufstellung«, schrieb der Niederländer in seiner Kolumne. »Wenn man zu Hause mit sieben Verteidigern spielt, muss man schon eine ziemliche Panik haben.«

Wie üblich gab Cruyff Mourinho ungefragt ein paar Ratschläge und empfahl ihm, für das Pokalfinale nicht nur das Spiel mit einem Mann weniger (für den Fall, dass einer seiner Spieler die Rote Karte sah), sondern auch mit zwei Mann weniger trainieren zu lassen: Cruyff war der Meinung, wenn Pepe, der aufbrausende portugiesische Verteidiger, gegen dieses Team aus Barcelona seinen üblichen Unfug aufführte, »dürfen wir davon ausgehen, dass er nicht bis zum Ende dabei ist«.

Mourinhos Ansatz jedoch zahlte sich aus. Indem er das Mittelfeld dichtmachte und jeden jagen ließ, der im Ballbesitz war, konnte Real den Angriffen von Barça genug Schwung nehmen, um bis zum Ende der regulären Spielzeit das 0:0 zu halten. (Nach dem 0:5 im Herbst galt das bereits als Fortschritt.) Dann, in der 13. Minute der Verlängerung, tat Xabi Alonso genau das, was er tun sollte: Er nahm Messi im Mittelkreis den Ball ab, und Sekunden später hing Ronaldo in der Luft und köpfte eine Flanke aufs Tor. Mit dem Pokal in greifbarer Nähe und Barça vor sich auf dem Rasen gelang Cristiano der entscheidende Treffer. Nach zwei Saisons in Spanien durfte er mit einem 1:0-Sieg endlich seine erste Trophäe bei Real Madrid in Händen halten.

Der Pokal, den er und Messi eigentlich haben wollten, war aber noch nicht vergeben. Die Halbfinals der Champions League waren für den 27. April und den 3. Mai angesetzt, das erste Spiel würde in Madrid stattfinden. In den sieben hektischen Tagen zwischen der Copa del Rey und dem Hinspiel wurde der Ton täglich schärfer. Die Diskussionen drehten sich um alles Mögliche, von der Wahl des Schiedsrichters über Guardiolas verbalen Angriff auf

Mourinho bis hin zur Länge des Rasens. Für das erste Spiel wollte man ihn ein wenig länger lassen, um Barças Pässe auszubremsen. Falls das nicht reichte, hatte Pepe immer noch seine Stollen.

Tatsächlich traf Cruyffs Vorhersage ein, wenn auch ein Spiel zu früh. In der nervenaufreibendsten der vier Begegnungen erhielt Pepe eine Rote Karte, obwohl er Dani Alves nur minimal touchiert hatte. Alves verließ das Spielfeld auf einer Trage, kam sofort wieder zurück auf den Platz, und Real musste das Spiel mit zehn Mann beenden. (Auch bei Barcelona wurde ein Spieler des Platzes verwiesen, allerdings nur der nicht eingesetzte Ersatztorwart Diego Pinto, der sich etwas zu enthusiastisch an einer Schubserei am Spielfeldrand beteiligt hatte.) Durch die Entscheidung gegen Pepe zog der Schiedsrichter den Zorn von Mourinho auf sich, erst recht, nachdem Barcelona das Spiel im Estadio Santiago Bernabéu mit 2:0 gewonnen hatte.

»Eines Tages«, schimpfte Mourinho, der ebenfalls auf die Tribüne geschickt worden war, weil er dem Schiedsrichter sarkastisch applaudiert hatte, »möchte ich, dass Josep Guardiola diesen Wettbewerb mit lauteren Mitteln gewinnt.«

Mourinho benutzte Peps vollen Namen, weil er immer noch wegen eines Champions-League-Spiels gegen Barcelona während seiner Zeit beim FC Chelsea sauer auf ihn war, und dann zählte er mindestens vier verschiedene Schiedsrichter auf, die ihm Unrecht getan hatten. »*¿Por que? ¿Por que? ¿Por que?*«, echauffierte er sich. Später veröffentlichte Real Madrid ein Video, auf dem angeblich Barças Mittelfeldspieler Sergio Busquets zu sehen war, wie er Reals brasilianischen Verteidiger Marcelo einen Affen nannte. Der Fall wurde von der UEFA »aufgrund eines Mangels an überzeugenden Beweisen« allerdings nicht weiter verfolgt.

Doch konnte niemand bei Real bestreiten, dass Barcelona mit den beiden Toren von Messi das Endergebnis praktisch schon besiegelt hatte. (Zu diesem Zeitpunkt hatten Messi und Ronaldo in den drei *El Clásicos* sämtliche Tore erzielt.) Mourinho glaubte nicht, dass Real mit dem Rückspiel in Barcelona das Blatt noch wenden konnte. Und er hatte Recht. Der vierte *El Clásico* endete 1:1. Real fuhr nach Hause, und Barça zog zum zweiten Mal innerhalb von drei Jahren ins Champions-League-Finale ein. Wie schon 2009 setzte sich Barcelona gegen Manchester United durch, mit einer Leistung, die als das Meisterstück von Guardiolas vierjähriger Zusammenarbeit mit Messi in die Fußballgeschichte einging. Leo schoss beim 3:1-Sieg das zweite Tor für Barcelona, wurde zum »Mann des Spiels« gekürt und erhielt ganz nebenbei eine der seltensten Auszeichnungen im Fußball überhaupt: echte Bewunderung von Alex Ferguson.

»So hat uns noch niemand vorgeführt, aber sie haben es verdient«, sagte der United-Trainer. »Sie spielen, wie man spielen sollte, und haben Spaß an ihrem Fußball. Sie ziehen einen mit ihren Pässen in den Bann, und Messi haben wir ohnehin nie wirklich unter Kontrolle bekommen. Aber das haben schon viele gesagt.«

Am Ende der Saison hatte Ronaldo den spanischen Pokal gewonnen und Messi die Primera División und die Champions League. Damit war bloß noch eine Trophäe zu vergeben, und die betraf nur diese beiden Spieler und nicht ihre Mannschaften.

Wie die beiden in den *El Clásico*s abschnitten, entschied maßgeblich darüber, wer im Winter den Ballon d'Or mit nach Hause nehmen durfte. Egal wie die Reihenfolge lauten würde, Messi vor Ronaldo oder Ronaldo vor Messi: Jetzt wurden die Frontlinien neu gezogen. Im Jahr 2011 erwuchs aus dem berühmtesten Duell in der Geschichte des Sports eine Rivalität, die viel simpler und zugleich viel weitreichender war als die Geschichte zweier Sportvereine. Den *El Clásico* würde es immer geben, aber im Moment waren die Fußballfans in aller Welt dabei, sich in zwei Lager aufzuteilen: Man war entweder Team Leo oder Team Cristiano.

Sieben
Goldrausch

Bei der Verleihung des FIFA Ballon d'Or, der prestigeträchtigsten Einzelauszeichnung im Fußball, herrschte ein strenges Protokoll. Im Vorfeld der Preisverleihung im Winter durften die Kapitäne und Trainer der Nationalmannschaften und die internationalen Medien mehrere Wochen lang ihre Stimmen abgeben. Vor der Zeremonie waren die Ergebnisse nur einer Handvoll Organisatoren bekannt – und den Finalisten. Natürlich sollte die Überraschung nicht verdorben werden, aber der hektische Alltag von Profifußballern im 21. Jahrhundert machte das notwendig: Privatjets mussten gechartert, Trainingspläne mussten geändert, Kleidung für den roten Teppich musste besorgt werden. Sobald die Nominierten den Anruf erhielten, waren sie zur Geheimhaltung verpflichtet.

Als Leo Messi, der bereits zwei Ballons d'Or in seinem Trophäenschrank hatte, im Januar 2012 den Anruf erhielt, begann er sofort mit den Vorbereitungen. Er bestellte sich einen Smoking aus burgunderrotem Samt, den er mit einer schwarzen Veloursweste des italienischen Designerlabels Dolce & Gabbana kombinieren würde – Domenico Dolce kleidete Messi so oft wie möglich persönlich ein. Ronaldos Gala-Outfit bekam niemand zu Gesicht. Er fuhr dieses Jahr nämlich gar nicht nach Zürich. »Cristiano lässt sich entschuldigen.«

Wenn auf der Trophäe nicht sein Name stand, hatte Ronaldo keine Lust mehr, in der ersten Reihe zu sitzen und jemand anderem zu applaudieren. Und obwohl er als Kapitän der portugiesischen Nationalmannschaft stimmberechtigt war, machte sich Ronaldo nicht einmal die Mühe, seinen Stimmzettel abzugeben. (Messi, der ebenfalls Kapitän seiner Nationalmannschaft war, stimmte ausschließlich für Teamkollegen von Barça oder aus der argentinischen Nationalmannschaft: Xavi, Andrés Iniesta und Sergio Agüero.) Als die FIFA Highlights der drei Finalisten zeigte, wurden Messi und Xavi eingeblendet, die von ihren Plätzen aus höflich klatschten. Von Ronaldo wurde nur ein Foto auf die Leinwand projiziert, das ihn im Trikot von Real Madrid zeigte.

Der Brasilianer Ronaldo, der sich im Vorjahr aus dem aktiven Sport zurückgezogen hatte, öffnete den goldenen Umschlag, und Messi wurde mit 47,88 Prozent der Stimmen erneut zum besten Fußballer der Welt gekürt. Cristiano wurde Zweiter. Schon wieder. Es gab kein anderes Gesprächsthema mehr. Im offiziellen »UEFA Team of the Year 2012« waren acht Spieler von Real Madrid und dem FC Barcelona vertreten, aber wenn sich jemand darüber unterhielt, ging es fast immer nur um Messi und Ronaldo. Wenn man sich für den einen oder für den anderen entschied, brachte man damit nicht nur ein bestimmtes sportliches Interesse zum Ausdruck, sondern sagte auch etwas über seine Weltanschauung, seine Werte und darüber, was einem wichtig war – Stil oder Trophäen. Für Fans wie auch für Sponsoren war es quasi unmöglich, neutral zu bleiben.

Das gelang nur einer einzigen Marke.

Als sich Audi zum ersten Mal in die Auseinandersetzung einschaltete, tat es das auf der Seite von Florentino Pérez' *Galácticos*. Zu einer Zeit, als Real Madrid mit seinen Superstars im Fußball das Maß aller Dinge war, wurde der Verein von Sponsoren regelrecht überrannt. Audi meldete sich, kurz bevor der Verein 2003 David Beckham verpflichtete, was sich als perfektes Timing erwies. Real bat den Autohersteller, ihnen Fahrzeuge zur Verfügung zu stellen, um Beckham zu diversen Terminen zu fahren, bei denen man ihn als neuen Spieler vorstellte.

Ein Auto allein würde dafür nicht reichen – Real benötigte drei

Stück. Beckham brauchte einen Konvoi, der ihn zu seiner medizinischen Untersuchung brachte und anschließend zur offiziellen Präsentation im Bernabéu. Jeder, der an diesem Tag im Fernsehen zuschaute, wie Beckham durch Madrid kutschiert wurde, sah ihn in einem Audi.

»Sagen wir es mal so«, kommentierte der Präsident von Audi Spanien damals. »Wenn Audi eine Werbekampagne geplant hätte, die uns so viel Aufmerksamkeit hätte einbringen sollen, wäre das schlichtweg unbezahlbar gewesen. Wir waren im Fernsehen zur besten Sendezeit zu sehen und auf den Titelseiten der Zeitungen in jedem Land der Welt. Um diese Art von Werbung bezahlen zu können, hätten wir zuerst den Konzern verkaufen müssen. So einen Coup hat es in der Geschichte des Marketings noch nie gegeben, davon bin ich überzeugt. Ein vergleichbar medienwirksames Bild wäre höchstens, wenn man Osama Bin Laden verhaften und in einem Audi abtransportieren würde. Aber das ist natürlich komplett hypothetisch.«

So wertvoll die Partnerschaft mit Real auch war: Als Mitte der 2000er-Jahre plötzlich in Katalonien eine Horde neuer Stars auftauchte, merkte Audi, dass man sich eventuell selbst ein Bein gestellt hatte. Durch die Kooperation mit Real Madrid lief der Konzern Gefahr, die Hälfte seiner Kunden zu verprellen – jene, die für Barcelona jubelten. Denn wer für Barcelona war, war gegen Madrid. Und die Marketingabteilung von Barça erinnerte Audi gerne daran, wie groß und kaufkräftig die Anhängerschaft ihres Vereins war. Der Konzern beschloss daher, dass es das Beste sei, sich auf beiden Seiten der Debatte zu positionieren.

Mit Real *und* mit Barça Sponsorenverträge abzuschließen war ein sehr kostspieliges Unterfangen, vor allem wenn der Sponsor wollte, dass sich die Spieler mit dem Produkt sehen ließen. (Bei Barcelona erhielten nur Sponsoren, die mehr als 3 Millionen Euro pro Jahr zahlten, überhaupt Zugang zu den Spielern.)

Zusätzlich zu den jährlichen Sponsorengeldern schenkte Audi

jedem Spieler ein brandneues Auto, verbunden mit der freundlichen Bitte, dass sie damit zum Training fuhren.

Da das Unternehmen genau wusste, dass vor den Toren der Ciutat Esportiva von Barça und der Ciudad Real Madrid in Valdebebas Paparazzi lauerten, hoffte es, dass sich die Spieler für Audis Großzügigkeit revanchieren würden, indem sie ihre 80.000 Euro teuren Autos auch tatsächlich fuhren. Das war leider schwieriger als erwartet. Die Audis waren schick, schnell und komfortabel, aber Fußballer haben nun mal schrillere Neigungen. Wenn ein Auto weder einen italienischen Namen hat noch Flügeltüren noch in einer Farbe lackiert ist, die in den Augen brennt, sind die Chancen, dass es in der Garage eines Fußballstars landet, für gewöhnlich gering. Die Ankunft der Spieler beim Training hätte »eine Gelegenheit sein sollen, Medienwert zu generieren«, erinnert sich ein Manager von Barcelona. »Aber einige der Spieler wollten partout nur Lamborghini, Ferrari oder Bentley fahren. Es war ein ständiger Kampf, sie dazu zu überreden, tatsächlich die Audis zu fahren.«

Real Madrid entschied sich für eine andere Taktik, um seine Superstars dazu zu bringen, mit den neuen Gratisautos zum Training zu kommen – eine Taktik, die Flughäfen und schicke Einkaufszentren seit Jahren benutzten: Premium-Parkplätze. Mit dem neuen Audi durfte man direkt vor dem Hauptgebäude der Anlage parken, nur wenige Meter von den Spielfeldern, Umkleideräumen und Massagetischen entfernt. Alle anderen Autos mussten auf einem Parkplatz abgestellt werden, der weiter entfernt und aus Diskretionsgründen von hohen Hecken umgeben war. Mag sein, dass die Lambos dafür gebaut worden waren, gesehen zu werden, aber in Reals sponsorenfreundlicher Sportstadt waren sie weniger willkommen als ein Zeuge Jehovas an der Wohnungstür.

Im Dezember 2011 nutzte Audi seine Verbindungen zu den beiden Vereinen, um im Vorfeld des *El Clásico* einen Werbespot zu drehen, in dem zwei Autos in den Trikotfarben von Real und Barça über einen Rundkurs driften und mit ihren Reifenspuren ein riesiges Bild auf den Asphalt malen. »Passion leaves its mark« lautete der Slogan, »Leidenschaft hinterlässt Spuren«, was sich keineswegs auf die vielen bösartigen Fouls bezog, die jedes Mal, wenn die beiden Mannschaften aufeinandertrafen, begangen wurden.

Das Doppelsponsoring lief mehrere Jahre lang. Wenn die Millionäre einmal im Jahr ihre kostenlosen Autos abholten, nutzte Audi das als Fototermin, um die neuesten Modelle zu präsentieren. 2016 bezifferte *Marca* den Verkaufswert der Autos, die sich die beiden Teams ausgesucht hatten, mit fast 4 Millionen Euro.

Niemanden wird überrascht haben, dass die Spieler von Real Madrid die teureren Modelle bestellt hatten.

///////

Neben dem Luxusautohersteller aus Deutschland gab es noch eine andere Firma, die bei der Rivalität von Messi und Ronaldo in beide Seiten investierte: ein lokales spanisches Unternehmen namens Primera División.

Um die hektische Betriebsamkeit zu verstehen, die als Nächstes folgte, muss man wissen, dass die Primera División bis ins 21. Jahrhundert hinein eine ziemlich verschlafene Einrichtung war. Während die Profi-Ligen der USA längst straff geführte Unternehmen waren, mit Büros in der Park Avenue, riesigen Marketingabteilungen und millionenschweren Deals für Übertragungsrechte, war die oberste Liga des spanischen Vereinsfußballs vor allem dafür zuständig, Spielpläne zu erstellen und Schiedsrichter zu beschäftigen. Man konnte nur mit Bewunderung – und voller Neid – auf die Organisation blicken, die neu definiert hatte, was im Fußball möglich war, nicht nur was die weltweite Popularität betraf, sondern auch in Bezug auf den unermesslichen Reichtum, den alle Beteiligten scheffelten: Der Goldstandard war die englische Premier League.

Für die kleine Gruppe ehrgeiziger Vereinsvorstände und -besitzer, die sich Anfang der 1990er-Jahre von der NFL inspirieren ließen und die Premier League aus der Taufe hoben, war das Leitmotiv immer, dass Fußballvereine mehr sein konnten als uralte Institutionen, die in britischen Stadtvierteln verankert waren und jeden Samstag elf Spieler auf einen Fußballplatz schickten. Sie konnten auch Geldmaschinen sein.

Das war ein radikaler Gedanke. Bis dahin sahen sich die englischen Teambesitzer bloß als Verwalter, deren einzige Aufgabe darin bestand, ihre Football Clubs für die nächste Generation zu erhalten, so als wären es Landgüter oder muffige Bibliotheken. Spiele zu gewinnen war zwar nett, aber für die Zigarre rauchenden Gentlemen und Selfmade-Millionäre, die am Ruder saßen, eher nebensächlich. Außerdem galt der Betrieb eines auf Gewinn ausgerichteten Vereins als unvereinbar mit den Idealen der viktorianischen Zeit, in der diese Vereine gegründet worden waren. Diese Philosophie hatten auch die britischen Kaufleute und spanischen Exilstudenten im Gepäck, als sie den Fußball Ende des 19. Jahrhunderts nach Spanien mitbrachten, mitsamt schweren Lederbällen, hehren sportlichen Idealen und angelsächsischen Vereinsnamen (weshalb zum Beispiel ein baskischer Verein bis heute Athletic Bilbao heißt und eine Mannschaft aus Kantabrien Racing Santander).

Ende der 1980er-Jahre befand sich der englische Fußball in einer seiner düstersten Phasen. Prügelnde Hooligans waren allgegenwärtig, und zwei tödliche Stadionkatastrophen ereigneten sich: Als 1985 in Bradford eine Holztribüne brannte, kamen 56 Zuschauer ums Leben, und die Hillsborough-Katastrophe im Jahr 1989 kostete 97 Liverpooler Fans das Leben. Damals wurde der Fußball zum Brennpunkt des britischen Klassenkampfs: Die konservative *Sunday Times* bezeichnete eines der wichtigsten Exportgüter Englands als »verwahrlosten Sport, gespielt von verwahrlosten Menschen in verwahrlosten Stadien«.

Die späteren Gründer der Premier League erkannten den Ernst der Lage. Eine Gruppe geschäftsorientierter junger Männer, allen voran David Dein, Vizepräsident von Arsenal, Irving Scholar von

Tottenham Hotspur und Martin Edwards von Manchester United, hatten verstanden, dass sie vor allem im Entertainment-Geschäft tätig waren. Die Fans waren ihnen nichts schuldig, nur weil schon ihre Väter und Großväter Fans gewesen waren. Der Verein musste ihnen etwas bieten: sichere Sitzplätze, ordentliche Bierstände und Toiletten, die nicht gegen die Genfer Konvention verstießen. Wenn der englische Fußball jemals so modern aussehen sollte wie die NFL, musste die Infrastruktur von Grund auf überholt werden. Die Frage war nur: Wer sollte das alles bezahlen? Die Antwort: das Fernsehen.

Bis dahin wurden die wenigen TV-Einnahmen, die der englische Fußball generierte, zu gleichen Teilen an alle 92 Profivereine ausgezahlt, die sich auf vier Spielklassen verteilten, vom FC Liverpool und Manchester United an der Spitze bis zu Hereford United und Northampton Town am unteren Ende. Die Erfinder der Premier League wollten das System komplett umkrempeln. Im Vorfeld der Saison 1992/93 sonderten sich die zwanzig wichtigsten Fußballvereine Englands daher von den anderen ab und gründeten eine eigene Liga. Gleichzeitig gingen sie eine Partnerschaft mit dem angeschlagenen Satellitenfernsehsender Sky ein, hinter dem Rupert Murdoch steckte. Sie einigten sich auf 192 Millionen Pfund, mehr Geld, als je zuvor im englischen Fußball geflossen war. Vor allem aber hatten die Vereine der Premier League damit ihr eigenes Kartell gegründet und mussten ihre Beute mit niemandem mehr teilen.

Diese folgenschwere Entscheidung legte den Grundstein dafür, dass die Vereine der Premier League dem Rest Europas mit immer höheren Summen für die Rechte an den TV-Übertragungen den Rang abliefen. Die Liga wurde teurer und teurer. Im Laufe der nächsten 25 Jahre stiegen die Preise für Übertragungsrechte um fast 2600 Prozent. Die Vereine nahmen mehr Geld ein, gaben mehr Geld auf dem Transfermarkt aus und zahlten höhere Gehälter. Im Jahr 2016 waren acht der zwanzig Fußballvereine mit dem höchsten Umsatz in England angesiedelt. Für Spieler und Investoren war die Premier League der ideale Ort.

Spanien wollte dieses Modell unbedingt kopieren. Es gab nur zwei Probleme. Und die hießen FC Barcelona und Real Madrid.

///////

Mehr als zwei Jahrzehnte lang hatten die beiden Superclubs den spanischen Markt für Fernsehrechte exakt da, wo sie ihn haben wollten. Anders als in England verkaufte jeder Verein der Primera División seine Rechte einzeln, was für Vereine mit einer großen Anhängerschaft fantastisch war, aber für Clubs wie Rayo Vallecano, den viertbeliebtesten Fußballverein Madrids, eher weniger ideal. Jeder Verein war sich selbst der nächste. Real und Barça fuhren mit diesem System sehr gut – einem System, an dessen Fortbestand die beiden größten Akteure der Liga ausnahmsweise gar nicht schuld waren: 1993, ein Jahr, nachdem die Vereine der Premier League sich abgespalten und ihre Übertragungsrechte als Paket verkauft hatten, entschied ein spanisches Kartellgericht, dass die Primera División das nicht dürfe. Erst 2007 hob ein EU-Gericht dieses Urteil auf.

In der Zwischenzeit verdienten Real und Barcelona mehr als das Zehnfache dessen, was die Schlusslichter der ersten Liga für die Übertragungsrechte bekamen. Für die Saison 2011/12 bekam ein Verein wie Granada vom Fernsehen etwa 12 Millionen Euro, Real Madrid 140 Millionen. In der englischen Premier League machten selbst die ganz unten rangierenden Mannschaften mindestens 40 Millionen Euro Umsatz pro Saison.

Javier Tebas, der 2013 Präsident der Primera División wurde, und sein Vorgänger, Fernando Roca, waren besessen davon, dieses Ungleichgewicht zu beseitigen. Sie konnten einfach nicht tatenlos zusehen, wie zwei der zwanzig Mannschaften in ihrer Liga die Hälfte aller TV-Einnahmen einsackten. Schon gar nicht, wenn England ihnen zeigte, wie man es besser machen konnte. »Die Premier League ist in mehrfacher Hinsicht eine ganz erstaunliche

Institution«, fand Roca. »Ihr wirtschaftlicher Einfluss auf der ganzen Welt – alle anderen schauen neidisch zu und versuchen verzweifelt aufzuholen.«

Noch ärgerlicher war, dass der englische Fußball dieses Kunststück *ohne* die beiden besten Spieler der Welt vollbracht hatte. Es musste doch eine Möglichkeit geben, wie die Primera División mehr aus Messi und Ronaldo herausholen konnte, solange beide in Spanien spielten. Tebas argumentierte, in erster Linie müsse man alle zwanzig Vereine an einen Tisch bringen, um gemeinsam die Übertragungsrechte der Liga zu verkaufen, auch wenn sie mit dieser Idee zwanzig Jahre hinterherhinkten.

»Wir haben das zunächst auf freiwilliger Basis versucht«, erzählt er.

Man kann sich vorstellen, wie das ablief. Die meisten Vereine stimmten dem Plan sofort zu. Nur die beiden größten Akteure konnten nicht verstehen, warum sie zugunsten weniger erfolgreicher Teams auf irgendetwas verzichten sollten. Wenn Mannschaften wie Deportivo, Sevilla und Rayo nicht so viele Zuschauer anlockten und nicht so viel Geld einnehmen konnten, war das deren Problem. *Die könnten ja mal probieren, besser Fußball zu spielen!* Real und Barça waren der Meinung, genau aus diesem Grund hätten sie ja so viel Zeit und Energie darauf verwendet, ihre Werbe- und Medienaktivitäten auszubauen.

Ferran Soriano vom FC Barcelona erzählte einmal von einem Meeting mit einem Trainer der Major League Soccer, der höchsten Fußballliga in den USA, der fand, dass die Spanier das Ganze völlig falsch angingen. »Ich verstehe nicht, warum ihr Mannschaften wie den FC Sevilla und Villarreal CF nicht gezielt fördert«, sagte der Trainer. »Damit würdet ihr die spanische Liga spannender machen und die Einnahmen maximieren.«

Soriano konnte nicht glauben, was er da hörte.

»Es fiel mir schwer, mir über die Maximierung irgendwelcher Einnahmen Gedanken zu machen«, schrieb er später, »denn mir war eigentlich immer nur eines wichtig: dass der FC Barcelona alle Spiele gewinnt. Dass er gewinnt und gewinnt, ganz unabhängig von den ›Turniergesamterträgen‹ oder solchen Konzepten.«

In den Büros der Primera División waren die Vorbereitungen allerdings bereits angelaufen, um »solche Konzepte« in die Tat umzusetzen. Im Jahr 2013 konnte die Liga Real und Barça davon überzeugen, einen etwas kleineren Anteil am TV-Kuchen zu akzeptieren. (Dank ihrer Verträge mit den Mediengiganten Telefónica und Mediapro erhielten sie immer noch mehr als ein Drittel davon.) Das war immerhin ein Anfang, fand Tebas. Sein Argument war, dass die Einnahmen der beiden Vereine auch bei einer kollektiven Vermarktung kaum sinken dürften, da ja das Gesamtpaket für die Fernsehsender viel attraktiver werde, was die Preise in die Höhe treiben würde. Die Spiele der Primera División waren nur einen Bruchteil der Spiele der Premier League wert – die weltweiten Rechte wurden 2013 für weniger als 800 Millionen Euro verkauft, während der englische Fußball einen zehnstelligen Betrag erreichte –, aber aus Tebas' Sicht war dies die einzige Möglichkeit, für mehr Wachstum zu sorgen.

»Uns war klar, dass die zentralisierten Übertragungsrechte viel wert waren. Man kann einen ganzen Wettbewerb verkaufen – das ist alles sehr wichtig«, sagt er. »Und wir mussten noch viel an der Marke Primera División arbeiten. Denn natürlich ist der Wettbewerb viel mehr als nur Real Madrid, Barcelona, Messi und Ronaldo.«

Aber es war nicht ganz einfach, die Sender davon zu überzeugen, auch FC Getafe gegen SD Eibar auszustrahlen. Die Premier League verkaufte Spiele wie FC Southampton gegen Newcastle United erfolgreich in der ganzen Welt, indem sie damit warb, wie ausgewogen der Wettbewerb in der Liga war und dass manche Spiele eines Topteams gegen einen Underdog besonders intensiv waren. Jeden Samstag konnte man sich einen spannenden Krimi zwischen Mannschaften anschauen, die man sonst vielleicht nie gesehen hätte. Die Premier League vermarktete ihre zwanzig Vereine allesamt als Stars, die alle ihre eigene Geschichte, ihre Schwächen und ihre Persönlichkeit hatten. Die Fans jubelten nicht nur für elf Spieler und ein Wappen – sie forderten ein Stück England für sich ein. Was für Verkäufe in wichtigen ausländischen Märkten ebenfalls von Vorteil war: Die Premier League wurde zu verlässlichen Zeiten übertragen, die Bilder hatten einen hohen Produktionswert, und alles wurde auf Englisch kommentiert.

Barça und Real hatten sich unter Laporta und Pérez ganz bewusst für das Gegenteil entschieden.

Ihre globale Expansion fußte auf dem Gedanken, dass man an jedem Wochenende einschalten konnte und davon ausgehen durfte, dass zwei der ganz Großen dieses Sports ihren Gegnern die Leviten lasen. Das war es, was die Welt sehen wollte, oder etwa nicht? Niemand ging doch in einen Bond-Film, um sich anzuschauen, wie MI6-Agenten gegen Blofelds Schergen kämpfen und sich am Ende mit diesen auf ein Unentschieden einigen.

Das war die eine Attraktion der Primera División, die weder die Premier League noch die Bundesliga ihren Zuschauern bieten konnte: Egal, gegen welches Team Messi oder Ronaldo gerade spielte, es gab garantiert ein Feuerwerk. Es musste kein *El Clásico* sein – ein Punktspiel gegen den FC Elche reichte aus. Seit 2010 erzielten Messi und Ronaldo im Durchschnitt mehr als ein Tor pro Spiel. In der Saison 2010/11 schossen beide wettbewerbsübergreifend 53 Tore. In der Saison darauf wurde es noch irrsinniger: Ronaldo erzielte sechzig Tore in 55 Spielen, Messi sogar 73 Tore in sechzig Spielen. Das waren Zahlen, wie sie seit den 1920er-Jahren, als das Konzept des Torhüters noch relativ neu war, in keiner ernst zu nehmenden Fußballnation mehr vorgekommen waren. Selbst wenn sich Messi und Ronaldo zu diesem Zeitpunkt vom Fußball verabschiedet hätten, wären diese Zahlen historisch gewesen. Aber sie machten Jahr für Jahr so weiter. In der Saison 2014/15 erzielten die beiden zusammen allein in der Liga sage und schreibe 91 Tore.

Einundneunzig Tore. Das waren mehr als alle Mannschaften der Primera División außer Real und Barça zusammen schossen. Selbst wenn sie den kleineren Vereinen die Hosen auszogen, wollte jeder Messi und Ronaldo dabei zuschauen.

Kein Wunder, dass Real und Barça gerne wollten, dass das so blieb. Sie brauchten keinen ausgewogenen Wettbewerb. Was sie brauchten, war Haifutter.

//////

Um diese Mentalität zu ändern, waren schwerere Geschütze vonnöten, als sie der Primera División zur Verfügung standen. Und so verabschiedete die spanische Regierung das Gesetz *Real Decreto-ley 5/2015*, das von der spanischen Krone abgesegnet wurde und gemeinsame Verhandlungen der Vereine ermöglichte. Nach der neuen Regelung durfte bei den Einnahmen durch den Verkauf von Übertragungsrechten das Verhältnis zwischen den Spitzenverdienern und den Schlusslichtern der Primera División nicht mehr als 3,5 zu 1 betragen (bzw. 4,5 zu 1, falls die Einnahmen eine Milliarde Euro überstiegen). Die Debatten über das Kräfteverhältnis zwischen der Primera División und der RFEF, dem spanischen Fußballverband, gerieten zu einem politischen Drama, in das auch die Superclubs und die Spielergewerkschaft verwickelt waren. Differenzen darüber, welcher Anteil an den TV-Einnahmen den beiden Topverdienern zustand, führten sogar dazu, dass die Spieler der Primera División zum Streik aufriefen. Die Lage war so angespannt, dass die spanische Presse schon befürchtete, die Saison müsse abgebrochen werden. Arbeitsniederlegungen kommen in der unerbittlichen Tretmühle des europäischen Profifußballs so gut wie nie vor, und auch hier ließ sich ein Streik am Ende noch abwenden.

Als die Details endlich geklärt waren, blickte die Primera División einer neuen ökonomischen Zukunft entgegen. Tebas wollte eine Meisterschaft mit einer Persönlichkeit, die über Real, Barça,

Messi und Ronaldo hinausging. Und es war ein offenes Geheimnis, wer sie ihm aufbauen würde.

»Das war notwendig«, sagte damals der spanische Staatssekretär für Sport, Miguel Cardenal. »Auf diese Weise wird Spanien gegenüber den anderen großen Ligen nicht an Boden verlieren. Das ist ein historischer Tag für den spanischen Fußball.«

Jeder konnte sich denken, wohin all das neue Geld fließen würde. Die erschütterndste Erkenntnis, zu der alle Teambesitzer und Fußballmanager irgendwann gelangen – im besten Fall, bevor sie ein paar hundert Millionen Dollar verbrannt haben –, ist, dass fast jeder überzählige Euro, den ein Verein verdient, direkt in die Taschen der Spieler fließt. Die meisten Vereine können niemals langfristige monetäre Reserven aufbauen. Sobald ihre Einnahmen steigen, nimmt auch ihr Bedarf zu, das Geld für neue Talente auszugeben.

Woran sich Investoren, die in den Fußball einsteigen, meistens ebenfalls erst gewöhnen müssen, ist etwas, das vielen Vereinen Jahr für Jahr zu schaffen macht: das Risiko des Abstiegs.

Wenn ein Erstligist absteigt und in der zweiten Liga spielen muss, brechen die Einnahmen ein, Spieler wechseln zur Konkurrenz, und in der nächsten Zeit wird sich der Verein dann hauptsächlich darum kümmern müssen, sich aus der finanziellen Notlage zu befreien. (Der HSV kann ein Lied davon singen.) Selbst wenn ein Club dann wieder in die erste Liga zurückkehrt, stehen seine Chancen, dort zu bleiben, nicht allzu gut. 19 der 33 Vereine, die zwischen 2000 und 2020 aus der Primera División abgestiegen sind, erlebten diese Schmach mehr als einmal.

Über solche Fragen mussten sich weder Real noch Barça Sorgen machen – beide sind noch nie aus der Primera División abgestiegen. Ständig an der Tabellenspitze zu sein, brachte allerdings andere Probleme mit sich. Ferran Soriano von Barcelona brachte es auf den Punkt, als er beschrieb, wie sehr sich diese Branche vom Rest der Welt unterschied. Man wurde ständig von einer gnadenlosen Öffentlichkeit bewertet. Der Erfolg wurde an der Zahl der Trophäen gemessen, nicht an der Bilanz. Und das Personal ließ sich mit dem keiner anderen Organisation vergleichen. (Als er den FC Barcelona 2009 verließ, um eine katalanische Fluggesellschaft namens Spanair zu leiten, musste er feststellen, dass sich nur wenige seiner Erkenntnisse außerhalb vom Fußball anwenden ließen – Spanair war drei Jahre später bankrott.)

»Fußballer sind jung, sehr teuer, und sie verdienen sehr viel Geld«, schrieb Soriano. »All das sind Aspekte, die es sehr schwierig machen, sie zu managen. Sie sind das wichtigste Kapital des Vereins, und man muss sie gleichzeitig als Menschen und Angestellte managen und als Vermögenswerte, die man kaufen und verkaufen kann und die einen Marktwert haben, der steigen und fallen kann.«

Mit diesem letzten Punkt beschäftigte sich niemand so ausgiebig wie Jorge Messi. Er war besessen vom Marktwert (sprich: Gehalt) seines Sohns, als wäre es Leos Aktienkurs. Wie lang seine Verträge liefen, war ihm längst nicht so wichtig, wie ständig die Konditionen zu verbessern.

Kein Wunder, dass das in der Vorstandsetage von Barça für Unmut sorgte. Verträge von Spielern, die der Verein behalten wollte, durften nie komplett auslaufen. Gespräche über eine Vertragsverlängerung begannen deshalb in der Regel anderthalb Jahre vorher, damit beide Parteien genügend Spielraum hatten. Und natürlich wollte der Verein alles tun, was in seiner Macht stand, um Messi bei Laune zu halten. Aber selbst nach den ohnehin schon wahnwitzigen Maßstäben der meisten Fußballverträge wurden Jorges Forderungen immer absurder.

Joan Laporta hatte sich alle Mühe gegeben, sich bei den Vertragsänderungen an den Zeitplan zu halten. Schließlich war er es gewesen, der Messi 2009 eine massive Vertragsverlängerung gewährt hatte. Kein Geringerer als Cruyff hatte sich damals über diese Entscheidung mokiert. »Eine Verlängerung bis 2016, das ist schon erstaunlich«, schrieb er. »Ich bin nach wie vor eher für kurze

Verträge statt für lange, maximal drei oder vier Jahre. Selbst bei den Besten, egal wie sie heißen.« Fußballer, fügte er hinzu, »brauchen Motivation, um sich immer weiter zu verbessern«.

Der Vereinspräsident, der Laporta 2010 ablöste, ein ehemaliger Nike-Manager namens Sandro Rosell, war auch etwas weniger aufgeschlossen. Es kam zu Spannungen bei Barça, die sich im Dezember 2013 nicht mehr vor der Öffentlichkeit verbergen ließen, als Vorstandsmitglied und Vizepräsident Javier Faus sich dagegen aussprach, jedes halbe Jahr den Vertrag eines ganz bestimmten Spielers zu ändern, den er nur »dieser Herr« nannte.

Dies war eine der seltenen Gelegenheiten, bei denen Messi sich zu Wort meldete. In einem Interview im katalanischen Radio giftete er zurück: »Señor Faus weiß nichts über Fußball und will Barça wie ein Wirtschaftsunternehmen führen. Was es nicht ist.«

Dabei war es das sehr wohl. Genau das hatten Soriano und Laporta 2003 zu vermitteln versucht, als sie den Verein mit 164 Millionen Euro Schulden übernahmen. Eine Organisation mit so hohen Schulden ist definitiv ein Wirtschaftsunternehmen. Oder sie muss direkt Insolvenz anmelden.

Sechs Monate nach Faus' Kritik fand sich auf der Webseite des FC Barcelona unter der Überschrift »Einigung mit Leo Messi« eine Meldung, in der es hieß: »Der überarbeitete und aktualisierte Vertrag wird in den nächsten Tagen unterzeichnet werden.«

Es war kein Zufall, dass Ronaldo gerade einen neuen Vertrag mit Real Madrid unterzeichnet hatte, der ihm jährlich über 40 Millionen Euro vor Steuern einbrachte. Mit dieser Zahl hatte Cristiano Messi und seinem Vater, ohne es zu ahnen, eine Steilvorlage geliefert – sie wussten jetzt genau, was sie verlangen mussten, als sie seinen siebten Vertrag beim FC Barcelona innerhalb von elf Jahren aushandelten. Danach war Messi mit 27 Jahren der bestbezahlte Fußballspieler der Welt.

Abgesehen von der schwindelerregenden Anzahl von Nullen enthielt dieser Vertrag aber noch eine weitere Besonderheit: Messi würde die Lizenzgebühren für seine Bildrechte mit dem Verein 50:50 teilen. Mehr als zehn Jahre nach der Entscheidung, in den zu klein geratenen Jungen aus Argentinien zu investieren, konnte der FC Barcelona endlich Geld damit verdienen, wie berühmt Messi in der ganzen Welt war.

Hätte er für Real Madrid gespielt, so hätte sein Verein schon die ganze Zeit an ihm verdient. Sich mit den Spielern die Bildlizenzen zu teilen, war unter Florentino Pérez gang und gäbe. Jetzt hatten sowohl Ronaldo als auch Messi eine wirklich symbiotische Beziehung zu ihren Vereinen, und Barça und Real hatten ein echtes finanzielles Interesse daran, sie so berühmt wie möglich zu machen. Die kaum nachvollziehbare Anzahl an Toren, die die beiden schossen, half dabei. Mitte der 2010er-Jahre versuchte jeder Fußballsponsor auf der Welt, sie zu verpflichten.

Die wenigen, denen es gelang, waren ein ebenso bunter wie umsatzstarker Haufen, und sie mussten eine schwierige Entscheidung treffen: Wollten sie einen genialen Torjäger, der bei Fotoshootings faszinierende Tricks vorführte, aber kein wirklich guter Schauspieler war? Oder wollten sie einen genialen Torjäger mit einem Körper wie ein griechischer Gott und einem gewinnenden Lächeln, der ebenfalls kein wirklich guter Schauspieler war?

Wie sich herausstellte, gab es keine falsche Antwort. 2012 drehte Turkish Airways mit Messi und der Basketball-Legende Kobe Bryant einen Werbespot, der auf YouTube innerhalb von zweieinhalb Wochen 90 Millionen Mal aufgerufen wurde. TAG Heuer entschied sich für Cristiano Ronaldo, der sich als Nachfolger von Tiger Woods in eine illustre Riege von Markenbotschaftern des Schweizer Uhrenherstellers einreihte, zu denen Leonardo DiCaprio und Cameron Diaz zählten.

Hinter den Kulissen fanden es die Teams von Messi und Ronaldo schwierig, mit der neugewonnenen Aufmerksamkeit ihrer Schützlinge umzugehen. Wären sie in den USA Superstars geworden, hätten den beiden ganze Horden von Anzugträgern zur Verfügung gestanden, die sich um ihr Image gekümmert hätten. Stattdessen musste sich Jorge Mendes eingestehen, dass die kommerzielle Seite des Fußballs nicht seine Stärke war. Das alles interessierte ihn einfach nicht sonderlich. Er war Spezialist dafür, Spieler und Trainer an Fußballvereine zu vermitteln. Imageberater oder PR-Experte war er nicht. Mendes hatte so wenig damit am Hut, dass er Ronaldos Social-Media-Accounts eine Weile von seiner Tochter betreuen ließ. Ein einziges Mal versuchte der Agent zu kontrollieren, was man über seinen Klienten in die Welt setzte. Das Resultat war ein seltsamer Dokumentarfilm über Ronaldos Leben aus dem Jahr 2015. Mehr als zehn Prozent der Laufzeit des Films ist Mendes zu sehen, die übrige Zeit schaut man Cristiano dabei zu, wie er Luxusautos fährt, seinen Oberkörper entblößt und im Flugzeug der portugiesischen Nationalmannschaft zu Rihanna mitsingt.

Auch Jorge Messi war damit überfordert, das wachsende Geschäftsimperium seines Sohnes zu verwalten. Von einem Drei-Zimmer-Büro in Barcelona aus nahm er ähnlich unbedarft wie Mendes Anfragen entgegen, und ihm war nicht immer klar, wie sich die Assoziation mit einer bestimmten Marke auf das Image seines Sohnes auswirken würde. So kam es, dass Messi für Herbalife Nutrition warb, ein in Los Angeles und auf den Cayman Islands ansässiges Wellness-Unternehmen, das gleichzeitig ein Multi-Level-Marketing-Unternehmen ist und sich regelmäßig gegen Vorwürfe wehren muss, ein Schneeballsystem zu sein. Herbalife schloss von 2010 bis 2013 Verträge mit Messi und dem FC Barcelona ab. Dann gingen sie für eine Weile zur Konkurrenz, weil sie dort augenscheinlich gesundheitsbewusstere Partner witterten: Ronaldo und seine Bauchmuskeln. Wenn einer Sätze wie »Gesunde Ernährung ist für mich eine Waffe« in die Kamera sagen und dabei ein ernstes Gesicht machen konnte, dann Cristiano.

Ronaldo blieb dem Sektor Wellness und Schönheit noch eine Weile treu. 2014 ging er eine Partnerschaft mit einer Shampoo-Marke ein, und später sponserte er (vielleicht um einen bestimmten Teil seiner Kunden bei der Stange zu halten?) eine Haartransplantationsklinik in Madrid.

Außerdem war Cristiano als Unterwäschemodel für Emporio Armani tätig, bis er 2013 sein eigenes Unterwäsche-Label gründete. Zum Launch der Marke ließ er im Zentrum von Madrid ein zwanzig Meter hohes Plakat aufhängen, auf dem er selbst in einem knappen Slip zu sehen war. Leo konzentrierte sich stattdessen mehr auf das, was er über der Unterhose trug: Im Rahmen einer Partnerschaft zwischen Messi und Hilfiger – besser gesagt, ihren beiden Schwestern, Maria Sol Messi und Ginny Hilfiger – entwarf er seine eigene Casual-Wear-Kollektion.

Die zusätzlichen Einnahmen steigerten das Jahreseinkommen der beiden um fünfzig Prozent, vor allem seit sie herausgefunden hatten, wo die wirklich zahlungskräftigen Kunden saßen: am Persischen Golf. Messi und Ronaldo stellten den gesamten Markt auf den Kopf. Unternehmen blätterten für das Sponsoring eines einzelnen Spielers hin, was früher die Vorderseite des Trikots gekostet hatte. 2013 unterschrieb Messi bei Ooredoo, einem Telekommunikationsunternehmen aus Katar, das mehrheitlich dem Staat gehört und zur gleichen Zeit als Sponsor von Paris Saint-Germain in den Fußball einstieg. Ronaldo schloss einen Vertrag mit Emirates und erhielt dafür noch einmal den gleichen Betrag, den die Fluggesellschaft aus Dubai als Trikot-Sponsor von Real Madrid bezahlte (nicht, dass Cristiano selbst noch Linie geflogen wäre). Die angespannte politische Lage im Nahen Osten war ihnen ganz egal. Ronaldo ist wahrscheinlich einer der wenigen Promis, die ein Fotoshooting für einen saudi-arabischen Mobilfunkanbieter machen und im nächsten Jahr in der Werbung für einen israelischen Streaming-Dienst auftreten.

Nichts war zu weit hergeholt, keine Marke zu obskur. Wie Hollywood-Schauspieler, die merkwürdige japanische Werbespots drehen, weil sie glauben, dass sich die ohnehin niemand anschaut, gingen sie zahlreiche lokale Partnerschaften ein und vermieteten ihr Gesicht an jede Marke, die sich das leisten konnte. Während der Fußball-WM 2018 war Messi in ganz Russland auf Plakaten der Alfa Bank zu sehen. (Die Bank, für die Ronaldo Werbung machte, kam immerhin aus seiner Heimat: Die Privatbank Banco Espírito Santo sponsorte ihn, bis sie 2014 pleiteging und den portugiesischen Aktienmarkt in den freien Fall schickte.) Aber in dem seltsamen Wettbewerb zwischen Messi und Ronaldo, wer den schrägsten Werbepartner an Land zog, ging der Preis definitiv an Cristiano.

So viel verblüffende Werbung es in jenem Jahrzehnt auch gab, Ronaldos Werbespot für Egyptian Steel von 2017 stellte alles in den Schatten. In dem sechzigsekündigen Spot wandert er mit Schutzhelm durch ein Stahlwerk. Nirgendwo ist ein Fußball zu sehen, es gibt nicht einmal ein cleveres Wortspiel als Slogan – Ronaldo besichtigt einfach nur die Industrieanlage.

»Habt ihr euch jemals Gedanken über umweltfreundlichen Stahl gemacht?«, twitterte er. »Ich schon. Deshalb habe ich mich mit der besonders sicherheitsorientierten Stahlmarke #Egyptian_Steel zusammengetan.« Ein weiterer Grund mag gewesen sein, dass seine Schwester mit dem Firmengründer zusammen war.

Die Möglichkeiten, mit Messi und Ronaldo Geld zu verdienen, schienen grenzenlos. Inzwischen profitierten auch Adidas und Nike jeweils von den beiden. Nike hatte Messi zwar seit zehn Jahren keine Schuhe mehr geschickt, aber das Barcelona-Trikot mit Messis Namen auf dem Rücken zierte auf der Vorderseite das Nike-Logo. Kaum zu glauben, dass Nike 2008 eine ganze Weile gezögert hatte, den Vertrag mit Barcelona zu verlängern, bis Puma mit einem konkurrierenden Angebot auf den Plan getreten war und das Unternehmen in Zugzwang gebracht hatte.

Das Gleiche galt für Adidas und Ronaldo. Jedes »Ronaldo 7«-Trikot, das Real Madrid den Fans verkaufte, trug automatisch die drei Streifen. Beide Unternehmen hätten sie natürlich viel lieber von Kopf bis Fuß eingekleidet, aber so sah nun einmal die Realität des Fußballgeschäfts aus, und das wussten die Hersteller nur allzu gut. Immerhin kassierten sie etwa die Hälfte vom Verkaufspreis der Trikots, der um die 100 Euro lag. Diese Lektion hatten sie schon vor Jahren gelernt, dank des Mannes, der für beide den Grundstein gelegt hatte. »Wir hatten David Beckham zwar nicht unter Vertrag«, erinnert sich ein Geschäftsführer von Nike, »aber wir haben trotzdem eine Menge David-Beckham-Shirts verkauft.«

Statt Trikots mit Messis und Ronaldos Namen zu beflocken, hätten Nike und Adidas genauso gut direkt Geld drucken können. Von der Saison 2011/12 bis zur Saison 2015/16 waren Real Madrid und der FC Barcelona auf Platz 2 und 3 der beliebtesten Fußballtrikots der Welt. Auch wenn keiner von ihnen dem kommerziellen Moloch Manchester das Wasser reichen konnte, verkaufte Real 1,65 Millionen Trikots pro Jahr und Barça 1,28 Millionen. Egal, was die Vorstände sagten, in wirtschaftlicher Hinsicht spielte es kaum noch eine Rolle, welche Mannschaft die meisten Siege einfuhr.

//////

Bei den Jungs, die dafür bezahlt wurden, die Trikots zu tragen, zog dieses Argument natürlich nicht. Am Ende der Saison 2011/12 galt Messis größte Sorge allerdings weder Barças Vorstandsetage noch den Gegnern auf dem Rasen, sondern der Trainerbank: Pep Guardiola verließ den Verein, und damit sollte sich für Messi alles ändern.

Offiziell war Pep einfach nur müde. Die vier Jahre in Barcelona waren die stressigsten seines Lebens gewesen. Als der Ex-Spieler als jüngster Trainer eines großen europäischen Fußballvereins in den Beruf eingestiegen war, hatte er ein paar graue Strähnen gehabt. Mittlerweile war er völlig kahl. Der Öffentlichkeit teilte er mit, er habe das Gefühl, seine Spieler nicht mehr motivieren zu können.

Für Barças Verhältnisse war es ein schwieriges Jahr gewesen. Erst hatte der FC Chelsea sie im Halbfinale der Champions League besiegt, dann hatten sie den Meistertitel an José Mourinho und

Real Madrid verloren. Und privat wuchsen die Spannungen zwischen Guardiola und den neuen Leuten in der Geschäftsführung. Er brauchte eine Pause, wenn nicht unbedingt vom Fußball, dann doch zumindest von der Vereinspolitik.

Bevor er 2013 beim FC Bayern München anheuerte, packte er also seine Sachen und fuhr mit seiner Familie zu einem ganzjährigen Sabbatical nach New York. Er mietete ein luxuriöses Apartment am Central Park West, saß bei Spielen der Knicks am Spielfeldrand und schaute gelegentlich bei der Fußballmannschaft seiner Kinder vorbei, um dem Coach ein paar Tipps zu geben. Er aß mit Garri Kasparow und diversen Universitätsprofessoren zu Abend. Sein guter Freund Xavier Sala-i-Martín, ein ehemaliges Vorstandsmitglied des FC Barcelona, lehrte Wirtschaftswissenschaften an der Columbia Universität, und Pep besuchte seine Vorlesung. (Wo er sich prompt lächerlich machte, als er jedes Mal, wenn jemand sich meldete, in Richtung des Professors gestikulierte, um ihn darauf aufmerksam zu machen – ganz so, als säße er immer noch auf der Trainerbank.)

Währenddessen machte man sich bei Barça Gedanken darüber, wie es weitergehen sollte. Der Verein war reicher als je zuvor und damit in der Lage, den harten Kern seiner Mannschaft, der nach wie vor aus Einheimischen bestand, durch so ziemlich jeden anderen Spieler auf der Welt zu ergänzen. Und der begehrteste Newcomer im Jahr 2012 war ein Teenager mit blondiertem Irokesenschnitt, der aus Südbrasilien stammte und bereits als potenzieller Nachfolger der beiden größten Stars im Fußball gehandelt wurde: Neymar da Silva Santos Júnior. Bei seinem brasilianischen Verein FC Santos durfte er die Rückennummer 10 tragen, die dort einst Pelé gehabt hatte. Neymar dribbelte wie Messi, trat Flanken wie Ronaldo, und bei der kleinsten Berührung warf er sich dramatischer zu Boden als beide zusammen.

Aber nicht nur der FC Barcelona hatte ein Auge auf ihn geworfen: Real Madrid war schon seit 2011 hinter Neymar her, und der

FC Chelsea wollte ihn unbedingt nach London holen. Kurioserweise meldete sich auch West Ham United zu Wort und hoffte, ihn für weniger als 30 Millionen Pfund verpflichten zu können. Am Ende bekam West Ham für sein Geld Frédéric Piquionne und Victor Obinna. Wenn Sie von diesen beiden Spielern noch nie gehört haben, hat das seinen Grund.

Neymars Vater, ein ehemaliger Mechaniker, der inzwischen ebenfalls als Agent auftrat, staunte nicht schlecht, als er plötzlich von einigen der reichsten Clubs Europas (und von West Ham) um die Unterschrift seines Sohnes angefleht wurde. Schnell wurde ihm klar: Wenn er den richtigen Moment abwartete, konnte er den Preis selbst bestimmen. Es war alles eine Frage des Timings. Sein Plan war, Neymar noch bei Santos zu lassen, bis er 2014 bei der Weltmeisterschaft im eigenen Land die brasilianische Nationalmannschaft anführen würde.

In seiner Heimat war er bereits ein begehrter Werbeträger: Dank Nike, Panasonic und Volkswagen hatte er laut Neymar Senior ein Vermögen von mehr als 50 Millionen Dollar angehäuft. Was den Wechsel ins Ausland betraf, so würde sich mit etwas Geduld alles fügen.

Aber die beiden spanischen Superclubs wollten nicht so lange warten. Im Mai 2013 gab der 21-jährige Neymar bekannt, dass er formelle Angebote von zwei Vereinen aus Spanien erhalten und sich für den FC Barcelona entschieden hat. Die offizielle Ablösesumme für Santos betrug nur 17,1 Millionen Euro, doch Neymar und sein Vater hatten insgesamt bereits 40 Millionen kassiert, seit Barça der Familie im Jahr 2011 zum ersten Mal 10 Millionen Euro überwiesen hatte. Solche direkten inoffiziellen Zahlungen waren bei Barça nicht ungewöhnlich und wurden tief in den Bilanzen des Vereins versteckt. Die 40 Millionen für den Transfer von Neymar beispielsweise tauchten im Jahresabschluss 2012 erst auf Seite 178 auf, mit der vagen Bezeichnung: »langfristige Kaufverpflichtung in Höhe von *40.000 tausend* Euro«.

Als Neymar schließlich als einer der reichsten 21-Jährigen der Fußballgeschichte auf dem Rasen des Camp Nou der Öffentlichkeit präsentiert wurde, versprach er, er werde »Messi dabei unterstützen, auch weiterhin der beste Spieler der Welt zu sein«.

Zuvor waren schon einige andere hochkarätige Ausländer rekrutiert worden. Die, die Messi nicht leiden konnte, merkten es erst, als es schon zu spät war. Was er von Zlatan Ibrahimović hielt, dem schwedischen Stürmer, dessen Ego größer war als ein IKEA-Warenlager, teilte er Guardiola per SMS mit. Wie Ibrahimović in seiner Autobiografie schreibt: »Es fing gut an, aber dann begann Messi zu reden.« Konkret beschwerte sich Messi über die Taktik. Er bat Guardiola, ihn ausschließlich in der Mitte spielen zu lassen, und dadurch hatte Ibrahimović nicht genug Platz, um wie gewohnt zu agieren. 2011 verließ er Barcelona wieder, nachdem er in zwei Saisons nur 29-mal zum Einsatz gekommen war. Vielen blieb in Erinnerung, was er Pep Guardiola zum Abschied an den Kopf warf: »Du hast einen Ferrari gekauft und fährst ihn wie einen Fiat.«

Anders als Ibrahimović verstand Neymar schnell, dass es bei Barça zwei eiserne Regeln gab, die man möglichst schnell verinnerlichte. Regel Nr. 1: Du musst Real Madrid hassen. Regel Nr. 2: Jeder in diesem Team ist gleich, nur Messi ist gleicher als alle anderen zusammen.

Messi war das ultimative Gewohnheitstier des Fußballs, und er brauchte Spieler und Trainer, die sich an die Regeln hielten und die verstanden, wie Barcelona spielen sollte. Unter Guardiola hatte das viele Jahre so gut funktioniert, weil alle sozusagen denselben fußballerischen Dialekt sprachen, mit all seinen Idiomen und Nuancen. Xavi, Andrés Iniesta, Gerard Piqué, Sergio Busquets, Víctor Valdés und Messi – die sechs Absolventen von La Masia, die in den Champions-League-Finals 2009 und 2011 in der Startelf standen – brauchten kaum Worte, um sich zu verständigen. Jeder Neuankömmling musste versuchen, sich da nahtlos einzufügen, ob es ihm passte oder nicht.

Ein Mann auf Barças Trainerbank sprach diese Sprache ebenfalls fließend: der ehemalige Assistent von Guardiola, Tito Vilanova. Er übernahm das Amt zunächst, aber nur für eine Saison, da er an Kehlkopfkrebs erkrankte. Das Management versuchte Messi zu besänftigen, indem es Vilanova durch jemanden aus seiner Heimatstadt Rosario ersetzte: Gerardo Martino, einen ehemaligen Spieler und Trainer der Newell's Old Boys. Doch zum Ende der Saison 2013/14 ging das auf spektakuläre Weise nach hinten los. Als Martino Messi auf einer etwas anderen Position spielen ließ, schmollte dieser ganz unverhohlen auf dem Spielfeld, und Barcelona schied in der Champions League gegen Atlético Madrid aus.

Der Verein geriet erneut in Panik und warf Martino hinaus. Wie bei Notfällen üblich, ging man auf Nummer sicher und stellte als neuen Trainer einen ehemaligen Barça-Spieler ein: Luis Enrique, der 1996 bis 2004 für Barcelona gespielt hatte. Außerdem gab der Verein Messi eine zusätzliche Waffe an die Hand: Im Sommer nach Neymar verpflichtete der Club den erfolgreichen uruguayischen Stürmer Luis Suárez, der die Offensive verstärken sollte, sobald er eine viermonatige Sperre abgesessen hatte, weil er bei der WM 2014 einen Gegner *gebissen* hatte. (Es war schon das dritte Mal in seiner Karriere, dass er wegen Beißens belangt wurde.)

Nachdem Suárez seine Schuld beglichen hatte, bildete er zusammen mit Messi und Neymar einen offensiven Dreizack, mit dem der FC Barcelona irgendwie sogar gefährlicher wirkte als unter Guardiola. Die ganze Mannschaft war auf die drei Spieler vorne ausgerichtet. »Mit denen auf dem Platz zu stehen, ist nicht einfach«, erinnert sich der kroatische Mittelfeldspieler Ivan Rakitić, der damals direkt hinter den drei Stürmern agierte. »Du musst ihnen zuarbeiten. Du musst die wenigen Räume angreifen, die sie dir lassen.«

Mit diesem neuen Ansatz vollzog Messi seine Verwandlung vom Universalgenie zur Tormaschine. In der ersten Saison von MSN, wie man das Dreiergespann nannte, schoss Messi wettbewerbsübergreifend in 57 Spielen 58 Tore, und Barcelona gewann die Primera División mit der größten Tordifferenz der Vereinsgeschichte: 110 Treffer bei 21 Gegentoren. Dass sie dann auch noch die Copa del Rey und die Champions League 2015 gewannen, war nur folgerichtig.

In dieser Saison gelang Barça außerdem ein ganz wichtiges Eingeständnis: Ab sofort war es das erklärte Ziel des Vereins, Leo bei Laune zu halten.

Vereinspräsident Josep Maria Bartomeu, der Rosell im Jahr 2014 abgelöst hatte, war schlau genug, sich daran zu halten. Er stellte einen Trainer ein, den Messi mochte, und verpflichtete Talente mit der ausdrücklichen Maßgabe, Messi zuzuarbeiten. Endlich hörte der FC Barcelona auf, sich etwas vorzumachen. Die Zeit der austauschbaren katalanischen Ballzauberer, die *juego de posición* spielten und sich beim Kurzpassspiel brüderlich den Ball teilten, war endgültig vorbei. Diese Mannschaft gehörte einzig und allein einem Mann.

»Messi ist unser Star«, sagte Bartomeu im Jahr 2015 gegenüber dem *Wall Street Journal.* »Er ist der eine Star.«

///////

Bei Real Madrid stand Cristiano Ronaldos Status ohnehin nie zur Debatte.

Florentino Pérez kaufte immer noch einige der teuersten Spieler Europas ein, aber jedem, der neu in den Verein kam, war klar, wer das Sagen hatte. Im Sommer 2013, als Barcelona für Messi einen Brasilianer als Handlanger kaufte, wollte sich Real einen Waliser holen.

Pérez hatte es auf Gareth Bale abgesehen, einen teuflisch schnellen Flügelstürmer, der bei Tottenham Hotspur die besten Abwehrspieler der Premier League das Fürchten lehrte. Mit seinen 24 Jahren war er bereit für den nächsten Schritt in seiner Karriere: den Wechsel zu einem großen europäischen Verein, mit dem er um die

Champions League spielen konnte. Pérez verschwendete keine Zeit und unterbreitete ihm ein erstes Angebot über 55 Millionen Pfund. Doch Tottenhams Präsident Daniel Levy, einer der zähesten Verhandlungsführer im Fußball, war davon wenig beeindruckt, schließlich wusste er, dass Pérez noch viel höher gehen konnte. Seit Levy sich mit Fußball beschäftigte, hatte er Real Madrid dabei beobachtet, wie der Verein mit Geld um sich warf wie ein betrunkener Stierkämpfer. Ihm war klar: Wenn sie seinen Mann wirklich haben wollten, würde sich das am Ende auch im Preis niederschlagen.

Levy sollte Recht behalten. Er flog zweimal nach Spanien, um sich mit Pérez zu treffen, und jedes Mal versprach ihm der Präsident von Real ein paar Millionen mehr. Nur eines kam ihm seltsam vor: Pérez bestand darauf, dass er nicht höher gehen könne als 96 Millionen Euro. Das wäre definitiv sein letztes Angebot, und zwar nicht etwa, weil der Verein nicht mehr Geld hatte, sondern weil Pérez sich selbst diesen Betrag als Obergrenze auferlegt hatte. Real Madrid würde für Bale nicht mehr bezahlen als für Cristiano.

Die beiden Vereine einigten sich auf 91 Millionen, doch dann bat Real darum, die Ablöse in Raten zahlen zu dürfen. Levy drohte, den ganzen Deal platzen zu lassen, und Pérez kam ins Schwitzen. Um Levy wieder an den Verhandlungstisch zu bringen und den größten Transfer jenes Sommers doch noch zu retten, zahlte Real schließlich 100,8 Millionen Euro, und zwar in einer einzigen Rate. Pérez hatte nur eine Bedingung: Die Öffentlichkeit durfte nicht davon erfahren.

Was dieser dann allerdings nicht verborgen blieb, war die Tatsache, dass Bale bei Real Madrid anfangs keine ganz so gute Figur machte. Und das lag an Ronaldos Perfektionismus.

Er verlangte von seinen Teamkollegen stets, dass sie auf seinem Niveau spielten. Für die meisten Normalsterblichen ist das natürlich unmöglich. Trotzdem hielt er mit Kritik nicht hinter dem Berg. Es dauerte nicht lange, bis er mit Bale schimpfte, weil der hin und wieder das größte Verbrechen beging, das es bei Real gab: nicht zu ihm zu passen. Ronaldo ließ sich dann zu theatralischen Frustrationsbekundungen hinreißen und rollte so sehr mit den Augen, dass er wahrscheinlich das Innere seines eigenen Schädels sah. Bale, der in seinen ersten drei Saisons in Madrid trotz allem eine zweistellige Anzahl an Toren schoss, bewältigte seinen Frust, indem er Golf spielen ging.

»Es ist normal, dass man sich streitet«, findet Carlo Ancelotti, der Real Madrid erstmals von 2013 bis 2015 trainierte. »Das ist positiv. Solche Spieler wollen gewinnen und das Beste geben. Das ist ja nichts Schlechtes … Dann versuchen sie schon beim Training, sich zu übertrumpfen.«

Der dritte Mann im Offensivtrio – Reals Antwort auf Barças MSN – war der französische Stürmer Karim Benzema. Er machte sich etwas besser neben Cristiano, weil er sofort gemerkt hatte, wie die Hackordnung aussah, und sich daran hielt. Beim Aufbau von BBC – Bale, Benzema, Cristiano – hatte Ancelotti Ronaldo ursprünglich als Mittelstürmer einsetzen wollen. Aber als er das Training in Madrid übernahm, wurde ihm schnell klar, dass Ronaldo lieber von der linken Seite aus agierte und dann von dort nach innen zog. Mehr wollte Ancelotti gar nicht wissen. Darauf würde er den gesamten taktischen Plan aufbauen.

»Warum sollte man die Position eines Spielers ändern, wenn er sich auf der Position wohlfühlt?«, meint Ancelotti. »Dann musst du ihm gar nicht viel vorschreiben. Lass ihn einfach machen. Natürlich musst du kreativ sein – aber bei dieser Art Spieler musst du dafür sorgen, dass er sich auf dem Spielfeld wohlfühlt.«

Ronaldo und Messi fühlten sich so wohl, dass sie kaum ein Spiel verpassten. Doch dass die beiden Superteams in der Primera División gegeneinander antraten, reichte den Fans nicht. Sie wollten mehr – mehr abendfüllende Duelle, mehr Gelegenheiten, ihre Idole über neunzig Minuten hinweg miteinander zu vergleichen.

Sie wollten Ronaldo und Messi öfter auf demselben Spielfeld zusehen als zwei bis vier Mal im Jahr. (Auch die Manager und Sponsoren wären da nicht abgeneigt gewesen, schließlich bringen mehr Events mehr Geld ein.) Das Problem war die Struktur des Fußballsports. In der Liga gab es nun einmal bloß zwei *El Clásicos* pro Jahr – alles, was darüber hinausging, war dem Zufall überlassen und der jeweiligen Form der Teams in den Pokalwettbewerben.

In anderen Sportarten ist das ganz anders. Bei den Play-offs der NBA zum Beispiel kann es vorkommen, dass zwei Megastars einander innerhalb von zwei Wochen bis zu sieben Mal begegnen. LeBron James und Stephen Curry trafen zwischen 2015 und 2018 allein in den Play-Offs 22-mal aufeinander. In der Formel 1 treten die besten Rennfahrer der Welt mehr als zwanzigmal im Jahr gegeneinander an. Und im Tennis, wo dieselben Spieler elf Monate im Jahr um die Welt touren, kam es in der Ära der Rivalität zwischen Roger Federer, Rafael Nadal und Novak Đoković bis Ende 2021 zu 148 Einzelbegegnungen zwischen je zwei dieser drei Stars.

Messi und Ronaldo hingegen standen in den elf Jahren von 2008 bis 2018 in Vereinswettbewerben nur dreißigmal auf demselben Spielfeld. Kein Wunder also, dass diverse Akteure aus verschiedenen Ecken der Fußballwelt zur selben Zeit zu der gleichen Erkenntnis kamen: Wer mehr *Ronaldo vs. Messi* organisieren konnte, würde eine ganze Stange Geld damit verdienen können.

In Spanien waren die Möglichkeiten dafür allerdings begrenzt. Am Format einer Liga mit 38 Spielen, bei denen alle zwanzig Mannschaften jeweils zweimal gegeneinander antreten, lässt sich nun einmal nichts ändern. Und ein Pokalwettbewerb wie die Copa del Rey ließ sich schwerlich erweitern, da sich die größten Mannschaften bereits über übervolle Spielpläne beschwerten. Es gab zwar Möglichkeiten, die Chancen auf zusätzliche Begegnungen zwischen Real und Barcelona zu erhöhen – zum Beispiel die Teams der Primera División automatisch in die 32er-Runde des Pokals zu lassen –, doch die Organisatoren und Sponsoren hofften auf mehr Garantien.

Eine flexiblere Option, die jahrelang diskutiert worden war, bevor sie für 2019 schließlich beschlossen wurde, war, die Supercopa de España zu erweitern. Was lange Zeit ein einmaliges Match zwischen dem spanischen Meister und dem Pokalsieger des Vorjahres gewesen war, wurde zu einem Turnier mit vier Mannschaften ausgebaut, das an verschiedenen Orten ausgetragen werden konnte. Als die neue Supercopa im Jahr 2019 debütierte, war es allerdings bereits zu spät dafür, dass Messi und Ronaldo dabei noch hätten aufeinandertreffen können – denn Cristiano war 2018 zu Juventus Turin nach Italien gewechselt. Doch das hielt den spanischen Fußballverband nicht davon ab, bei der Planung die Rivalität der beiden Stars für seine Zwecke zu nutzen. Spanien fand in Saudi-Arabien einen willigen Partner, der 120 Millionen Euro dafür zahlte, die Supercopa de España für drei Spielzeiten nach Dschidda zu holen.

Zur selben Zeit dachten auch die UEFA und die FIFA über neue Möglichkeiten nach, mehr Spiele zwischen Elitevereinen austragen zu lassen. Im Laufe der Jahre schmiedeten sie Pläne für eine erweiterte Champions League oder eine verjüngte Klub-Weltmeisterschaft mit mehr europäischen Mannschaften. Der Fußball setzte jetzt ganz offen auf Superstars.

Ein Mann bewies bereits seit über zehn Jahren, dass das funktionieren konnte. Die Rede ist von Charlie Stillitano, einem geselligen Ex-Manager der Major League Soccer mit Abschluss in Princeton und Erfahrung als Trainer einer Kinderfußballmannschaft in New Jersey. Mit seiner Gabe, Anekdoten zu erzählen, und seinem enzyklopädischen Wissen über die italienische Küche verbrachte er die frühen 2000er-Jahre damit, in den Vorstandsetagen des europäischen Fußballs seinen Charme spielen zu lassen und Werbung für ein einzigartiges Produkt zu machen: die USA. Er überzeugte sie davon, dass der amerikanische Markt zum Greifen nah war, sie mussten sich nur die Mühe machen, im Sommer über den großen Teich zu reisen und ein paar Freundschaftsspiele zu absolvieren. Volle Stadien, Trainingseinrichtungen auf NFL-Niveau, jede Menge Merchandising-Gelegenheiten – all das wartete auf jeden hochkarätigen Verein, der in ein Flugzeug gen Westen stieg, und dazu noch ein Kurzurlaub in der Sonne mit Shoppingtouren in Beverly Hills oder Poolpartys in Miami Beach. Stillitano zahlte den Vereinen damals ein Honorar von 500.000 Dollar pro Spiel.

2013 hatte Stillitano dann einen neuen Geschäftspartner: Stephen Ross, den Milliardär und Besitzer des Football-Teams Miami Dolphins. Ross war kein Fan von Freundschaftsspielen, er wollte einen Wettbewerb, bei dem es wirklich um etwas ging. Er verfolgte seit zwanzig Jahren die leeren Drohungen der europäischen Vereine, sich von ihren heimischen Ligen und der UEFA zu trennen und eine eigene Super-Liga zu gründen, und fand, dass das im Grunde eine ziemlich gute Idee war – solange er es war, der sie in die Tat umsetzte. Also gründete er mit Stillitano die Firma Relevent Sports, und gemeinsam machten sie aus der sommerlichen Roadshow ein veritables Turnier mit dem Namen »International Champions Cup«.

Die Spiele des ICC wurden an diversen Orten ausgetragen, von Ostasien bis Texas, aber der Fokus lag immer auf den USA. Dort gab es zahlungskräftige TV-Sender, die Geld verbrennen wollten und von dem, was jedes Wochenende jenseits des Atlantiks stattfand, unbedingt ein Stück abhaben wollten. Schon bald rissen sich die Teams darum mitzumachen.

»In den Werbeabteilungen wurden die – verzeihen Sie den Ausdruck – Schwachköpfe von ganz brillanten Leuten abgelöst«, erzählt Stillitano, Relevents Vorstandsvorsitzender bis zu seinem Ausscheiden im Jahr 2021.

Manche Vereine boten sogar an, ganz ohne Honorar zu spielen, nur um das kommerzielle Potenzial des International Champions Cup zu nutzen. Real Madrid und der FC Barcelona zählten allerdings nicht dazu, denen überwies Relevent immer stattliche Summen. Ross und Stillitano wussten genau, wer dabei sein musste, damit die ganze Sache funktionierte. Nur bei zwei Spielern wurde eigens vertraglich festgehalten, dass sie beim ICC spielen *mussten.* Wenn Barcelona und Real Madrid in die USA flogen, mussten Messi und Ronaldo mit im Flugzeug sitzen.

Allerdings sorgte Relevent dafür, dass es sich für die beiden auch ganz besonders lohnte, wenn sie mitspielten. Cristiano erhielt für seine Teilnahme zehn Prozent der Medienerlöse von Real, Messi kassierte sogar erstaunliche dreißig Prozent der Medienerlöse von Barça.

Im Sommer 2017 stand dann das absolute Highlight auf dem Programm: Stillitano hatte sich einen *El Clásico* auf amerikanischem Boden gesichert. All die Jahre harter Arbeit – Hotelzimmer zu buchen, Limousinen zu mieten, Sterne-Restaurants zu reservieren, um eine Horde Millionäre quer durch die USA tingeln zu lassen – hatten sich endlich ausgezahlt, für das wichtigste Spiel in der Geschichte des ICC.

Es hatte einiges an Überzeugungsarbeit gebraucht. »Wenn sie gegeneinander spielen, will keiner gegen den anderen verlieren«, erzählte Ross *Sports Illustrated.* »Deshalb spielen sie ja nicht so oft gegeneinander. Wenn man nicht dauernd gegeneinander spielt, kann man nie definitiv sagen, wer von beiden besser ist.« Aber als Ross sich mit Florentino Pérez und Josep Maria Bartomeu zusammensetzte, versprach er ihnen etwas, das außer ihm kaum jemand in der Welt des Sports würde einlösen können. Wenn sie bereit wären, Real vs. Barcelona zu exportieren, würde er dieses Duell so aufwendig inszenieren wie den Super Bowl.

Leider musste Ronaldo wegen einer persönlichen Angelegenheit im letzten Moment doch absagen. Stillitano hoffte bis zuletzt, dass es noch klappen würde, und sorgte dafür, dass in Madrid ein Privatjet für Cristiano bereitstand, aber es half alles nichts. Die 65.320 Fans im Hard Rock Stadium in Miami mussten sich mit einem *El Clásico* nur mit Messi zufriedengeben. Jeder von ihnen hatte mindestens 200 Dollar Eintritt bezahlt.

//////

Drüben in London saß derweil ein Investor, der das alles ganz genau verfolgte. Robert Bonnier hatte im Internet ein Vermögen gemacht, es in der Dotcom-Blase verloren und war gerade dabei, es wieder aufzubauen. Auch er hatte eine offensichtliche Lücke im Fußballmarkt erkannt. Das ganze Gerede über die mit Stars gespickten *El Clásicos* war schön und gut, aber er wollte ein *echtes* All-Star-Game organisieren. Die US-amerikanischen Vorbilder (East vs. West oder National League vs. American League) taugten für Europa nichts. Für Bonnier gab es nur ein mögliches Format: Team Messi vs. Team Ronaldo.

»Ein All-Star-Game ist die letzte große Herausforderung für den Fußball«, so David Piper, der TV-Produzent, den Bonnier damit beauftragte, seine Idee in die Tat umzusetzen.

Etwas Ähnliches gab es im Fußball höchstens in der Major League Soccer, wo alljährlich die besten Spieler der Liga in eine Mannschaft gesteckt wurden, um einem großen europäischen Team vor Saisonbeginn zum Fraß vorgeworfen zu werden. Das hier sollte viel, viel größer werden. Um 2014 herum stiegen Bonnier und Piper in Verhandlungen mit allen möglichen Institutionen ein, die sie für so ein verrücktes Projekt an Bord holen mussten.

Die FIFA und die UEFA haben das Monopol auf die Vergabe von Lizenzen für Fußballwettbewerbe in Europa, und sie hüten es wie ihren Augapfel. Die beiden Verbände zum Mitmachen zu bewegen, würde weder einfach noch billig werden. Letzteres galt auch für die Vereine. Pérez verlangte pro Real-Spieler, der teilnehmen sollte, 25 Millionen Euro.

Piper rechnete damit, dass die Sponsoren die Aktion eher kritisch sehen würden, daher vereinbarte er, dass Messi & Co. in Adidas-Trikots antreten würden, Ronaldo & Co. in Nike-Trikots. Und um

Bedenken zu zerstreuen, wo das Ganze stattfinden würde, wählte man einen neutralen Ort: Wembley.

Das Interesse von Messi und Ronaldo zu wecken war nicht weiter schwer. Beide Lager waren sofort interessiert, als sie hörten, dass das Budget für die Aktion mehr als 100 Millionen Euro betrug. Da würde viel Geld übrigbleiben, das in Form von Spielhonoraren und Siegprämien direkt in ihre Taschen fließen würde. Endlich würden Messi und Ronaldo in einem echten Zweikampf gegeneinander antreten.

Beide Seiten wollten wissen, ob sie bei der Auswahl der Mannschaften mitreden dürften. Bonnier und Piper hatten nichts dagegen. Es war ihr Format, sie konnten es gestalten, wie sie wollten. Ein Vorbild gab es schließlich nicht. Falls das erste, für 2017 geplante Event ein Erfolg würde, wollten sie es zu einer alle zwei Jahre stattfindenden Veranstaltung ausbauen, die eher einem Musikfestival ähneln würde als einem Freundschaftsspiel – mit Bands, Lasershow und vielleicht sogar einem Boxkampf, um das Wochenende abzurunden.

Das Projekt scheiterte jedoch schließlich am Gewicht der beteiligten Parteien. Die Vereine, die Behörden, die Egos und das Geflecht aus konkurrierenden Interessen – all das erwies sich in der Kombination letztendlich als zu schwerfällig. »Wir waren ganz nah dran«, sagt Piper zerknirscht.

Aber dass sie ganz nah dran waren, machte etwas deutlich, was derweil auf dem Spielfeld geschah: Sowohl Messi als auch Ronaldo waren in eine neue Phase ihrer Karriere eingetreten und holten sich die Kontrolle über eine Rivalität zurück, die ihnen weitgehend entglitten war. Jeder der beiden hatte sämtliche wichtigen Vereinstrophäen gewonnen. Langsam mussten sie sich die Frage stellen, wie lange das noch so weitergehen konnte. Jetzt ging es Messi und Ronaldo nicht mehr darum, die nächste Saison zu gewinnen, sondern ein bleibendes Vermächtnis aufzubauen.

Für Ronaldo zählte im Grunde nur noch zweierlei: der Ballon

d'Or und die Champions League. An dem Abend im Jahr 2014, als Real Madrid mit einem Sieg über den Stadtrivalen Atlético zum zehnten Mal den Europapokal holte, wusste Cristiano genau, was er zu tun hatte. Obwohl er gar nicht der entscheidende Spieler dieses Spiels gewesen war (das war sein Teamkollege Sergio Ramos, der sie in der 94. Minute per Kopfball in die Verlängerung geschickt hatte), nutzte Ronaldo den letztlich bedeutungslosen Elfmeter, den er zum Endstand von 4:1 verwandelte, für die eigene PR: Er rannte zur Eckfahne, zog sein Hemd aus und spannte alle Muskeln seines Körpers an, als wäre er Hulk. Er wusste genau, welches Foto am nächsten Morgen um die Welt gehen würde.

Damit gewann er seine zweite Champions-League-Trophäe, und später in jenem Jahr wurde ihm sein dritter Ballon d'Or verliehen. Wie sich herausstellte, war Cristiano noch nie in seinem Leben so gut auf etwas vorbereitet gewesen. Bereits ein halbes Jahr vor dem Finale hatte er zu Hause in Funchal auf Madeira einen ganz besonderen Ort für seine Trophäen bauen lassen: ein öffentliches Museum über sich selbst.

Acht
Museumsstücke

Von den Juniorenturnieren mit Andorinha bis zum Ballon d'Or: Sämtliche Trophäen, die Cristiano Ronaldo jemals gewonnen hat, werden im Museu CR7 auf Madeira aufbewahrt. Außerdem kann man eine (stets gut gekühlte) lebensgroße Statue von ihm aus Schweizer Schokolade bestaunen. Draußen steht noch ein weiteres Ronaldo-Standbild, diesmal aus Bronze, bei dem so viele Fans die Beule in seinen Shorts gerubbelt haben, dass sie golden glänzt. (Das ist immer noch besser als die Büste, die einst am Flughafen von Madeira, dem Aeroporto Internacional Cristiano Ronaldo, aufgestellt war und ersetzt werden musste, weil sie wie eine wenig schmeichelhafte Karikatur aussah.)

Steigt man im Museum die Treppe hinunter, gelangt man in einen fensterlosen Bunker, wo in Vitrinen mehr als zweihundert Trikots, Fußbälle und Pokale ausgestellt sind, die heiligen Reliquien seiner Karriere. Dort sind mehr Medaillen zu bewundern, als manche Vereine sie in hundert Jahren gewinnen. Ronaldo hat sogar alle laminierten Ausweise aufbewahrt, die er bei großen Turnieren um den Hals getragen hat. Und weil Cristiano nicht nur Sammler ist, sondern Komplettist – wie ein Beatles-Fan, der jede noch so rare japanische Pressung seiner Lieblingsplatten haben muss –, hat er sich eine Sondergenehmigung besorgt, um sich Repliken aller englischen, spanischen und Champions-League-Trophäen anfertigen zu lassen, die er gewonnen hat, um sie hier in ihrer ganzen Pracht präsentieren zu können. Schließlich gehören die Originale den Vereinen (man denke an den Trophäenraum von Real Madrid).

Die Ballons d'Or sind jedoch echt und haben einen Sonderplatz, gleich am Eingang. Ganz in der Nähe findet man eine kleinere silberne Trophäe, die einen weiteren Meilenstein aus dem Jahr 2014 markiert: eine Auszeichnung von Facebook für 100 Millionen Follower. Eine Runde durch das Museum reicht aus, und man weiß, was für ein Mensch Cristiano Ronaldo ist. Erfolg misst er ausschließlich anhand von Dingen, die man zählen kann.

»Er wollte noch zu Lebzeiten zeigen, was er alles erreicht hat«, sagt Nuno Mendes, ein Freund von Ronaldo, der das Museum leitet und die Erfolge seines Kumpels flüssiger herunterrattern kann als eine Telefonnummer.

Schon 2016 wurde das Museum für seine Erfolge zu klein. Es wurde auf die gegenüberliegende Straßenseite verlegt, wo es sich bis heute befindet. Auf diese Weise konnte Ronaldo das Gebäude des Museums mit dem seines CR7-Hotels verbinden, einer Marke, die er an die Pestana Hotel Group lizenzierte, um in seinem Namen Luxushotels zu errichten. Seitdem wurden weitere CR7-Hotels in Lissabon, in Madrid und am Times Square in New York eröffnet. Im ursprünglichen Hotel in Funchal sind in der Lobby signierte Trikots zu sehen, Zeichnungen seiner Karrierehöhepunkte schmücken die Zimmer, und auf den Umschlägen der Schlüsselkarten steht »Prepare to Win«. In der Herrentoilette hängt ein 1,20 Meter großes Bild von Ronaldos Gesicht mit Piloten-Sonnenbrille, deren Gläser als Spiegel über den Waschbecken dienen.

In Funchal behauptet jeder, irgendeine Verbindung zu Ronaldos Familie, den Aveiros, zu haben. Alle wissen, wo sie wohnen, oder sie sind mit einem von Cristianos Cousins zur Schule gegangen, oder sie haben schon einmal seine Mutter auf dem Balkon ihrer schicken Wohnung gesehen. Der berühmteste Sohn der Insel kehrt mindestens einmal im Jahr in seine Heimat zurück, und irgendwie scheinen alle Bewohner Madeiras zu wissen, wann er wieder da ist.

Das Gleiche gilt für Rosario, wo einem jeder erzählt, dass er früher mit dem Messi-Cuccittini-Clan befreundet war und vom ersten

Tag an wusste, dass der kleine Leo einmal ein ganz großer Star werden würde. Und so war es bald auch in Castelldefels, dem ruhigen Städtchen am Strand zwanzig Minuten vom Trainingsgelände des FC Barcelona entfernt, wo sich Messi in der Nähe seiner Mannschaftskameraden ein riesiges weißes Haus bauen ließ. Er richtete es so ein, dass er es möglichst selten verlassen musste, und die Gemeinde ließ ihn in Ruhe. Als seine Nachbarn ihm zu laut wurden, kaufte er einfach deren Haus. Wenn er ausging, dann immer in dieselben Restaurants in der Umgebung. Sein Nachbar war sein Kumpel Luis Suárez. Der extravaganteste Luxus, den er sich leistete, war ein kleiner privater Fußballplatz, wo er gerne mit seinen Söhnen und seiner riesigen Bordeauxdogge namens Hulk einen Ball herumkickte.

Bis jetzt gibt es keine Pläne für ein Messi-Museum. Er hat seine Trophäen zu Hause stehen, und gelegentlich sieht man sie in Messis Weihnachtsbotschaften in den sozialen Medien, aber er stellt sie nicht öffentlich aus. Das ist der große Unterschied zwischen den beiden: Für Ronaldo ist sein Vermächtnis eine materielle Angelegenheit, etwas, das man anfassen, fotografieren und polieren kann. Seine Trophäen zu präsentieren ist die eindrucksvollste Methode, die er kennt, um der Öffentlichkeit klarzumachen, für wen er sich hält. Denn wenn man durch Ronaldos Museum spaziert, wird einem eines immer wieder vermittelt: Jede Mannschaft, für die er gespielt hat, wäre ohne ihn untergegangen. Wo auch immer er war, der Erfolg hing ausschließlich von Cristiano ab.

///////

Bei Messi stimmte das sogar – oder zumindest sah es langsam so aus. In Argentinien und Barcelona hatte man inzwischen ein eigenes Wort dafür: *messidependencia.*

Die Sorgen begannen kurz nach den beiden produktivsten Spielzeiten in Messis Karriere. In den Saisons 2011/12 und 2012/13 schoss er in der Liga irrsinnige 96 Tore. Was die Barça-Fans aber trotz der großen Erfolge ihres Teams langsam ein wenig beunruhigte, war der Umstand, dass er so viel mehr Tore erzielte als seine Vereinskameraden. Messi war für 42 Prozent aller Treffer des FC Barcelona verantwortlich. In der argentinischen Nationalmannschaft war der Qualitätsunterschied noch deutlicher. Messi war der beste Torschütze und effektivste Spielmacher der Mannschaft und führte Argentinien quasi im Alleingang durch zwei Jahre zermürbender Qualifikationsspiele zur WM 2014. Obwohl er immer nur für ein paar Tage von Barcelona nach Südamerika flog, war er an 16 der 35 Tore seiner Mannschaft direkt beteiligt und bereitete mindestens sechs weitere Tore indirekt vor. Spätestens als das Turnier losging, musste Trainer Alejandro Sabella zugeben, dass das Schicksal seiner Mannschaft auf Messis schmalen Schultern ruhte. »Immer wenn es einen Spieler wie Messi gibt, gibt es eine gewisse Abhängigkeit«, sagte er 2014. »Wir versuchen, besser zu werden, aber diese Abhängigkeit besteht nun einmal. Wir müssen alle zusammen versuchen, den Druck von ihm zu nehmen, denn wir sind ein Team.«

Das Hilfreichste, was die *Albiceleste*, so der Spitzname der argentinischen Nationalelf, für Messi tun konnte, war, ihm bei jeder möglichen Gelegenheit den Ball zuzuspielen. In der Nationalmannschaft hatte er weder einen Iniesta noch einen Xavi, die ihm den Rücken freihielten. Für die Magie musste er immer ganz allein sorgen.

»Es ist unmöglich, nicht *messidependiente* zu sein«, sagte sein argentinischer Teamkollege Javier Mascherano. »Wenn du den Besten der Welt im Team hast und dich nicht nach ihm richtest, wonach dann?«

Der FC Barcelona stand vor demselben Problem, und dort reagierte man, indem man den Aufbau der Mannschaft noch expliziter an Messis Bedürfnissen ausrichtete.

Hatten sie denn eine Wahl? Wer würde je behaupten, dass es verwerflich ist, dem besten Fußballer aller Zeiten dabei zuzusehen, wie er zum Spaß Tore schießt? Zumindest auf kurze Sicht spielte es kaum eine Rolle, dass Barça immer weniger wie die Mannschaft der Guardiola-Ära wirkte, die geduldig ihr Spiel aufgebaut und mit Tiki-Taka ihre Spiele gewonnen hatte. Damals, im Jahr 2008, hatte Pep die Fans darauf eingestimmt, sie müssten sich ab sofort »anschnallen«. Jetzt brauchten sie den Gurt eines Kampfjets. Barça hatte sich in eine totale Angriffsmaschine verwandelt, mit Messi an der Spitze.

Das war die Situation, die ein langjähriger Vereinsfunktionär namens Josep Maria Bartomeu erbte, als er 2014 Präsident des FC Barcelona wurde, nachdem Sandro Rosell wegen der undurchsichtigen Finanzierung des Neymar-Transfers rechtliche Probleme bekommen hatte. Bartomeu, ein spanischer Geschäftsmann mit kaum Erfahrung darin, einen Fußballverein zu leiten, war Rosells Vize gewesen und hatte davor die Handball- und Basketballabteilung von Barça geführt. Keine dieser Rollen hatte ihn darauf vorbereitet, an der Spitze eines globalen Unternehmens zu stehen, das Vermögenswerte im Wert von Dutzenden Millionen Euro kaufte und verkaufte und kaum noch Ähnlichkeit mit dem Verein hatte, dessen Fan er als junger Mann gewesen war.

Als Barça dann aber in der ersten Saison, die komplett in seine Amtszeit fiel, die Primera División, die Champions League und die Copa del Rey gewann, wird sich Bartomeu höchstwahrscheinlich gedacht haben, dass dieser Job doch nicht allzu schwierig war – solange Messi an Bord blieb.

Diejenigen, die behaupteten, die *messidependencia* sei eine Erfindung von Journalisten, hatten keine Ahnung, wie weit sie reichte. Messi gab nicht nur in der Umkleidekabine den Ton an (wenn auch in geringer Lautstärke), sondern übernahm nach und nach eine viel größere Rolle im Verein, als es sich sogar Guardiola damals hätte vorstellen können, als er ihm beibrachte, auf welcher Position er spielen sollte.

Auf seine eigene diskrete Art und Weise betrachtete sich die

Nummer 10 des FC Barcelona als inoffizieller Geschäftsführer des Vereins. Er leitete zwar nicht die Scouting-Abteilung und verhandelte auch nicht über die Verträge von Spielern (abgesehen von seinem eigenen), aber Messi scheute sich nicht mehr, seine Meinung beizusteuern, wenn es um Personal- und Rekrutierungsfragen ging. Per SMS oder oft auch über seinen Vater teilte er Bartomeu mit, welche Spieler seiner Meinung nach die *blaugrana*-Farben tragen sollten und welche nicht.

Und im Sommer 2017 war Messi der Meinung, dass ein vielseitiger argentinischer Flügelspieler namens Ángel Di María unbedingt dazugehören sollte.

Der dribbelstarke Di María hatte Messi schon 2008 beeindruckt, als er zum ersten Mal in die Nationalmannschaft berufen worden war. Während der Qualifikation für die WM 2014 spielten die beiden gut zusammen und fanden kreative Wege, um Räume und Passwege zu öffnen. Außerdem schätzte Messi an Di María, dass er ebenfalls aus Rosario stammte – auch wenn er als Jugendlicher Fan von Rosario Central und nicht von den Newell's Old Boys gewesen war.

Er schien so gut ins Team zu passen, dass die Messis keine Zeit verschwendeten. Leo sagte seinem Vater Bescheid, und Jorge meldete sich bei Bartomeu.

»Leo meint, du solltest Di María verpflichten«, sagte er zu ihm.

Bartomeu hatte von seinen Vorgängern erfahren, dass der Umgang mit den Messis zu den heikelsten Aufgaben als Vereinspräsident zählte. Er wollte Jorge nicht vor den Kopf stoßen, indem er ihm sagte, er möge die sportlichen Entscheidungen doch bitte dem Sportchef überlassen. Aber Di María wollte er auch nicht. Er versuchte es ihm so schonend wie möglich beizubringen.

Solch ein Spieler, teilte er ihm mit, sei nicht billig. Nicht, wenn er von Paris Saint-Germain komme, und schon gar nicht, wenn Jorge Mendes ihn vertrete. Barça würde mit Sicherheit 60 oder 70 Millionen Euro zahlen müssen, ganz zu schweigen von dem gigantischen Gehalt. Zwei Jahre zuvor war Di María für über 50 Millionen von Manchester United zu PSG gewechselt. Aber Jorge Messi bestand darauf: Wenn Barcelona es nicht wenigstens versuchte, würde Leo enttäuscht sein. Sehr enttäuscht.

Was blieb Bartomeu übrig? Er versprach Jorge, es zu versuchen. Als er sich später wieder bei ihm meldete, berichtete er, dass er von PSG wie erwartet eine Abfuhr erhalten habe. Da könne man nichts machen.

»Wie viel haben Sie denn geboten?«, wollte Jorge Messi wissen.

Bartomeu hatte Saint-Germain zwischen 30 und 40 Millionen Euro in Aussicht gestellt. Höher war der Verein nicht bereit zu gehen. Alles andere hätte den Marktwert überstiegen und wäre geradezu unverantwortlich gewesen.

Jorge war gar nicht begeistert. Aber nach seiner Unterhaltung mit Bartomeu wusste er zwei Dinge: erstens, dass der Vereinspräsident sich nicht wirklich ins Zeug gelegt hatte – so etwas merkten sich die Messis. Und zweitens, dass Barcelona mindestens 30 Millionen Euro übrighatte. Und Jorge hatte schon ein paar Ideen, wofür der Verein das Geld ausgeben könnte.

»Geben Sie es doch einfach Leo«, schlug er Bartomeu vor.

Die Dreistigkeit von Jorge, dem Präsidenten ein Jahr vor Messis Vertragsverlängerung ein solches Geldgeschenk vorzuschlagen, sprach Bände über die Machtverhältnisse innerhalb des Vereins. Vor allem, als Bartomeu der Bitte nachkam. Das Geld wanderte in eine saftige Gehaltserhöhung bei Leos nächstem Vertrag. Öffentlich äußern wollte sich der Verein zu dieser Verhandlung allerdings nicht.

Messis allgegenwärtiger Einfluss innerhalb des Vereins war längst kein Geheimnis mehr. Bei Barça war sein Wort Gesetz – wie ein Barcelona-Mitarbeiter namens Pere Gratacós Anfang 2017 am eigenen Leib erfahren musste. Gratacós, ein ehemaliger Spieler und Trainer der B-Mannschaft des FC Barcelona, war für die Beziehungen des Vereins zum spanischen Fußballverband zuständig. Und während der Auslosung für die Copa del Rey leistete er sich etwas, das bei

Barça mindestens als Hochverrat angesehen wurde. »Er ist der Beste, das stimmt«, sagte Gratacós laut der katalanischen Tageszeitung *Sport*, »aber Messi wäre nicht so gut ohne Iniesta, Neymar & Co.«

Es war nicht das erste Mal, dass Gratacós eine dermaßen blasphemische Äußerung über die Lippen kam. Sieben Jahre vorher hatte er gegenüber *La Vanguardia* gesagt: »In Afrika gibt es ganz viele Messis. Ich habe Messi zwei Jahre lang trainiert, und danach habe ich die Spieler dort gesehen, und ich kann sagen, da haben viele ein ähnliches Niveau.«

Im Jahr 2010 kostete es einen als Mitarbeiter von Barça noch nicht den Job, Messis unnachahmliche Genialität anzuzweifeln. 2017 schon. Keine 24 Stunden nach Gratacós' Kommentar über Iniesta und Neymar gab Barcelona bekannt, er werde entlassen, »weil er öffentlich eine persönliche Meinung geäußert hat, die nicht mit der des Vereins übereinstimmt«.

Es ist nicht klar, ob Messi etwas von seinen Kommentaren mitbekommen oder die Verantwortlichen bei Barça vielleicht überhaupt erst darauf aufmerksam gemacht hat. So oder so hätte der Verein Maßnahmen ergriffen. Jede ausdrückliche oder auch nur implizierte Beleidigung erforderte eine Reaktion. Reputationsmanagement und Zensur gehörten jetzt zum Alltag des FC Barcelona.

Dass sich die Stimmung innerhalb des Vereins ändern würde, hatte ein Mann schon 2014 kommen sehen, obwohl er noch gar nicht lange dabei war: der damalige Trainer Gerardo Martino. Kurz nachdem er in Katalonien gefeuert worden war und die argentinische Nationalmannschaft übernommen hatte, fasste er die Situation wie folgt zusammen:

»Alles, was um Lionel herum passiert, geschieht einzig und allein, weil ihm gerade danach ist. In Wirklichkeit warten in Barcelona am Ende alle darauf, dass er die Entscheidungen trifft. In der Nationalmannschaft ist die Situation nicht viel anders.«

//////

Wie Cristiano Ronaldo es fand, dass er in einer ausschließlich im Dienste seines Talents aufgebauten Mannschaft spielte, war kein Geheimnis: Genau das hatte er von Real erwartet, genauso wollte er es haben. Alles sollte sich um ihn drehen, schließlich machte er die Tore. In Ronaldos Augen musste man sich nur die vielen Titel und Trophäen ansehen, die sich bei den Vereinen angehäuft hatten, für die er gespielt hatte, um einzusehen, dass er der Schlüssel zum Erfolg war. Wer das anzweifelte, bekam die Antwort zu hören, mit der er jeder Kritik begegnete: »Die Zahlen lügen nicht.«

Das Problem war nur, dass diese Zahlen immer schwerer zu überblicken waren, während sich bei Real Madrid die Auszeichnungen und Ehrungen häuften. Zum Glück hatte Ronaldo eine Lösung für dieses Problem. Er legte eine Liste mit seinen Erfolgen an und trug sie immer bei sich. Für den Fall, dass er sich plötzlich irgendwem gegenüber rechtfertigen musste, hatte er stets den empirischen Beweis zur Hand, dass er der Größte war.

Einer, der sich anhören durfte, was alles auf dieser Liste stand, war Carlos Bruno, sein alter Fitnesstrainer von Sporting Lissabon, der den kleinen Ronaldo damals immer aus dem Kraftraum verjagt hatte. Als er 2017 das Trainingsgelände von Real Madrid in Valdebebas besuchte, hatte er seinen ehemaligen Schützling seit fast zwanzig Jahren nicht mehr gesehen. Bruno war zu einer Konferenz über Jugendtraining angereist, die am Hauptsitz von Real stattfand. Am letzten Tag seiner Reise war er eingeladen, sich vor dem Mittagessen eine Trainingseinheit der A-Mannschaft von Real Madrid anzuschauen. Am Ende des Trainings, als die Spieler in die Umkleidekabine und die anderen Konferenzteilnehmer in die Cafeteria gingen, fragte Bruno einen Vereinsmitarbeiter, ob er Cristiano noch kurz *bom dia* sagen könne. Ein paar Minuten später kam der Mann zurück und teilte ihm mit, Ronaldo werde auf dem Weg nach draußen vorbeischauen.

Nach etwa einer halben Stunde kamen mehrere Spieler aus der Umkleidekabine und gingen zum Parkplatz. Cristiano Ronaldo war nicht dabei. Noch eine halbe Stunde später schlenderten wieder ein paar Spieler durch die Lobby. Immer noch kein Zeichen von Ronaldo. Noch eine Stunde verging. Bruno hatte genug. Er wandte sich an den Mitarbeiter hinterm Tresen und fragte ihn, ob Cristiano vielleicht vergessen habe, dass jemand auf ihn wartete. *Vielleicht war es kein guter Zeitpunkt?* Nein, wurde ihm entschieden mitgeteilt. Wenn Ronaldo gesagt habe, er werde auf dem Weg nach draußen vorbeischauen, dann werde Ronaldo auf dem Weg nach draußen vorbeischauen. Bruno setzte sich wieder. Und wartete.

Endlich, fast drei Stunden nach dem Ende des Trainings, erschien Ronaldo. Er war der letzte Spieler, der aus der Kabine kam. Er lief auf Bruno zu, umarmte ihn und entschuldigte sich, dass er so lange hatte warten müssen. Ronaldo erklärte, nach dem Training schiebe er gerne noch ein Workout im Fitnessstudio ein. Und ein paar Runden im Pool. Und ein bisschen Hydrotherapie, eine Ganzkörpermassage und zum Abschluss einen Sprung ins Eisbad. Bruno wurde klar, dass er froh sein konnte, dass er nur drei Stunden hatte warten müssen.

Er begleitete Ronaldo in der brütenden Madrider Hitze zu dessen Auto, das ziemlich weit weg geparkt war, da er wie meistens nicht seinen Gratis-Audi fuhr. Sie plauderten über gemeinsame Freunde, die alten Zeiten bei Sporting und darüber, was in Portugal so los war. Ronaldo posierte für ein paar Fotos und machte ein Handyvideo für den kleinen Sohn des Trainers. (»Der stellte das Video sofort auf Instagram und war in der Schule der König«, erzählt Bruno.) Bruno wollte sich verabschieden und schauen, ob die Cafeteria noch offen hatte. Doch dann machte er einen entscheidenden Fehler.

Er fragte beiläufig: »Und wie läuft es bei Real Madrid?«

Ronaldos Augen leuchteten. Er zog ein gefaltetes Stück Papier aus der Tasche und zeigte es Bruno. Es war ein Ausdruck, auf dem alle großen Erfolge seiner 18-jährigen Karriere aufgeführt waren –

und auch eine ganze Reihe kleinerer Erfolge. Jede nationale und internationale Trophäe, die er je gewonnen hatte. Jede einzelne Auszeichnung, die er erhalten hatte. Eine umfassende Liste seiner Leistungen als Torschütze, darunter sämtliche Hattricks, die er je erzielt hatte.

»Professor, schauen Sie!«, sagte Ronaldo und zeigte auf seine drei Champions-League-Titel, zwei gewonnene Meisterschaften und zwei Triumphe bei der Copa del Rey.

»Und die hier!«, fuhr er fort und deutete auf seine persönlichen Auszeichnungen – viermal hatte er den Ballon d'Or erhalten und viermal den Goldenen Schuh, die Trophäe der UEFA für den erfolgreichsten Torjäger Europas.

»Nicht schlecht, was?«, sagte er und zeigte auf seine Rekorde als Spieler, der in der Geschichte der Primera División am schnellsten hundertfünfzig, zweihundert und dreihundert Tore erreicht hatte.

Die Liste der Höhepunkte von Ronaldos Karriere wollte kein Ende nehmen. Bruno begann in der Nachmittagshitze stark zu schwitzen, aber Ronaldo machte einfach weiter. Ihm schien das gar nicht aufzufallen.

Die Statistiken wurden immer obskurer – erster Spieler in Spaniens höchster Spielklasse mit zwanzig Toren in den ersten zwölf Spielen der Saison. Bester Vorlagengeber bei der FIFA-Klub-Weltmeisterschaft 2014. Am Ende wurde Bruno klar, dass sie sich über zwanzig Minuten lang jeden einzelnen Eintrag in dem Dokument angeschaut hatten.

Ronaldo verabschiedete sich und ließ Carlos Bruno auf dem Parkplatz von Real Madrid stehen. Zwei Dinge gingen dem Trainer durch den Kopf. Erstens: Das war kein normales Verhalten. Und zweitens: Jetzt hatte er definitiv das Mittagessen verpasst.

Ronaldo-Fans auf der ganzen Welt kannten die eine oder andere Version seiner Liste auswendig. Auch Messis Fans waren mit ihr vertraut – sie hatten aber beschlossen, dass es darauf nicht ankam. Beide Männer hatten ihren Platz im Pantheon der Fußballgötter sicher, und die Debatte darüber, welcher Name heiliger war, lag schon lange nicht mehr in ihren Händen.

»Für mich gibt es diesen Kampf gar nicht«, sagte Ronaldo 2017 einer chinesischen Zeitung. »Man kann Spieler nicht miteinander vergleichen. Cristiano ist Cristiano und Messi ist Messi. Wir sind beide großartige Spieler, sowohl individuell als auch im Kollektiv.«

Noch nach der Verleihung des Ballon d'Or 2013 hatte Ruud Gullit erzählt, die beiden hätten »sich kaum hallo gesagt«. Doch so frostig es zwischen Messi und Ronaldo einst zugegangen war, es schien, als seien sie nun bereit, ihre alte Rivalität hinter sich zu lassen. Das Problem war nur, dass diese sich längst verselbständigt hatte. Millionen Menschen in aller Welt stritten sich darüber, wer von beiden der beste Spieler der Welt war. Die Messi-Ronaldo-Debatte war zum größten, sinnlosesten und allgegenwärtigsten Streit in der Welt des Sports geworden. Und keine der beiden Seiten wollte nachgeben und von ihrem festgefahrenen Standpunkt abrücken.

Dass zwei der größten Sportler aller Zeiten *zur selben Zeit* im selben Sport auftauchten, führte in den sozialen Medien zu Auseinandersetzungen, die unweigerlich zu einem erbitterten, schmutzigen Streit ausarteten. Weder Fußballfans noch die Verfasser von Facebook-Kommentaren sind ja für ihre Zurückhaltung bekannt. Niemand, der sich in den 2010er-Jahren auch nur vage mit Fußball beschäftigt hat, kam an dieser Debatte vorbei – selbst wenn er sich von Berufs wegen eigentlich heraushalten musste. Im Oktober 2013 gab FIFA-Präsident Sepp Blatter in einem Interview an der Universität Oxford zum Beispiel ein paar erstaunlich unüberlegte Kommentare ab. »Ich mag sie beide, aber Messi mag ich lieber«, sagte Blatter und fügte hinzu, der Argentinier sei ein »guter Junge, den jeder Vater und jede Mutter gerne zu Hause hätte«. Ronaldo hingegen repräsentiere »die andere Seite des Fußballs«, und »er gibt deutlich mehr für seinen Friseur aus«, witzelte Blatter. Und dann verglich er den Stürmer von Real Madrid noch mit einem Militärkommandanten und marschierte auf der Bühne hin und her.

Selbst für Blatter, der die Kunst beherrschte, in jedes Fettnäpfchen zu treten, war das ein äußerst bizarrer Fauxpas. Es war, als würde ein Moderator der Oscar-Verleihung verkünden, wer sein Favorit ist, bevor er den Umschlag mit dem Gewinner öffnet. Nach einem wütenden Anruf von Florentino Pérez von Real Madrid, wo Blatter ja Ehrenmitglied war, sah er sich einige Tage später gezwungen, für seine unangemessenen Bemerkungen um Entschuldigung zu bitten.

Blatter erinnert sich heute noch daran, wie Pérez ihn anfuhr: »›Kommen Sie gefälligst sofort nach Madrid, und erklären Sie unseren *socios* und der Presse, warum Sie Messi und nicht Ronaldo genannt haben.‹ Ich sagte ihm: ›Beruhigen Sie sich. Das ist meine Meinung, und die werde ich ja wohl noch äußern dürfen.‹«

Verglichen mit dem, was online los war, waren Blatters Bemerkungen allerdings geradezu respektvoll gewesen. Im Internet versank die Messi-Ronaldo-Debatte, wie alles in jener Zeit, in einem Sumpf aus hemmungslosem Stammesdenken. In obskuren Subreddits, Fitness-Foren und den Kommentaren jedes halbwegs populären Fußballvideos auf YouTube geriet die Debatte zu einem regelrechten Krieg. Die Waffen waren wütende Tweets, zornige Hetzreden und zweifelhafte Statistiken.

Im Prinzip war das natürlich nichts Neues. Schon als Fußball kaum mehr gewesen war als eine Reihe schlecht organisierter Krawalle zwischen rivalisierenden Dörfern, hatten sich die Dorfbewohner darüber gestritten, wer die besten Spieler waren. Und seitdem gab es immer wieder Fußballer, die extrem polarisierten. Diego Maradona war so ein Fall – ein Schlitzohr, der einmal einen Plastikpenis benutzte, um bei der Dopingkontrolle zu betrügen. Doch selbst Maradona sorgte nie für eine so grimmig geführte und schier endlose Debatte wie Messi und Ronaldo.

Zum Teil liegt das am Timing. Messis und Ronaldos Aufstieg fiel mit dem eines anderen Duos zusammen, das die Welt revolutionieren sollte: Facebook und Twitter. Die sozialen Medien veränderten ganz grundlegend, was es bedeutete, Fußballfan zu sein. Zum ersten Mal in der Geschichte liefen zwei Spitzenfußballer zu einer Zeit zur Höchstform auf, in der wir jede ihrer Bewegungen, jeden einzelnen Schritt mitverfolgen konnten. Man musste sich nicht einmal mehr ganze Fußballspiele ansehen. Ihre Rivalität konnte man online in Echtzeit miterleben.

Diese Sichtbarkeit verhalf den beiden zu einem weltweiten Ruhm, wie ihn noch kein anderer Sportler in der Geschichte erreicht hatte. Sie erlangten einen Bekanntheitsgrad, wie er normalerweise höchstens US-Präsidenten und Päpsten vorbehalten ist. Wie beliebt sie sind, drückt sich in schwindelerregenden Zahlen aus. Auf Instagram hat Messi sechsmal so viele Follower wie Leonardo DiCaprio, Ronaldo hat 180 Millionen Follower mehr als Beyoncé. Auf Twitter hat Ronaldo mehr Follower als Twitter.

Vor allem aber haben sie selbst viel mehr Follower als die Vereine, für die sie spielen. Viele ihrer Fans fühlen sich Messi oder Ronaldo mehr verbunden als dem FC Barcelona oder Real Madrid. Bei Instagram haben Ronaldos Fotos, die ihn beim Zähneputzen, beim Workout am Pool oder beim Kaffeetrinken in Unterhose zeigen, doppelt so viele Likes wie Fotos, die ihn bei dem Sport zeigen, der ihn berühmt gemacht hat. Ein Bild von Ronaldo, wie er 2020 den siebten Meistertitel seiner Karriere feierte, erhielt 10 Millionen Likes weniger als ein Bild vom Tag davor, auf dem er mit freiem Oberkörper neben seinem Bugatti posierte.

Manchmal scheint völlig nebensächlich zu sein, dass die beiden Fußball spielen. Sie sind zu Lifestyle-Marken geworden, deren Anziehungskraft weit über den Sport hinausgeht. Dermaßen obsessive Fangemeinden und einen solchen Personenkult kennt man von Popstars, Hollywood-Schauspielern und Promi-Pärchen, aber normalerweise nicht von Profisportlern.

»Die Leute vergleichen uns ständig miteinander«, sagte Ronaldo. »Sie vergleichen sogar unsere Kinder, wie schnell sie wachsen, was sie in der Schule machen, wer schneller und schlauer ist.«

Doch auch wenn die sozialen Medien ein Zeitalter eingeläutet haben, in dem sich der Fußball stärker als je zuvor auf Individuen konzentriert, kann niemand bestreiten, dass sowohl Ronaldo als auch Messi das in einem gewissen Maß selbst kultiviert haben. Man muss sich nur anschauen, wie sich Ronaldos Freistoßroutine über die Jahre verändert hat. In seiner Anfangszeit bei Manchester United lief er einfach los, schoss den Ball aufs Tor und riss sich beim Jubeln das Trikot vom Leib. Als er zu Real Madrid kam, war alles anders. Jetzt war Ronaldo der Star, und alle sollten es wissen. Wenn der Pfiff ertönte, rannte er nicht mehr sofort auf den Ball zu. Er wartete. Er atmete tief durch, richtete den Blick auf den Ball und ließ die Spannung immer weiter steigen. Den eigentlich so simplen Akt einer Standardsituation verwandelte er in ein kleines Theaterstück, einen dreißigsekündigen Werbespot mitten im Spiel. Gleiches galt für die Elfmeterschießen, bei denen Ronaldo meistens darauf bestand, den fünften Elfer zu schießen, weil dann die Chance größer war, den Ruhm für den Sieg einzuheimsen, obwohl die vorherigen Elfmeter statistisch gesehen eine höhere Korrelation mit dem Erfolg haben. Messi wiederum gab sogar in der eigenen Umkleidekabine den Superstar: Wenn er mit Barcelona eine Trophäe gewann, stellte er sich hin und hielt den Pokal, und seine Mannschaftskameraden mussten Schlange stehen, um sich mit ihm fotografieren lassen zu können.

Diskussionen darüber, wer der Beste ist, gibt es in allen Sportarten. Dass aber eine eigentlich recht harmlose Debatte so ausarten konnte, hat mit eben diesem Personenkult zu tun. Ob man Messi oder Ronaldo unterstützt, ist keine Frage sportlicher Leistungen mehr, sondern es hat quasi-religiöse Ausmaße angenommen. Seit mehr als 15 Jahren finden die Menschen immer wieder neue Mittel und Wege, sich über diese simple Frage zu streiten. Dabei haben sich die gegenseitigen Vorwürfe bis heute kaum verändert: Messi soll sich mal bei einem anderen Verein beweisen. Ronaldo kann nur vom Elfmeterpunkt Tore schießen. Messi ist ein Betrüger. Ronaldo ist kein guter Teamkamerad. Messi versagt, wenn's drauf ankommt. Ronaldo ist ein Betrüger. Und so weiter und so fort. Die Messi-Ronaldo-Debatte dauert schon so lange an, dass es inzwischen eine Debatte *über* die Debatte gibt. *Warum können wir nicht zwei der größten Spieler aller Zeiten würdigen, ohne darüber zu streiten, wer besser ist?* Sehr witzig.

In einer idealen Welt würde man sich darüber freuen, dass zwei Superstars, die den Großteil ihrer Karriere auf der gleichen Position gespielt haben, einen so unterschiedlichen Stil haben. Es würde uns daran erinnern, wie vielfältig der Fußballsport sein kann. Doch zu Beginn des 21. Jahrhunderts macht das die Menschen einfach nur wütend. Gerade weil ihre Spielweise so komplett unterschiedlich ist, müssten wir uns, wenn wir die Größe des anderen anerkennen, ein Stück weit eingestehen, dass wir ein falsches Verständnis davon haben, wie man Fußball spielen sollte.

Dass die zwei schon so lange im Geschäft sind, hat auch zur Unerbittlichkeit beigetragen, in der die Debatte geführt wird. Die schiere Masse an Zahlen und Statistiken und die vielen Rekorde, die sie im Laufe der Jahre auf- oder eingestellt haben, bilden einen endlosen Vorrat an Daten, die die feindlichen Fraktionen verdrehen, verzerren und gegeneinander verwenden können, um ein für alle Mal zu bewiesen, dass ihr Kontrahent der bessere ist. Immer wieder führen sie obskure Zahlen an, wie »die meisten Tore gegen Top-Acht-Klubs« oder »die meisten Champions-League-Treffer gegen britische Mannschaften (die Gruppenphase nicht mitgerechnet)«, um den einen in den Himmel zu heben und den anderen zu verdammen.

Andererseits sind sie schon so lange im Geschäft, dass man oft das Gefühl hat, man könne ihre wahre Größe tatsächlich nur im Verhältnis zueinander bestimmen. Das führt zu einer seltsam freudlosen Art und Weise, den Fußball zu erleben. Wenn einer der beiden etwas Bemerkenswertes leistet, konzentriert sich die Reaktion oft direkt auf den anderen und darauf, was der Großartiges geleistet habe – oder eben auch nicht. Alles wird gegeneinander aufgerechnet. Sogar die Stimmberechtigten beim Ballon d'Or, die immer aufgerufen sind, bei der Wahl zum Weltfußballer des Jahres die Leistungen der Spieler nicht nur im vergangenen Jahr, sondern in deren gesamter bisheriger Karriere zu berücksichtigen, haben eigentlich nur die Wahl zwischen Messi und Ronaldo. Jahr für Jahr.

»Es ist fast wie bei den Pawlowschen Hunden«, sagt Pascal Ferré, der Herausgeber des Magazins *France Football*, das den Preis vergibt. »Wenn es an der Zeit ist zu wählen, glauben die Leute, es ist an der Zeit, entweder für den einen oder für den anderen zu stimmen.«

Wenn Messi und Ronaldo behaupten, dass sie den Druck dahinter kaum spüren, dann stimmt das größtenteils wahrscheinlich auch. Aber bei ein paar seltenen Gelegenheiten sind sie unter den Erwartungen, die auf ihnen lasten, beinahe zerbrochen. Das ist immer dann der Fall, wenn ihr ganzes Heimatland zuschaut.

///////

Lionel Messi hätte nie gedacht, dass seine internationale Karriere auf einem lärmenden Flur in New Jersey enden würde. Aber da stand er nun im Meadowlands Sports Complex in einem argentinischen Trikot und musste eine weitere Niederlage verarbeiten. Die Copa América 2016 war ein Fehlschlag gewesen, wie jede Copa América, an der er bisher teilgenommen hatte. »Ich habe in der Kabine nachgedacht, und das war's«, erklärte Messi, während Chile seinen Sieg feierte. »Schluss mit der Nationalmannschaft. Wie ich gerade gesagt habe, das war jetzt das vierte Endspiel. Ich habe es versucht. Es war das, was ich am meisten wollte.«

Messi war jetzt 29 Jahre alt. Seit seiner Berufung in die Nationalmannschaft hatte viermal die Copa América stattgefunden, und

Argentinien hatte trotz Messi immer noch nicht gewonnen. Die Organisatoren hatten für ihn sogar eine zusätzlich veranstaltet: Das Turnier fand normalerweise mal alle zwei, mal alle vier Jahre statt, aber im Jahr 2016 wurde die Copa América nur einen Sommer nach der vorherigen Ausgabe ausgetragen. Der offizielle Anlass war, das hundertjährige Jubiläum des südamerikanischen Fußballs zu feiern, mit einer *Copa América Centenario*. In Wirklichkeit wollte der südamerikanische Fußballverband CONMEBOL mit den zusätzlichen Einnahmen von Fernsehen, Marketing und Ticketverkäufen seinen Umsatz steigern. Das war auch der Grund dafür, dass diese Südamerikameisterschaft in Nordamerika ausgetragen wurde. Und im Einklang mit den immerwährenden Bemühungen der Fußballwelt, mehr hochkarätige Spiele zu veranstalten, war die *Centenario* eine weitere Gelegenheit, Messi eine große Bühne zu bieten.

Was man auf dieser großen Bühne dann aber zu sehen bekam, war ein frustrierender Misserfolg. Messi hatte an drei Copa-América-Finals teilgenommen und alle drei auf eine Art und Weise verloren, die entweder herzzerreißend oder total peinlich war. Oder beides. 2007 unterlag Argentinien mit 0:3 einer sonst wenig beeindruckenden brasilianischen Nationalmannschaft. Das Finale 2015 war ein 0:0-Blutbad gegen Chile, bei dem beide Mannschaften innerhalb von 120 Minuten fünfzig Fouls begingen, bevor Chile im Elfmeterschießen gewann. Jetzt, 2016, hatte sich Chile offenbar gedacht, dass der Ansatz, dem Gegner direkt in die Knochen zu gehen, doch ganz passend wäre für ein American-Football-Stadion. Und sie behielten recht. Wieder spielten sie 0:0, es kam zum Elfmeterschießen, und Chile gewann, als Messi seinen Elfer über die Latte schoss. Er war so enttäuscht, dass er an allem zu zweifeln begann.

Dieses Gefühl war ihm nur allzu vertraut. In seiner ganzen Karriere entwickelte sich jedes Mal, wenn Messi das Trikot der argentinischen *Albiceleste* anzog, eine seltsame Dynamik. In den meisten anderen Ländern wäre ein Weltklassetalent wie Messi wie ein Monarch verehrt worden. In Brasilien nannte man Pelé einfach *O Rei*, »den König«. Die Ukraine ernannte ihren erfolgreichsten Torschützen, Andrej Schewtschenko, noch vor dessen vierzigsten Geburtstag zum Nationaltrainer. Und George Weah, der erste Afrikaner, der den Ballon d'Or gewann, wurde in seiner Heimat Liberia so sehr verehrt, dass er später zum Staatspräsidenten gewählt wurde.

Aber Argentinien hatte schon einmal einen Spieler gehabt, der als bester Fußballer aller Zeiten galt. Daher waren die Fans hier anspruchsvoller als anderswo. Sie wägten Messi und Maradona gegeneinander ab, als wären sie zwei feine Jahrgänge Malbec. Ein Vergleich war unvermeidlich.

Auf dem Spielfeld unterschieden sich die beiden kaum. Davon abgesehen gab es aber zwei Dinge, auf die die Fans immer wieder hinwiesen. (Seltsamerweise zählte Maradonas fragwürdiger Party-Lifestyle nicht dazu.) Zum einen war Messi der Junge, der seine Heimat im Stich gelassen hatte. Er lebte seit seinem zwölften Lebensjahr nicht mehr in Argentinien und hatte in seiner Profilaufbahn nie für einen argentinischen Verein gespielt. Das andere war das absolute Totschlagargument. Der eine große Makel in Messis Karriere, der für einige Fans einer Todsünde gleichkam.

Maradona hatte die Weltmeisterschaft gewonnen. Messi nicht.

Fast hätte es geklappt. Bei der WM 2014 in Brasilien trug Messi die Kapitänsbinde, und alle erwarteten, dass er Argentinien so souverän durch das Turnier führen würde wie vorher durch die Qualifikation. Doch Messi war sichtlich erschöpft, sowohl körperlich als auch mental. In der K.-o.-Runde schoss er kein einziges Tor, und im Finale verlor Argentinien in der Verlängerung nach Mario Götzes Treffer mit 0:1 gegen Deutschland. Trotzdem wurde er zum besten Spieler der WM-Endrunde gewählt, was Sepp Blatter, der ihm die Auszeichnung überreichte, später dann als Fehlentscheidung bezeichnete.

Der argentinische Nationaltrainer Alejandro Sabella bekam genau mit, wie sehr Messi die Mannschaft an diesem Tag in Rio mitziehen wollte. Er wusste, dass er auf dem Rasen alles für sein Land gab – beim Training war Messi nicht nur der gefährlichste Angreifer, sondern auch der cleverste Verteidiger. Doch genau wie seine Vorgänger und später seine Nachfolger merkte Sabella irgendwann, was mit Messi los war. Ein Trainer nach dem anderen fand neue Worte, um dasselbe zu sagen.

Das Problem war gar nicht Messi – das war auch schlecht möglich. Das Problem war, dass der Rest der Nationalelf nicht mit Messi mithalten konnte.

»Das Kollektiv war ihm wichtiger als das Individuum«, sagte Sabella 2014. »Er hat sich selbst zum Wohle der Mannschaft geopfert.«

»Die Realität der argentinischen Mannschaft trübt Leos Brillanz«, sagte Jorge Sampaoli vier Jahre später. »Leo ist eingeschränkt, weil das Team nicht so gut harmoniert, wie es sollte.«

Wenig hilfreich für den neuen Maradona war auch, dass der alte Maradona von der Tribüne aus auf ihn schimpfte. Im Vorfeld der Copa 2016 hatte El Diego ganz offen gesagt, er glaube nicht, dass Messi über die nötigen Führungsqualitäten verfüge, um Argentinien zu Ruhm und Ehre zu verhelfen. »Er ist ein echt netter Typ«, verkündete Maradona, »aber er hat keine Persönlichkeit.« Mit dieser Meinung war er nicht allein.

Maradona streute noch Salz in die Wunde, als er auf das andere große Turnier in jenem Sommer verwies, die Europameisterschaft in Frankreich. »Cristiano ist ohne Zweifel der Star«, erklärte er. »Er ist einer von diesen Spielern, die ihre Mannschaft im Alleingang ins Finale bringen können. Er ist Fußballkultur. Wer Fußball mag, mag Cristiano.«

Als Messi in New Jersey ankündigte, sich aus der Nationalmannschaft zurückzuziehen, fügte er hinzu, dass er dies »zum Wohle aller« tue: »Ich glaube, sehr viele Leute wollen das. Sie sind offensichtlich nicht zufrieden – und wir sind es auch nicht, weil wir das Finale erreicht, aber nicht gewonnen haben … Ich bin es, der versagt hat. Das war's.«

Natürlich war es das noch nicht. Schon wenige Monate später stand Messi wieder auf dem Platz. Aber im Juli 2016 gestand er zum ersten Mal in seiner Karriere eine umfassende Niederlage ein. Das Umfeld war falsch gewesen, die Taktik war falsch gewesen und die Einstellung war falsch gewesen. Er war die Strukturen in Barcelona gewohnt. Hier war alles anders, und wieder einmal hatte er versucht, zu viele Lücken auf einmal zu schließen. Das konnte einfach nicht funktionieren.

Wenn es so lief, hatte Messi einfach keine Lust mehr auf internationale Turniere.

///////

Die Nachricht von der Niederlage Argentiniens erreichte Cristiano Ronaldo in Marcoussis, einem Vorort südlich von Paris. Er hielt sich gerade in einer Anlage auf, die sonst von der französischen Rugby-Nationalmannschaft benutzt wurde, und war von mehr Hanteln und Fitnessgeräten umgeben, als er je an einem Ort gesehen hatte. So sah für ihn das Paradies aus. Und um dem Ganzen die Krönung zu geben, spielte er gerade für seine allerliebste Mannschaft: Portugal.

Allerdings wünschte er sich, sie würde ein bisschen weniger wie Messis Argentinien wirken. Den Auftakt der Europameisterschaft in Frankreich hatte er sich wahrlich anders vorgestellt. Sein erstes Gruppenspiel hatte Portugal gegen Island absolviert, das mit 330.000 Einwohnern kleinste Land, das sich jemals für ein großes Turnier qualifiziert hatte. Aber es brauchte nur elf zu allem entschlossene Isländer, um Ronaldo ein 1:1-Unentschieden abzutrotzen. Hinterher wurde er gehässig.

»Es war unglaublich«, wetterte er. »Wir haben alles versucht, um das Spiel zu gewinnen, und Island hat gar nichts versucht. Das zeigt meiner Meinung nach eine schwache Mentalität. Damit werden sie im Turnier nichts erreichen.«

Darüber konnten die Isländer nur lachen, als sie im Achtelfinale England besiegten. Und die Cristiano-Hasser lachten noch mehr, als er im nächsten Gruppenspiel gegen Österreich einen Elfmeter verschoss.

Portugal stand kurz vor dem Ausscheiden.

Aber während in jenem Sommer Messis Führungsqualitäten angezweifelt wurden, lief Ronaldo jetzt erst zu wahrer Form auf. Bei jeder Gelegenheit – jedem Spiel, jeder gemeinsamen Mahlzeit – führte er sich auf, als wäre er General Patton in der Normandie. (Immerhin verteilte er anders als dieser keine Ohrfeigen.) Am Abend nach dem Spiel gegen Österreich berief Ronaldo im Mannschaftshotel eine Spielerversammlung ein. Seine Botschaft war denkbar knapp: »Jungs, wir sind noch am Leben.«

Portugal hatte aus den ersten zwei Spielen nur zwei Punkte mitgenommen, aber glücklicherweise hatten die EM-Organisatoren vor ein paar Jahren das Teilnehmerfeld von 16 auf 24 Teams erweitert, weshalb nach der Gruppenphase auch vier drittplatzierte Mannschaften weiterkommen würden. Und wenn Portugal einer der Drittplatzierten sein musste, um die Endrunde zu erreichen, dann war das keine Schande. Cristiano war noch nicht bereit, wieder nach Hause zu fahren.

Als Portugal gegen Ungarn mindestens einen Punkt brauchte, erzielte er beim 3:3-Unentschieden zwei Tore. Im Achtelfinale gegen Kroatien bereitete er dann in der 27. Minute der Verlängerung den Siegtreffer vor, indem er die kroatische Abwehr aushebelte und den Torwart zu einer Parade zwang. Ricardo Quaresma versenkte den Abpraller, und Ronaldo feierte das Tor, als hätte er es selbst geschossen.

Auch im Viertelfinale gegen Polen gelang ihm kein Treffer. Nach einem 1:1-Unentschieden kam es zum Elfmeterschießen. Wieder einmal zeigte Ronaldo, wie sehr er seine Mannschaft im Griff hatte.

Er bestimmte, wer antreten würde, und bestand darauf, dass auch João Moutinho einen Elfmeter schoss, obwohl der ziemlich nervös war. »Du triffst doch gut!«, rief er ihm auf dem Spielfeld zu. »Wenn du nicht triffst, ist es egal. Sei stark … Es liegt jetzt in Gottes Hand.«

Wo Gott mit seinem Latein am Ende war, erledigte Ronaldo den Rest.

Sechs Tage, nachdem Portugal alle fünf Elfmeter ins polnische Netz geschossen hatte, erzielte Cristiano im Halbfinale gegen Wales den Führungstreffer, sein Team gewann 2:0. Vier Wochen nach dem katastrophalen Start in die Europameisterschaft – und neun Tage, nachdem Messi dem internationalen Fußball abgeschworen hatte – stand Ronaldo mit Portugal endlich wieder im Finale eines großen internationalen Turniers. Das hier war seine Bestimmung, dafür war er geboren. Jetzt musste er nur noch eines tun: im Stade de France vor 80.000 Fans den hoch favorisierten Gastgeber schlagen.

Er hatte erst ein einziges Mal mit der Nationalmannschaft in einem großen internationalen Finale gestanden, ebenfalls einem EM-Finale. Das war zwölf Jahre her, und damals waren Ronaldo und Portugal der haushohe Favorit. Doch die Nacht in Lissabon geriet zum Desaster, als die Mannschaft gegen Außenseiter Griechenland mit 0:1 verlor. Dieses Mal, so sagte sich Ronaldo, würde alles anders werden. Denn nun hörte die Mannschaft auf sein Kommando. Cristiano war längst nicht mehr der nassforsche 19-Jährige, der er 2004 gewesen war. Jetzt war er ein Achilles, eine Inspiration auf dem Schlachtfeld, ein Mann, der untrennbar mit seiner großen Rolle verbunden war. (Anders als ein Heerführer achtete Ronaldo aber immer darauf, dass er kameratauglich blieb: Neben seinem Spind im Bernabéu stand für ihn nach jedem Spiel ein Eimer mit Eiswürfeln bereit, mit dem er aber nicht etwa die Schwellung an seinem Knie behandelte, sondern sein vor Anstrengung aufgedunsenes Gesicht.)

Leider stand Ronaldo im wichtigsten Spiel seines Lebens gerade einmal 23 Minuten auf dem Platz.

Nachdem Frankreichs Linksaußen Dimitri Payet ihn gleich zu Beginn des Spiels umrannte, konnte Ronaldo kaum noch laufen. Wenn er auftrat, schoss ein stechender Schmerz durch sein linkes Knie. Er versuchte die Zähne zusammenzubeißen und weiterzuspielen, aber das Knie ließ ihn nicht. Nach nicht einmal einem Viertel des Spiels brach Ronaldo weinend auf dem Rasen zusammen.

Er bat die Physiotherapeuten, sein Knie zu bandagieren und ihn weiterspielen zu lassen, aber einen qualvollen Sprint später signalisierte er der Bank, dass es einfach nicht mehr ging. (Später stellten die Ärzte fest, dass er sich das mediale Kollateralband überdehnt hatte.) Er riss sich die Kapitänsbinde vom Arm und wusste, dass das Finale damit für ihn vorbei war. Unter Standing Ovations der Zuschauer im Stade de France wurde er vom Platz getragen.

In der Kabine saß Ronaldo eine Viertelstunde lang völlig fassungslos da und weinte, während draußen seine Mannschaftskameraden die französischen Stürmer in Schach hielten. Ein Arzt drückte an seinem Knie herum. Zum Glück befand der, dass Ronaldo wohl nicht operiert werden müsse. Als er ihm das Knie noch einmal ordentlich verband, fiel den wenigen anderen Anwesenden auf, dass sich Cristianos Miene plötzlich aufhellte. Es schien, als sei ihm wieder eingefallen, dass da draußen gerade das Endspiel der EM stattfand.

Ronaldo musste zu seinen Kameraden. Und seine Kameraden, die ehrlich geschockt gewesen waren, als er vom Platz getragen wurde, mussten seine Stimme hören. Er zog sich einen mintgrünen Trainingsanzug und frische Turnschuhe an und bereitete sich mental darauf vor, die Halbzeitansprache zu halten.

»Hört zu, Leute«, sagte er in der Pause, als es noch 0:0 stand. »Ich bin mir sicher, dass wir gewinnen werden, also haltet zusammen, und kämpft dafür.«

In der zweiten Halbzeit war Ronaldo wieder auf den Beinen und ging an der Seitenlinie auf und ab wie ein größerer, muskulöserer Schatten von Trainer Fernando Santos. Das ganze Stadion konnte sehen, wie Cristiano Anweisungen rief, mit den Armen wedelte und den portugiesischen Spielern sagte, was sie tun sollten. Für alle, die nicht auf der Bank saßen, musste es so aussehen, als würde Ronaldo versuchen, den Spielern auf dem Platz die Show zu stehlen – und Fernando Santos den Job. In Wirklichkeit war Cristiano dieses eine Mal keine Diva. Er wiederholte bloß, was sein Trainer sagte, nur eben viel, viel lauter. Santos war nämlich heiser.

Die wenigen Anweisungen, die Santos krächzte, schienen zu funktionieren. Frankreich verspielte eine Chance nach der anderen, und Portugal gab nicht nach. Ein hässliches Spiel war es trotzdem, keine Frage.

Allerdings war es Portugal in einem Turnier noch nie darum gegangen, einen besonders schönen oder stilvollen Fußball zu spielen. Bis zum Halbfinale hatte die Mannschaft kein einziges Spiel in der regulären Spielzeit gewonnen. Die drei Säulen dieser Mannschaft waren Fleiß, Disziplin und den Ball zu Cristiano zu spielen. Jetzt, wo der nicht mehr da war, blieb Portugal nichts anderes übrig, als sich auf Fleiß und Disziplin zu konzentrieren und zu hoffen, dass das reichte.

Mitten in der Verlängerung, in der 109. Minute, gelang ihnen der Durchbruch.

Torschütze war der 28-jährige, in Guinea-Bissau geborene Auswechselspieler Éder, der erst drei Länderspieltore auf dem Konto hatte. Zwanzig Meter vor dem Tor schüttelte er einen Verteidiger ab und schoss den Ball durch die Beine eines anderen Abwehrspielers in die linke untere Ecke des Tors. Ronaldo brach in Tränen aus, zum gefühlt zehnten Mal an diesem Abend.

»Wir haben unseren wichtigsten Mann verloren, den Mann, der in jedem Moment ein Tor schießen kann«, erinnerte sich Portugals Verteidiger Pepe. »Aber auf dem Rasen waren wir seine

Krieger. Wir versprachen, dass wir das Spiel für ihn gewinnen würden.«

Elf Minuten später hatte Portugal die erste große Trophäe seiner Fußballgeschichte gewonnen. Und Cristiano Ronaldo war Europameister.

Seine Schmerzen hinderten ihn am Sprinten, aber nicht am Feiern. Auf dem Spielfeld, in der Kabine und den ganzen Weg zurück nach Marcoussis feierte die Mannschaft ihren Sieg, und Cristiano stand unweigerlich im Mittelpunkt. Seine Mannschaftskameraden störte das nicht. Im Gegenteil, wie Éder sagte: »Er gab uns trotz allem seine ganze Kraft und Tapferkeit.« Obwohl Ronaldo beim Finale die meiste Zeit nicht auf dem Platz gestanden hatte, wusste die Mannschaft, dass sie ohne ihn gar nicht erst dahin gekommen wären. Ronaldo war so wichtig für Portugal geworden, dass er es fertigbrachte, in einem Spiel der wichtigste Spieler zu sein, ohne überhaupt den Ball zu berühren.

Insofern war es nur folgerichtig, dass Ronaldo – der Kapitän, der Talisman und manchmal auch das Megafon des Trainers – in Portugals Kabine im Stade de France mit freiem Oberkörper die Siegesrede hielt. »Das hier ist für alle Spieler, alle Mitarbeiter und alle, die an diesem Sieg beteiligt waren«, rief er. »Niemand hat an Portugal geglaubt, aber trotzdem haben wir es geschafft … Ich bin sehr glücklich. Das ist einer der glücklichsten Tage in meinem Leben.«

TEIL III
GÖTTERDÄMMERUNG

Neun
Messinaldo GmbH & Co. KG

Cristiano Ronaldo war stinksauer.

Ende 2016 trommelte er eines Abends ohne Vorwarnung sein Team aus Freunden, Beratern und Mitläufern in La Finca, einer exklusiven Wohnanlage vor den Toren Madrids, wo er und Jorge Mendes riesige Anwesen besaßen, zu einer Krisensitzung zusammen. Sie versammelten sich zuerst bei Ronaldo und zogen dann um in Mendes' Wohnzimmer, wo alle außer Cristiano Platz nahmen. Er war zu aufgebracht, um stillzusitzen.

Ein portugiesischer Hacker namens Rui Pinto hatte einen ganzen Berg brisanter Dokumente aus dem Profifußball ausgegraben, in denen immer wieder Ronaldos Name auftauchte. Eine Enthüllungsplattform namens *Football Leaks* war eingerichtet worden, und *Der Spiegel* hatte das Ganze publik gemacht. Aus den über 18 Millionen Dokumenten, die Dutzende Spieler und Vereine betrafen, ging hervor, dass Ronaldo ein riesiges Geflecht aus Offshore-Beteiligungen und Briefkastenfirmen unterhielt, die anscheinend dazu dienten, seine Einkünfte dem Zugriff des spanischen Finanzamts zu entziehen.

Er war komplett kalt erwischt worden, aber vor allem war er der Meinung, dass er nicht allein schuld an der Misere war.

»Ich habe es euch doch gesagt!«, rief er und zeigte auf jeden einzelnen der Anwesenden. »Ich will keine Probleme. Und was macht ihr? Ihr macht mir Probleme.«

Zu denen, die er einberufen hatte, gehörte Ronaldos gesamter innerer Zirkel, von Mendes über den Finanzberater, den dieser angeheuert hatte, bis hin zu Ricardo Regufe, einem ehemaligen Nike-Repräsentanten, der zunächst für die Geschäftsbeziehung zwischen Nike und CR7 zuständig gewesen war, inzwischen aber für Ronaldo arbeitete. Sie hatten Cristiano den größten Teil seiner Karriere über gekannt, waren Zeuge gewesen, wie er unvorstellbare Reichtümer angehäuft hatte, und waren dabei selbst reich geworden. Jetzt war keiner von ihnen in der Lage, ihn zu beschwichtigen.

Wie einer der Anwesenden später berichtete, wollte Ronaldos Schimpftirade gar nicht mehr aufhören. Er hatte die Schnauze voll von seiner Mannschaft, er hatte die Schnauze voll von der Schnüffelei, er hatte die Schnauze voll von Spanien. Football Leaks hatte bereits für einige verblüffende Schlagzeilen gesorgt, zum Beispiel dass Ronaldo von einem saudischen Mobilfunkanbieter für ein eintägiges Fotoshooting 1,1 Millionen Euro erhalten hatte. Doch nun waren die komplexen Strukturen seines gesamten Finanzimperiums offengelegt worden. Die Akten enthielten so viele Insider-Informationen, dass ein Großteil davon Ronaldo komplett neu war. Er konnte quasi in Echtzeit zusehen, wie sein guter Ruf ruiniert wurde.

»Ich bezahle euch, damit es *keine* Probleme gibt«, rief er in Richtung seiner Berater. »Denn wenn Probleme auftauchen, steht da *mein* Name drüber, nicht eurer!«

Solange Cristiano Profi war, war sein Leben von GestiFute organisiert worden, der Firma, die Jorge Mendes 1996 als junger Agent gegründet hatte. Sie handelten seine Verträge aus, verwalteten sein Geld und zogen die Sponsoren an Land. 2015, 13 Jahre nach Beginn seiner Karriere, betrug Ronaldos persönliches Vermögen laut GestiFute-Dokumenten etwa 227 Millionen Euro, wie *Der Spiegel* berichtete, auch wenn das wahrscheinlich nur eine Schätzung war. Insider sagen, dass Mendes' Agentur über eine so komplexe Struktur wacht, dass Cristiano keine Ahnung hat, wie viel Geld er tatsächlich besitzt.

Wie hoch der Betrag auch sein mochte, auf den Großteil des Geldes hatte er gar keinen Zugriff. Fast alles, was er abseits des

Spielfelds verdiente, wurde zwischen den Bermudas, Hongkong, Panama, der Schweiz und den Britischen Jungferninseln hin- und hergeschoben – eine Art Champions League obskurer Bankgeschäfte.

Wenn nicht direkt Cristiano genannt wurde, dann stets irgendein Bevollmächtigter aus seinem Umfeld. Ronaldos Akten waren voll mit den Namen von Offshore-Unternehmen wie der Brockton Foundation, die im Februar 2003, also vor Ronaldos Wechsel zu Manchester United, in Panama gegründet worden war und alle seine Vermarktungsrechte kontrollierte – jeder Dollar an Sponsorengeldern, den er verdiente, lief über dieses Unternehmen. Der Vorteil am Standort Panama war, dass Brockton nicht gezwungen werden konnte offenzulegen, in welchen anderen Ländern, in denen möglicherweise Steuern fällig wären, das Geld gelagert wurde. Im Jahr 2004 übernahm diese Aufgaben dann ein Unternehmen namens Tollinn Associates, das auf den Britischen Jungferninseln, einem weiteren Steuerparadies, ansässig war. Schließlich landete die Verantwortung dann bei einer Firma namens Multisports & Image Management mit Sitz in Irland. Mit einem Körperschaftssteuersatz von 12,5 Prozent, dem niedrigsten in der Europäischen Union, ist Irland ein beliebter Standort für Firmen wie Apple und Google, die viel größer sind als Cristiano Ronaldo.

Offshore-Banking ist an sich nicht illegal. Es wird aber zum Problem, wenn es dazu benutzt wird, Steuergesetze zu umgehen – und genau das ist der primäre Zweck von Offshore-Banking. Die geleakten Dokumente aus Ronaldos Buchhaltung reichten aus, um die spanischen Behörden auf den Plan zu rufen, die Ende 2015 begannen, seine Finanzen zu durchleuchten. Ronaldo stritt jegliches Fehlverhalten ab und betonte, er habe seine Steuern immer pünktlich und in voller Höhe bezahlt.

Dabei genoss er (wie fast alle andere ausländischen Stars in Spanien) in den ersten Jahren seines Aufenthalts in Spanien bei den Steuerbehörden einen extrem privilegierten Status. Schuld daran war das sogenannte »Beckham-Gesetz«, das 2005 von José María Aznar, dem damaligen spanischen Ministerpräsidenten und Stammgast in der VIP-Loge des Bernabéu, verabschiedet wurde und das Land für ausländische Talente aller Art attraktiver machen sollte, sei es aus Sport, Musik oder Wissenschaft.

Aber kaum jemand profitierte so sehr davon wie Florentino Pérez' *Galácticos*, denen das Steuergesetz wie ein Tor ohne Torhüter vorkommen musste. Fußballer, die nach Spanien kamen, erhielten einen Sonderstatus, der ihren Steuersatz auf Einkünfte innerhalb Spaniens auf etwa 25 Prozent begrenzte, als wären sie spanische Staatsbürger, die mehr als zehn Jahre im Ausland gelebt hatten. Alle anderen in ihrer Steuerklasse zahlten rund fünfzig Prozent Einkommensteuer. 2010 endete die Regelung zwar für Sportler, die mehr als 600.000 Euro im Jahr verdienten. Für alle, die vor diesem Zeitpunkt ins Land gekommen waren, galt allerdings noch mehrere Jahre eine Schonfrist.

Die Kombination aus Gesetzesänderungen und massiven Leaks war für die Steuerbehörden Grund genug, die Bücher von Fußballern zu durchforsten. Und in Ronaldos Fall dauerte es nicht lange, bis sie die Geldströme entdeckten, die überallhin zu fließen schienen, nur nicht nach Spanien. Im Jahr 2017 warfen die spanischen Behörden ihm vor, zwischen 2011 und 2014 Steuern in Höhe von 14,7 Millionen Euro nicht gezahlt zu haben. Ronaldo wurden vier Fälle von Steuerhinterziehung zur Last gelegt, drei davon Fälle von »schwerem« Steuerbetrug. Bei so einem Vergehen winkt normalerweise eine Gefängnisstrafe von bis zu sieben Jahren. Der Prozess zog sich bis 2019 hin, als Ronaldo schließlich zu zwei Jahren auf Bewährung plus Geldstrafe verurteilt wurde. Er trug einen schwarzen Rollkragenpullover, einen schwarzen Blazer und weiße Turnschuhe, als er persönlich in einem Madrider Gerichtssaal erschien, um das Problem durch Zahlung von 19 Millionen Euro an den spanischen Staat aus der Welt zu schaffen.

Die Geldstrafe war unangenehm, aber noch ärgerlicher waren

die Gründe für den ganzen Schlamassel. Die Episode hatte deutlich gemacht, dass die Verwaltung seines eigenen Vermögens für ihn ein Buch mit sieben Siegeln war. Ronaldo hatte sich immer nur darauf konzentriert, der beste Fußballspieler der Welt zu werden. Niemand hatte ihn darauf vorbereitet, auch einer der reichsten Sportler der Welt zu werden. Und zu jener Zeit war Nike gerade dabei, ihn noch reicher zu machen, indem sie ihm einen Sponsoringvertrag auf Lebenszeit anboten. Es war erst der dritte Vertrag dieser Art in der Geschichte des Unternehmens, die ersten hatten Michael Jordan und LeBron James unterzeichnet. Was den Umgang mit Geld anging, wusste Ronaldo nur, was er von Mendes gelernt hatte. Er war einfach immer davon ausgegangen, dass der sich damit bestens auskannte. Doch als er 2016 im Wohnzimmer seines Agenten stand, wurde Ronaldo plötzlich klar, dass er keine Ahnung hatte, wer eigentlich was mit dem ganzen Geld anstellte. Wenn er sich einen neuen Sportwagen in die Garage stellen oder in den Privatjet steigen wollte, wurde irgendwem irgendwas überwiesen, aber er wusste nicht, woher das Geld kam, wie es investiert wurde oder wie viel es war. Vor allem aber erkannte Cristiano Ronaldo jetzt, dass es da draußen eine unüberschaubare Anzahl an Verbindlichkeiten gab, die jederzeit ans Licht kommen konnten – und auf allen stand sein Autogramm.

»Wenn du mir sagst, ich soll unterschreiben, unterschreibe ich«, brüllte er Mendes an. »Was zur Hölle weiß ich über die Britischen Jungferninseln?«

///////

Trotzdem waren die finanziellen Enthüllungen verglichen mit dem, was Football Leaks als Nächstes aufdeckte, noch harmlos. 2009 hatte eine Frau namens Kathryn Mayorga Ronaldo beschuldigt, sie vergewaltigt zu haben.

Nichts davon war an die Öffentlichkeit durchgedrungen, bis *Der Spiegel* 2017 auf Grundlage der Informationen, die das Magazin wieder von dem Hacker Pinto erhalten hatte, darüber berichtete. Das Magazin beschrieb, wie Ronaldo Mayorga 2009 während seines Sommerurlaubs in Las Vegas im VIP-Bereich des Nachtclubs Rain im Palms Casino Resort kennenlernte und in seine Penthouse-Suite einlud. Dort sei Ronaldo zudringlich geworden, obwohl sie ihn wiederholt aufgefordert habe aufzuhören, wie es auf Football Leaks und in einer beim Bezirksgericht von Clark County eingereichten Zivilklage hieß.

»Als Cristiano Ronaldo den sexuellen Übergriff auf die Klägerin vollendet hatte«, so stand es in der Klageschrift, »gestattete er ihr, das Schlafzimmer zu verlassen. Er sagte, es täte ihm leid, er sei normalerweise ein Gentleman.« Das 34-jährige Teilzeitmodel Mayorga ging sofort zur Polizei und meldete den mutmaßlichen sexuellen Übergriff, allerdings ohne Ronaldo namentlich zu nennen – sie sagte nur, es handele sich um einen »bekannten Prominenten«. Sie gab auch nicht an, wo sich der Vorfall ereignet hatte. Wie ihre Anwälte später sagten, half die Polizei ihr überhaupt nicht. Statt sie durch die nächsten üblichen Schritte zu begleiten, teilten die Beamten, mit denen Mayorga sprach, ihr bloß mit, der bekannte Prominente werde wahrscheinlich behaupten, dass sie lüge und ihn erpressen wolle.

Ronaldo bewies ihnen bald, dass sie teilweise Recht hatten. In einer seltenen öffentlichen Stellungnahme schrieb er auf Twitter: »Vergewaltigung ist ein abscheuliches Verbrechen, das in Widerspruch zu allem steht, was ich bin und woran ich glaube. So sehr ich auch meinen Namen reinwaschen möchte, ich weigere mich, das Medienspektakel zu unterstützen, das von Leuten inszeniert wird, die sich auf meine Kosten profilieren wollen.«

Da die Polizei nicht wusste, wo der Übergriff stattgefunden hatte, beschäftigte sie sich nicht sonderlich lange mit dem Fall. Später gab sie an, die Überwachungsvideos, die Mayorgas Interaktion mit Ronaldo an jenem Abend gezeigt hatten, seien verloren gegangen. Da Mayorga den Vorfall jedoch sofort gemeldet und sich einer medizinischen Untersuchung unterzogen hatte, bei der mehrere Läsionen festgestellt wurden, konnte der Fall nach örtlichem Recht nicht verjähren und durfte später noch einmal aufgerollt werden. Als sie aber eine Geheimhaltungsvereinbarung unterzeichnete, wofür sie von Ronaldos Anwälten 375.000 Dollar bekam, konnte Ronaldo davon ausgehen, dass die Sache ausgestanden war. Doch 2017 ermutigte die »Me Too«-Bewegung weltweit Frauen, die von sexuellen Übergriffen betroffen waren, sich zu äußern und öffentlich zu machen, wie viele mächtige Männer solche Geheimhaltungsvereinbarungen nutzen, um ihre Anklägerinnen zum Schweigen zu bringen. Mayorga brach daraufhin ihres. Sie wollte ihre Version der Geschichte erzählen und berichten, welche verheerenden Auswirkungen diese Nacht in Las Vegas auf ihr Leben gehabt hatte. In der Folge hatte sie unter einer »posttraumatischen Belastungsstörung und schweren Depressionen« gelitten, so ihre Anwälte, weswegen sie »gar nicht kompetent war, an Verhandlungen über eine Geheimhaltungsvereinbarung teilzunehmen«.

Angeblich enthalten die Football-Leaks-Dokumente einen Austausch zwischen Ronaldo und seinen Anwälten, in dessen Rahmen er einen Fragebogen über seine Begegnung mit Mayorga beantwortet. Darin räumt er ein, gewaltsam und gegen ihren Willen vorgegangen zu sein. Ronaldos internationales Team aus Anwälten, Privatdetektiven und Krisenmanagern unter der Leitung des prominenten Anwalts David Chesnoff erklärte schlicht, die Dokumente von Football Leaks seien gefälscht.

Jede neue Entwicklung in dem Fall wurde in den sozialen Medien von Legionen von Fans aufgegriffen, die plötzlich Experten für das Strafrecht im Bundesstaat Nevada waren – Fans, die nichts dabei fanden, die Traumata einer Frau, die sie überhaupt nicht kannten, als Spinnerei abzutun. Über die Anschuldigungen wurde weltweit berichtet, doch sie blieben auf befremdliche Weise losgelöst von den Diskussionen über Ronaldo als Fußballer.

Ronaldo reagierte mit wiederholten Dementis. Er war zuversichtlich, dass das Thema in der schnelllebigen Welt des europäischen Fußballs über kurz oder lang in Vergessenheit geraten würde. Er musste nur lange genug warten. Als die Akten in Nevada dann aber plötzlich doch wieder geöffnet wurden und die Ermittler einen Gerichtsbeschluss erwirkten, laut dem Ronaldo eine DNA-Probe abgeben musste, stellte sich allerdings heraus, dass sie keine Handhabe hatten, ihn von jenseits des Atlantiks dazu zu zwingen.

Im Juli 2019 gab die Staatsanwaltschaft von Clark County schließlich bekannt, dass sie den Fall nun doch nicht weiterverfolgen werde. »Nach Prüfung der vorliegenden Informationen«, hieß es, »können die Vorwürfe der sexuellen Nötigung gegen Cristiano Ronaldo nicht zweifelsfrei bewiesen werden.«

Mayorga hat jedoch vor einem Bundesgericht eine Zivilklage eingereicht, und hierbei müssen die Beweise nicht wie im Strafrecht »über jeden vernünftigen Zweifel erhaben« sein, sondern es muss lediglich »ein Übergewicht an Beweisen« vorliegen. Mitte 2022 wurde die Zivilklage von einem US-Bezirksgericht allerdings zurückgewiesen.

///////

Die juristischen Probleme, mit denen sich Lionel Messi herumschlagen musste, waren rein finanzieller Natur.

Messi selbst hatte – wie Ronaldo – mit Finanzen nichts am Hut. Während sein Vater und eine Gruppe handverlesener Berater von Spanien bis Südamerika seine Geldangelegenheiten organisierten, kümmerte er sich um den Fußball und die wenigen Dinge, die ihm sonst etwas bedeuteten: sein Haus, seinen Hund, seine Kinder und seine Partnerin Antonella, die er seit der Kindheit kannte. Für Messi erwuchs Glück aus Einfachheit. Gut möglich, dass er noch nie eine Steuererklärung zu Gesicht bekommen hat.

2013 wurden seine Steuererklärungen dann aber trotzdem zu einem großen Problem für ihn, als er und sein Vater Jorge ins Visier der Steuerfahnder gerieten, die jetzt gezielt Fußballer unter die

Lupe nahmen. Ihnen wurde vorgeworfen, den Staat zwischen 2007 und 2009 um 4,1 Millionen Euro betrogen zu haben. Wie bei Ronaldo ging es auch hier um Sponsorenzahlungen, die auf Konten im Ausland wanderten, um sie vor den neugierigen Augen der spanischen Steuerbehörde zu verstecken. (Messi profitierte nicht vom Beckham-Gesetz, weil er 2005 die spanische Staatsbürgerschaft angenommen hatte, als Barça verhindern wollte, dass andere Vereine ihn abwarben.)

Die Sache ging vor Gericht, und im Juni 2016, wenige Tage vor seiner Abreise zur *Copa América Centenario*, musste Messi in Gavà, dem Bezirk bei Barcelona, in dem er wohnte, vor dem Richter erscheinen. Seine Strategie war wie immer, auf Unwissenheit zu plädieren. Er wisse nicht über seine steuerliche Situation Bescheid, argumentierte er, denn das sei Jorges Job. Der hatte allerdings genauso wenig Ahnung, da sich die Anwälte und Buchhalter um die Steuern kümmerten. Die Bankenstruktur für das, was Messi neben seinem regulären Gehalt verdiente, war eingerichtet worden, als Leo seine ersten Sponsorenverträge unterschrieben hatte, und angeblich waren Briefkastenfirmen in Uruguay und Belize darin involviert – Jorge war das damals erklärt worden, und der hatte alles abgenickt.

Jetzt, vor Gericht, betonte Messi, er habe es nicht ganz begriffen. »Ich verstehe davon nichts«, sagte er dem Richter.

Tatsächlich erfuhr Leo über seine eigenen Finanzen immer nur so viel, wie er unbedingt wissen musste: »Ich hielt es nicht für nötig, ihn über alles zu informieren«, sagte Jorge.

Messi beharrte darauf, selbst als die Staatsanwälte ihn in die Mangel nahmen. »Sie haben diese ganzen Verträge also unterschrieben, ohne sie sich durchzulesen?«, wollten sie wissen.

»Ich habe die unterschrieben, weil ich meinem Vater vertraue, und es ist mir nie in den Sinn gekommen, dass er mich betrügen würde«, entgegnete Leo.

Das Gericht ließ sich davon nicht beeindrucken und verurteilte ihn im Monat darauf zu 21 Monaten Haft auf Bewährung und einer Geldstrafe von 2,1 Millionen Euro. Jorge bekam ebenfalls 21 Monate (die nach Berufung noch einmal auf 15 heruntergesetzt wurden) und musste 1,6 Millionen Euro zahlen. Keiner der beiden war je ernsthaft in Gefahr, ins Gefängnis zu wandern, da der spanische Staat Steuersünder, die zu weniger als zwei Jahren verurteilt worden sind, normalerweise nicht inhaftiert. Leo war das alles recht, er wollte bloß so schnell wie möglich aus dem Gerichtssaal verschwinden.

Messi und Ronaldo waren längst nicht die Einzigen, die Probleme mit der Steuer bekamen. Zu jener Zeit beschäftigen sich die spanischen Behörden eingehend mit den Großverdienern im Sport. Mit alarmierender Regelmäßigkeit meldeten die Nachrichten, dass schon wieder gegen einen Fußballer ermittelt wurde. Auch José Mourinho, der ebenfalls ein Klient von Mendes war, wurde wegen Steuerbetrugs angeklagt und verurteilt, genau wie mehrere von Messis Teamkollegen beim FC Barcelona. Und nicht nur in Spanien merkten die Behörden, dass die Konten von Fußballern ein gutes Jagdrevier waren. In Brasilien geriet Neymar unter Beschuss, und im März 2016 musste er stolze 45 Millionen Euro Steuern nachzahlen.

Barça wusste wenig darüber, was mit den Gehältern der Spieler geschah, nachdem sie ausgezahlt waren, und auch nichts über deren Nebeneinkünfte. Aber als es darum ging, den einen Superstar, den sie hatten, zu unterstützen, schlug sich der Verein bedingungslos auf Messis Seite. Kurz nach dem Urteil veröffentlichte Barça auf seiner offiziellen Webseite direkt neben den neuesten Fotos vom Training eine Erklärung über den Fall Messi.

»Der Verein ist in Übereinstimmung mit der Staatsanwaltschaft der Meinung, dass der Spieler, der seine Schulden beim spanischen Finanzamt beglichen hat, in keiner Weise strafrechtlich verantwortlich ist«, hieß es dort.

Doch auch das konnte Messis Laune nicht wirklich heben. Er

hatte das Gefühl, das Gericht habe ein Exempel an ihm statuieren wollen, und war so empört, dass er zum ersten Mal in seinem Leben ernsthaft darüber nachdachte, Barcelona zu verlassen. Das Problem war nur: Die Liste der Vereine, zu denen ein Spieler wie Messi wechseln konnte, war kürzer als Messi selbst.

In Spanien gab es nur einen anderen Verein auf seinem Niveau, und auch wenn Florentino Pérez genau davon immer geträumt hatte, konnte Messi unmöglich zu Real Madrid wechseln, wo Ronaldo spielte. Deutschland kam genauso wenig infrage, da es Messi dort zu kalt fand. So blieb nur eine Handvoll großer Ligen, in denen er einen Verein finden konnte, der reich genug war, sich sein Gehalt zu leisten. Und zu jenem Zeitpunkt war keine Liga so reich wie die englische Premier League.

Der FC Chelsea hatte bereits 2013 darüber nachgedacht, Messi zu verpflichten, und Gerüchten zufolge hatte Adidas damals angeboten, mindestens die Hälfte der Ablösesumme zu übernehmen, damit der Star statt dem Nike-Trikot des FC Barcelona künftig das blaue Adidas-Trikot von Chelsea tragen würde. Das Problem war nur, dass Messi den Londoner Verein überhaupt nicht mochte, seit er in der Champions League gegen sie gespielt hatte. »Es gibt hier Spieler, die Chelsea mehr hassen als Real Madrid«, erzählte er 2006 *News of the World*. »Ich hätte nie gedacht, dass ich das mal sagen würde.«

Dafür fand er ein anderes englisches Team plötzlich sehr attraktiv: Der neureiche Verein Manchester City hatte nicht nur sehr viel Geld, sondern seit seinem Weggang von Bayern München im Sommer 2016 auch einen neuen Trainer, der Messi und sein Spiel kannte wie kein Zweiter: Pep Guardiola. Also erkundigte Messi sich, was nötig wäre, um das Camp Nou zu verlassen, wieder mit Pep zusammenzuarbeiten und einen neuen Versuch zu starten, die Champions League zu gewinnen. Manchester City war bereit, ihm zuzuhören.

»Er fühlte sich in Spanien verfolgt«, berichtet jemand, der das

Gespräch direkt mitbekam. »Er fand, dass er unfair behandelt worden war.«

Die meiste Zeit seines Lebens wäre Messi der Gedanke, einen Verein wie Manchester City ins Auge zu fassen, völlig abwegig vorgekommen. Das lag vor allem daran, dass City lange Zeit ein Verein gewesen war, bei dem keine Weltklassespieler aus Südamerika kickten, sondern eher britische Arbeitersöhne, die Colin oder Mike hießen. Aber jetzt, nach seiner kostspieligen Begegnung mit der spanischen Justiz, wirkte City viel attraktiver auf Messi, zumal der Verein ein paar echte Vorteile zu bieten hatte: einen klaren Plan, grenzenlosen Ehrgeiz und einen Trainer, der genau wusste, wie man um eine brillante Nummer 10 herum eine Mannschaft organisiert.

Aber auch wenn Messi Interesse bekundete, kam es nie zu einem Deal. Manchester City war die Ablösesumme zu hoch, die Barcelona für ihn festgesetzt hatte und die inzwischen rund eine halbe Milliarde Euro betrug. Messi würde weiterhin in Spanien seine Steuern zahlen müssen.

Und bei City war man der Ansicht, dass man auch ohne ihn auskommen würde.

///////

Dass ein Verein wie Manchester City, der noch 2002 in der zweiten englischen Liga gespielt hatte, überhaupt darüber nachdenken konnte, einen so teuren Spieler wie Messi zu kaufen – und dann beschloss, dass er ihn doch nicht brauchte –, sagt viel über einen anderen Faktor aus, der den Fußball in den 2010er-Jahren veränderte: massive Investitionen aus den reichen Golfstaaten.

Das hatte während des ersten Finanzbooms des Sports in den 1990er-Jahren noch kaum jemand kommen sehen. Bis dahin gehörten Fußballvereine in England in der Regel wohlhabenden Geschäftsleuten aus der Region, die ihren Club mehr oder weniger als Liebhaberei betrieben. Durch die explosionsartigen Einnahmen aus den Übertragungsrechten der Premier League war damit aber endgültig Schluss. Fußball gab es seit mehr als einem Jahrhundert, doch nun sahen Investoren diesen Sport in einem ganz neuen Licht: Einen Fußballverein zu besitzen konnte plötzlich ein lukratives Geschäft sein. Als global agierende Geldgeber versuchten, von der immensen Popularität des Fußballs zu profitieren, floss plötzlich Geld aus der ganzen Welt.

Bereits in den 2000er-Jahren waren ausländische Investoren in England eingefallen, allen voran die Milliardärsfamilie Glazer, die Manchester United übernahm, und der russische Oligarch Roman Abramowitsch, der den FC Chelsea kaufte. (2022 verkaufte er ihn dann wieder, nachdem die britische Regierung wegen seiner Nähe zu Putin sein Vermögen eingefroren hatte.) Doch die neuen Investoren waren auf der Suche nach etwas ganz anderem als ihre Vorgänger. Der Profit war ihnen egal, denn für die Staatsfonds vom Golf waren die Summen, die der Fußball erwirtschaftete, bloß Peanuts. Was diese unvorstellbar reichen Investoren eigentlich kaufen wollten, war eine Plattform.

Als Erstes traten die Vereinigten Arabischen Emirate auf den Plan. Sie waren erst 1971 als Zusammenschluss von mehreren Königreichen gegründet worden und hatten sich zunächst dreißig Jahre lang um ihr Wirtschaftswachstum gekümmert. Ein Land, das bis vor kurzem noch für seine Perlentaucher bekannt gewesen war, baute nun auf Energie und Immobilien. Katar, das ebenfalls 1971 gegründet und durch sein Erdgas reich wurde, kam dicht dahinter. Diese jungen Staaten präsentierten ihre Projekte in Dokumenten, die sie »Vision 2030« nannten und die ihnen als Fahrplan für Entwicklung, für Nachhaltigkeit und vor allem für globalen Einfluss dienten.

»Katar befindet sich an einem Scheideweg«, schrieb die katarische Regierung 2008 in einem Dokument, in dem sie ihre Vision für die Zukunft darlegte. »Der Reichtum des Landes schafft ungeahnte Möglichkeiten und beachtliche Herausforderungen.«

Ganz oben auf der Liste der Herausforderungen stand die Gestaltung des eigenen Images. Diese Staaten waren nicht nur relativ klein, sie galten auch als skeptisch gegenüber der westlichen Welt, waren abhängig von ihrem Öl und nahmen es mit den Menschenrechten nicht so genau. Da war die Sportwelt, die nicht groß fragt, woher ihre Dollars und Euros kommen, natürlich der ideale Partner. Die Vereinigten Arabischen Emirate und Katar entwickelten eine Strategie, die an drei Fronten operierte: Sponsoring, Ausrichtung von Events und schließlich die vollständige Übernahme von Institutionen.

Das Sponsoring war dabei noch das Einfachste. Die Golfstaaten konnten mit Geld um sich werfen und einen hohen Wiedererkennungswert schaffen, ohne eine eigene Infrastruktur aufbauen zu müssen. Der Einstieg in das Eventgeschäft war etwas komplizierter, ging aber ebenfalls schnell vonstatten. Anfangs konzentrierten sich Dubai und Abu Dhabi auf Golf- und Tennisturniere, Pferderennen und die Formel 1. Von überall her kamen die Stars an den Persischen Golf, und aus der Schweiz kamen Luxusmarken, um in einem der wohlhabendsten Märkte der Welt ihre Produkte zu bewerben. Und damit erwarben die dortigen Märkte neben Uhren, Schuhen und Handtaschen zugleich einen Hauch von Weltgewandtheit und Kultiviertheit.

Aber das alles war nichts gegen die Reichweite des Fußballs. 2008 kaufte eine Gruppe von Investoren unter der Leitung des Bruders des Herrschers von Abu Dhabi ein notleidendes Unternehmen namens Manchester City. Es war eine der kühnsten Imagekampagnen, die es im Sport je gegeben hatte. Sie würden aus City eine Siegermannschaft machen. Sie würden die geeigneten Leute einstellen, um diesen Plan in die Tat umzusetzen. Und sie würden so viel Geld in die Hand nehmen, dass der Plan unmöglich scheitern konnte. Die aalglatte, artifizielle Erfolgsmaschine, die sie aufbauten, war für Millionen Menschen der erste Kontakt mit Abu Dhabi überhaupt. Aus der Strategie, die dahintersteckte, machte von Anfang an niemand einen Hehl.

»Wenn Sie Ihre Nation weiterentwickeln und auf der globalen Bühne mitmischen wollen«, sagte Garry Cook, der damalige CEO von Manchester City, zu den Käufern vom Golf, »sind wir gerne die Marke, die Ihre Nation repräsentiert.«

Während der Übernahme 2008 machte Manchester City zum ersten Mal ein Angebot, Messi zu kaufen. Was die Verführungskünste des Vereins anging, so wirkte diese erste Begegnung auf den FC Barcelona allerdings weniger wie ein heißer Flirt auf einer überfüllten Tanzfläche. Es war eher, wie wenn einem jemand im vollbesetzten Bus seinen Kaffee über die Hose schüttet. Das Angebot von City in Höhe von 50 Millionen Euro am letzten Tag des Transferfensters in jenem Sommer war ein Versehen. Schuld war ein Missverständnis im Londoner Büro von City. In Barcelona nahm man das Fax kaum zur Kenntnis.

Die Ausgaben von Manchester City sollten bald deutlich steigen. Der Verein hatte sich vorgenommen, neu anzufangen und sich dabei in jedem Aspekt zum »Klassenbesten« aufzuschwingen. Im Zuge dessen hatte City erkannt, dass es eine neue Fußballkultur brauchte. Das Trauma, jahrzehntelang nur der kleine Bruder von Manchester United zu sein, hatte dem Verein einen veritablen Minderwertigkeitskomplex verpasst. Jetzt schaute man sich in Europa um und nahm sich kurzerhand, wen man haben wollte. In den ersten Jahren, als der größte Konkurrent von Manchester City im Kampf um einen Champions-League-Platz noch Aston Villa war, verpflichtete man deren beste Spieler. Schon bald wurden die Ziele höhergesteckt. City wollte den betont leichtfüßigen Stil von Arsenal kopieren und fand, das ging am einfachsten, indem man Arsenals Spieler importierte. Aber 2012, nachdem Manchester City gerade die Premier League gewonnen und an der Champions League teilgenommen hatte, gab es nur noch einen Verein, dem sie – wie alle in Europa – nacheifern wollten. Wenn City »Klassenbester« sein wollte, wie seine Manager immer sagten, musste es wie der FC Barcelona sein. Der Verein stellte in Folge systematisch Manager aus

Katalonien ein, um City von Grund auf zu erneuern – in einem Umfeld, in dem Geld keine Rolle spielte. Ferran Soriano, der in den 2000er-Jahren die Finanzen von Barça wieder auf Vordermann gebracht hatte, wurde Geschäftsführer. Txiki Begiristain, Ex-Mitglied von Cruyffs Dreamteam und ehemaliger Sportdirektor von Barça, übernahm auch bei City diese Rolle. 2016 erreichte die Ausrichtung am FC Barcelona ihren Höhepunkt, als Pep Guardiola zu Manchester City kam und seine Mannschaft innerhalb nur einer Saison den Tor- und Punkterekord in der Premier League brach. Innerhalb eines Jahrzehnts hatten Abu Dhabis Geld und Barcelonas Cleverness ein Team aufgebaut, das in England eine neue Ära einläutete. City, das seit 1968, also noch bevor die Vereinigten Arabischen Emirate ein Staat waren, nicht mehr englischer Meister geworden war, gewann innerhalb von zehn Jahren sechsmal die Premier League.

»Sie haben Treibstoff *und* Ideen«, sagte Arsenals Trainer Arsène Wenger in Anlehnung an einen ehemaligen französischen Finanzminister. »Das macht sie noch effizienter.«

Und Manchester City war nicht der einzige von einem Golfstaat finanzierte Verein, der seine Liga auf den Kopf stellte. Auf der anderen Seite des Ärmelkanals tat Paris Saint-Germain dasselbe. Ein Jahr, nachdem Katar den überraschenden Coup gelandet hatte, sich die Ausrichtung der Fußball-WM 2022 zu sichern, kaufte das Land 2011 den einzigen großen Fußballverein der französischen Hauptstadt. Beides wäre nicht möglich gewesen ohne den Segen von einem der beliebtesten Geschäftspartner Katars: der französischen Regierung.

Bis zu diesem Zeitpunkt war PSG für einen Verein seiner Größe ziemlich erfolglos gewesen.

Der 1970 gegründete Club war bisher erst zweimal französischer Meister geworden und hatte nur einen europäischen Titel geholt, den heute nicht mehr existierenden Europapokal der Pokalsieger. Die Übernahme wurde von Qatar Sports Investment eingefädelt, einem Zweig des Staatsfonds des Landes. Von Anfang an machten die neuen Eigentümer klar, dass ihr einziges sportliches Ziel darin bestand, die Champions League zu gewinnen. »Träumt größer!«, hieß es im neuen Motto des Vereins.

37-jährige Spieler an Bord zu holen schien nicht unbedingt die beste Methode, das zu erreichen. Aber als PSG 2013 den in die Jahre gekommenen David Beckham verpflichtete, ging es eher um den Ruhm des Superstars. Er kam kaum ein Dutzend Mal zum Einsatz, machte den Verein aber sofort bekannter.

Ein Spieler, der dem Verein sowohl einen höheren Markenwert als auch viele Tore bescherte, war Zlatan Ibrahimović, der die ersten Jahre des Pariser Clubs unter der Leitung Katars verkörperte wie kein Zweiter. Aber selbst mit ihm kam PSG nicht über ein Champions-League-Viertelfinale hinaus. 2017 gelangte der Verein zur Erkenntnis, dass er, um größer zu träumen, auch deutlich mehr Geld ausgeben musste.

Nach der Blamage gegen den FC Barcelona in der Champions League, als PSG das Hinspiel mit 4:0 gewann, sich dann aber selbst ein Bein stellte und das Rückspiel mit 1:6 verlor, wurde der Emir von Katar höchstpersönlich aktiv. Er genehmigte zwei der teuersten Transfers der Fußballgeschichte. Im August 2017 überwies Paris auf einen Schlag 222 Millionen Euro an den FC Barcelona, um Neymar zu verpflichten und damit Messis Trio MSN aufzulösen. Der Brasilianer freute sich, dass er endlich aus Leos Schatten heraustreten konnte. In Paris, so teilte man ihm mit, erwarte ihn eine große Bühne ganz für ihn allein. Noch im selben Monat besiegelte PSG einen Transfer für 180 Millionen Euro, der den französischen Stürmer Kylian Mbappé zum teuersten Teenager aller Zeiten machte.

Das waren Summen, wie sie noch kein europäischer Verein jemals ausgegeben hatte, um sich einen Kader aufzubauen. Innerhalb weniger Sommer stellten Katar und Abu Dhabi Jahrzehnte europäischer Vereinspolitik in den Schatten. PSG hatte seine Posterboys. Manchester City hatte seine importierte Spielkultur. Und die vom

Golf finanzierten Vereine waren drauf und dran, dem Fußball eine neue Weltordnung zu verpassen.

Irgendwann würden sich auch Messi und Ronaldo wohl oder übel in diese einfügen müssen. Dabei waren die beiden auf die eine oder andere Weise schon seit Jahren fest mit den Golfstaaten verbandelt. In den Augen der reichsten Sportkonsumenten des Planeten war Messis und Ronaldos Image – und manchmal auch ihre Anwesenheit – nichts als eine weitere Luxusmarke, die es zu erwerben galt.

So kam es, dass Lionel Messi, der Arbeitersohn aus dem argentinischen Rosario, plötzlich zu den engen Freunden von Turki Al-Sheikh zählte, einem der Berater und politischen Vollstrecker des saudischen Kronprinzen Mohammed bin Salman.

Turki Al-Sheikh gilt mit Recht als einer der extravagantesten Fußballfans der Welt. Aus einer Laune heraus kaufte er einmal einen ägyptischen Fußballverein und nannte ihn in Pyramids FC um, bis ihm nach einem Jahr langweilig wurde und er ihn wieder verkaufte. Dann weckte die zweite spanische Liga sein Interesse, und er übernahm El Almería in Andalusien, wo er in den ersten zwei Jahren mehr als 50 Millionen Euro aus seiner Privatschatulle investierte. Ein Teil des Geldes floss in den Kauf von einem Dutzend Audis, die der Verein verloste, um den Dauerkartenverkauf anzukurbeln. Die Aktion erregte so viel Aufmerksamkeit, dass sogar Messi wissen wollte, was es damit auf sich hatte, obwohl er in Barcelona ja selbst mit Audis versorgt wurde.

Turki Al-Sheikh war nicht der klassische Clubbesitzer, sondern ein Paradebeispiel für einen superreichen Fußballfan, der über das nötige Kleingeld und die Kontakte verfügte, um sich ständig mit Megastars zu umgeben. Er sammelte Treffen mit Fußballstars wie kleine Jungen Panini-Sticker. Er ließ routinemäßig Weltklassetrainer zu privaten Coachings nach Saudi-Arabien einfliegen, von José Mourinho über Zinédine Zidane bis hin zu César Luis Menotti, dem Mastermind hinter dem argentinischen WM-Triumph von

1978. In seiner Rolle als Vorsitzender der saudischen Unterhaltungsbehörde organisierte Al-Sheikh mehrfach Freundschaftsspiele zwischen den Nationalmannschaften von Brasilien und Argentinien, 2018 in Dschidda und 2019 in der saudischen Hauptstadt Riad. Hier erzielte Messi das einzige Tor des Spiels.

Was Al-Sheikh an seiner Freundschaft mit Messi vielleicht am meisten reizte, waren Leos persönliche Grüße. Die beiden Männer reden einander mit Vornamen an, obwohl Al-Sheikh kein Spanisch kann und Messi nur begrenzt Englisch spricht. Doch jedes Mal, wenn Messi seinem Kumpel ein Video schickt, zum Beispiel zum Geburtstag, teilt Al-Sheikh es sofort mit seinen Millionen Instagram-Followern. »*¡Turki … Feliz cumple!*«

Dass Turki Al-Sheikh kein Ronaldo-Fan ist, wird niemanden wundern. Doch das war nicht weiter schlimm – Cristiano kultivierte am Golf seinen eigenen Fanclub: die Regierung der Vereinigten Arabischen Emirate. Im Jahr 2020 stellte das Land Ronaldo eine sogenannte UAE Gold Card aus. Was sich wie eine exklusive Kreditkarte anhört, ist in Wirklichkeit viel wertvoller: Dieses Stück Plastik ist ein Zehn-Jahres-Visum für das Land und wird nur an »spezialisierte Talente« vergeben. Mit der Karte darf sich Ronaldo nach Belieben in den Emiraten aufhalten und dort sogar Firmen besitzen.

Dieses Visum kommt Ronaldo nicht zuletzt bei seiner jährlichen Anreise zu den Dubai Globe Soccer Awards zugute, einer pompösen Preisverleihung, die von einer Marketingagentur aus dem Boden gestampft wurde. Eine gewisse Legitimität hat der Preis dadurch erlangt, dass er sich mit der European Club Association, der Interessenvertretung europäischer Fußballvereine, und der European Football Agents Association zusammengetan hat. Wer genau die Fäden zieht, ist nicht ganz klar, aber ganz offensichtlich hegt man bei den Dubai Globe Soccer Awards eine gewisse Bewunderung für Jorge Mendes und seinen wichtigsten Klienten, denn seit der ersten Preisverleihung im Jahr 2010 wurde Ronaldo sechsmal zum Spieler des Jahres gekürt (Messi nur einmal) und Mendes neunmal zum Agenten des Jahres. 2020 erhielten Ronaldo und Mendes dann sogar eine Auszeichnung als Spieler bzw. Agent des Jahrhunderts. Niemand in Dubai störte sich daran, dass es für eine solche Auszeichnung eigentlich achtzig Jahre zu früh war, und die Größen der Fußballwelt spielten mit. In erster Linie machten Event und Auszeichnung aber vor allem deutlich, wer – global gesehen – im Fußball inzwischen das Sagen hatte.

//////

Florentino Pérez waren Manchester City und Paris Saint-Germain immer herzlich egal gewesen.

Schließlich war er der Präsident von Real Madrid, das offiziell als bester Fußballverein des 20. Jahrhunderts anerkannt war. Manchester City war nicht einmal der beste Fußballverein des 20. Jahrhunderts aus Manchester, und Paris Saint-Germain hatte zwei Drittel des 20. Jahrhunderts überhaupt nicht existiert.

Doch als Pérez im Herbst 2017 an seinem Schreibtisch saß und über seinen Verein und seinen Posten nachdachte, wanderten seine Gedanken immer wieder zu den beiden staatlich finanzierten Fußballvereinen, den *clubes-estado*, und der Bedrohung, die sie für das Imperium darstellten, das er in den letzten zwanzig Jahren mithilfe von anderthalb Milliarden Euro aufgebaut hatte.

Nach außen hin sah es so aus, als sei bei Real Madrid alles beim Alten. Im Juni hatte der Verein wieder einmal die Champions League gewonnen, zum zweiten Mal in Folge und zum dritten Mal innerhalb von vier Jahren. Zwei der vier Madrider Tore hatte Ronaldo geschossen. Aber Pérez war bewusst, dass unter der Oberfläche das ganze Gebäude wackelte. Der massive und kaum kontrollierte Zufluss von Petrodollars verzerrte die gesamte Fußballbranche. In ein paar Tagen würde er auf der Jahreshauptversammlung von Real zu den *socios* sprechen. Und er hatte ihnen ein paar unbequeme Wahrheiten mitzuteilen.

»Wir haben ein Modell erfunden, das bewiesen hat, dass man mehr Umsatz macht, wenn man die besten Spieler hat«, begann Pérez seine Rede. »[Aber] es wird immer schwieriger, zu den gleichen Bedingungen zu konkurrieren.«

Pérez war immer noch sauer, dass PSG seinen Versuch vereitelt hatte, Mbappé zu seinem nächsten *Galáctico* zu machen. Im Juli war er noch überzeugt gewesen, dass er einen Deal mit AS Monaco unter Dach und Fach hatte: Für 180 Millionen Euro sollte der vielversprechende französische Teenager zu Madrid wechseln, der in seinem Kinderzimmer Poster von Cristiano Ronaldo im weißen Trikot hängen gehabt hatte. Pérez wusste, dass Mbappé unbedingt an der Seite seines Idols im Bernabéu spielen wollte, und Monaco gefiel der Gedanke, seinen besten Spieler nicht an einen Rivalen aus der eigenen Liga, nämlich Paris, zu verkaufen. Man war so dicht an einer Einigung, dass *Marca* bereits die vollständigen Details von Mbappés Sechsjahresvertrag veröffentlichte, der ihm 7 Millionen Euro netto pro Saison einbringen würde. Bis sein Vater, Wilfried Mbappé, Real darüber informierte, dass PSG ihm 14 Millionen Euro bot. Das war nun schon mehrere Monate her, aber Pérez war immer noch wütend.

Der ganze Vorgang brachte auf den Punkt, was mit diesen von den Golfstaaten finanzierten Vereinen nicht stimmte. Pérez ärgerte sich nicht über ihre absurden Ausgaben für Spielertransfers – immerhin hatte er selbst fünfmal den Weltrekord für den teuersten Transfer gebrochen. Es war die Art und Weise, wie sie die Gehälter in die Höhe trieben, indem sie mittelmäßigen Spielern Superstar-Löhne zahlten. Es war schwer genug gewesen, einen All-Star-Kader zu unterhalten, als nur Real Madrid und der FC Barcelona am oberen Ende des Marktes eingekauft hatten. Jetzt wurde es fast unmöglich. Real und Barça zahlten jetzt schon die höchsten Jahresgehälter im Fußball und gaben fast 100 Millionen Euro mehr pro Saison für ihre Gehälter aus als alle anderen Vereine.

Pérez hatte die Verschiebung persönlich gespürt. Im vergangenen Jahr hatte er neue Verträge und Gehaltserhöhungen für ein Dutzend Spieler der ersten Mannschaft unterschrieben, darunter alle Stürmer (Ronaldo, Gareth Bale und Karim Benzema), die wichtigsten Mittelfeldspieler (Toni Kroos, Luka Modrić, Lucas Vázquez und Isco) sowie die beiden Außenverteidiger. Innerhalb von zwölf Monaten war die Summe der Löhne, die der Verein zahlte, damit um 32 Prozent gestiegen, und es war immer noch nicht vorbei. Obwohl er sich gerade erst im Herbst mit Ronaldo auf einen neuen Vertrag geeinigt hatte, nervte Mendes ihn schon wieder mit noch höheren Gehaltsforderungen. Wegen der Steuergeschichte wollte Jorge, dass Ronaldo, der 24 Millionen Euro netto verdiente, mit Messi und Neymar gleichzog, die beide mehr als 35 Millionen Euro netto bekamen.

Ronaldo seinerseits tat, was er konnte, um seine Gehaltserhöhungen zu rechtfertigen. Mit seinen 33 Jahren sprintete er inzwischen zwar ein wenig langsamer als in seinen besten Jahren, aber sein Verstand war wendiger als je zuvor und erlaubte ihm brillante, unerwartete Spielzüge. Das beste Beispiel war sein spektakulärer Fallrückzieher gegen Juventus Turin im Viertelfinale der Champions League 2017/18.

An jenem Aprilabend in Turin schätzte Ronaldo perfekt ab, wie Dani Carvajal flanken würde, und beschloss, dass seine beste Chance auf ein Tor darin bestand, sich kopfüber in die Luft zu werfen. Für dieses Kunststück improvisierter Gymnastik musste er sämtliche Körperteile sorgfältig koordinieren – und das alles in einer Ausgangsposition mit dem Rücken zum Tor. Er sprang mit dem rechten Fuß ab, drehte sich in der Luft und brachte beide Beine auf Schulterhöhe, während er die Arme ausbreitete, um den Oberkörper zu stabilisieren. Fast alle Verteidiger um ihn herum blieben stehen, denn: *Mamma mia!* Cristiano versuchte es tatsächlich! Zuerst schwang er das linke Bein, dann das rechte, in perfekter, instinktiver Harmonie und genau im richtigen Moment, um den Ball in etwa 2,20 Metern Höhe im Flug zu treffen.

Juventus' legendärer Torhüter Gianluigi Buffon konnte nur tatenlos zusehen, wie der Ball links an ihm vorbeiflog, und schüttelte ungläubig den Kopf. Reals Trainer Zinédine Zidane, der sich mit spektakulären Champions-League-Toren auskannte, fasste sich an den Kopf und machte ein Gesicht, als könne er nicht glauben, was er da gerade gesehen hatte. Selbst die Juventus-Fans, die noch nicht ahnen konnten, dass Ronaldo in nicht allzu weiter Ferne für ihre Mannschaft spielen würde, konnten nicht anders, als dieses Tor des Gegners mit Standing Ovations zu würdigen.

»Cristiano hat sich das zweite Tor doch ausgedacht!«, sagte Juves Verteidiger Andrea Barzagli hinterher. »Das war ein PlayStation-Tor.«

»Unterhält er euch nicht!?!?«, twitterte LeBron James in Anspielung an ein Zitat aus dem Film *Gladiator*. »Das ist echt nicht mehr fair. Krass!!«

Der ehemalige Real-Verteidiger Álvaro Arbeloa fand, dass das viel mehr gewesen war als bloße Unterhaltung. Für ihn war der Fallrückzieher nicht von dieser Welt. »Ronaldo kann jetzt die Erde verlassen und mit den Marsmenschen spielen«, schrieb er. »Hier hat er alles erreicht.«

Zurück auf Planet Real Madrid war Pérez weiterhin wild entschlossen, die Kosten unter Kontrolle zu halten. Er blieb standhaft, selbst als sich die Anrufe von Mendes häuften. Doch bald wurde die Situation unhaltbar. Auch wenn Mendes bei den Vertragsverhandlungen Paris Saint-Germain und Manchester City nicht explizit erwähnte, war doch klar, dass die beiden nur auf ihre Chance lauerten. Die von den Golfstaaten finanzierten Vereine kauften ihm nicht nur auf dem Transfermarkt die Spieler vor der Nase weg, jetzt vergriffen sie sich schon an seinem aktuellen Team! Der Kreislauf aus Investitionen und Wachstum, den er vor so vielen Jahren nach Madrid gebracht hatte, drohte auseinanderzubrechen.

»Wenn wir die Verträge von Modrić, Kroos & Co. nicht verlängern, werden sie *irgendwo anders* hingehen«, teilte Pérez den *socios* mit, und alle wussten genau, wo dieses »irgendwo anders« war. »Und ohne diese Spieler, die die Champions League gewinnen, verlieren wir Sponsoren.«

Real Madrid war bereits 2017 von Manchester United als reichster Verein der Welt abgelöst worden und war damit zum ersten Mal seit elf Jahren nicht mehr der Fußballverein mit dem höchsten Umsatz. Ebenfalls 2017 hatte Manchester United mit der Verpflichtung des französischen Mittelfeldspielers Paul Pogba für 105 Millionen Euro außerdem den Transferweltrekord gebrochen, den Real ganze sechzehn Jahre lang gehalten hatte. Und Pérez' großes Vorhaben, das Stadion des Vereins zu sanieren, war nach dem Scheitern eines 400-Millionen-Euro-Deals für Namensrechte mit der International Petroleum Investment Company auf Eis gelegt. Geschäftsführer des Unternehmens aus Abu Dhabi war Chaldun al-Mubarak, der rein zufällig Vorsitzender von Manchester City ist.

Trotz dieser Tiefschläge war Florentino Pérez die Präsidentschaft von Real Madrid auf absehbare Zeit sicher. Durch eine Reihe von schrittweisen Änderungen an den Statuten des Vereins hatte er die Hürden für potenzielle Kandidaten immer weiter erhöht. Diese mussten nun seit mindestens zwanzig Jahren *socios* sein und unter anderem eine Bürgschaft einer spanischen Bank über 75 Millionen Euro vorweisen können. Gut möglich, dass der einzige Mensch auf der Welt, der diese Voraussetzungen erfüllte, Florentino Pérez selbst war. Folglich hatte sich seit 2009 kein einziger Gegenkandidat mehr zur Wahl gestellt.

Wenn er an den Rest der Saison dachte und sich überlegte, was danach geschehen würde, war Pérez jedoch klar, dass sich etwas ändern musste. Er hatte den europäischen Fußball schon einmal umgekrempelt, vielleicht war es an der Zeit, es ein weiteres Mal zu tun. Schon seit Monaten spukte ihm eine radikale Idee im Kopf herum. Wenn er sie durchsetzen könnte, würde das Real Madrid wieder an die Spitze der Nahrungskette des Fußballs katapultieren.

Natürlich würde es Gegenwind geben. Pérez wusste, dass die

Traditionalisten über die Kommerzialisierung schimpfen und herumzetern würden, die Seele des Fußballs stünde auf dem Spiel. Aber das war ihm egal. Drastische Zeiten erforderten drastische Maßnahmen. Und wenn es Pérez gelänge, die Öffentlichkeit dafür zu begeistern, dann würde sein Projekt eine neue goldene Ära für den Real Madrid Club de Fútbol einläuten.

Er wollte einen Freizeitpark bauen.

///////

Anfang Oktober hatte Barcelona bereits fünf Punkte Vorsprung in der Tabelle, daher waren Achterbahnen und Autoscooter nicht gerade die Anschaffungen, auf die die Real-Fans gehofft haben dürften, zumal seit James Rodríguez im Jahr 2014 kein potenzieller *Galáctico* mehr verpflichtet worden war.

Für Pérez war ein Freizeitpark letztlich jedoch nichts anderes als ein neuer *Galáctico*. Es war alles Teil der gleichen übergreifenden Philosophie, der nächste logische Schritt in seinem Plan, Real Madrid von einem reinen Fußballverein in eine globale Mega-Marke zu verwandeln. Er hatte Real an die Weltspitze gebracht, indem er sich beim Marketing von Disneys *König der Löwen* inspirieren ließ. Jetzt plante Pérez, an der Weltspitze zu bleiben, in dem er sein eigenes Disney World baute.

Mit der Idee eines Freizeitparks hatte er schon seit Jahren gespielt. Bereits 2004 war erstmals intern über das Thema diskutiert worden. Vor kurzem hatte der Verein dann beschlossen, den Namen Real Madrid für ein Luxusresort in den Vereinigten Arabischen Emiraten zu lizenzieren, das einen Freizeitpark, ein Vereinsmuseum und einen Yachthafen in Form des Real-Wappens umfassen sollte. Der Unterschied zu damals war, dass das Vorhaben inzwischen weniger eine mutige Vision war als eine pure finanzielle Notwendigkeit. Real Madrid würde nur mit Manchester City und Paris Saint-Germain Schritt halten können, wenn der Verein neue Einnahmequellen erschloss.

Pérez war so begeistert von seiner Idee, dass er sogar schon Entwürfe für einzelne Fahrgeschäfte skizzierte, die die Namen legendärer Spieler der Vereinsgeschichte tragen sollten. Vor einer Weile hatte er sich den Ferrari World Park in Abu Dhabi angeschaut, und seitdem stellte er sich rasante Abfahrten und atemberaubende Loopings vor, die an die Flugbahn des Fußballs bei legendären Toren erinnern sollen, wie Zinédine Zidanes Volleyschuss im Champions-League-Finale 2002 gegen Bayer Leverkusen. Zwar hatte er weder Ahnung von der Technik noch vom operativen Geschäft eines Freizeitparks. Aber das war für Florentino Pérez vollkommen nebensächlich. Er kannte alles und jeden, und er wusste sofort, wen er um Rat fragen konnte, wie sein neues Projekt erfolgreich umzusetzen sei.

Pérez lud also eine Gruppe ehemaliger Topmanager von Disney, allen voran den langjährigen CEO Michael Eisner, in den Sitzungssaal des Bernabéu ein, um ihnen sein Konzept für »RealMadrid-Land« vorzustellen. »In unserer Branche sind wir so groß wie Disney«, verkündete er stolz, wie einer der anwesenden Manager später berichtete. »Real Madrid muss solche Dinge tun, denn wir sind die Nummer eins und können nur die Nummer eins bleiben, wenn wir immer die Ersten mit großen neuen Ideen sind.«

Während Pérez seine Vision erläuterte, wurde den anwesenden Managern schnell klar, dass seine Idee größer war, als sie zunächst angenommen hatten. Pérez wollte nicht nur einen Freizeitpark für Real Madrid bauen, sondern auch ein neues Hauptquartier für den Verein und einen weitläufigen Trainings- und Entertainmentkomplex, der eine Trainingsanlage für alle Spieler von der G-Jugend bis zur ersten Mannschaft und einen Vergnügungspark beherbergen sollte. Er hatte sogar Entwürfe für eine ganz besondere neue Attraktion dabei, die für 90.000 Menschen ausgelegt war und bei jedem Besuch ein ganz neues Erlebnis bieten würde.

Pérez wollte Real ein neues Stadion bauen. Das Estadio Santiago Bernabéu wäre damit Geschichte.

Als Pérez seine Rede beendet hatte, waren Eisner und seine

Berater von den Ausmaßen seines Vorschlags überwältigt. Einen neuen Freizeitpark zu bauen war für sich genommen schon ein riskantes Unterfangen. Einen Freizeitpark, eine Trainingsanlage und ein hochmodernes Stadion gleichzeitig zu errichten, erschien ihnen dementsprechend mehr als waghalsig. Pérez merkte, dass die Stimmung zu kippen drohte, und wies auf die vielen Trophäen, die im Sitzungssaal ausgestellt waren. Repliken aller zwölf Champions-League-Pokale des Vereins standen in zwei Reihen links und rechts von einer kleinen silbernen Scheibe auf einem Glassockel, mit der die FIFA Real Madrid offiziell als besten Fußballverein des 20. Jahrhunderts ausgezeichnet hatte. »Alle anderen kämpfen um diese Trophäen«, sagte Pérez mit einer ausladenden Handbewegung in Richtung der Europapokale. Dann deutete er auf die kleinere Auszeichnung in der Mitte. »Real Madrid kämpft um diese da. Wir wollen uns die nächste ebenfalls holen.«

Eisner und sein Team waren beeindruckt von Pérez' Selbstvertrauen und seiner klaren Vision. Weniger angetan waren sie von einigen grundlegenden Aspekten seines Plans. Fast drei Monate brauchten sie, um die Entwürfe zu prüfen, bevor sie sich bei Pérez zurückmeldeten. Die Liste ihrer Bedenken war lang. Unter anderem wiesen sie darauf hin, dass es in Madrid bereits einen Freizeitpark von Warner Bros. gab, mit dem er sich sein potenzielles Publikum würde teilen müssen. Außerdem gab es keine Anreize für die Besucher, länger als einen oder zwei Tage zu bleiben, was bedeutete, dass der Freizeitpark höchstwahrscheinlich nicht kostendeckend arbeiten, geschweige denn Gewinn abwerfen würde.

Abgesehen von diesen Problemen bei den grundlegenden wirtschaftlichen Aspekten bezweifelten sie generell, dass es schlau war, am Hauptsitz eines Profifußballteams einen öffentlichen Freizeitpark zu errichten. Insbesondere verwarfen sie Pérez' Idee, ihn an das Trainingsgelände anzuschließen, damit die Besucher der ersten Mannschaft beim Training zuschauen können, als wäre es eine Attraktion in Disneyland. Die US-Manager waren der Ansicht, wenn man der Öffentlichkeit ungehinderten Zugang zu den Trainingsaktivitäten der Mannschaft verschaffte, würde der Verein möglicherweise wichtige Informationen preisgeben.

»Wenn ein Spiel gegen Barça ansteht, möchten Sie doch sicher nicht, dass jemand beim Training zuguckt, denn vielleicht ist ja ein Barcelona-Fan dabei, der das alles mitfilmt und dem Gegner Ihre Taktik verrät«, gab einer der Manager zu bedenken.

Pérez dachte einen Moment darüber nach, doch dann winkte er ab. »Die Leute sehen das doch sowieso alles«, entgegnete er.

Was dem Freizeitpark von Real Madrid letztendlich zum Verhängnis wurde, war etwas viel Elementareres als irgendwelche Spione aus Katalonien: nämlich Geld. Pérez hatte sich bereits eine Finanzierung von fast 1,4 Milliarden Euro gesichert und vorläufige Vereinbarungen mit den örtlichen Behörden getroffen, um ein 52 Hektar großes Gelände in der Nähe des Madrider Flughafens zu bebauen, das einen Teil vom bereits bestehenden Trainingskomplex von Real, der Ciudad Deportiva de Valdebebas, umfasste. Eisners Team war der Meinung, beides reiche bei weitem nicht aus, um ein solches Projekt zu verwirklichen. Luftaufnahmen des Geländes zeigten zwar, dass es groß genug war, um ein Stadion, ein Trainingsgelände und einen Freizeitpark zu bauen, aber das reichte längst nicht für ein Projekt dieser Größenordnung. Wenn man die Hotels und Konferenzzentren miteinrechnete, benötigte man fast hundert Hektar. Außerdem schätzten sie die Gesamtkosten des Projekts auf etwa 2,5 Milliarden Euro, 75 Prozent mehr als die veranschlagte Summe.

So viel war selbst Florentino Pérez nicht bereit auszugeben. In den darauffolgenden Wochen wurde das Projekt Freizeitpark daher still und leise auf Eis gelegt, während Real immerhin die Champions League 2017/18 gewann. Doch die Kräfte, die es wie eine vernünftige Idee hatten erscheinen lassen, dass ein Fußballverein einen Freizeitpark baute – diese Kräfte waren nicht mehr zu bremsen.

Pérez' Suche nach neuen Einnahmequellen ging weiter.

Zehn
Fusionen und Übernahmen

Wie Real Madrid hatte auch der FC Barcelona ein Geldproblem, aber ein ganz anderes: Der Verein hatte zu viel Geld. Die 222 Millionen Euro, die Paris Saint-Germain für Neymar überwiesen hatte, waren ein Geldsegen, wie ihn kein Fußballverein je erlebt hatte. Barcelonas Vereinspräsident Josep Maria Bartomeu hatte den Brasilianer nicht verlieren wollen, aber er wusste, dass diese Finanzspritze eine einmalige Chance für ihn war. Mit einer soliden strategischen Planung und umsichtigem Finanzmanagement konnte der Verein eine umfassende Erneuerung des Kaders finanzieren, Messi ein paar frische, junge Talente an die Seite stellen und Barça auf eine Erfolgsserie vorbereiten, die bis weit ins nächste Jahrzehnt reichen würde.

Aber er wusste auch, dass niemand Trikots kauft, auf deren Rücken »strategische Planung« oder »umsichtiges Finanzmanagement« steht.

In den Augen der *socis* war Bartomeu der Mann, der Neymar weggegeben hatte. Und im Fußball gibt es nur einen todsicheren Weg für einen Vereinspräsidenten, wütende Fans zu beschwichtigen: Bartomeu brauchte eine spektakuläre Neuverpflichtung, die er ihnen wie einen glänzenden Pokal präsentieren konnte. Auf der Suche nach einem solchen Spieler verbrannte Barça Geld wie ein Sneaker-süchtiger Teenager mit zu viel Taschengeld.

In den anderthalb Jahren nach Neymars Fortgang geriet Barcelona in einen Kaufrausch, der wohl zu den wildesten und rücksichtslosesten zählt, die der Profifußball je erlebt hat – ein Sport, in dem das Geld meistens auf besonders wilde und rücksichtslose Weise ausgegeben wird. Am Ende hatte Barça mehr als 700 Millionen Dollar an Ablösesummen verpulvert, zig Millionen an Gehältern verprasst und die Zukunft des Vereins für eine Reihe von Spielern verpfändet, von denen keiner die kurzfristigen Gewinne einspielte, für die sie verpflichtet worden waren.

Aber dieser Kaufrausch war mehr als ein Akt der Selbsterhaltung. So sehr Bartomeu auch den Druck der Fans und den von Real Madrid zu spüren bekam, der wichtigste Grund, warum er sich gezwungen sah, so viel Geld auszugeben, war das kleinste Mitglied des Teams. Die bloße Anwesenheit von Messi nötigte den Verein, jede Saison alles auszugeben, was er auf dem Konto hatte.

Wenn einer der besten Spieler aller Zeiten auf dem Höhepunkt seiner sportlichen Leistung ist, gibt es keinen Spielraum für Experimente, für einen Umbau der Mannschaft. Dann kann man keine Spieler kaufen, die vielleicht irgendwann später einmal die Mannschaft prägen werden. *Jetzt* zu gewinnen war für den FC Barcelona das Einzige, was zählte. Er fühlte sich verpflichtet, jeden einzelnen Cent auszugeben, um Messi mit dem besten Team zu umgeben, das man für Geld kaufen konnte, solange er auf dem Höhepunkt seiner Karriere war. Alles andere hätte als Verbrechen gegen den Fußball gegolten. Das Dumme war nur: Der Höhepunkt von Messis Karriere dauerte nun schon weit mehr als zehn Jahre, und ein baldiges Ende war nicht abzusehen.

Selbst als er auf die Dreißig zuging, ein Alter, in dem die meisten Fußballer anfangen, sich über steife Knie und schütteres Haar Gedanken zu machen, und zum ersten Mal merken, dass sie sterblich sind, war Messi weiterhin in Topform. In seiner 14. Saison als Profi, ein knappes Jahrzehnt, nachdem er zum ersten Mal als Weltfußballer des Jahres ausgezeichnet wurde, deutete alles darauf hin, dass er nur noch besser wurde.

Nach dem Weggang von Neymar und der Ankunft eines neuen Trainers, Ernesto Valverde, spielte Messi ab der Saison 2017/18 im

Mittelfeld auf einer etwas tieferen Position hinter Luis Suárez. Indem er nun zentraler spielte, wurde er für Barcelonas Spiel noch wichtiger: Er schoss zwar immer noch seine Tore, aber von jetzt an bereitete er auch die meisten anderen vor. Messi beendete die Saison mit 47 Toren und 21 Assists. Auf sein Konto gingen in jener Saison die meisten Tore, die meisten Assists, die meisten Torschüsse, die meisten herausgespielten Torchancen, die meisten erfolgreichen Dribblings, die meisten Tore von außerhalb des Strafraums, die meisten Tore von innerhalb des Strafraums und die meisten Tore nach Freistößen der Primera División. Mit dreißig Jahren war Messis Leistung selbst für seine eigenen Verhältnisse extrem gut.

Es gab auch keine Anzeichen für einen körperlichen Verfall. Nachdem Lionel Messi vor einer Weile seine Essgewohnheiten verändert hatte, war er in der besten Form seines Lebens. Nach der WM 2014 hatte Messi, der sich bis dahin hauptsächlich von Pizza, Pepsi und Popcorn ernährt hatte, einen Ernährungsberater aufgesucht. Er strich Zucker, Nudeln, Weizenmehl und geschälten Reis von seinem Speiseplan und nahm dadurch mehr als drei Kilo ab. Außerdem war er jetzt noch weniger anfällig für die kleinen Verletzungen, die ihn zu Beginn seiner Karriere immer geplagt hatten. Seit der Saison 2009/10 hatte kein Feldspieler in der Primera División mehr Minuten auf dem Spielfeld verbracht.

All das trug dazu bei, dass Bartomeu nicht so recht wusste, was er mit den 222 Millionen Euro auf dem Vereinskonto tun sollte. Messi war jetzt so lange ihr bester Spieler, dass es für die Verantwortlichen des FC Barcelona keine Blaupause gab, an der sie sich orientieren konnten. Dafür, eine neue Generation von Mittelfeldspielern heranzuziehen, wie Barça es mit Cruyffs Team getan hatte und später mit den Spielern, die Guardiola geerbt hatte, gab es nicht genug Zeit. Und da damals ohnehin keine nennenswerten Gelder vorhanden gewesen waren, die der Verein hätte ausgeben können, hatten die Transfers des Vereins nur selten im Mittelpunkt gestanden. (Was die Öffentlichkeit in den Jahren unter Guardiola kaum mitbekommen hatte, war die Tatsache, dass die Spieler, die er von außerhalb des Camp-Nou-Systems verpflichtete, oft die größten Enttäuschungen darstellten.)

Aber jetzt, wo sich seit zehn Jahren alles um Messi drehte, hatte sich das Kalkül, wie man eine erfolgreiche Mannschaft aufbaute, völlig verändert.

Alex Ferguson hat einmal gesagt, dass große Mannschaften immer im Vierjahreszyklus kommen und gehen. Vier Jahre sind in etwa der Zeitraum, den sich ein typischer Fußballer auf dem Zenit seiner Leistungsfähigkeit befindet. Wie alles, was der ehemalige Manager von Manchester United von sich gab, gilt auch diese Aussage seitdem als unumstößliche fußballerische Weisheit. Doch Ferguson hatte nicht damit gerechnet, dass es einmal einen Spieler wie Messi geben würde, bei dem dieser Zeitraum nun schon 15 Jahre dauerte. Messi war während des Guardiola-Zyklus dabei gewesen und hatte während des MSN-Zyklus die Champions League gewonnen. Jetzt schien er bereit für einen neuen Zyklus, in dem er so ziemlich alles allein machen musste.

Bartomeu hatte keine Wahl. Natürlich sagte er, was die Leute hören wollten, nämlich dass er die Ablösesumme für Neymar »umsichtig, diszipliniert und gelassen« investieren werde. Intern gab die Führungsriege des FC Barcelona jedoch zu verstehen, dass sie möglichst schnell einen Spieler wollten, der Messi im dritten Akt seiner Karriere zur Seite stand. Drei Wochen bevor das Sommer-Transferfenster 2017 schloss, wurde unter Agenten, Vermittlern und rivalisierenden Trainern gemunkelt, dass Barcelona einen großen Wurf landen wollte.

Im Fußball ist es alles andere als ideal, wenn sich so etwas herumspricht. Wenn man auf den Transfermarkt drängt und alle wissen, dass man bereit ist, viel Geld auszugeben, dann ist das in etwa so, als würde man zu einem Gebrauchtwagenhändler gehen und dem Verkäufer einen Blankoscheck in die Hand drücken. Das würden die Verantwortlichen von Barça bald am eigenen Leib erfahren.

Als Bartomeu Ende August zu einem Treffen mit den Verantwortlichen von Borussia Dortmund reiste, wusste man dort längst Bescheid.

Barcelona war an einem jungen französischen Stürmer namens Ousmane Dembélé interessiert. Im Vorfeld der Verhandlungen, die in Monte Carlo stattfanden, hatte sich Barça ein festes Limit gesetzt. Wie die *New York Times* berichtete, war man bereit, für Dembélé, der erst ein Jahr zuvor für 15 Millionen Euro zu Dortmund gewechselt war, 80 Millionen zu zahlen. Höher würde man auf keinen Fall gehen. Bevor sie den Konferenzraum betraten, umarmten sich Bartomeu und sein Chefunterhändler, als befänden sie sich im Tunnel des Camp Nou vor einem wichtigen Spiel.

Im Konferenzraum erlebten sie dann eine böse Überraschung. Die Dortmunder Manager sagten, sie müssten ein Flugzeug erwischen, daher hätten sie keine Zeit für Smalltalk. Aber verhandeln wollten sie ohnehin nicht. Sie würden Dembélé nicht unter 162 Millionen Euro verkaufen. (Damit wäre er der bis dato zweitteuerste Spieler der Fußballgeschichte.) Barcelonas angeblich so festes Limit schmolz dahin wie eine Kugel Eis in der katalanischen Sonne. Man einigte sich auf eine Ablöse von 105 Millionen Euro im Voraus und weitere 42 Millionen in Form von Bonuszahlungen. Bartomeu traute sich einfach nicht, mit leeren Händen heimzukehren.

Nur ein paar Monate später legte der Verein weitere 160 Millionen Euro auf den Tisch, um Liverpool den brasilianischen Spielmacher Phillipe Coutinho abzukaufen. Auch dieses Mal wirkten die Verantwortlichen von Barça am Verhandlungstisch völlig hilflos – ihr ursprüngliches Angebot waren 81 Millionen Euro gewesen.

Es dauerte kaum ein halbes Jahr, bis der FC Barcelona die gesamte Neymar-Ablöse ausgegeben hatte. Und es brauchte nur wenig mehr Zeit, bis der Verein feststellen musste, dass er das ganze Geld zum Fenster rausgeworfen hatte. Keine sechs Monate, nachdem der Verein Coutinho gekauft hatte, versuchte er schon, ihn wieder loszuwerden. Dass er Dembélé nicht ebenfalls wieder zum

Verkauf anbot, lag nur daran, dass er ständig ausfiel. In den viereinhalb Jahren seit seinem Wechsel zum FC Barcelona kam der französische Stürmer nur 58-mal zum Einsatz und verpasste 102 Spiele aufgrund von Verletzungen oder Krankheiten.

Das Geld, das Neymar dem Verein eingebracht hatte, war weg, aber das Loch, das er im Kader hinterlassen hatte, blieb. Also tat der Club, was jeder unbelehrbare Glücksspieler tut, wenn er alles verspielt hat: Er leiht sich Geld, um wieder ins Spiel einzusteigen. Im Juli 2019 nahm Barça einen durch künftige Einnahmen abgesicherten Kredit auf, um Atlético Madrid die geforderten 120 Millionen Euro Ablöse für den altgedienten französischen Stürmer Antoine Griezmann zu zahlen. Aber auch der war ein Flop.

Die 427 Millionen für Dembélé, Coutinho und Griezmann waren nur ein Teil der Unsummen, die der FC Barcelona verschwendete. Dabei waren die überhöhten Ablösesummen in mehr als einer Hinsicht noch das geringste Problem.

Viel besorgniserregender war, was die ganzen Fehlschläge darüber aussagten, wie der Verein vorging, wenn er neue Spieler rekrutierte. Jede Mannschaft greift auf dem Transfermarkt hin und wieder daneben. Das Bemerkenswerte an Barcelonas Pleiten war, dass man aufgrund der Profile der Spieler von vornherein hätte wissen müssen, dass sie keine gute Wahl waren. Coutinho sollte Andrés Iniesta ersetzen, war aber in Barcelonas passfreudigem Mittelfeld hoffnungslos fehlbesetzt. Für das Kurzpassspiel mit Messi fehlte ihm die Kompetenz, für seine Läufe, für die man ihn in Liverpool gefeiert hatte, fehlte ihm der Raum. Griezmann hatte sich bei Atlético Madrid als Hauptangreifer in einer konterstarken Mannschaft bewährt – in einem Team aber, das auf Ballbesitz setzte und von ihm verlangte, hinter Messi die zweite Geige zu spielen, wirkte er einfach verloren. Allerdings war es im Grunde auch kein Wunder, dass ein Verein, der unter Bartomeu innerhalb von sechs Jahren fünf Sportdirektoren verheizt hatte, ein schlüssiges Konzept vermissen ließ, eine Vision, wie man die Neuzugänge verwenden würde. Pech war das nicht, eher war es mangelhaftes Management.

Dass die Verantwortlichen des FC Barcelona den größten Geldsegen in der Geschichte des Fußballs verprassen konnten, ohne ihren Kader entscheidend zu verbessern, kann man sich kaum vorstellen – bis man sich klarmacht, dass die Leute, die diesen Club leiteten, ihren Job überhaupt nicht so auffassten, als würden sie einen Fußballverein führen. Als Bartomeu 2014 zum Vereinspräsidenten gewählt wurde, war sein primäres Ziel nicht, den FC Barcelona auf dem Rasen zu Ruhm und Ehre zu führen, sondern ihn zum ersten Fußballverein der Welt zu machen, der einen Jahresumsatz von einer Milliarde Euro erzielte. Der Präsident eröffnete Büros in New York, Hongkong und Schanghai und jettete um die Welt, um Blue-Chip-Unternehmen zu überreden, den Status von Barça als globale Marke zu stärken. Sinn und Zweck dieser Fokussierung auf Tätigkeiten abseits des Spielfelds war, den Verein gegen die Ergebnisse auf dem Spielfeld immun zu machen. Als Barcelona versuchte, sich ein Imperium wie Manchester United aufzubauen, hatte das zur Folge, dass Siege und Niederlagen nicht mehr auf allen Ebenen des Vereins das Wichtigste waren. Vor diesem Hintergrund ist es kaum verwunderlich, dass es keine funktionierende Strategie für das Leben nach Neymar gab. Das war praktisch unvermeidlich. Ein ausgewiesener Spezialist für das Erkennen struktureller Schwächen hatte das ganze Debakel schon lange vorher kommen sehen: Johan Cruyff. »Geld ist zweitrangig«, sagte er im Jahr 2015. »In erster Linie sollte es Prinzipien geben und Werte. Und die hat Barça nicht mehr.«

Das Schlimmste waren die Folgen dieser unüberlegten Käufe für die Lohnkosten des Vereins. Der Zustrom so vieler hochdotierter Spieler zu einem Kader, der bereits voll war mit teuren Veteranen, brachte Barça an den Rand seiner finanziellen Möglichkeiten. Als Messi im November 2017 einen neuen Vertrag mit einer Ausstiegsklausel von 700 Millionen Euro unterzeichnete, der ihn zum bestbezahlten Spieler der Welt machte, war das Maß voll. Barça gab nun jährlich 487 Millionen Euro für Gehälter aus, das waren fast 100 Millionen Euro mehr als irgendein anderer Fußballverein auf der Welt. Die Kosten für Gehälter entsprachen nun siebzig Prozent des Jahresumsatzes – der nach den UEFA-Regeln zulässige Höchstwert. In der Saison 2012/13 waren es noch 42 Prozent gewesen.

»Die Ausgaben waren sagenhaft«, kommentierte später Victor Font, der ehemalige Kandidat für die Vereinspräsidentschaft des FC Barcelona, »und die meisten Entscheidungen waren falsch.«

Wenn sich einer mit sagenhaften Ausgaben und falschen Entscheidungen auskannte, dann Florentino Pérez mit seinem *Galácticos*-Projekt. Als er darüber nachdachte, was er mit seinem eigenen alternden Superstar tun sollte, musste er immer wieder daran denken, was er Anfang der 2000er-Jahre alles falsch gemacht hatte.

Das Dilemma der dauerhaften guten Form beschränkte sich keineswegs auf Messi und den FC Barcelona. Real Madrid befand sich seit einigen Jahren in der gleichen Zwickmühle. Im Februar 2018 wurde Ronaldo 33 Jahre alt, und er war immer noch ein phänomenaler Torjäger, der charismatische Talisman seiner Mannschaft und (zumindest in seinen Augen) der schönste Mann der Welt. Aber wie lange würde das noch so weitergehen? Und wie viel wollte Pérez ausgeben, um das herauszufinden?

Der Unterschied zu Barcelona und Messi war, dass Reals Strategie, das Maximale aus Ronaldos besten Jahren herauszuholen, tatsächlich aufging. Im Mai 2018 besiegte Real Madrid im Endspiel der Champions League den FC Liverpool und war damit der erste Verein seit 1976, der drei Spielzeiten in Folge den Europapokal gewann. So teuer diese beispiellose Siegesserie des Vereins auch war, sie war nur möglich geworden, weil seine drei wichtigsten Akteure alle dasselbe Ziel verfolgten: Cristiano Ronaldo, Florentino Pérez und Trainer Zinédine Zidane wussten, dass die beste Methode, ihr Vermächtnis zu vergolden, weitere Champions-League-Siege waren. Während Messi dabei war, sich nacheinander mit einer ganzen

Reihe von Trainern zu zerstreiten, hatte Pérez 2016 den ehemaligen *Galáctico* Zidane angeheuert, um die große Ronaldo-Show am Laufen zu halten. Das war schlau gedacht, denn wer konnte den Superstar besser verstehen als jemand, der selbst einer gewesen war? Ein Talent wie Cristiano musste man hegen und pflegen, und man musste wissen, wann man ihm besser aus dem Weg ging. Zidanes großer Vorteil war, dass er in seiner glänzenden Karriere so viel erreicht hatte, dass Ronaldo ihm tatsächlich zuhörte. »Man braucht die Erfahrung, selbst ein hochklassiger Spieler gewesen zu sein, weil die Psycholgie der Spieler sich so stark verändert hat«, sagt Raymond Domenech, der Zidane und die französische Nationalmannschaft 2006 als Trainer ins WM-Finale gebracht hatte. »Mit ihren übergroßen Egos braucht man jemanden, der sie wieder auf den Boden der Tatsachen holen kann.«

Gemeinsam waren Zidane und Ronaldo sich einig, dass es am klügsten war, Cristiano zu schonen, wenn Real gegen schwächere Mannschaften antrat, und ihn dann bei wichtigen Spielen, wie in der Champions League, mit voller Wucht auf den Gegner loszulassen. Drei Jahre in Folge war Ronaldo so der beste Torschütze der Champions League und erzielte im Durchschnitt mehr als ein Tor pro Spiel. Mehr Beweise dafür, dass ihre Taktik funktionierte, brauchte Cristiano nicht. »Die Wahrheit ist – und fragt mich nicht, warum«, erklärte er damals, »dass die Spieler mehr Empathie für Zidane empfinden.«

Pérez für seinen Teil gab immer noch sehr viel Geld aus. Aber das meiste davon floss in die laufenden Gehälter, und ansonsten versuchte Madrid, seine Starbesetzung zusammenzuhalten. Im Gegensatz zu Barça hatte Pérez klammheimlich aufgehört, große Summen für namhafte Stars auszugeben. Seit Ronaldos dreißigstem Geburtstag waren keine neuen *Galácticos* mehr verpflichtet worden. Als der Verein im September 2017 seine Finanzergebnisse veröffentlichte, war er mit 178 Millionen Euro im Plus.

Das war kein Zufall. Seit seine erste Amtszeit als Präsident von

Real Madrid damit geendet hatte, dass er auf einer demütigenden Pressekonferenz seinen eigenen Rücktritt ankündigte, hatte sich Pérez geschworen, die Fehler, die zum Untergang der ersten *Galácticos* geführt hatten, nicht zu wiederholen. Er hatte das Projekt zu lange laufen lassen, einfach weil er sich nicht getraut hatte, es abzubrechen und noch einmal neu anzufangen – sich von den Superstars zu verabschieden, die im Bernabéu für so viel Begeisterung und *ilusión* gesorgt hatten. Dieses Mal sollte es anders laufen. Er würde nicht zulassen, dass ihm ein weiteres Projekt langsam verkümmerte, vor allem kein so teures.

Also dachte sich Pérez eine neue Lösung für das Dilemma von Ronaldos dauerhafter Topform aus. Im Sommer 2018, ein paar Wochen, nachdem Cristiano seine vierte Champions League gewonnen hatte, und ein paar Monate, nachdem die Verhandlungen über seinen neuen Vertrag in eine Sackgasse geraten waren, traf sich Pérez mit Jorge Mendes und präsentierte ihm seine Lösung. Er wollte die Neuigkeiten persönlich überbringen.

Nach 450 Toren in 438 Spielen stand es Cristiano Ronaldo frei, Real Madrid zu verlassen.

///////

Ronaldos anschließender Wechsel zu Juventus war weniger ein Transfer als vielmehr eine Fusion. Auf der einen Seite gab es die Cristiano Ronaldo GmbH & Co. KG, ein multinationales Unternehmen mit einer globalen Marke, hoher Rentabilität und einem zentralen Akteur. Auf der anderen Seite stand Juventus FC S. p. A., ein 121 Jahre altes Unternehmen, das von Nachkommen von Fiat geführt und an der Börse gehandelt wird. Der Club mit Sitz in Turin, der den Spitznamen *La Vecchia Signora* (»die alte Dame«) trägt, war der bei weitem erfolgreichste Verein in der langen Fußballgeschichte Italiens. Juve hatte mehr als dreißig Meisterschaften gewonnen und war inzwischen so mächtig, dass der Verein in der höchsten Spielklasse, der Serie A, enormen Einfluss ausüben konnte und das auch gerne tat, wenn auch nicht immer auf ganz legale Weise. Im Jahr 2006 wurde der Verein im Zuge eines umfassenden Bestechungs- und Spielmanipulationsskandals, dem man den Namen *Calciopoli* verpasste, kurzzeitig aus der Serie A verbannt. Doch die Schmach, in der zweiten Liga zu spielen, musste Juve nicht allzu lange erdulden. Als im Juli 2018 die Verhandlungen mit Ronaldo begannen, war der Verein schon seit Jahren wieder erstklassig. Die beiden Schwergewichte schmiedeten eine neue Allianz, und der Weltfußballer Cristiano verlagerte seine sportlichen Aktivitäten per Vierjahresvertrag nach Turin.

Nachdem die Gerüchteküche eine Woche lang gebrodelt hatte, wurde der Transfer am 10. Juli offiziell bestätigt. »Er heißt Cristiano Ronaldo und ist jetzt offiziell ein *Bianconero*!«, verkündete der Verein. Es war sofort die wichtigste Meldung im Sport – dass am selben Abend in Sankt Petersburg Frankreich im WM-Halbfinale gegen Belgien gewann, nahm die Fußballwelt nur am Rande zur Kenntnis.

Bis zum 18. Juli legte der Aktienkurs von Juve um 32 Prozent zu und seine Marktkapitalisierung stieg auf fast 900 Millionen Euro. Somit zeichnete sich bereits ab, dass sich der Einsatz lohnen würde, bevor Ronaldo auch nur einen Ball getreten hatte.

Das war für Juventus auch dringend nötig, denn es war der höchste Einsatz in der Vereinsgeschichte. Nie zuvor hatte der Verein so viel für einen einzigen Spieler ausgegeben. Allein die Ablösesumme an Real Madrid betrug 117 Millionen Euro, und Ronaldos Gehalt lag bei 31 Millionen netto pro Saison. Faktisch musste Juve allerdings noch weit mehr hinblättern.

Die wahren Kosten für Ronaldos Aufenthalt in Italien, also sein Bruttogehalt und die Abschreibung der Ablösesumme über die Vertragslaufzeit, schlugen sich in den Büchern des Vereins mit 86 Millionen Euro pro Jahr nieder.

Die Due Diligence unterschied sich bei dieser Fusion zweier Wirtschaftsunternehmen ein wenig von den üblichen Abläufen im

Vorfeld eines Vertragsabschlusses. Schließlich *scoutet* man jemanden wie Cristiano Ronaldo nicht. Kein Verein muss sich im Vorfeld Videos von seinen Spielen anschauen, um sich zu vergewissern, ob er in die Mannschaft passt. Er war Cristiano – man musste nur einen Blick auf die Liste seiner Erfolge werfen.

Dennoch war sich der Verein bewusst, dass er nicht den Ronaldo von 2003 oder 2009 oder auch nur 2016 kaufte. Obwohl er so hart wie eh und je an seiner körperlichen Fitness arbeitete, war Ronaldo inzwischen 34 Jahre alt. Wenn sein Vertrag auslief, wäre er 38. (Jorge Mendes hatte im gleichen Sommer auch eine mögliche Rückkehr zu Manchester United ins Gespräch gebracht, doch der englische Verein hatte damals noch abgewunken: Man wolle sich lieber auf jüngere Talente konzentrieren.)

Wie viele Tore Ronaldo für Juve schießen würde, war allerdings nur ein Teil der Gleichung. Zum ersten Mal in seiner Geschichte traf der Verein die Entscheidung, einen Spieler zu verpflichten, in Absprache mit seiner sportlichen und seiner kaufmännischen Abteilung. Als beide Seiten grünes Licht gaben, musste der Juventus-Präsident Andrea Agnelli, der Urenkel des Gründers von Fiat, per Privatjet nach Griechenland fliegen, wo Ronaldo gerade im Urlaub war, um den Deal perfekt zu machen.

Juventus investierte in Tore, vielleicht auch in ein paar Titel, vor allem aber in die weltweite Aufmerksamkeit, die Cristiano an jedem einzelnen Tag seines Lebens genoss. Zum Zeitpunkt, als er unterschrieb, hatte Ronaldo in den wichtigsten sozialen Netzwerken insgesamt 332 Millionen Follower, mehr als sechsmal so viele wie sein neuer Verein. Für Juventus Turin war allein diese Präsenz das viele Geld wert – CR7 war sozusagen ein menschlicher Retweet-Button.

Auf Instagram wuchs die Followerzahl von Juventus von 9,1 Millionen im März auf 16,1 Millionen im September, auf Twitter stieg die Zahl der Follower innerhalb von zwei Monaten um 5 Prozent. Nicht weniger bemerkenswert war, was mit dem Twitter-Account von Real Madrid geschah: In den Wochen nach dem Verkauf von Ronaldo *verlor* der Club rund 300.000 Follower.

Doch das war erst der Anfang. Juventus Turin verpflichtete ihn, weil man sich von Ronaldo – um es in Unternehmenssprache auszudrücken – ein Umsatzplus in allen Erlösquellen erhoffte. Während der geheimen Verhandlungen, lange bevor der Deal offiziell gemacht wurde, erhöhte der Verein ganz diskret die Preise für seine Dauerkarten um dreißig Prozent und verkaufte später alle 29.300 Stück. Der Verein rechnete auch damit, dass er endlich bessere Bedingungen für seine Trikotsponsoring-Verträge würde aushandeln können, um den Abstand zu den großen Drei des Fußballmarketings zu verringern. Während Manchester United, Barça und Real mit ihren Trikots 156, 140 bzw. 95 Millionen Euro pro Jahr einnahmen, kassierte Italiens erfolgreichster Verein von seinen Sponsoren Adidas und Jeep (das damals zum gleichen Konzern wie Fiat gehörte, wo Agnelli bis heute im Vorstand sitzt) gerade einmal 40 Millionen.

Das lag vor allem daran, dass der italienische Fußball zwanzig Jahre stagniert hatte. In den 1980er- und 1990er-Jahren war die Serie A die prestigeträchtigste Liga der Welt gewesen, doch danach ging es immer weiter bergab. Im Jahr 2018 erhielt die italienische Liga von den Rundfunkanstalten gerade einmal 1,4 Milliarden Euro pro Jahr. Das war weniger als die Hälfte der Einnahmen der Premier League. Die Stars strömten nach England und Spanien, wo großzügigere Fernsehgelder an die Vereine flossen, die damit in Top-Talente, Weltklassetrainer und modernere Stadien investierten, während die unterfinanzierte Serie A in uralten Stadien spielte, von denen viele seit der Fußball-WM 1990 im eigenen Land nicht mehr renoviert worden waren. Juventus war einer der wenigen Vereine, die sich eine ganz neue Spielstätte leisten konnten – das 2011 eröffnete Juventus Stadium, das seit 2017 offiziell Allianz Stadium heißt.

Im Sommer 2018 schaute der Verein jedoch optimistisch in die Zukunft. Juventus erwartete dank Ronaldo einen Aufschwung in allen Facetten seines Geschäfts. Mit Cristiano im Team würde Juve nicht nur von den bestehenden Sponsoren mehr Geld verlangen, sondern auf der ganzen Welt nach neuen suchen können und dabei an seinen Bildrechten mitverdienen, insbesondere in Asien. Ganz sicher würde auch die Serie A ein Umsatzplus verbuchen, wenn sich die Welt von jetzt an so sehr für Juventus interessierte wie bisher für Real Madrid.

Und wenn Cristiano auf dem Spielfeld das tat, was man von ihm erwartete, kämen die Prämien aus der Champions League noch obendrauf. Alles in allem würde sich die Anschaffung von Ronaldo in den vier Jahren seines Vertrags mehr als bezahlt machen. Falls alles nach Plan lief.

Und Ronaldo brauchte nicht lange, um einen Eindruck zu hinterlassen. Als er das letzte Mal eine neue Umkleidekabine betreten hatte, bei Real, war er zwar schon der teuerste Spieler der Welt und frischgebackener FIFA-Weltfußballer des Jahres gewesen, trotz allem aber noch ein Normalsterblicher. Damals hatte ihn noch niemand zu den größten Fußballern aller Zeiten gezählt. Zu Juventus kam er dann schon als Megastar, der Fußballgeschichte geschrieben hatte. Sobald er durch die Tür trat, war Ronaldo der bestbezahlte und erfolgreichste Spieler der Mannschaft.

Er war schon so lange Profi, dass einige seiner neuen Mannschaftskameraden ihn als Teenager bereits vergöttert hatten. Und er war immer noch top in Form. Ronaldo war eine lebende Legende – zur Hälfte Elder Statesman, zur Hälfte der muskelbepackte ältere Typ im Kraftraum, der den Jungs beim Bankdrücken ungefragt Tipps gibt.

»Ich bin ein ziemlich ehrgeiziger Typ, aber dieser Kerl ist *echt* ehrgeizig«, sagt der amerikanische Mittelfeldspieler Weston McKennie, den Ronaldo unter seine Fittiche nahm. McKennie stammte aus Little Elm, Texas, wo er sich als Jugendlicher Ronaldos Spiele im Fernsehen angeschaut hatte. »Ich fand: Wenn der in den Kraftraum geht, dann muss ich auch in den Kraftraum gehen.«

Seit sich Ronaldo vor zwanzig Jahren heimlich in das Fitnessstudio von Sporting Lissabon geschlichen hatte, war der Fußball intelligenter und leistungsorientierter geworden. Die Spieler ernährten sich gesünder, wurden sportmedizinisch besser versorgt und erbrachten länger Spitzenleistungen als jemals zuvor. Studien zufolge stieg das Durchschnittsalter der Champions-League-Teilnehmer von 24,9 Jahren im Jahr 1992 auf 26,5 Jahre im Jahr 2017. Doch auch an den neuen Maßstäben für körperliche Höchstleistungen im Fußball gemessen, kümmerte sich niemand so gut um seine Physis wie Ronaldo.

Nach jedem Spiel bot Juventus Turin seinen Spielern die Möglichkeit, sich direkt in der Kabine massieren zu lassen. Cristiano ließ die Massage niemals ausfallen. Wenn sie nach dem Rückflug von weiter entfernten Auswärtsspielen zum Trainingszentrum gebracht wurden, um ihre Autos abzuholen, zog sich Ronaldo jedes Mal bis auf die Unterhose aus, um ein Eisbad zu nehmen, auch um zwei Uhr morgens.

Seine Mannschaftskameraden hielten ihn für einen Psychopathen. Und sie wollten unbedingt so sein wie er.

»Seine Motivation, seine Einstellung, wie konsequent er ist und wie er sich um seinen Körper kümmert, das ist schon auf einem anderen Niveau«, erzählt McKennie. »Ihm zuzusehen, wie er sein Ding durchzieht, spornt einen an, noch besser zu werden.«

Die Mannschaft von Juventus konnte aus nächster Nähe beobachten, wie Ronaldo sein Spiel mit Mitte dreißig noch einmal radikal veränderte. Ronaldo 1.0 war der trickreiche Flügelspieler bei Sporting Lissabon und Manchester United gewesen, Ronaldo 2.0 der universell einsetzbare, unaufhaltsame Angreifer von Real Madrid. Mit dem nächsten Upgrade wurde er zu einem reinen Torjäger.

Die meisten Angreifer entwickeln sich in ihrer Karriere auf dem Spielfeld in die entgegengesetzte Richtung. Wenn sie älter werden und ihre Beine sie langsam im Stich lassen, wechseln sie von der Sturmspitze zu einer kreativeren Rolle, die weniger Laufarbeit erfordert, und operieren eher im Mittelfeld. Ronaldos Entwicklung widersprach jeder Logik. Falls er insgeheim wusste, dass er nicht mehr ganz so beweglich war wie früher, machte er das Beste daraus: Der Ronaldo, der von Madrid nach Turin kam, hielt sich quasi nur noch vor dem gegnerischen Tor auf.

»Er ist jedes Mal näher am Kasten und er trifft bessere Entscheidungen«, sagte sein ehemaliger Trainer bei Sporting, Leonel Pontes, über Ronaldo 3.0. »Früher hatte er mehr Chancen, aber die hat er sich selbst erarbeitet.«

Das gab es so jetzt nicht mehr. Er hörte fast komplett auf zu dribbeln und konzentrierte sich auf den Torabschluss. Die vielen Einzeltrainings mit René Meulensteen bei United waren noch immer fest in seinem Gedächtnis verankert. Und während er auf die laufintensiven Aspekte seines Spiels verzichtete, gestattete ihm sein Körper, seine neuen Waffen zu verfeinern. Irgendwie verwandelte sich der 1,88 Meter große Ronaldo (was für Fußballverhältnisse nicht außergewöhnlich groß ist) in einen der besten Kopfballstürmer, die es je gegeben hat. Seine Kombination aus technischer Kompetenz und gewaltiger Sprungkraft machte ihn zu einem der wenigen Sportler, die nach einem Eckstoß ein Tor erzielen und anschließend einen Basketball dunken könnten, wenn sie wollten. Das Glanzstück in Ronaldos Sammlung war ein Tor gegen Sampdoria Genua im Dezember 2019, bei dem er in zweieinhalb Metern Höhe in der Luft hing, als er den Ball ins Netz köpfte. Genuas Trainer Claudio Ranieri glaubte, er hätte sich in ein Basketballmatch verirrt. »Ronaldo hat ein Tor im NBA-Stil erzielt«, staunte er. »Anderthalb Stunden hing er da oben.«

Die Frage für Juventus war nur, wie man Cristianos neues Arsenal an Waffen am besten einsetzen konnte. Mit ihm im Team musste jeder Angriff so aufgebaut werden, dass Ronaldo am Ende zum Abschluss kam. Dieses Problem beschäftigte bei Juventus über drei Spielzeiten hinweg drei verschiedene Trainer, von denen keiner eine befriedigende Lösung fand. Einig waren sie sich nur darin, dass Ronaldo, ähnlich wie in seinen letzten beiden Saisons in Spanien, in der Liga nicht ganz so häufig zum Einsatz kommen sollte. Der Mann, der schon bei der WM 2014 erzählt hatte, er wisse nicht mehr, wann er das letzte Mal ohne Knieschmerzen gespielt habe, musste nicht mehr in allen 38 Ligaspielen antreten. Man konnte sich seine Beine getrost für die entscheidenden Momente in der Champions League aufheben.

Doch daraus wurde nichts. In Ronaldos ersten beiden Spielzeiten in Italien schied Juventus in der Champions League einmal im Viertel- und einmal im Achtelfinale aus, was ihm geradezu existenzielle Sorgen bereitete. Nachdem er drei Jahre nacheinander den Pokal geholt hatte, hatte Ronaldo nun Ende Mai, wenn das Champions-League-Finale stattfindet, plötzlich sehr viele freie Abende.

///////

Messi kam dem Finale zwar etwas näher, aber sein Ausscheiden war gewissermaßen noch verheerender. Ein Jahr, nachdem er Barcelonas atemberaubende Aufholjagd gegen Paris Saint-Germain orchestriert hatte, lief es 2018 im Viertelfinale gegen AS Rom genau andersherum. Diese Niederlage spukte ihm 2019 wieder im Kopf herum, als Barça mit einer komfortablen 3:0-Führung im Gepäck zum Halbfinalrückspiel nach Liverpool flog. Wenn Barça nicht gerade eine vernichtende Niederlage erlitt, wären sie im Champions-League-Finale. Bei seiner Ansprache vor dem Spiel im Anfield Stadium tat Messi sein Bestes, um seinen Kameraden klarzumachen, was auf dem Spiel stand.

»Wir dürfen diese Chance nicht vergeigen, okay?«, sagte der Kapitän. »Wir müssen sofort stark loslegen. Denkt daran: An Rom waren wir allein schuld. Sonst keiner.«

Der FC Barcelona legte alles andere als stark los. In einem Spiel, das gleich vom Anpfiff weg ein rasantes Tempo hatte, stand Messis gemächlicher Spielansatz in krassem Widerspruch zum Geschehen auf dem Platz. Normalerweise führte dieser energiesparende Stil zum Erfolg. Messi bewegte sich auf dem Spielfeld immer wie ein Raubtier, das sich an seine Beute heranpirscht und sich seine Kraft aufspart, bis der Moment zum Zuschlagen gekommen ist. Wenn das aber nicht funktionierte, konnte man den Eindruck gewinnen, dass ganze Spiele an ihm vorbeizogen, ohne dass er etwas davon mitbekam. Und genau das geschah jetzt in Liverpool.

Im Laufe von neunzig wilden Minuten sah Messi kaum den Ball, Barcelona verlor mit 0:4 – und schied aus. Nach dem Schlusspfiff stand Messi da und starrte ins Leere. Zurück in der Umkleidekabine weinte er still vor sich hin. »Leo war danach richtig fertig«, berichtete Barças Mittelfeldspieler Sergi Roberto.

Zum ersten Mal seit sechs Jahren – und überhaupt erst zum vierten Mal seit 2007 – stand beim Europapokal-Finale weder Messi noch Cristiano auf dem Platz. Beide mussten sich an eine neue Rolle in ihrer Champions-League-Karriere gewöhnen: zu Hause als Zuschauer vor dem Fernseher.

»Wir sind die Einzigen, die für dieses Spiel verantwortlich sind«, sagte Messi einige Tage später. »Wir wussten, dass so etwas wie im letzten Jahr nicht passieren durfte, aber es ist trotzdem passiert. Ich finde, wir haben ganz erbärmlich gespielt.«

Alle fielen über Barça her, aber Messi war davon nicht überrascht. Er wusste, dass die Qualität der Spieler um ihn herum gesunken war. Das bekam er jeden Tag beim Training mit. Wo war der nächste Jahrgang von Kids aus der Jugendakademie La Masia? Wo waren die Jungs, die wussten, wie man früher in Barcelona Fußball gespielt hatte? Er versuchte sich daran zu erinnern, wann es zum letzten Mal richtig rund gelaufen war. Die Antwort war eindeutig: Das MSN-Dreiergespann war so gut gewesen, dass sie gemeinsam die Primera División dominiert und die Copa del Rey sowie die Champions League gewonnen hatten. Sie brauchten Neymar.

In ihrer WhatsApp-Gruppe, die sie damals eingerichtet hatten, baten Messi und Suárez also Neymar, zu Barça zurückzukommen. Wie der Verein es anstellen sollte, PSG den teuersten Spieler der

Welt abzukaufen, war nicht Messis Problem. Er wusste nur, dass er im Sturm bei Barcelona jemanden brauchte, der so gut spielen und sich so gut auf ihn einstellen konnte wie Neymar.

Das Timing hätte kaum besser sein können. Neymar mischte mit Paris zwar die relativ schwache Ligue 1 auf, war in der Champions League aber noch nicht sonderlich weit gekommen. Daher hatte er gar nichts dagegen, zurück zu Barcelona zu wechseln. In seinen ersten beiden Spielzeiten bei PSG war er immer ausgerechnet dann verletzt gewesen, wenn die K.-o.-Runde der Champions League begann, und ohne ihn kam der Verein nicht über das Viertelfinale hinaus. In der Saison 2018/19 machte er sich dann noch zusätzlich unbeliebt, als er nach der Niederlage im französischen Pokalfinale einen Zuschauer ohrfeigte und die jungen Spieler der Mannschaft öffentlich kritisierte. »Die Kids hören einfach nicht zu«, beschwerte er sich gegenüber Reportern. »Die erfahrenen Spieler geben ihnen Ratschläge, aber sie meinen, sie wüssten es besser.«

Neymar beschloss, dass er nichts mehr mit PSG zu tun haben wollte. Er öffnete WhatsApp und schrieb Messi zurück: »Ich bin dabei.«

Genau wie damals bei seinem gescheiterten Versuch, wieder mit Ángel Di Maria in einem Team zu spielen, ließ Messi das Management von Barça wissen, dass er seinen alten Kameraden zurückhaben wollte. Bartomeu war schlau genug, nicht sofort zu widersprechen, und trat in Verhandlungen ein. Dabei wollte Barça Neymar eigentlich nicht wirklich kaufen, und PSG wollte ihn nicht wirklich verkaufen, wie mehrere Personen sagen, die in die Verhandlungen eingeweiht waren. Die offiziellen Erklärungen aus Paris enthielten immer die Formulierung »zu einem angemessenen Preis«, nur dass Barcelona sich diesen nicht leisten konnte. Im Juli musste sich der Verein bereits 35 Millionen Euro leihen, nur um die in der Ausstiegsklausel geforderten 120 Millionen für Griezmann zu bezahlen.

Das Ganze war ein ausgeklügeltes Spiel, das nur dazu inszeniert wurde, dass Messi und Neymar glauben sollten, dass ihre Vereine sich alle Mühe gaben, ihren Wünschen zu entsprechen.

Das ging sogar so weit, dass Neymar den Beginn des Trainingslagers schwänzte und Barcelona seinen Sportdirektor Éric Abidal in dem Glauben nach Paris reisen ließ, er hätte tatsächlich die Chance auf einen Deal. Doch selbst nach den Zahlen, die in der französischen und spanischen Sportpresse kursierten, lagen die beiden Seiten immer noch um einige Dutzend Millionen Euro auseinander. PSG wollte einfach zu viel von den 222 Millionen wiederhaben, die sie damals für Neymar ausgegeben hatten.

In der Saison 2019/20 setzte sich Barcelonas *messidependencia* fort, auch wenn jeder merkte, wie unglücklich Leo selbst inzwischen war. Die Resultate waren entsprechend. Barça unterlag im Kampf um die Meisterschaft Real Madrid, das damit bewies, dass es Cristiano Ronaldo nicht mehr brauchte, um zu gewinnen. Und in der Champions League rächten sich die Jahre der Hybris und des Missmanagements an einem einzigen Abend, als Barça im Viertelfinale – dem wichtigsten Spiel der Saison – gegen Bayern München mit 2:8 unterging. Seit 1951 hatte der Verein kein Spiel mit sechs Toren Differenz mehr verloren. Zwei spanische Zeitungen, eine aus Katalonien und eine aus Madrid, brachten exakt dieselbe Schlagzeile: »*Humillación histórica*«. Und das war es: eine historische Demütigung.

Noch viel bezeichnender als die Schlagzeilen war ein geleaktes Video aus der Kabine von Barcelona, das in der Halbzeitpause aufgenommen wurde, als es bereits 4:1 stand. Torhüter Marc-André ter Stegen lehnt sichtlich geschockt am Türrahmen, und Messi sitzt allein auf der Bank und wirkt wie der schweigsame Zwölfjährige, als der er zwanzig Jahre vorher nach Barcelona gekommen war.

Die schmachvolle Niederlage bestätigte nur, was Messi ohnehin bereits klar war: Barça war nur noch ein Schatten seiner selbst. Das Wappen war noch das gleiche und ein paar Namen ebenfalls, aber das Gebäude war um ihn herum eingestürzt. Messi hatte einen Entschluss gefasst. Denn wenn er sich die Vereinsspitze so ansah, glaubte er nicht, dass irgendeiner der Verantwortlichen wusste, wie man die Dinge geradebiegen konnte.

Messi deutete Bartomeu gegenüber die ganze Saison lang immer wieder an, dass er den Verein verlassen wollte. Aber der nahm ihn nicht ernst und sagte ihm nur, sie würden in der Sommerpause darüber sprechen. Bartomeu hatte das Spiel mit Leo und Jorge ja schon früher ausgiebig gespielt. *Leo ist so unglücklich, bla bla bla.* Die Erfahrung sagte ihm, dass Messi bloß auf einen neuen Vertrag und mehr Geld spekulierte.

Aber das war dieses Mal nicht, was Messi hören wollte – schon gar nicht von Bartomeu. Für Leo begannen Barças Probleme mit dem Vereinspräsidenten, ganz zu schweigen von der mangelnden Jugendförderung und der Tatsache, dass ein zu großer Fokus auf das Marketing gelegt wurde. »Die Wahrheit ist, dass es schon lange kein Projekt oder etwas Ähnliches mehr gibt«, sagte Messi später. »Sie jonglieren herum und stopfen unterwegs Löcher.«

Ein Neuanfang war nötig, aber Messi wollte damit nichts mehr zu tun haben. Was er wollte, war der Europapokal. Noch nie in seiner Karriere hatte er fünf Jahre lang nicht die Champions League gewonnen, und so wie Barça jetzt spielte, konnte es gut sein, dass das die nächsten fünf, zehn oder zwanzig Jahre so weiterging. Diese Situation war inakzeptabel. Wie man es von ihm gewohnt war, machte er seinem Ärger so leise Luft wie nur möglich. Tagelang verschanzte er sich zu Hause und beratschlagte mit seinem Vater und seiner Partnerin seine Optionen. Er schickte SMS an Freunde und Vorstandsmitglieder und beriet sich diskret mit Vertrauten.

Als es dann wirklich und unwiderruflich ernst wurde, lernte die Fußballwelt, dass man in Spanien offizielle Geschäfte über ein sogenanntes *burofax* abwickelt.

Der Name ist etwas irreführend, denn es hat weder mit einem »Büro« noch mit einem »Fax« etwas zu tun: Es ist das Äquivalent zu einem notariell beglaubigten Brief. Ein *burofax* kann elektronisch gesendet werden, sein Empfang wird aber wie bei einem Einschreiben quittiert.

Der Inhalt des Briefs, den Messi auf diese Weise am 24. August 2020 verschickte, war denkbar kurz. Die Saison war vorbei, und er wollte von seiner vertraglichen Option Gebrauch machen, den FC Barcelona zu verlassen: »Hiermit bringe ich gemäß den Bestimmungen von Klausel 3.1 des Vertrags vom 25. November 2017 meinen Wunsch zum Ausdruck, mein Arbeitsverhältnis als Profifußballer mit Wirkung zum 30. August 2020 zu beenden.«

Der Vertrag, aus dem Messi aussteigen wollte, war eines der absurdesten Dokumente, das die Welt des Sports je gesehen hatte. Der im November 2017 unterzeichnete (und wenig später von *El Mundo* geleakte) Vertrag tat zweierlei: Erstens sicherte er Messi das weltweit höchste Sportlergehalt zu. Und zweitens ließ er den FC Barcelona langsam ausbluten. Über einen Zeitraum von vier Jahren zahlte Barça seinem besten Spieler aller Zeiten rund 555.237.619 Euro. Für das gleiche Geld hätte man sechs Eurofighter-Kampfjets kaufen können.

Wie sich diese schwindelerregende Summe genau zusammensetzte, war auf dreißig Seiten genau aufgeschlüsselt: Neben dem Gehalt bekam Messi mehrere Boni, einen Teil der Bildrechte sowie diverse Prämien. Allein seine in zwei Raten auszahlbare Antrittsprämie belief sich auf 98 Millionen Euro. Unter bestimmten Voraussetzungen winkten Leistungsprämien in Höhe von mehreren Millionen Euro, zum Beispiel wenn er an mindestens sechzig Prozent der Spiele teilnahm oder Barça das Achtelfinale der Champions League erreichte. Für den Meistertitel gab es einen Bonus von 2,4 Millionen Euro, einen weiteren von 66 Millionen Euro zahlte ihm der Verein einfach so, für seine Loyalität.

Insgeheim atmeten einige beim FC Barcelona daher erleichtert auf, als das *burofax* eintraf. Egal wie gut Messi auf dem Spielfeld war, es rechtfertigte nicht, dass sich der Verein ein Gehalt ans Bein gebunden hatte, das fast ein Drittel der gesamten Lohnkosten ausmachte. Es kam einem vor, als würde jeder neue Euro, der Barça erreichte, direkt an den Spieler mit der Nummer 10 weitergereicht werden. Natürlich konnte Bartomeu das nicht offen zugeben. Seine offizielle Position war, dass der Club alles dafür tun würde, seinen Star zu behalten.

Die Nachricht erschütterte die Fußballwelt so sehr, dass ausnahmsweise niemand so recht wusste, wie er reagieren sollte. War das wirklich wahr? Wollte Messi das Trikot einer anderen Mannschaft tragen? Oder war das nur ein Trick, um einem verhassten Vorstand weitere Zugeständnisse abzuringen? Gab es außer Barça überhaupt einen Verein, der ihn sich leisten konnte?

Carles Puyol, der ehemalige Kapitän des FC Barcelona und selbst ernannte Verteidiger der Werte des Vereins, schlug sich schnell auf Messis Seite. »Respekt und Bewunderung, Leo«, twitterte er. »Meine ganze Unterstützung, mein Freund.« Jorge Messi antwortete auf Fragen von Reportern nach der Zukunft seines Sohnes eher ausweichend und sagte nur, die Situation sei »schwierig, schwierig«.

Die, die unbedingt wollten, dass Messi in Barcelona blieb, bekamen dann Unterstützung von unerwarteter Seite: der weltweiten Pandemie. Als der europäische Fußball im Frühjahr 2020 wegen COVID-19 eine Pause einlegen musste, wurde der Spielplan der Primera División bis in den Juli verlängert. Messi ging davon aus, dass er trotzdem zum Ende der Saison aus seinem Vertrag aussteigen konnte, ganz egal, wann das war. Doch leider nannte der Vertrag einen konkreten Stichtag für eine einseitige Beendigung, und der war am letzten Spieltag bereits verstrichen.

Wäre die Saison regulär im Mai zu Ende gegangen, hätte er im Juni Zeit gehabt, sich Gedanken über seine Zukunft zu machen und Barça zu verlassen. Der Verein hätte ihn nicht daran hindern können. In seinem *burofax* wies er nach Rücksprache mit seinen

Anwälten darauf hin, dass eine weltweite Pandemie höhere Gewalt darstelle, weshalb die Frist ungültig sei. Barcelonas Anwälte sahen das ganz anders. Sie bestanden darauf, dass die Frist weiterhin galt. Messi musste bei Barcelona bleiben, es sei denn, ein anderer Verein war bereit, das Geld aufzubringen, das die Ausstiegsklausel in seinem Vertrag vorsah. Und die belief sich im Jahr 2020 auf 700 Millionen Euro. Das Schockierende daran war weniger, wie viel Geld das war – in etwa so viel wie das Bruttoinlandsprodukt von Samoa –, sondern dass ein paar Vereine ernsthaft darüber nachdachten, diese Summe zu bezahlen. Ganz vorne mit dabei war wieder Manchester City, wie eine dem Verein sehr nahestehende Person berichtet. Der von Abu Dhabi finanzierte Club versuchte tatsächlich, eine Möglichkeit zu finden, das Geld aufzubringen und Messi in die Premier League zu holen. Aber nachdem man mehrere Tage lang die Bücher gewälzt hatte, war klar, dass sich die Investition betriebswirtschaftlich nicht rechtfertigen ließ. Man konnte einfach nicht so viel Geld auf einmal ausgeben, ohne gegen alle Regeln der Kostendeckung zu verstoßen.

Wenn Messi unbedingt wegwollte, musste die Ablöseklausel gestrichen werden, und dazu musste er vor Gericht ziehen und argumentieren, dass der Stichtag im Vertrag wegen außergewöhnlicher Umstände ungültig sei – was ja auch nicht ganz von der Hand zu weisen war. Aber Messi wollte keinen Rechtsstreit.

»Ich würde niemals gegen Barça vor Gericht gehen, das ist der Verein, den ich liebe, der mir alles gegeben hat, seit ich hergekommen bin«, sagte Messi später. »Es ist der Verein meines Lebens, ich habe hier mein Leben aufgebaut. Barça hat mir alles gegeben, und ich habe Barça alles gegeben. Ich habe niemals ernsthaft daran gedacht, Barça zu verklagen.«

Damit war das Thema vom Tisch. Messi blieb fürs Erste zu Hause.

Elf
Superliga-Supernova

Als Lionel Messi schließlich einsah, dass er nicht wegkonnte, hatte auch der Rest der Welt schon jede Menge Übung darin, zu Hause zu bleiben.

Anfang 2020 verbreitete sich weltweit ein hochansteckendes neues Virus, und … na ja, Sie wissen schon. Die globale COVID-19-Pandemie brachte das Leben zum Stillstand, infizierte Hunderte Millionen von Menschen und kostete mehr als sechs Millionen das Leben. Die Kontaktbeschränkungen und Corona-Lockdowns veranlassten Menschen, Familien und Unternehmen, Bilanz zu ziehen. Im Profisport, einem Billionen-Dollar-Geschäft, das letztlich auf zwischenmenschlichen Kontakten aufbaut, war das nicht anders. Welchen Sinn hatte es, Live-Entertainment zu bieten, wenn niemand vor Ort war, der es sich anschaute?

Während der Sport zu Beginn des ersten Pandemiejahrs in Asien bereits zum Erliegen kam, gingen die Sportveranstaltungen in Europa zunächst noch munter weiter. Fußballspiele in vollen Stadien gerieten zu Superspreader-Events. In Norditalien reiste im Februar ein Großteil der Bevölkerung von Bergamo in überfüllten Zügen und Autos nach Mailand, um sich das Champions-League-Spiel von Atalanta Bergamo gegen den FC Valencia anzuschauen. Atalanta gewann, und in den Straßen und Bars von Bergamo feierten die Fans bis tief in die Nacht.

Innerhalb weniger Wochen geriet die Stadt zum Epizentrum der Pandemie in Europa. Trotzdem fanden noch bis März 2020 weiter Fußballspiele statt. Selbst in der Woche, nachdem die USA ihre wichtigsten Sportarten, angefangen mit der NBA, in die Zwangspause geschickt hatten, wurden weiterhin Champions-League-Partien gespielt. Als Paris Saint-Germain in der französischen Hauptstadt Borussia Dortmund schlug, drängelten sich tausende Fans vor dem Parc des Princes und feuerten ihre Mannschaft an. In England trug das Spiel zwischen dem FC Liverpool und Atlético Madrid im ausverkauften Stadion dazu bei, dass die Zahl der Corona-Fälle in und um Liverpool massiv anstieg.

Nun ist der Fußball ja einiges gewohnt, ob Schneetreiben, strömenden Regen, extreme Hitze oder ausrastende Hooligans. Aber schließlich wurde auch er in die Zwangspause geschickt. Und es dauerte nicht lange, bis die Clubbesitzer begannen, den Schaden zu beziffern.

Denn die globale Pandemie führte auch zu einer wirtschaftlichen Krise. Ohne Spieltage fielen die Einnahmen aus dem Ticketverkauf weg, die Bierstände und Souvenirshops waren geschlossen. Die ständige Sichtbarkeit der Mannschaften, die für die Sponsoren so wichtig war, kam praktisch über Nacht zum Erliegen. Aber trotzdem mussten die Spielergehälter weiter gezahlt werden. Selbst als der Ligabetrieb im Mai und Juni mit strengen Hygienemaßnahmen wieder aufgenommen wurde, blieben die Tribünen leer – fürs Erste waren nur Geisterspiele erlaubt. Die Spieler gingen auf den Platz, um ihre Verträge zu erfüllen, doch allen war klar, dass man mit der merkwürdigen Stimmung eines Fußballspiels ohne Publikum keine Geldgeber begeisterte. Ob ihre Mannschaften nun spielten oder nicht, die Vereine mussten mit massiven Verlusten rechnen. In einer Welt der immer höheren Spielergehälter, in der Ronaldo und Messi seit über zehn Jahren die Vorreiter waren, musste sofort der Gürtel enger geschnallt werden.

Einige versuchten, ihre Spieler dazu zu überreden, auf einen Teil ihres Gehalts zu verzichten – mit zwiespältigem Erfolg.

Der FC Barcelona, der die Krise in besonderem Maße zu spüren bekam, weil Ticketverkäufe und Eintrittskarten für das Vereinsmuseum wichtige Posten des regulären Umsatzes darstellten, war einer der wenigen Vereine, wo einige der besserverdienenden Spieler vorübergehend auf einen Teil ihres Gehalts verzichteten. (Die betreffenden Beträge wurden später allerdings nachgezahlt.) Anderswo bestanden die Spieler darauf, dass es andere Mittel und Wege geben müsse, aber kaum jemand hatte konkrete Lösungen auf Lager. Dutzende Vereine beurlaubten Reinigungskräfte, Sicherheitspersonal oder Kantinenmitarbeiter. Der FC Arsenal, der einem Immobilienmagnaten gehört, der mit einer Walmart-Erbin verheiratet ist, warf einen Teil seines Personals einfach hinaus, und sogar der Mann, der seit Jahrzehnten im Dinosaurierkostüm das Vereinsmaskottchen spielte, wurde gefeuert.

Die Situation spitzte sich so schnell zu, dass die Vereine der Premier League im Mai davon ausgingen, den Sendern eine Rückerstattung für die ausgefallene Sendezeit im Frühjahr zahlen zu müssen. Manchester United rechnete mit 20 Millionen Pfund.

In Spanien ergriff Ligachef Javier Tebas die Initiative. Seit Jahren warb er schon für Kostenkontrollen und Gehaltsobergrenzen – er hatte zu viele Vereine gesehen, die bankrottgingen, weil sie versuchten, den ganz Großen nachzueifern. Er trommelte mehrere Vereinsvorstände zusammen, um darüber zu beraten, wie man den angeschlagenen Teams helfen könnte.

»Das Wichtigste ist, dass wir unsere Zukunft sichern«, sagte Tebas im April 2020. »Wir setzen uns dafür ein, die Zukunft des Fußballs zu retten.«

Doch diese Zukunft sah von Monat zu Monat weniger rosig aus. Innerhalb eines Jahres, in dem Lockdown auf Lockdown folgte, bezifferte Tebas den Gesamtschaden für den spanischen Fußball auf 2 Milliarden Euro. Er wusste, dass sie eine Möglichkeit finden mussten, wie wieder Geld in den Fußball investiert werden würde.

Vielleicht zum ersten Mal in der Geschichte des spanischen Fußballs war Florentino Pérez mit Javier Tebas einer Meinung. Die

Vereine brauchten Geld, und zwar schnell. Auch wenn Real Madrid im Jahr 2020 immerhin noch einen Gewinn von 313.000 Euro erzielte, war Pérez klar, dass die schwierigsten Zeiten noch bevorstanden. Innerhalb von 18 Monaten hatte er den vermarktungsstärksten Sportler der Welt verkauft und – kurz vor dem Ausbruch der Pandemie – eine umfassende Renovierung des Bernabéu auf den Weg gebracht.

Anders als Tebas hatte Pérez natürlich kein großes Interesse daran, Geld für die anderen 19 Vereine in der Primera División aufzutreiben. Der Fokus von Real Madrid lag wie immer auf dem, was Real Madrid so einzigartig macht. »Wir alle wissen, dass wir einen langen Weg voller Hindernisse und Widrigkeiten vor uns haben«, sagte Pérez auf der Generalversammlung seines Vereins. »Aber wir sind ein einzigartiger Verein, einer, der niemals aufgibt. Wir sind der Verein, der 23 Europapokale gewonnen hat – 13 im Fußball und zehn im Basketball.«

Ein so einzigartiger Verein musste den anderen den Weg weisen und neue Ideen umsetzen, bevor jemand anderes diese Ideen hatte.

»Der Fußball muss sich an diese neuen Zeiten anpassen«, so Pérez weiter. »Real Madrid wird dabei an der Spitze stehen, so wie immer schon«, sagte er. »Eine Reform des Fußballs ist dringend nötig, und wir müssen uns so schnell wie möglich an die Arbeit machen. Die größten Vereine in Europa haben Millionen Fans in aller Welt. Es ist unsere Pflicht, für diesen Wandel zu kämpfen.«

Pérez hatte eine ganz konkrete Idee – und die bestand nicht darin, mehr Trophäen im Basketball zu gewinnen. Die anderen Superclubs Europas, bei denen er sich ganz diskret per Telefon gemeldet hatte, wussten, was er meinte, genau wie ein in Madrid ansässiger US-Finanzier namens John Hahn und ein Fonds namens Key Capital Partners, der langjährige Beziehungen zu Pérez' Baufirma unterhielt. Pérez' Botschaft war jedes Mal die gleiche: Die Pandemie war eine Krise, aber auch der ideale Zeitpunkt, um im

Fußball eine Revolution auf den Weg zu bringen, von der er schon seit Jahren träumte – spätestens, seit sein Plan mit dem Freizeitpark gescheitert war.

Seine Idee war eine europäische Superliga.

///////

Obwohl er es gerne so darstellte, war die Idee mit der Superliga nicht dem genialen Hirn von Florentino Pérez entsprungen. Das Konzept geisterte schon seit Jahrzehnten im europäischen Fußball herum.

Bereits 1987 hatte ein anderer mächtiger Vereinsvorsitzender, der italienische Medienmogul und spätere Ministerpräsident Silvio Berlusconi, den Europapokal der Landesmeister für alt und überflüssig erklärt. Er wollte, dass sein AC Mailand statt in einem K.-o.-Turnier in einer internationalen Liga mit mehreren Runden spielte, die dem Fernsehen mehr Gelegenheiten bot, Spiele zu übertragen, und den Zuschauern größere Chancen, dass Superstars gegen Superstars spielten. Nach fünf Jahren voller Debatten und Kompromisse mündete Berlusconis Idee in der modernen Champions League, die 1992 zum ersten Mal ausgetragen wurde und sowohl eine Gruppenphase als auch eine K.-o.-Runde umfasst.

Trotzdem dauerte es nicht lange, bis sich Ajax Amsterdam, der FC Barcelona, Bayern München und Manchester United einig waren, dass das neue Champions-League-Format nicht radikal genug war. Mit Unterstützung eines italienischen Medienunternehmens machten sie sich Gedanken, wie eine Superliga mit 36 Mannschaften aussehen könnte, die der amerikanischen National Football League ähnelte. Die Gründer der Premier League hatten sich bereits vom Ruhm und Glanz der NFL inspirieren lassen – und von ihren Umsätzen: Die 32 Besitzer der NFL-Teams machten alle miteinander Geschäfte. Jetzt wollten auch die Topvereine des europäischen Fußballs ihr eigenes Kartell gründen.

Fußballinvestoren, die sich jenseits des Atlantiks umschauten, erschien das Konzept eines geschlossenen Ligabetriebs, an dem nur Eliteklubs teilnahmen, sehr attraktiv – solange man selbst zu diesen Eliteklubs gehörte. Man hatte mehr Kontrolle über den Spielplan, konnte mehr Geld für kommerzielle und Übertragungsrechte verlangen und obendrein mit Fug und Recht behaupten, dass in dieser Liga die berühmtesten Vereine der Welt gegeneinander antraten. Vor allem aber löste ein geschlossener Ligabetrieb das Problem, das an jedem Investor nagte, der während der vielen Auslandsakquisitionen im 20. Jahrhundert in den europäischen Fußball eingestiegen war – ein Problem, das sich in zwei Wörtern zusammenfassen ließ: garantierte Erlöse.

Niemand, der einen Fußballverein kaufte, um ihn als seriöses, profitables Unternehmen zu führen, konnte darüber hinwegsehen, dass die Leistung der Spieler zu Schwankungen in der Bilanz in achtstelliger Höhe führen konnte. Wenn man sich zum Beispiel nicht für die Champions League qualifizierte, konnte das in die Finanzen des nächsten Jahres leicht ein 40 Millionen Euro großes Loch reißen. (Das war vor allem in der englischen Premier League ein Problem, wo Jahr für Jahr sechs steinreiche Vereine um nur vier Champions-League-Plätze kämpften.) Und ein Abstieg in die zweite Liga, so unwahrscheinlich er für die meisten reichen Vereine auch war, kam einer finanziellen Katastrophe gleich.

Diese Probleme hatte eigentlich der International Champions Cup lösen sollen. Mit seinen prall gefüllten Terminkalendern war der sommerliche ICC in Nordamerika eine Art Proto-Superliga. Dumm war nur, dass es dabei nicht wirklich um etwas ging, denn es waren ja alles nur Freundschaftsspiele. Deshalb wollte Relevent Sports, das Unternehmen hinter dem ICC, 2019 vom US-Fußballverband USSF und der FIFA das Recht einklagen, auch offizielle Begegnungen zu organisieren – Relevent wollte in Miami ein Spiel der Primera División mit Beteiligung des FC Barcelona austragen lassen. Doch daraus wurde nichts.

Obwohl keines der Superliga-Konzepte der 80er-, 90er- und

2000er-Jahre jemals richtig in Gang kam, entwickelte sich daraus etwas, das für die Beteiligten viel nützlicher war: Für die ganz reichen Clubs war die Aussicht auf die Einrichtung einer Superliga ein wunderbares Druckmittel.

Wann immer sie von ihrem Umfeld – sei es von anderen Vereinen ihrer Liga oder den Verantwortlichen bei der FIFA oder der UEFA – irgendwelche Zugeständnisse einfordern wollten, nutzten sie den Superliga-Plan als Waffe. Warum, wollten sie wissen, sollten die FIFA oder die UEFA das Monopol auf die Organisation großer Wettbewerbe haben? Schließlich brauchten die Verbände die Vereine mehr als die Vereine die Verbände. Denn letztlich waren es ja die Clubs, die die Superstars lieferten. Und an manchen Orten, nämlich dort, wo Ronaldo und Messi gerade spielten, waren es längst die Superstars, die die Vereine prägten.

Im Hintergrund schwelte währenddessen bereits eine größere Auseinandersetzung um die Kontrolle des globalen Fußballkalenders: Die FIFA und die UEFA befanden sich mitten in einer erbitterten Fehde um mehr Events, mehr Spitzenspiele und mehr öffentliche Aufmerksamkeit. Im Grunde verhielten sie sich nicht anders als diejenigen, die für mehr Begegnungen zwischen Messi und Ronaldo auf dem Spielfeld sorgen wollten. Während die UEFA versuchte, die Champions League auszuweiten, spielte die FIFA mit der Idee, das mit ihrer Klub-WM zu tun: 24 der besten Vereine der Welt sollten zu einem eigenständigen Turnier zusammenkommen, finanziert von dem jeweiligen Tycoon, Milliardär oder Petro-Staat, der das höchste Gebot abgab.

Eines hatten all diese Projekte gemeinsam: Sie konnten nur funktionieren, wenn der europäische Fußball-Adel mitmachte.

Und der beschloss im Jahr 2021 kurzerhand, dass er besser fuhr, wenn er so ein Event selbst organisierte.

Das Projekt hieß »The Super League«, eine Superliga, die aus 15 dauerhaften Mitgliedern und fünf Qualifikanten bestehen sollte. Doch in den Wochen vor der Bekanntgabe der Pläne bekamen die

Organisatoren Probleme: Es gelang ihnen nicht, Paris Saint-Germain, Bayern München und Borussia Dortmund zum Mitmachen zu bewegen, daher beschlossen sie, dass zwölf Mitglieder ausreichten, um den Startschuss zu geben. Bestimmt würden weitere Teams an Bord kommen, sobald sie sahen, wie lukrativ und beliebt die Super League war. Die Organisatoren hatten mit der Bank JPMorgan Chase bereits eine Kreditlinie in Höhe von 4 Milliarden Dollar vereinbart.

Bei den zwölf Gründungsmitgliedern der Super League handelte es sich um einige der ganz Großen des europäischen Fußballs: AC Mailand, FC Arsenal, Atlético Madrid, FC Chelsea, FC Barcelona, Inter Mailand, Juventus Turin, FC Liverpool, Manchester City, Manchester United, Real Madrid und Tottenham Hotspur – allesamt Champions-League-Sieger und/oder wirtschaftliche Schwergewichte. Ihre Eigentümer waren US-Milliardäre, spanische Wirtschaftsaristokraten, ein chinesischer Einzelhandelsmagnat, ein britischer Devisenhändler, ein König aus den Emiraten und ein russischer Oligarch. Diese bunt zusammengewürfelte Truppe hatte sich in der Überzeugung zusammengefunden, dass das bestehende System des europäischen Fußballs so nicht mehr funktionierte. Wenn sie sich nicht selbst um ihre geschäftlichen Interessen kümmerten, würde es niemand anderes tun. Jedem Verein wurde als Willkommensbonus ein »Infrastrukturdarlehen« in Höhe von rund 350 Millionen Dollar zugesagt.

»Das wird sehr, sehr problematisch«, meinte ein Berater wenige Tage, bevor The Super League im April 2021 der Öffentlichkeit präsentiert wurde. »Seid ihr sicher, dass ihr das tun wollt, ausgerechnet jetzt?«

Sie waren sich sicher, zumal sie von Pérez, Andrea Agnelli von Juventus Turin und Joan Laporta (der gerade Bartomeu abgelöst hatte und als Vereinspräsident nach Barcelona zurückgekehrt war) angestachelt wurden – allerdings nur so lange, bis sie das Timing vermasselten. An einem Sonntagnachmittag bekam die Londoner

Times Wind davon, was sich da zusammenbraute. Innerhalb weniger Stunden war klar, dass der Plan für The Super League keine leere Drohung mehr war. Es würde wirklich passieren.

Was dann kam, war eine der schnellsten und chaotischsten Reaktionen, die die Fußballwelt je erlebt hat. Kurz gesagt: Sofort war die Hölle los.

Die Fans liefen Sturm, beschimpften ihre eigenen Vereine und kündigten an, ihre Dauerkarten zu kündigen. Die Clubs, die nicht zur Super League eingeladen worden waren, hatten Angst, dass eine Superliga die Einnahmen ihrer heimischen Ligen schmälern würde. Wer nicht dabei war, würde auf der Strecke bleiben. Die UEFA verurteilte The Super League in einer gemeinsamen Erklärung mit der englischen, italienischen und spanischen Liga als »zynisches Projekt, … das auf dem Eigeninteresse einiger weniger Vereine fußt«.

Die Organisatoren der Super League tauchten derweil ab. Kurz vor Mitternacht an jenem Sonntag veröffentlichten sie dann eine erste Pressemitteilung, die die schlimmsten Befürchtungen bestätigte. Ja, die zwölf Vereine würden dauerhafte Mitglieder sein, jeweils für eine Dauer von 23 Jahren. Und ja, wenn möglich, solle es bereits 2022 losgehen. An der Champions League würden sie nicht mehr teilnehmen. Stattdessen würden sie ein größeres Rundenturnier veranstalten, das am Ende jeder Saison in einem Play-off mit acht Teams gipfeln sollte. Es würde ein Meilenstein in der Fußballgeschichte werden, so die Organisatoren, aber der sei auch nötig, denn: »Die Gründung der Super League kommt zu einer Zeit, in der die globale Pandemie die Instabilität des bestehenden Wirtschaftsmodells des europäischen Fußballs beschleunigt hat.«

Das stimmte wohl. Das Problem war nur, dass die zwölf rebellischen Vereine gegen diese Instabilität nur vorgehen wollten, soweit es sie selbst betraf. Niemand glaubte der Super League, dass es zu einem Trickle-down-Effekt kommen würde. Der Gedanke, dass es einem Verein wie Deportivo La Coruña irgendwie helfen würde, wenn Real Madrid und der FC Barcelona mit der Super League mehr Geld verdienten, war einfach Quatsch.

Die Super League war darauf vorbereitet, dass sie unter Beschuss geraten würde. Die Verantwortlichen waren erfahren genug, um zu wissen, dass sich im Fußball alle immer schnell aufregen, sich meistens aber genauso schnell wieder beruhigen. Wenn sie das erste Sperrfeuer – vor allem die Angriffe der UEFA – überstanden, dann würde die Super League überleben. »Sie wussten, worauf sie sich einlassen«, sagt ein Insider.

Die Organisatoren überraschte dann auch nicht so sehr das Ausmaß der Kritik, als vielmehr, woher sie kam. Am Montag schlugen die Wellen in England so hoch, dass sich der britische Premierminister Boris Johnson in die Diskussion einmischte. Er warf den Gründungsmitgliedern vor, für sich selbst eine große Party zu schmeißen und dabei das kulturelle Erbe Großbritanniens zu beschmutzen, und er versprach, »eine legislative Bombe zu werfen, um das zu verhindern«. Die Organisatoren in Madrid hatten mit einigem gerechnet, aber nicht damit, dass sich eine Regierung einschalten würde. Die Enttäuschung über die Briten war deutlich spürbar. Ein wichtiger Akteur der Super League verkündete: »Boris Johnson ist nicht normal.«

Nach ihrer ersten Ankündigung ließen die Organisatoren 24 Stunden lang nichts weiter von sich hören. Als sie sich dann doch zu Wort meldeten, taten sie das auf ziemlich unerwartete Weise: nach Mitternacht, auf einem kleinen Privatsender und ausschließlich auf Spanisch.

Der Mann, der die Botschaft überbringen sollte, war Florentino Pérez. In der Nacht von Montag auf Dienstag trat er in der Sendung *El Chiringuito de Jugones* (in etwa: »Die Strandbar der Spieler«) auf, die fünfmal die Woche von Mitternacht bis 2:45 Uhr läuft und wirkt wie *Das aktuelle Sportstudio* auf Speed. Da es sich um eine spanische Fußballsendung handelt, geht es dort größtenteils um zwei Themen: den FC Barcelona und Real Madrid. Es gibt bunte

Lauftexte, alberne Soundeffekte und viele, viele fragwürdige Meinungen. Im Grunde sind diese fragwürdigen Meinungen auch der eigentliche Sinn und Zweck der Sendung. Und Pérez brachte eine ganz wunderbar fragwürdige Meinung mit, um seine abtrünnige Superliga zu rechtfertigen.

»Bis zum Viertelfinale interessiert die Champions League doch niemanden«, sagte er. »Was erzeugt das größte Interesse? Lasst die Großen spielen! Wir tun unser Bestes für den Sport. Die Champions League hat ihre Anziehungskraft verloren. Wir veranstalten The Super League, um den Fußball zu retten.« Später wurde Pérez noch deutlicher. »Es gibt Spiele, die sich keiner ansieht«, behauptete er. »Ganz ehrlich, die würde nicht mal ich mir angucken. In Spanien, in England, in Italien. Irgendwer muss uns ein anderes Format geben, damit wir mehr Geld verdienen können. Wenn wir nicht mehr Geld verdienen, wird das alles sterben.«

Am Dienstag nahm der Gegenwind zu. Die offizielle Kritik schlug in Fanproteste auf der Straße um. Im Westen Londons, wo Chelsea an jenem Abend ein Heimspiel hatte, versammelten sich Fans vor dem Stadion, um gegen die nackte Gier ihres eigenen Vereins zu protestieren. Dreihundert Kilometer weiter nördlich blieb den Verantwortlichen von Manchester City nicht verborgen, wie hoch die Wellen der Entrüstung schlugen, und sie bekamen kalte Füße. Der Verein hatte sich als letzter der Gruppe angeschlossen und erwog nun, als erster wieder auszusteigen.

Damit das Projekt überhaupt eine Chance auf Erfolg hatte, brauchte es eine komplett einheitliche Front mit perfekt aufeinander abgestimmten Anreizen. Innerhalb von 48 Stunden wurde klar, dass die Super League weder das eine noch das andere hatte. Fast zeitgleich leiteten Manchester City und Chelsea ein formelles Verfahren ein, aus dem Projekt wieder auszusteigen. Es war kein Zufall, dass die beiden Vereine, die sich am wenigsten für das Projekt engagierten, diejenigen waren, die am wenigsten Geld brauchten. Die megareichen Besitzer von Chelsea und City hatten mit dem

Projekt weniger Gewinn machen als vielmehr ihr Image aufpolieren wollen. »Ich habe viele weniger riskante Optionen, um Geld zu verdienen«, hatte Roman Abramowitsch der BBC erzählt, nachdem er im Jahr 2003 Chelsea übernommen hatte. Das mit dem Image war nun gründlich nach hinten losgegangen – die eigenen Fans gegen sich aufzubringen, war das Letzte, was sie wollten.

Auch die anderen Vereine der Premier League kamen einer nach dem anderen zu demselben Schluss. Sie waren die Mitglieder der Super League, die am wenigsten dringend Geld brauchten, da sich die Premier League in der Pandemie als relativ krisenfest erwiesen hatte, zumindest im Vergleich zu den Ligen in Spanien und Italien. Während Real und Barcelona das Gefühl hatten, nur die Super League könne sie retten, wurde den englischen Vereinen klar, dass sie den ganzen Zirkus nicht wirklich brauchten. Genau genommen war die Premier League ja bereits eine Art Superliga – die Fernsehsender zahlten astronomische Summen für die Übertragungsrechte, es gab sechs große Vereine, die realistische Chancen auf den Titel hatten, und die Qualität des Produkts war höher als irgendwo sonst auf der Welt.

Am Dienstagabend war die Super League dann bereits so gut wie tot. Am Mittwochmorgen baten die englischen Clubbesitzer öffentlich um Entschuldigung. »Es tut mir leid. Ich bin ganz allein verantwortlich für die unnötige Negativität, die in den letzten Tagen verbreitet wurde«, sagte John W. Henry, der Haupteigentümer des FC Liverpool, in einer Aufnahme, die wirkte wie die Videobotschaft eines Entführten. »Ich hoffe, Sie alle verstehen, dass wir stets versuchen, im besten Interesse Ihres Clubs zu arbeiten, auch wenn wir dabei hin und wieder einen Fehler machen.«

Sogar JPMorgan Chase verkündete, man bereue, der Super League Geld geliehen zu haben – ein Vergehen, das weit weniger verwerflich war als viele der tatsächlichen Verbrechen, bei denen die Bank in den vergangenen zehn Jahren hohe Summen für außergerichtliche Vergleiche gezahlt hatte.

»Wir haben eindeutig falsch eingeschätzt, wie ein Großteil der Fußballwelt diesen Deal aufnehmen würde und wie er sich auf deren Zukunft auswirken könnte«, sagte ein Sprecher der Bank. »Wir werden daraus lernen.«

Die Spieler nahmen kein Blatt vor den Mund und kritisierten offen ihre Arbeitgeber. »Das gefällt uns nicht, und wir wollen nicht, dass es passiert«, hieß es in einer im Namen der gesamten Mannschaft des FC Liverpool geposteten Botschaft. In einer WhatsApp-Gruppe von mehreren Kapitänen von Premier-League-Teams, Männern, die sich normalerweise an den Wochenenden am liebsten die Köpfe einschlagen würden, waren sich alle einig, dass das, was einige ihrer Arbeitgeber taten, schlichtweg falsch war. Sie hatten noch nie Anlass gehabt, sich über die Besitzer oder den Umsatz ihrer Vereine oder Florentino Pérez Gedanken zu machen, aber das hier ging eindeutig zu weit.

»Wir konnten nicht begreifen, wie diese Leute unserem Spiel das antun konnten«, schrieb der Kapitän des FC Burnley, Ben Mee. »Fußballer spielen für die Fans, nicht für Leute in Vorstandsetagen … Pérez klingt wie jemand, der verzweifelt versucht, Geld für einen Verein zu verdienen, der hoch verschuldet ist.«

Doch während sich Fans und Spieler im Kampf um die Seele des Fußballs Gehör verschafften, blieben zwei Stimmen merklich stumm. Inmitten des ganzen Trubels um die Super League glänzten die beiden wichtigsten Spielerpersönlichkeiten ihrer Generation durch Abwesenheit.

Oder zumindest fast. In den sozialen Medien posteten Messi und Ronaldo für ihre halbe Milliarde Follower auch in jenen Tagen extrem wichtige und aktuelle Botschaften. Am 19. April, dem Tag nach der öffentlichen Bekanntgabe der Super League, ließ Cristiano seine Fans wissen, dass er heute erfolgreich trainiert habe, und postete ein Foto von sich in Unterwäsche – 10,4 Millionen Likes auf Instagram. Am nächsten Tag brach Messi sein Schweigen, mit einem Foto, auf dem er sich die Schuhe zuband, um für seine neuen Stollenschuhe von Adidas zu werben. Der Text darunter war nicht ganz die gehaltvolle Botschaft, die sich die Fußballwelt in diesem Moment existenzieller Unsicherheit von einem der größten Spieler aller Zeiten erhofft haben mochte.

»Neue Fußballschuhe«, schrieb Messi auf Spanisch und fügte hinzu: »🔥«

///////

Die Super League lag in Trümmern, aber drei Vereine weigerten sich standhaft, das zuzugeben.

Im Mai gaben der FC Barcelona, Real Madrid und Juventus Turin eine gemeinsame Erklärung ab, in der sie betonten, dass sie weiterhin an dem Plan einer Elite-Liga festhielten. Sie prangerten das »Monopol der UEFA über den europäischen Fußball« an und warfen dem Verband vor, rechtswidrigen und »unerträglichen« Druck auf sie auszuüben, um sie dazu zu bewegen, den Plan aufzugeben.

Es war kein Zufall, dass dies genau jene drei Vereine waren, die ein Vermögen ausgegeben hatten, um ein Stück der Ära Messi/Ronaldo zu besitzen, und jetzt deutlich in den Miesen waren – allein in der Saison 2020/21 verlor Juve 210 Millionen Euro, das war der dritthöchste Verlust aller europäischen Fußballvereine in jenem Jahr. Den höchsten Verlust, 481 Millionen, fuhr Barça ein. Über zehn Jahre lang hatten sich die drei Vereine an einem regelrechten Wettrüsten beteiligt und horrende Summen für Spieler ausgegeben, die sie sich kaum hatten leisten können, um an der Spitze eines globalen Fußballmarktes zu bleiben, der sich durch den enormen Zustrom von Milliarden Euros aus Petro-Staaten rasant veränderte. Selbst als ihre Umsätze genug stiegen, dass sie ihre Defizite und überhöhten Zahlungen decken konnten, hatte man immer mehr den Eindruck, als stünden einige der traditionsreichsten Fußballclubs der Welt am Rande des finanziellen Abgrunds. Eine falsche Entscheidung, eine Verletzung zur falschen

Zeit, eine vergeigte Saison, und das gesamte schuldenbeladene Gebäude würde einstürzen.

Und genau das passierte. Die Pandemie ließ die Einnahmen und den Wert der Spieler sinken und hinterließ bei diesen Vereinen ein riesiges Loch in den Bilanzen. Die Super League sollte ihre »Du kommst aus dem Gefängnis frei«-Karte sein. Doch jetzt löste sich ihr Fluchtplan vor ihren Augen in Rauch auf.

Niemand hatte mehr Hoffnungen in die Super League gesetzt als Florentino Pérez. Aber zumindest konnte er sich sicher sein, dass er auch nach dem Debakel weiterhin Präsident von Real Madrid sein würde. Schließlich hatte er dafür eigens die Vereinsstatuten umgeschrieben. Auch der Präsident von Juventus Turin, Andrea Agnelli, musste sich um seinen Posten keine Sorgen machen, schon wegen seines Nachnamens. Ganz anders sah das für Joan Laporta aus, den Präsidenten des FC Barcelona. Er war mit dem Versprechen angetreten, die Misswirtschaft der Jahre unter Bartomeu zu beenden und das finanzielle Chaos, das sein Vorgänger hinterlassen hatte, zu beseitigen. Mit der Absage der Super League schwand seine Hoffnung auf eine schnelle Lösung.

Erschwerend kam hinzu, dass das ganze Ausmaß des finanziellen Fiaskos mit jeder Woche deutlicher wurde. Die Schulden des Vereins beliefen sich auf 1,2 Milliarden Euro. Schon vor der Pandemie hatten viele befürchtet, dass das Geschäftsmodell des FC Barcelona nicht besonders tragfähig war. Jetzt brannte es an allen Ecken und Enden. Eine Betriebsprüfung durch Deloitte ergab, dass der Verein, der früher 4,7 Milliarden US-Dollar wert und einer der reichsten und berühmtesten Clubs im beliebtesten Sport der Welt gewesen war, technisch gesehen bankrott war, als Laporta im März 2021 sein Amt antrat.

Wie immer, wenn die Geschäftsgrundlage des Vereins in Gefahr war, kümmerte sich Barças Präsident zuallererst um das Wohlergehen seines wichtigsten Angestellten. Messis Vertrag lief im Juni 2021 aus, und Laporta versprach den Fans, ihn zu verlängern. Wie der Verein das bezahlen sollte, würde er sich später überlegen.

»Das Wichtigste ist, dass Messi sich geliebt fühlt«, erzählte Laporta damals dem *Wall Street Journal.*

Im vergangenen Jahr hatte sich Messi die meiste Zeit allerdings nicht sonderlich geliebt gefühlt. Im Sommer 2020 hatte er sich widerwillig bereiterklärt, bei Barça zu bleiben, und der Verein hatte seine Loyalität belohnt, indem er Messis besten Freund feuerte. Luis Suárez war nicht nur sein liebster Sturmpartner auf dem Spielfeld, sondern auch sein direkter Nachbar in Castelldefels. Ihre Familien aßen sonntags gemeinsam zu Mittag und fuhren zusammen in den Urlaub, ihre Söhne waren Mannschaftskameraden in der F-Jugend von Barça.

Als Barcelona Suárez mitteilte, dass man seine Dienste nicht mehr benötigte, und ihn prompt an Atlético Madrid verkaufte, einen direkten Rivalen um die spanische Meisterschaft, fühlte sich Messi verraten. Jetzt hatte er endgültig keine Scheu mehr, der Welt mitzuteilen, was er von seinem Brötchengeber hielt.

»So einen Abschied hast du nicht verdient«, schrieb Messi an Suárez gerichtet in einem selten persönlichen Instagram-Statement. »Einer der wichtigsten Spieler in der Geschichte des Vereins. Dass die dich so vor die Tür setzen. Wobei mich das inzwischen eigentlich auch nicht mehr überrascht.«

Als wäre das alles nicht schon schlimm genug, schied Barça im März 2021 im Achtelfinale gegen Paris Saint-Germain mit 1:4 und 1:1 aus der Champions League aus. Nur 24 Stunden vorher war Cristiano Ronaldo mit Juve am FC Porto gescheitert.

Die beiden Niederlagen bedeuteten, dass zum ersten Mal seit sechzehn Jahren weder Messi noch Ronaldo im Viertelfinale des Turniers standen.

All das hätte Messi dazu veranlassen müssen, die Flucht zu ergreifen. Doch erstaunlicherweise hatte Laportas Charmeoffensive die gewünschte Wirkung. Als Barças neuer Präsident im Frühjahr 2021 verkündete, er wolle Messi auf jeden Fall behalten, deutete der das als positive Entwicklung, und seine Stimmung hellte sich plötzlich wieder auf. Der 59-jährige Anwalt hatte bereits damals den Verein geleitet, als Messi nach Barcelona gekommen war, er hatte Pep Guardiola als Trainer verpflichtet, und unter ihm hatte Barça 2009 das erste Triple geholt. Laporta wusste, wie die gute alte Zeit ausgesehen hatte. Außerdem kannte er die Hierarchie im Verein. Eine seiner ersten Amtshandlungen nach seiner Rückkehr bestand darin, Messi zum Mittagessen einzuladen.

Sie waren sich einig: Wenn Messis Vertrag am 1. Juli auslief und er plötzlich der wertvollste vertragslose Spieler in der Geschichte des Fußballs war, dann war das für beide Seiten kein Grund zur Panik: Ein Jahr nach dem *burofax* würde er dem einzigen Profiverein treu bleiben, für den er je gespielt hatte.

Es gab nur ein Problem: Der einzige Proficlub, für den er je gespielt hatte, konnte ihn sich nicht mehr leisten.

Nach den Vorschriften der Primera División durfte ein Fußballverein nicht mehr als siebzig Prozent seiner Einnahmen für Gehälter ausgeben.

Als der FC Barcelona pro Saison eine Milliarde Euro eingenommen hatte, war das kaum ins Gewicht gefallen. Aber im Vorfeld der Corona-Pandemie waren Barças jährliche Lohnkosten auf über 600 Millionen Euro gestiegen, und jetzt, da der Verein pro Saison eine halbe Milliarde Euro Verlust machte, wurden die siebzig Prozent plötzlich zum Problem. Wenn es dem FC Barcelona nicht gelang, seine Ausgaben für Gehälter bis zum Beginn der Saison 2021/22 um 285 Millionen Euro zu senken, würde er seine eigenen Spieler nicht mehr registrieren können. Zum Vergleich: 2021 betrug die Gehaltsobergrenze in der NFL umgerechnet rund 154 Millionen Euro. Der FC Barcelona musste also das Äquivalent von zwei kompletten NFL-Kadern loswerden, um die Vorgaben einzuhalten.

Messi bot an, seinen Teil beizutragen und eine Gehaltskürzung von fünfzig Prozent zu akzeptieren, um die Kosten zu senken. Aber das war nur ein Tropfen auf den heißen Stein. Schnell einige Spieler zu verkaufen, deren Verpflichtung ohnehin ein Fehler gewesen war, hätte geholfen, aber Spieler wie Ousmane Dembélé oder Phillipe Coutinho waren nicht nur maßlos überbezahlt, sondern auch viel zu teuer, als dass sie jemand hätte kaufen wollen. Das Sommer-Transferfenster stand schon viel zu lange offen, und noch immer wurde Barça keinen Spieler los, der die Verluste hätte ausgleichen können. Langsam wurde klar, dass es so nicht weiterging. Dank Messis neuem Vertrag belief sich die Lohnsumme des FC Barcelona auf 110 Prozent seiner Einnahmen, und sogar ohne den Vertrag lag sie bei 95 Prozent. Wenn die Liga kein Auge zudrückte, würde Barça den Spielbetrieb einstellen müssen. Und die Primera División war nicht gerade in der Stimmung, Barça eine Sonderbehandlung zu gewähren.

Knapp drei Monate nach dem Debakel um die Super League war Ligachef Javier Tebas immer noch sauer. Doch selbst unter normalen Umständen wäre er kaum bereit gewesen, dem FC Barcelona entgegenzukommen. Tebas war die treibende Kraft hinter den Vorschriften gewesen, die für mehr wirtschaftliche Nachhaltigkeit im spanischen Fußball sorgen sollten und gegen die Barcelona nun ganz direkt verstieß. Genau dieses Szenario hatte er damit verhindern wollen.

»Die Vorschriften müssen eingehalten werden, wir werden daran nichts ändern«, sagte Tebas. »Wir werden für Messi nicht spontan irgendwelche neuen Regeln einführen.«

Außerdem hatte Tebas Laporta bereits einen Ausweg angeboten, wie er nicht gegen die Vorschriften verstoßen musste. Einen Monat zuvor hatte er sich mit dem Präsidenten des FC Barcelona getroffen, um ihm einen neuen Plan für eine Finanzspritze für die Primera División zu unterbreiten, der dem FC Barcelona aus der Patsche helfen konnte. Der Plan sah vor, die Geschäftsinteressen der Liga in einem Joint Venture aller 42 Mitgliedsvereine zusammenzufassen und eine Beteiligung von zehn Prozent an diesem Joint Venture für 2,7 Milliarden Euro an die Private-Equity-Gruppe CVC Capital Partners zu verkaufen. Die Liga würde dieses Geld dann auf alle ihre Vereine aufteilen, um so das Risiko von Insolvenzen zu mindern.

Tebas hatte erklärt, diese Finanzspritze würde es Barcelona ermöglichen, Messis Vertrag zu verlängern. Es schien wie die perfekte Lösung zum perfekten Zeitpunkt.

Doch wieder einmal hatte Tebas feststellen müssen, dass die Interessen der Primera División nicht immer mit denen ihrer größten Vereine übereinstimmten. Sowohl Barcelona als auch Real Madrid lehnten den Vorschlag ab, mit dem Argument, dass sie damit für die nächsten fünfzig Jahre ihre Fernsehrechte verpfänden würden. Einige Tage, nachdem das Exekutivkomitee der Liga den Deal einstimmig genehmigt hatte, kündigte Florentino Pérez an, die Primera División, Tebas, CVC Capital und den Direktor des Fonds zu verklagen.

Jetzt hatte Tebas genug. Einen weiteren Rettungsring würde er dem FC Barcelona nicht zuwerfen. Sollten sie doch sehen, wie sie ihre sich selbst eingebrockte Suppe auslöffelten – die Primera División hatte getan, was sie konnte. Messi musste wohl oder übel gehen.

Am 5. August, kurz nach 19:30 Uhr, gab der FC Barcelona in einem 102 Wörter umfassenden Statement auf seiner Webseite bekannt, dass Lionel Messi, der größte Spieler, der jemals die Vereinsfarben getragen hatte, Barça verlassen würde.

Ronaldos Abgang bei Real hatte das Halbfinale der Weltmeisterschaft in den Schatten gestellt. Messis Abgang bei Barça war den Nachrichten am Donnerstagabend kaum eine Meldung wert.

»Obwohl der FC Barcelona und Leo Messi eine Einigung erzielt hatten und beide Parteien die klare Absicht hatten, heute einen neuen Vertrag zu unterzeichnen, kann dies aufgrund wirtschaftlicher und struktureller Hindernisse (Bestimmungen der spanischen LaLiga) nicht geschehen«, hieß es in dem Statement. »Aufgrund dieser Situation wird Messi nicht beim FC Barcelona bleiben. Beide Parteien bedauern zutiefst, dass die Wünsche des Spielers und des Vereins nicht erfüllt werden können.«

Messi war genauso fassungslos wie alle anderen. Noch drei Tage später, als er sich schluchzend durch die Abschieds-Pressekonferenz quälte, war klar, dass er gar nicht wegwollte. Während er zu einem ganzen Raum voller aktueller und ehemaliger Kameraden sprach, murmelte Messi sich durch eine ganze Paella der Emotionen, von Unglauben über Niedergeschlagenheit bis hin zu Verbitterung.

»Ich weiß nicht, was ich sagen soll … Ich bin noch nicht bereit dafür«, sagte er mit seinem argentinischen Akzent, den ihm auch zwanzig Jahre Katalonien nicht ganz hatten austreiben können. »Ganz ehrlich, letztes Jahr, mit all dem Quatsch mit dem *burofax* und so, war ich überzeugt, dass ich wusste, was ich sagen wollte, aber dieses Jahr, dieses Jahr ist das ganz anders.«

Während er sich die Nase putzte, musste man den Eindruck gewinnen, dass weder er noch Jorge Messi noch ihre Rechtsberater so recht verstanden hatten, wie es so weit hatte kommen können, dass der beste Spieler in der Geschichte Barcelonas den Verein, der ihn als Jungen unter Vertrag genommen hatte, verließ, und zwar nicht, weil er gehen wollte, und auch nicht, weil der Verein das wünschte, sondern weil das Finanzkontrollsystem der Primera División und die finanzielle Inkompetenz des FC Barcelona kollidierten und den Beteiligten keine andere Wahl ließ. Messi wusste nicht mehr, wem er vertrauen sollte. Er konnte nicht einmal mit Sicherheit sagen, ob Laporta alles getan hatte, was in seiner Macht stand, um ihn zu halten. (Darauf spielte auch Jorge Messi an, als er auf die Frage, ob jemand schuld sei, sagte: »Fragen Sie den Verein.«)

»Ich bin mir sicher, dass ich getan habe, was ich konnte«, meinte Leo, seine 672 Tore in 778 Spielen für Barcelona nun Geschichte. »Laporta hat gesagt, es geht nicht, wegen der Liga. Ich kann Ihnen nur sagen, ich habe alles getan, was ich konnte, um zu bleiben, denn ich wollte bleiben.«

Aber jetzt war es zu spät, so oder so.

»Ich hatte viele schwierige Momente, viele Niederlagen«, fuhr er fort. »Aber das Ende vom Lied ist: Ich gehe nicht zurück zum Training. Ich gehe nicht zurück auf den Platz. Ich gehe nicht zurück. Mit diesem Verein ist jetzt für mich Schluss.«

Zu diesem Zeitpunkt hatte Jorge Messi bereits mit Paris Saint-Germain telefoniert.

Zwölf
The Last Dance

Es war 22 Uhr, als sich die Augen der Fußballwelt auf die Auswechselbank des Stadions von Reims richteten. Hier, im Herzen der Champagne, hatten sich in einer warmen Augustnacht etwa 20.000 Menschen eingefunden, um genau das mitzuerleben, was jetzt geschah: den Moment, in dem ein Trainerassistent von Paris Saint-Germain dem Offiziellen an der Seitenlinie mitteilte, dass sie die Nr. 30 einwechseln würden.

Noch nie war im traditionsreichen französischen Fußball eine Auswechslung mit solch einer Spannung erwartet worden. Und wie es der Zufall wollte, ereignete sie sich ausgerechnet hier, im Stade Auguste-Delaune, anderthalb Autostunden östlich von Paris. Über zweihundert Journalisten hatten eine Akkreditierung beantragt. Reims hatte so schnell viertausend Tickets für das Spiel verkauft, dass es den Verkauf gestoppt hatte, um die Eintrittspreise zu erhöhen – und das alles für ein gewöhnliches Ligaspiel, dessen Ausgang außerhalb von Reims und Paris eigentlich niemanden interessierte.

In der 64. Minute wurde das Spiel dann unterbrochen, und die Gäste wechselten aus. Da war er nun, unter dem Beifall der Fans: Barcelonas größter Spieler aller Zeiten joggte im Trikot von PSG auf das Spielfeld.

Der Anblick von Lionel Messi im falschen Trikot musste jedem, der sich in den vergangenen 15 Jahren auch nur am Rande für Fußball interessiert hatte, befremdlich vorkommen – nicht zuletzt, weil es mit seinem Wechsel nach Paris so schnell gegangen war. Joan Laporta traf sich an einem Donnerstag mit Messis Vater, und schon wenige Stunden später unterhielt sich Jorge Messi mit PSG-Präsident Nasser Al-Khelaifi, einem ehemaligen Tennisspieler aus Katar, der zum Chef der Beteiligungsgesellschaft Qatar Sports Investments aufgestiegen war, einem Zweigbetrieb des Staatsfonds des Emirats. Am Freitag rief Al-Khelaifi die verschiedenen Abteilungen von PSG an und holte sie aus dem Urlaub zurück – schließlich war es Mitte August, und da fuhr ganz Frankreich an den Strand. Der Deal würde stattfinden. Und zwar jetzt.

Es war, als würde die zehnjährige Kooperation zwischen Paris Saint-Germain und Katar jetzt und hier ihren Höhepunkt finden. Als hätten die Beteiligten zehn Jahre lang auf diesen Moment hingearbeitet – oder noch länger, wenn man den größeren Kontext der Beziehungen zwischen Frankreich und dem sehr kleinen, sehr reichen Emirat betrachtet.

Katar hatte Mitte der 2000er-Jahre damit begonnen, Geld in die französische Wirtschaft zu stecken, indem es Anteile an großen französischen Unternehmen übernahm, in Dutzende Luxusimmobilien investierte – von welchen auf den Champs-Élysées bis zum Hôtel Martinez an der Croisette in Cannes – und zu einem der größten Abnehmer französischer Rüstungsexporte wurde. Lange bevor das Emirat Millionen Euro hinblätterte, um Messi in ein Pariser Trikot zu stecken, gab der katarische Staat bereits mehr als 15 Milliarden Euro für französische Kampfjets und Airbusse aus.

Nachdem Katar also mehr als zehn Jahre lang Luxusimmobilien und hochmoderne Waffen erworben hatte, schien es jetzt nur angemessen, dass sich Katars Vorzeige-Fußballmannschaft seine eigene Luxuswaffe leistete.

Und es ging dabei um viel mehr als das, was Messi, der jetzt Mitte dreißig war, auf dem Spielfeld leistete. Seit der Übernahme durch das Emirat Katar im Jahr 2011 wurde PSG geführt wie kein anderer Club auf der Welt. Es war gleichzeitig eine Ansammlung von Sportmannschaften, eine Lifestyle-Marke, ein Influencer-Kollektiv, ein Kooperationspartner von Modelabels, ein E-Sport-Franchise, eine Content-Fabrik und ein Tummelplatz von VIPs. Welche anderen Sportvereine haben bereits Designer-Skateboards, limitierte Sneaker in Kooperation mit den Rolling Stones und einen Luxus-Angelkasten speziell für den japanischen Markt herstellen lassen? Welche anderen Sportvereine veranstalten Modenschauen und Galerieeröffnungen? Die Strategie bestand von Anfang an darin, so viele A-Promis wie möglich in die VIP-Loge des Parc des Princes zu setzen, um sie zusammen mit dem Logo von Paris Saint-Germain zu fotografieren. Man hatte den roten Teppich ausgerollt, jetzt mussten Leute kommen, die darauf entlangstolzieren. Mick Jagger und Rihanna sollten sich unter langjährige Fans des Vereins wie den französischen Ex-Präsidenten Nicolas Sarkozy mischen. Vorbild war die Promi-Ansammlung am Spielfeldrand im Madison Square Garden bei Spielen der New York Knicks. Es war kein Zufall, dass PSG auch den Filmemacher und bekennenden Knicks-Fan Spike Lee einlud.

»Wir versuchen, die Leute zu überraschen, und wollen neue Bereiche erobern«, so ein PSG-Insider. »Fußball ist auch immer dabei, ist aber nicht das Wichtigste.«

Mindestens genauso wichtig waren für Paris Saint-Germain nämlich Mode, Marketing und soziale Medien. Dank eines Mega-Deals mit der Jordan Brand, einer Untermarke von Nike, war PSG der einzige Fußballverein auf der Welt, dessen Trikot die Silhouette eines springenden Basketballers zierte. Das war alles Teil des Plans, hip und *instagrammable* zu sein. Kein Wunder, dass PSG keinen Sportfotografen engagierte, sondern einen Modefotografen, der die Spieler achtzig Tage im Jahr begleitete und sie wie Models in die Kamera schmollen ließ. Die kreativen Köpfe im Verein sahen keinen Grund, warum PSG nicht genauso ikonisch sein sollte wie die anderen französischen Exporte Chanel, Dior und Louis Vuitton.

Warum? »Weil es halt Paris ist«, sagt Fabien Allègre, der Brand Diversification Director des Vereins. »Das soll nicht arrogant klingen, aber diese Stadt ist in so vielen Bereichen führend in der Welt, bei Architektur, Design, Gastronomie.«

Gleich während seiner ersten Tage im Verein hatte Allègre von Al-Khelaifi die Anweisung erhalten, aus dem PSG-Trikot Europas Antwort auf die ikonische Baseballkappe der New Yorker Yankees zu machen – ein Symbol für die Stadt, das gar keine Verbindung zum Sport haben musste. Bei der Yankees-Kappe spielte es keine Rolle, ob sich jemand, der sie kaufte, für Fußball oder für Baseball interessierte. Sie tauchte in Rap-Videos und auf Laufstegen auf, man sah sie in jeder Abflughalle zwischen dem John F. Kennedy Airport und dem Flughafen Charles de Gaulle.

Es hatte Jahre gedauert, dem Verein eine eigene Ästhetik zu verpassen. Jetzt war es an der Zeit, diese laute, bunte und exzentrische Hype-Maschine auf Messi loszulassen.

Als nun die Verantwortlichen an dem Wochenende, bevor Leo der Öffentlichkeit präsentiert werden sollte, Hals über Kopf aus dem Urlaub nach Paris zurückkehrten, machten sie sich sofort daran, ein neues Image für ihn zu entwerfen und die Sponsoren anzurufen, um ihnen zwei Dinge mitzuteilen. Erstens: Messi kommt zu uns. Zweitens: Die Preise für das Sponsoring sind gerade gestiegen.

Unter anderem war PSG in Gesprächen mit zwei Unternehmen, die sich als Kryptowährungs-Sponsoren für den Verein beworben hatten. Der reguläre Preis für einen solchen »Kategoriepartner«, wie der Verein das nennt, lag zwischen 3 und 6 Millionen Euro pro Saison. Als klar war, dass Messi kam, wurde der Preis nahezu verdoppelt. Eine Firma war trotzdem bereit, ihn zu zahlen.

Al-Khelaifi telefonierte persönlich mit den wichtigsten Partnern des Vereins, um ihnen zu erklären, wie viel wertvoller ihr Investment von jetzt an sein würde. Obwohl PSG Messi ablösefrei unter Vertrag nahm, musste der Verein dringend einen Weg finden, um sein gigantisches Gehalt zu decken. (Für den Staat Katar sind 100 Millionen Dollar kaum mehr als ein wenig Kleingeld, das man zwischen zwei Sofakissen findet. Aber die Regeln des europäischen

Fußballs sehen nun einmal vor, dass Vereine ihre Spieler aus fußballbezogenen Einkünften bezahlen müssen.)

Und die ganze Zeit über versuchte Paris Saint-Germain, den Deal geheim zu halten. Denn sobald er durchsickerte, würde die Nachricht in jedem Land der Welt Schlagzeilen machen. In großen, dicken Lettern.

»Was ihr mit Neymar erlebt habt, war noch gar nichts«, warnte Messis Entourage die Verantwortlichen bei PSG. »Ihr werdet schon sehen.«

Nachdem die Verträge unterschrieben waren, wusste Messi bald nicht mehr, wo ihm der Kopf stand. Als er auf dem privaten Flughafen Le Bourget am Rande von Paris landete, kamen tausende Schaulustige, um einen Blick auf ihn zu erhaschen. Das letzte Mal, dass so viele Menschen nach Le Bourget gekommen waren, um ein Flugzeug landen zu sehen, war 1927 gewesen, als Charles Lindbergh als erster Mensch allein den Atlantik überquert hatte.

Messi hatte es aus Spanien zwar nicht ganz so weit, aber er fühlte sich trotzdem wie in einer anderen Welt, als er aus dem Flugzeug stieg und den Fans zuwinkte. Er trug ein T-Shirt mit der Aufschrift *Ici c'est Paris.* »Das hier ist Paris.«

Der Verein setzte ihn in ein Auto. Man zeigte ihm das Trainingsgelände und das Stadion, und dann ging es zu seinem neuen Domizil, dem Hotel Le Royal Monceau, nur einen Steinwurf vom Arc de Triomphe entfernt. Überall, wo er hinging, war eine Kameracrew von PSG dabei. Allein in der ersten Woche produzierte der Verein zweihundert Clips mit ihm. Sie wussten, Messi stellte großartigen Content dar. Die PR-Abteilung von Paris Saint-Germain organisierte allein an seinem ersten Tag elf Interviews. So viele hatte er wahrscheinlich in den letzten zehn Jahren nicht gegeben.

Dabei fiel dem Verein allerdings schnell auf, dass Messi alles andere als redselig war. Er blieb zwar nicht stumm, aber er sagte auch nicht gerade viel.

Frühere Stars in Paris wie Beckham und Ibrahimović hatten den

Fans da deutlich mehr zu bieten gehabt. Um es freundlich auszudrücken: Die PR-Abteilung fand Messi ein wenig fad. »Er ist das Gegenteil von Zlatan«, gibt Allègre zu. Doch wie sich herausstellte, war das den Leuten in den sozialen Medien offenbar ganz egal. Innerhalb von vier Tagen gewann Paris Saint-Germain auf seinen Plattformen rund 13 Millionen Follower hinzu. Die Leute kriegten von Messi einfach nicht genug.

Auch die Trikotbestellungen gingen durch die Decke, PSG und Nike kamen kaum hinterher.

Da der Verein Trikots 18 bis 24 Monate im Voraus bestellt, weiß er nie, welche Spieler sie in den nächsten zwei Spielzeiten tragen werden und welche nicht. Im Megastore des Vereins auf den Champs-Élysées standen die Kunden für Messi-Trikots stundenlang Schlange. Pro Kunde wurden nur zwei Stück verkauft. Knapp ein halbes Jahr später hatte PSG mehr Trikots abgesetzt als im gesamten Jahr vor Messis Ankunft.

Der Verein tat, was er konnte, um aus seinem Neuzugang trotz der Pandemie möglichst schnell möglichst viel Kapital zu schlagen. PSG fand, dass der 34-jährige Messi während seiner gesamten bisherigen Karriere chronisch untervermarktet worden war. Wäre er ein Star im US-Sport gewesen, hätte man bisher alles ganz anders organisiert. Pere Guardiola, Peps Bruder und Agent, hatte das in Barcelona immer genau beobachtet. Als Bekannter des katalanischen Basketballspielers Pau Gasol wusste er, wie viel mehr ein Sportler aus seiner Marke machen kann, wenn er in die USA zieht.

»Wie man auf die Medien zugeht, wie man auf Werbekunden zugeht, wie man vor der Kamera agiert … So etwas können wir in Europa einfach nicht so gut«, sagt er. »Das ändert sich gerade, aber im Fußball hieß es immer noch: ›Hey, mein Arbeitsplatz ist das Spielfeld.‹«

Also machte sich PSG ans Werk. Während Messi mit der französischen Sprache und dem Pariser Verkehr zu kämpfen hatte, machte sich der Verein daran, sein Erscheinungsbild zu überholen.

Mit Messi an Bord konnte er Christian Dior als Partner gewinnen. Leo musste seine Jeansshorts gegen Kaschmirmäntel und maßgeschneiderte Hosen eintauschen. Wenn man bedenkt, wo und wie er die letzten zwanzig Jahre verbracht hatte, muss ihm das alles sehr merkwürdig vorgekommen sein.

Als der kleine Messi damals nach Barcelona gekommen war, hatte er gelernt, dass eine Fußballmannschaft bestimmte politische Ideale vertreten und eine Gemeinschaft repräsentieren konnte: *més que un club*. Zum ersten Mal hatte er Grund gehabt, sich Gedanken über die katalanische Identität zu machen, als er die *senyera* über dem Herzen trug und im Bernabéu den Zorn von 90.000 *Madridistas* zu spüren bekam. Seitdem wusste er: Wer für Barcelona spielt, der spielt für eine ganze Stadt und ihre Geschichte.

Sein neuer Verein machte hingegen keinen Hehl daraus, dass er keine Geschichte hatte. Paris Saint-Germain wusste, dass alle seine Konkurrenten in dieser Hinsicht fast hundert Jahre Vorsprung hatten. Stattdessen bastelte sich der Club sein eigenes Image und wurde zur Lifestyle-Marke. Und so kam es, dass Messi, der einst – zumindest auf dem Spielfeld – die kindliche Freude am Sport und den reinen, unverfälschten Fußball verkörpert hatte, nun für ein Team spielte, in dem fast nebensächlich war, was auf dem Rasen passierte. Er war jetzt eine Säule einer umfassenderen Marketingstrategie. In Paris musste Messi feststellen, dass »mehr als ein Verein« auch etwas ganz anderes bedeuten konnte. Wie hatte es ihn frustriert, als beim FC Barcelona die Kommerzialisierung um sich gegriffen hatte und man mit ihm Kasse machen wollte. Bei PSG war die Kommerzialisierung im Jahre 2021 das A und O. Messi hatte sich für einen Verein entschieden, der für nichts anderes stand.

Ihm blieb nichts weiter übrig, als sich auf die eine Aufgabe zu konzentrieren, für die er (wie er selbst fand) eine absurde Menge Geld bekam: mit PSG im Frühjahr die Champions League zu gewinnen. Der Nachteil war, dass er den Rest des Jahres über für Saint Germain in der »Ligue 1, gesponsert von Uber Eats«, spielen musste.

Wenn Leute bis dahin Messis Fähigkeiten mit der Begründung angezweifelt hatten, er habe in keinem anderen Land Trophäen gewonnen, werden sie dabei kaum die französische Liga im Sinn gehabt haben, die die UEFA nur als fünftbeste in Europa einstuft. Das Gefälle zwischen PSG und den anderen 19 Mannschaften ist enorm. Natürlich gibt es auch im spanischen Fußball viele weniger starke Mannschaften, aber trotzdem können in jeder Saison immerhin drei Vereine auf die Meisterschaft hoffen. Schon vor Messi hatte PSG sieben der letzten neun Meisterschaften gewonnen und sechs der letzten sieben Ligapokale geholt. Diese Mannschaft brauchte keinen Messi, um sich weiter zu verbessern.

Wo er höchstens noch etwas bewirken konnte, waren die maximal sieben K.-o.-Spiele in der Champions League pro Jahr.

»Viele sagen, dass unsere Liga beschissen ist, dass ganz viel nicht stimmt«, sagte der Trainer von Stade Brest, Michel Der Zakarian, nachdem Messi in der Ligue 1 gelandet war. »Aber wenn wir einen Spieler wie ihn hierherholen können, ist das außergewöhnlich. Das wird super.«

Der Zakarian verriet sogar, dass ihn diese Aussicht sexuell errege.

Kein Wunder, dass die Partie Stade Reims – Paris Saint-Germain zum Kassenschlager geriet, als der Verein bestätigte, dass Messi dort Ende August sein Debüt in Frankreich geben würde. Doch niemand war an diesem Abend im Stade Auguste-Delaune aufgeregter als die elf Jungs von Reims.

Sobald der Schlusspfiff ertönte, fand sich Messi von fünf gegnerischen Spielern umringt, die alle darauf hofften, mit ihm das Trikot zu tauschen, wie nach einem Benefizspiel. Der Torwart von Reims, Predrag Rajković, war besonders mutig: Er holte seinen zweijährigen Sohn von der Tribüne und drückte ihn Messi für einen Schnappschuss in den Arm. Messi wehrte sich nicht, und das Foto des bestbezahlten Sportlers der Welt mit einem Kleinkind auf dem Arm, das er noch nie zuvor gesehen hatte, ging sofort viral. Andreaw Gravillon, einer der Verteidiger von Reims, gehörte zu den Spielern, die Messi um sein Trikot baten. Er wollte es für seinen kleinen Bruder. Messi sagte ihm, er habe es leider schon jemand anderem versprochen. Dies sollte bald zu einem wöchentlichen Ritual in den Stadien in ganz Frankreich werden.

»Seit unserer Kindheit sehen wir ihn im Fernsehen«, schwärmte Gravillon. »Ich habe es trotzdem versucht. Nächstes Mal.«

///////

Während Messi sich in seiner neuen Umgebung in Frankreich langsam eingewöhnte, versuchte Ronaldo, aus seiner nicht mehr ganz so neuen Umgebung in Italien wieder zu verschwinden.

Er war jetzt schon seit drei Jahren bei Juventus Turin, wo er seinen Wert weiter steigerte, seinen Trophäenschrank füllte und der offiziellen Liste seiner Erfolge einige Posten hinzufügte. In seinen ersten beiden Saisons in der Serie A wurde Cristiano italienischer Meister, gewann die Coppa Italia und die Supercoppa Italiana. Und natürlich schoss es jede Menge Tore. Auch in seinem fortgeschrittenen Alter erzielte er noch in fast jedem Spiel einen Treffer – 101 Tore in 134 Spielen, um genau zu sein. Aber die Statistik sollte nicht darüber hinwegtäuschen, dass der Wechsel nach Italien für ihn persönlich eine einzige Enttäuschung war. Er zerstritt sich mit den Trainern, die seine Talente seiner Meinung nach nicht richtig einsetzten. Seine Teamkameraden schienen geradezu eingeschüchtert von der Gegenwart des Megastars, und sie erwarteten von ihm so viel Ballzauber, dass sie schlechter spielten als vorher. Juve hatte keinen erkennbaren Stil mehr, vielleicht abgesehen von »Spiel den Ball zu Cris«. Das funktionierte zwar manchmal, verhalf der Mannschaft aber nicht zu den erhofften Höhenflügen, wegen derer das ganze Projekt angeleiert worden war. Für Ronaldo selbst gab es nur eine einzige Trophäe, die ihn wirklich interessierte, und das war nicht der italienische Supercup.

Mitte Juli 2021, wenige Tage bevor das Training für die nächste Saison begann, beauftragte Ronaldo Jorge Mendes, sich um potenzielle Interessenten zu kümmern. Er wollte eine neue Herausforderung und eine bessere Chance auf seinen sechsten Champions-League-Pokal. De facto wollte er also neue Teamkollegen.

Das Problem war, dass Messi die kleine Gruppe von Vereinen, die in der Lage gewesen wären, Cristiano unter Vertrag zu nehmen, noch kleiner machte, als er zu PSG wechselte und die Tür hinter sich schloss. Mendes hörte sich bei den anderen üblichen Verdächtigen um, Real Madrid, Chelsea, Manchester City, Manchester United. Aber keiner schien von einem 36-jährigen Spieler begeistert, dessen Können – im Gegensatz zu seinen Gehaltsforderungen – langsam sichtlich nachließ.

Mendes war allerdings viel zu lösungsorientiert, als dass er sich dadurch hätte entmutigen lassen. Er begann trotz der geringen Aussichten auf Erfolg an einem Transfer zu arbeiten.

In der letzten Woche des Sommer-Transferfensters schienen sich seine Bemühungen dann auszuzahlen. Mendes war in Gesprächen mit Manchester City – aus Cristianos Sicht die ideale Wahl. Wenn sein einziges Ziel darin bestand, noch einmal die Champions League zu gewinnen, dann standen die Chancen mit City sicherlich am besten. Die Kombination aus dem Trainer Pep Guardiola und einem der teuersten Kader der Welt sprach für sich. Cristiano würde sich als klassischer Mittelstürmer perfekt in das bestehende System einfügen. Seine einzige Aufgabe bestünde darin, dem komplexen Angriffsspiel der Mannschaft den letzten Schliff zu geben. Das war genau die Rolle, nach der Ronaldo 3.0 suchte.

Manchester City war von dem Gedanken ebenfalls angetan. Ein Jahr nach dem gescheiterten Versuch, Messi zu importieren, erwog man nun tatsächlich, Ronaldo zu verpflichten. Der Verein hatte in jenem Sommer bereits über 100 Millionen Euro für einen Mittelfeldspieler namens Jack Grealish ausgegeben, aber Guardiola wollte unbedingt noch mehr Schusskraft für seine Mannschaft. Was auch immer man sonst am 36-jährigen Ronaldo bemängeln konnte: Schusskraft besaß er.

Der einzige Knackpunkt war die Ablösesumme. Manchester City war bereit, Ronaldos horrendes Gehalt zu zahlen, bestand aber darauf, ihn ablösefrei von Juventus zu übernehmen. Der italienische Verein wollte jedoch mindestens 30 Millionen Euro, denn so viel schuldete er Real Madrid noch dafür, dass er Ronaldo drei Jahre zuvor verpflichtet hatte. Wenige Tage, bevor sich das Transferfenster schloss, gerieten die Gespräche zwischen den beiden Vereinen in eine Sackgasse.

Das war für Mendes das Stichwort, um einen seiner Lieblingskunden anzurufen, den Verein, den er jahrelang mit allen möglichen Spielern versorgt hatte, von brillanten bis zu ausgesprochen mittelmäßigen Talenten: Manchester United. »Wissen Sie«, teilte er dem Management mit, »Cris ist momentan in Gesprächen mit Manchester City.« Das war nicht gerade der subtilste Schachzug von Mendes, aber er wusste genau, welche Knöpfe er bei den sogenannten Red Devils drücken musste. Und die Aussicht, dass Ronaldo demnächst im himmelblauen Trikot der innerstädtischen Rivalen seine Tore schießen könnte, sorgte im Old Trafford auch tatsächlich sofort für Unruhe. Innerhalb weniger Stunden setzten sich die Räder in Bewegung.

Ronaldo war sich allerdings nicht ganz so sicher, ob er zu United zurückwollte. Der Verein hatte seit 2013 nicht mehr die Liga und seit 2009, als Cristiano weggegangen war, nur ein einziges Mal das Champions-League-Finale erreicht. Ein paar alte Freunde mussten intervenieren. Sein bei United unter Vertrag stehender Mannschaftskamerad aus der portugiesischen Nationalmannschaft, Bruno Fernandes, versicherte ihm glaubhaft, wie stark der aktuelle Kader sei, und sein ehemaliger United-Kollege und Nachbar Rio Ferdinand hing bis drei Uhr morgens mit ihm am Telefon und machte ihm klar, dass ein Wechsel zu Manchester City letztlich seiner Karriere schaden würde. Er könne dem Verein, der ihn zu dem gemacht hatte, was er war, nicht den Rücken kehren und sich stattdessen von dessen direktem Rivalen bezahlen lassen.

»Soll das wirklich dein Vermächtnis sein?«, fragte Ferdinand ihn.

Schon am nächsten Vormittag verhandelten United und Juventus über eine Ablösesumme. Der innerhalb von 24 Stunden ausgeheckte Wechsel wurde nach außen hin als rührselige Rückkehr Ronaldos zu seinen Wurzeln präsentiert, und die Fans waren begeistert. Als United den Transfer auf Instagram ankündigte, erhielt der Post 13 Millionen Likes und war damit der meistgelikte Post eines Sportvereins in der Geschichte der Plattform. Nur vier Tage später gab Ronaldo in einem Heimspiel gegen Newcastle sein zweites Debüt für Manchester United, 18 Jahre nach dem ersten. Er erzielte zwei Tore.

Für Ronaldo war so ein Transfer nichts Ungewöhnliches, anders als das bei Messis Wechsel zu PSG gewesen war. Messi *war* der FC Barcelona gewesen, ein menschliches Wahrzeichen einer 123 Jahre alten Institution, ein Maskottchen in *blaugrana*-Streifen. Ihn in einem anderen Vereinstrikot zu sehen, wirkte geradezu verstörend. Aber Ronaldo war schon immer ein wenig anders gewesen. Er war eine One-Man-Show. Ein Fußballer, der Real Madrid nicht brauchte, um ein *Galáctico* zu sein. Er hatte schon immer für die wichtigsten Vereine in den wichtigsten Ligen spielen wollen. Er war so wichtig, dass Manchester United ihn zum zweiten Mal haben wollte.

Die allgemeine Begeisterung ließ allerdings im Laufe der darauffolgenden Wochen und Monate nach, als klar wurde, dass Ronaldo die letzten Jahre seiner Karriere bei einer schwächelnden und merkwürdig freudlos wirkenden Version des beliebtesten Vereins der Welt verbringen würde. Jahre, in denen es ohnehin nicht gerade bergauf mit seiner Leistung gehen würde. Obendrein schien die Aufnahme eines Weltstars und einer ehemaligen Vereinsikone in einen Kader, der gerade auf dem zweiten Platz der Premier League gelandet war, seltsamerweise dafür zu sorgen, dass United *schlechter* wurde. Mit einem Mal wurde Ronaldo dauernd kritisiert, sei es seine Körpersprache oder seine Defensivleistung – als ob man seinen Beitrag zum Team an seiner Defensivbelastung pro neunzig Minuten messen sollte und nicht etwa an seinen Toren und Vorlagen, wo er mit Abstand der beste Spieler von United war. Er wurde an den Pranger gestellt, weil er angeblich das taktische System von United störte und nicht so viel herumlief wie seine jüngeren Teamkollegen. Das kam ihm alles sehr respektlos vor.

Niemand schimpfte über Roger Federer, als er mit 39 Jahren in der ersten Woche eines Grand-Slam-Turniers ganz sang- und klanglos ausschied. Niemand verhöhnte Tiger Woods, als sein erstes Comeback in die Hose ging. Aber das ist der grundlegende Unterschied zwischen Einzelsportarten und dem europäischen Fußball. Wenn Federer verliert, betrifft das nur ihn und nicht noch zehn weitere Spieler, die mit ihm auf dem Platz stehen. Wenn er es noch einmal versucht und es nicht hinhaut, kostet es niemanden sonst Punkte, Trophäen oder Geld. Zum ersten Mal in seinem Leben wurde Ronaldo behandelt, als wäre er eine Belastung für sein Team.

Und auf seine alten Tage war Cristiano für jegliche Anzeichen von Respektlosigkeit stark sensibilisiert. Seit zwanzig Jahren bastelte er an seinem Vermächtnis. Er würde es nicht zulassen, dass ein paar weniger erfolgreiche Saisons am Ende seiner Karriere sein Erbe beschmutzten. Seine Rivalität mit Messi war vorbei, aber das machte Ronaldo nicht zahmer, vor allem nicht in den sozialen Medien, wo er jede vermeintliche Beleidigung mit einer verbalen Blutgrätsche beantwortete.

Das bekamen auch zwei Social-Media-Redakteure der Website *transfermarkt.de* im März 2020 zu spüren. Noch vor Ronaldos Wechsel zu United hatte die Seite einen harmlos wirkenden Instagram-Post veröffentlicht, in dem die Kunden von Jorge Mendes nach ihrem Transferwert geordnet waren. Cristiano war mit der Einschätzung dort ganz und gar nicht einverstanden. Er meldete sich direkt bei den Machern und wollte wissen, warum sie glaubten, dass er nur 75 Millionen Euro wert sei. Die Redakteure antworteten Ronaldo, er sei nun einmal schon 35 Jahre alt, aber immerhin sei er ja in seiner Altersklasse der mit Abstand wertvollste Spieler der Welt. Ronaldo hatte für diese Antwort nicht viel übrig. »Er hat uns ein paar Smileys geschickt«, erzählte einer der Redakteure, »und dann hat er uns blockiert.«

Einmal reagierte Cristiano auf den Instagram-Post eines Fan-Accounts, in dem behauptet wurde, der Portugiese hätte den Ballon d'Or 2021 mehr verdient als Messi, der gerade in Paris in einem paillettenbesetzten Smoking zum siebten Mal die Auszeichnung entgegengenommen hatte. »Damit Ronaldo diesen Preis bekommt, muss er dreihundert Prozent liefern. Es reicht offenbar nicht, dass er das schönste Tor des Jahres schießt, mit seinem Verein Meister wird, Torschützenkönig ist und bei der WM einen Hattrick macht«, schrieb @cr7.o_lendario seiner halben Million Follower. »Bei Messi ist es genau andersherum. Selbst wenn er eine schlechte Saison hat, finden die einen Weg, ihn zu bevorzugen und ihm den Preis zu geben. Diebstahl. Schmutz. Schande. Es ist einfach bedauernswert.«

Ronaldo sah das offenbar ganz genauso. »*Factos*«, schrieb er. »Tatsachen.«

»Das große Ziel meiner Karriere ist es, meinen Namen in goldenen Lettern in der Geschichte des Weltfußballs zu hinterlassen«, erklärte Ronaldo später.

Aber Tatsache war, dass Messi 2021 eine der größten Leistungen seiner Karriere vollbrachte. Und zwar weder während seiner letzten Saison bei Barça, die man getrost vergessen konnte, noch während seines eher gemächlichen Starts in Frankreich, sondern in Südamerika: In jenem Sommer gewann Messi mit der argentinischen Nationalelf endlich die Copa América.

Nach über zehn Jahren voller verpasster Chancen im himmelblau gestreiften Trikot hatte für ihn bei der Südamerikameisterschaft, die in Brasilien in leeren Stadien stattfand, plötzlich alles gestimmt. Mit vier Toren wurde Messi Torschützenkönig des Turniers, und als seine Mannschaft im Finale Brasilien ausschaltete, im selben Stadion, in dem er 2014 das WM-Finale gegen Deutschland verloren hatte, widmeten Messis Mannschaftskameraden ihm die Trophäe. In diesem einen wunderbaren Monat stand er im Mittelpunkt von allem, was Argentinien für ihn ausmachte. Den Pokal in Händen, der nun ganz offiziell ihm gebührte, sank er auf die Knie und ließ sich von der Erleichterung überwältigen. Der Titel trieb Messi einige ganz persönliche Dämonen aus, bevor er wohl oder übel nach Paris umsiedelte. »Ich musste mir beweisen, dass ich mit der Nationalmannschaft etwas erreichen kann«, sagte er. Was den Sieg internationaler Turniere mit der Nationalmannschaft anging, stand es jetzt offiziell *Messi – Ronaldo 1:1*. (Portugals Triumph in der UEFA Nations League 2018/19 hat nicht annähernd die gleiche Bedeutung, auch wenn das Museu CR7 standhaft das Gegenteil behauptet.)

Ronaldos Aussichten, seinem Lebenslauf in nächster Zeit einen bedeutsamen Posten hinzuzufügen, sahen zu diesem Zeitpunkt ziemlich düster aus. Mehrere Spiele vor dem Ende der Saison war Manchester United bereits aus dem Rennen um die Meisterschaft, die allgemeine Stimmung in der Kabine war gereizt, und Ronaldo war todunglücklich. Der Tiefpunkt war erreicht, als der deutsche Interimstrainer des Vereins, der launische Ralf Rangnick, Ronaldo mitteilte, er werde ihn beim Spitzenspiel gegen Manchester City im März nicht aufstellen. Cristiano hatte keine Lust, auf der Bank zu sitzen, und reiste stattdessen ohne Erlaubnis des Vereins nach Portugal. Für Manchester United war das eine klare Vertragsverletzung. Ronaldo war wütend, aber er schwieg. Einen Moment lang war unklar, ob er jemals zurückkehren würde.

Ronaldo hatte sich nicht gerade den besten Zeitpunkt für seinen Wutausbruch ausgesucht, denn nur ein paar Tage später sollte Messi ein wichtiges Spiel in der Champions League haben. PSG hatte Real Madrid im Hinspiel in Paris 1:0 besiegt und fuhr nun nach Spanien, um den Sack zuzumachen und sich einen Platz im Viertelfinale zu sichern. Und so kam es, dass Messi ins Bernabéu zurückkehrte, um Real zu quälen, nur dieses Mal nicht im Trikot des FC Barcelona. Die letzten Tage der Rivalität zwischen Messi und Ronaldo fühlten sich plötzlich ziemlich einseitig an.

Dann tat Real Madrid seinem ehemaligen Teamkollegen den Gefallen und bescherte Messi (und Paris Saint-Germain) eine demütigende 3:1-Niederlage, wodurch der französische Meister nach Hin- und Rückspiel mit 2:3 aus dem Turnier ausschied. Das Überraschendste daran war nicht, dass PSG in der Champions League so schlecht abschnitt – das war der Verein gewöhnt –, sondern dass der Spieler, den man verpflichtet hatte, um das vereinseigene Lampenfieber zu kurieren, die Niederlage nicht hatte abwenden können. Schlimmer noch: Messi war quasi anonym geblieben. Das wichtigste Spiel in der kurzen Zeit, in der er bisher in Paris war, war völlig an ihm vorbeigegangen. Bei der ersten Bilanz des Experiments »Messi« deutete für PSG alles darauf hin, dass man sich gewaltig verkalkuliert hatte.

Ob es nun das Pech seines alten Rivalen war, das Ronaldo beflügelte, oder die Anwesenheit des siebenfachen Superbowl-Siegers Tom Brady im Old Trafford (»auch ein GOAT«, *Greatest Of All Time*, so Cristiano) – an diesem Wochenende schien es, als hätte bei ihm jemand einen Schalter umgelegt. Er kam braungebrannt, ausgeruht und voller Zorn aus Portugal zurück, kanalisierte seine Frustration und demontierte Tottenham Hotspur mit einem Hattrick, der alle drei Epochen seiner Karriere widerspiegelte: Der Treffer aus 25 Metern Entfernung war ein klassisches Distanztor, wie Ronaldo sie früher bei United geschossen hatte. Das zweite Tor war ein Abstauber, typisch für seine Zeit bei Real Madrid. Und das dritte, als er über dem Strafraum der Spurs in der Luft schwebte und den Ball ins Netz köpfte, erinnerte stark an seine Torjägerphase bei Juventus. Damit erzielte er den 59. Hattrick seiner Karriere und erreichte Platz 1 der FIFA-Rangliste der weltbesten Torschützen – ein weiterer Erfolg für seine Liste. Diesmal hatte das Pendel in die Richtung von CR7 ausgeschlagen.

Das Bild des Pendels wird jetzt immer öfter bemüht. In ihrem letzten gemeinsamen Kapitel messen die Leute allem, was Messi oder Ronaldo tun, eine viel zu große Bedeutung bei. Die Ära der beiden Superstars neigt sich ganz klar dem Ende zu, und das Einzige, das jetzt noch zählt, ist ihr Vermächtnis. Deshalb kann die Debatte innerhalb von wenigen Tagen komplett in die eine oder die andere Richtung kippen. Jeder Höhepunkt und jeder Tiefpunkt wird von den Fans minutiös seziert.

In ihren besten Zeiten, als Messi und Ronaldo noch Fußballgeschichte schrieben, verschob sich ihre Rivalität wie tektonische Platten: Beide hatten so viel erreicht, dass die Bewegungen in Echtzeit kaum wahrnehmbar waren, bis es hin und wieder zu einem Erdbeben kam – hier die Champions League, dort die Copa América.

Doch in dem aktuellen Stadium ihrer Karriere lassen manchmal bereits einzelne Spiele die Erde beben. Nur wenige Tage nach Ronaldos Meisterstück in Old Trafford ereilte ihn in Spanien das gleiche Schicksal wie zuvor Messi: Er schied mit einer mittelmäßigen Leistung gegen einen Madrider Verein im Achtelfinale der Champions League aus. Zum zweiten Mal in Folge stand keiner der beiden im Viertelfinale des Turniers, das sie früher dominiert hatten.

Die Fans waren nicht zimperlich, die zwei daran zu erinnern, dass ihre beste Zeit vorüber war. Als Messi nach der Niederlage in Spanien zum ersten Mal wieder im Parc des Princes spielte, wurde er jedes Mal ausgebuht, wenn er den Ball bekam, und als seine Mannschaft ein Tor erzielte, jubelte Messi kaum mit. Die Sportzeitung *L'Équipe*, die im Sommer wochenlang auf ihrer Titelseite die spektakulärste Verpflichtung in der Geschichte des französischen Fußballs gefeiert hatte, stellte plötzlich die bis dahin undenkbare Frage: »War es richtig, dass PSG Messi unter Vertrag genommen hat?« Insgeheim hatte auch Messi den Verdacht, dass die Antwort »nein« lautete. Kurze Zeit später kamen die ersten Gerüchte auf, dass er zu Barcelona zurückkehren wollte.

Zu diesem Zeitpunkt hatte Ronaldo längst erkannt, dass es

ein Fehler gewesen war, wieder nach Manchester zu wechseln. In den letzten zwölf Jahren hatte sich United als Verein kaum weiterentwickelt, wie er nicht müde wurde, jedem zu erzählen, der ihm zuhörte. Ronaldo selbst war immer auf dem Laufenden, was Trainings- und Regenerationsmethoden anging, er nutzte jede Innovation und jede neue Entwicklung im Bereich der Sportwissenschaft, um sich in Topform zu halten. Wenn man sich bei United umschaute, gab es niemanden, der so engagiert war wie er. Seit er fortgegangen war, hatte sich nichts geändert. In diesem Sommer begann Mendes wieder damit, ihn jedem Champions League-Verein anzubieten, der auch nur das kleinste Interesse haben könnte.

Ronaldo ärgerte sich so sehr über die Situation im Old Trafford – und über die Unverfrorenheit der Leute, die es wagten, ihm die Schuld dafür in die Schuhe zu schieben –, dass er einem Vorstandsmitglied des Vereins während eines FIFA-Events unverblümt mitteilte: »Das ist eine einzige Katastrophe.«

//////

Was wollen Messi und Ronaldo überhaupt noch im aktiven Fußball?

Sie wirken nicht mehr, als befänden sie sich in ihrem natürlichen Lebensraum. Sie haben so viel Geld verdient wie kaum jemand sonst in der Geschichte des Fußballs. Und mittlerweile verfolgen sie die meiste Zeit über Ziele, die sie gar nicht mehr erreichen können. Ihre Ära ist eindeutig zu Ende. Doch ihnen geht es jetzt nicht mehr darum, Rekorde aufzustellen, Prämien zu kassieren oder noch einmal die Champions League zu gewinnen. Sie machen weiter, weil sie beide das Gefühl haben, dass sie auf der internationalen Bühne noch etwas zu erledigen haben. Messi und Ronaldo wollen noch einmal die Chance auf die eine große Trophäe haben, die ihnen noch fehlt: Sie wollen Weltmeister werden.

Ironischerweise sind die zwei mitverantwortlich dafür, dass die WM für viele heute gar nicht mehr als Höhepunkt des Fußballsports gilt. Während der Glanzzeit von Messi und Ronaldo hatte man zum ersten Mal das Gefühl, dass das Niveau der Fußballvereine das der Nationalmannschaften bei weitem übertraf. Vor allem die europäischen Superteams verfügten über mehr herausragende Talente als je zuvor, und sie entwickelten ausgeklügelte taktische Konzepte. Der Maßstab für die wahre Größe eines Spielers war nicht, was er alle vier Jahre über einen Zeitraum von fünf Wochen hinweg leistete, sondern wie oft er die Champions League gewann oder Weltfußballer des Jahres wurde.

Und dennoch hat die Weltmeisterschaft einen unerschütterlichen Nimbus. Sowohl Messi als auch Ronaldo wissen, dass es einen Fußballer ein Stück weit unsterblich macht, den WM-Pokal in die Luft zu recken. Pelé und Maradona haben es vorgemacht. Vor allem aber würde ein WM-Sieg vielleicht ein für alle Mal die Rivalität der beiden beenden.

Denn ob sie es sich nun eingestehen mögen oder nicht: Diese Rivalität war stets drin in ihren Köpfen. Sie existiert dort seit 15 Jahren, auch wenn sie, wie die meisten Sportler, zu schlau und zu erfahren im Umgang mit den Medien waren, um ihre Ressentiments offen zuzugeben. Die meiste Zeit ihrer Karriere redeten Messi und Ronaldo drumherum und wichen aus, wenn sie auf das Thema angesprochen wurden. Aber jetzt, wo sie sich auf ihr Karriereende vorbereiten und endlich frei sind vom Druck des immer wiederkehrenden Psychodramas mit dem Titel »FC Barcelona vs. Real Madrid«, können sie sich endlich eingestehen, dass es genau diese Rivalität ist, die sie all die Jahre angetrieben hat.

»Das war schon merkwürdig, wir waren 15 Jahre auf derselben Bühne, er und ich«, sagte Ronaldo, als er bei einer UEFA-Preisverleihung im Jahr 2019 in Monaco neben Messi saß. »Ich weiß nicht, ob es das im Fußball jemals gegeben hat: zwei Männer auf derselben Bühne, die ganze Zeit. Sie wissen ja, das ist nicht einfach. Und natürlich haben wir ein gutes Verhältnis. Wir haben noch nie zusammen zu Abend gegessen, aber ich hoffe, dass wir das bald einmal tun.«

Ein YouTube-Clip von diesem flüchtigen, sehr menschlichen Moment zwischen zwei Fußballgöttern wurde bereits mehr als 50 Millionen Mal angeklickt.

»Es war ein Duell, das für immer in Erinnerung bleiben wird, denn es hat viele Jahre gedauert, und es ist nicht einfach, so lange auf dem höchsten Niveau zu bleiben«, sagte Messi. »Vor allem bei den beiden Clubs, bei denen wir waren und die einem so viel abverlangt haben, bei Madrid und bei Barça, den besten der Welt.«

Dabei hatten Messi und Ronaldo als Fußballer und als Menschen schon immer mehr gemeinsam, als viele zugeben wollten. Die Fans waren ganz versessen darauf, die zwei als Antipoden zu sehen: hier Messi, der bescheidene Held, der ultimative Teamplayer, der eigentlich gar nicht berühmt sein, sondern lieber als netter Kerl in Erinnerung bleiben wollte; dort Ronaldo, der angeberische Supermann, die Werbeikone mit der Pilotenbrille, der Typ, der immer leicht genervt von der Anwesenheit seiner Mannschaftskameraden schien.

Doch kein Genie ist ganz pflegeleicht. Als Ronaldo zu Manchester United zurückkehrte und seine alte Rückennummer zurückforderte, musste die Premier League ihre Regeln beugen, damit er das Trikot mit der 7 tragen konnte, denn das war für die Saison eigentlich bereits an Edinson Cavani vergeben. Dieser Vorgang zeigte Ronaldo mal wieder als Primadonna – vor allem im Gegensatz zu Messi, der nichts dagegen gehabt hatte, dass in Paris Neymar die 10 auf dem Rücken trug. Aber Messi führte sich manchmal genauso unmöglich auf: Er wollte stattdessen nämlich unbedingt die Nummer 30, die er zu Beginn seiner Karriere bei Barça getragen hatte. Und auch dafür mussten geltende Regelungen geändert werden, denn in Frankreich ist die 30 eigentlich dem Ersatz-Torhüter vorbehalten.

Entgegen der öffentlichen Wahrnehmung sind Messi und Ronaldo keine Antipoden, sondern nur zwei verschiedene Ausdrucksformen einer Motivation, die kein Halten kennt, eines physischen und psychischen Bedürfnisses nach Perfektion. Es sind ihre Gemeinsamkeiten und nicht ihre Unterschiede, die es einem so schwermachen, die zwei miteinander zu vergleichen.

»Im größeren Rahmen der Geschichte muss man sie fast als einen Spieler betrachten«, meint Pascal Ferré von *France Football*. »Sie waren zur gleichen Zeit ganz oben, mit einer irren Statistik, wenn auch mit unterschiedlichen Stilen … Aber wenn der eine am Samstag ein Tor schießt und der andere am Sonntag zwei, kann das kein Zufall sein.«

Fußballfans und Vereinsmanager schauten den beiden über zehn Jahre lang zu, Woche für Woche. Kein Wunder, dass sie irgendwann wie selbstverständlich davon ausgingen, dass die zwei Genies abliefern. Pelé oder Maradona hatte niemand so oft spielen sehen. Und alle redeten sich ein, dass es mit der Rivalität zwischen den zwei Legenden immer so weitergehen würde. Die Vereine hatten sich so sehr daran gewöhnt, dass sie glaubten, es nachmachen zu können, wenn sie nur die Augen offenhielten und genug Geld in die Hand nahmen. Dass sie irgendwo zufällig einen Messi oder einen Ronaldo finden würden und dass sie sich dann zurücklehnen könnten und zusehen, wie sich zehn Jahre lang die Trophäen stapelten. Überall in Europa wurden Entscheidungen ganz bewusst unter dieser Prämisse getroffen. PSG gab 400 Millionen Euro für Neymar und Mbappé aus, 2016 gab Manchester United 105 Millionen Euro aus, um Paul Pogba zu verpflichten, 2019 blätterte Atlético Madrid für einen 19-jährigen portugiesischen Wunderknaben namens João Félix satte 126 Millionen Euro hin. Aber man vergisst allzu leicht, dass es ein großer Unterschied ist, ob ein Spieler sehr, sehr gut ist oder ob er zaubern kann. Messi und Ronaldo konnten zaubern.

Das hielt die Fußballwelt nicht davon ab, überall Messis und Ronaldos zu sehen. Vielversprechende junge Fußballer galten als »der afrikanische Messi« oder »der amerikanische Ronaldo«. Pep Guardiola nannte seinen Kniespezialisten einmal den »Messi unter den Ärzten«. Indische Sportfans fragen sich, ob Virat Kohli »der Cristiano Ronaldo des Krickets« sei. Die beiden prägten sogar die Art und Weise, wie man die Zukunft des Fußballsports sah: Ab sofort suchte man nach neuen Genies immer im Doppelpack.

Es reichte nicht mehr aus, einen Spieler zu haben, der eine Ära definierte – er brauchte auch ein Gegenstück. »Messi vs. Ronaldo« hat die 2010er-Jahre geprägt, nun erwarten die Fans, dass »Mbappé vs. Haaland« die 2020er-Jahre prägen wird, obwohl Messi zu Beginn des Jahrzehnts seinen siebten Ballon d'Or gewann. Die Dinosaurier sind noch nicht ausgestorben.

Die Vereine, die sie zurückgelassen haben, sind allerdings auf dem besten Weg dahin.

Seit dem Fortgang von Messi und Ronaldo haben Real Madrid und der FC Barcelona große Geldprobleme. Sie klammern sich an das, was von den Plänen für The Super League übrig ist, und fragen sich, was die zwei Stars ihnen außer einem Raum voller Trophäen und den längsten Highlight-Reels der Welt eigentlich hinterlassen haben. Barcelona hat einen untragbaren Schuldenberg zu bewältigen. Die Zuschauerzahlen gehen so dramatisch zurück, dass das Camp Nou bei manchen Spielen nur noch halb voll ist. In den vergangenen Jahren wurde der Verein so verzweifelt, dass er ein Fernsehstudio eingerichtet hat, um Kindersendungen über La Masia zu produzieren. Das letzte Mal war die Lage im Jahr 2003 so düster, und damals hat Barça mit Jungs aus der Akademie die erste Mannschaft verstärkt. Im Jahr 2022 dreht Barça Zeichentrickfilme über sie.

Bei Real wurde ein neuer *Galáctico* verpflichtet, der Cristiano ersetzen sollte – der belgische Spielmacher Eden Hazard kam für 100 Millionen Euro vom FC Chelsea und verletzte sich sofort. In seinen ersten beiden Saisons stand Hazard nicht einmal bei der Hälfte der Ligaspiele auf dem Platz, und selbst wenn er gesund war, ließ er seine Fitness schleifen. Ronaldo hat die Latte ziemlich hochgehängt – seit seinem Weggang wird jeder große Star bei Real dafür kritisiert, dass er nicht hart genug an sich arbeitet.

Niemandem in Spanien bleibt verborgen, was das dortige Ende der Ära Messi/Ronaldo bedeutet: Real und Barça geht es wieder ähnlich schlecht wie vor der Ankunft der zwei Shootingstars, nur dass die Lage der beiden berühmtesten Vereine des Landes dieses Mal noch fragiler ist. Gegen die Clubs, die von den Staatsfonds von Petro-Staaten oder von globalen Oligarchen finanziert werden, kommen sie nicht an. Wenn sie weiterhin wie früher agieren wollen und sich an die Regeln halten, die früher gegolten haben, können Real und Barça das momentane Wettrüsten nicht gewinnen.

Aber es gab einen Hoffnungsschimmer auf dem Transfermarkt. Als Messi Spanien verließ, schien im europäischen Fußball ein ungewohnt rationaler Gedanke um sich zu greifen: Die Preise für Transfers waren inzwischen so hoch, dass sich niemand mehr sowohl eine Ablösesumme als auch ein hohes Gehalt leisten konnte. Irgendetwas musste passieren. Endlich schien die Blase an der Spitze des Marktes zu platzen. Die Folge war, wie Arsène Wenger es ausdrückte, dass nun »die besten Spieler gratis wechseln«.

Das darf einen jedoch nicht zu der irrigen Annahme verleiten, dass damit nun die Spieler die Macht haben. Sicher, Messi und Ronaldo haben die Latte dafür, wie berühmt ein Fußballer werden konnte, ein gutes Stück höhergehängt und die wirtschaftliche Seite ihres Sports verändert. Aber selbst als es so aussah, als würden sie über ihre Karrieren selbst bestimmen, stellte sich bald heraus, dass sie immer noch nichts zu sagen hatten. Die Macht der Spieler blieb auch in der Ära Messi/Ronaldo eine Illusion. Als es hart auf hart kam, musste Messi den FC Barcelona gegen seinen Willen verlassen, und Ronaldo musste sich nach einem Verein umschauen, der ihn haben wollte.

So kam es, dass beide das wohl letzte Kapitel ihrer Karriere in Städten verbringen werden, in denen man sie am wenigsten erwartet hätte. Manchester war für Ronaldo der Anfang seiner Geschichte, hätte aber nicht das Ende sein sollen. Und Paris war für Messi immer EuroDisney gewesen, das Ziel von Shoppingtrips –

und der Ort, von wo sein Kumpel Neymar eigentlich schon längst wieder wegwollte.

Trotzdem, da sind sie nun. Sie lösen ihre Gehaltsschecks ein und warten geduldig auf die Weltmeisterschaft.

Sie sorgen immer noch überall, wo sie auftauchen, für Ansammlungen kreischender Fans. Nur auf dem Rasen wirken sie wie nicht ganz perfekte Kopien ihrer selbst. Die Leute kommen immer noch, um Messi und Ronaldo live zu sehen, aber nicht weil sie sind, wer sie *sind*, sondern weil sie sind, wer sie *waren*. Sie leben von ihren früheren Heldentaten, nicht von dem, was sie im Herbst ihres Daseins als Fußballgötter noch zu leisten imstande sind. Hier und da kann man einen magischen Moment beobachten, dann ist der alte Ballzauber wieder da. Aber diese Momente sind eher die Ausnahme als die Regel.

Es sind Momente, in denen man sich an früher erinnert.

Wenn man über sie redet, geht es meistens darum, wie viel weniger effektiv sie heute als Spieler sind. Nur dass man sie damit natürlich an ihrer eigenen früheren Form misst, und wer kann da schon heranreichen? Die Zeiten, in denen sie sechzig Tore pro Saison schossen, sind vorüber. Heute rauschen sie nicht mehr an Verteidigern vorbei, lassen sie am Boden liegen und dribbeln noch einmal um sie herum, um sie doppelt zu demütigen. Dazu sind sie physisch nicht mehr in der Lage.

Wer sich heute ein Spiel mit Messi oder Ronaldo anschaut, tut das, um sich neunzig Minuten in der strahlenden Gegenwart eines Fußballgottes zu sonnen und vielleicht mit seinem Handy ein Video von ihm zu machen. Bevor es zu spät ist.

Nachwort

Estádio do Dragão, Porto, März 2022

Die Vision kam Cristiano, als er gerade eindöste.

In diesem Zustand zwischen Wachsein und Schlaf konzentrierte er sich auf das letzte Spiel, das Portugal gewinnen musste, um sein Ticket für die Weltmeisterschaft 2022 in Katar zu lösen. Mit geschlossenen Augen sah er sich selbst, wie er die Mannschaft aus dem Tunnel des Estádio do Dragão in Porto aufs Spielfeld führte. Und er hörte sich, wie er zusammen mit seinen Mannschaftskameraden und begleitet von den Aufnahmen einer Blaskapelle und einem Chor von 50.000 Fans die portugiesische Nationalhymne schmetterte.

Dann änderte sich in seiner Fantasie etwas. Die Musik vom Band verstummte und hinterließ eine ganze Arena voller stolzer Portugiesen, die a cappella über »Helden der See« und die »Nebel der Erinnerung« sangen, während Ronaldo den Ton angab. *Às armas, às armas!* Die Portugiesen sangen ihre Nationalhymne seit mehr als einem halben Jahrhundert auf die gleiche Weise. Portugals berühmtester Sohn wollte es nun anders machen.

Als am Abend des Spiels die Musik vom Band dann tatsächlich nach der Hälfte der Hymne plötzlich leiser wurde, genau wie er es sich ausgemalt hatte, war Ronaldo der Einzige im Stadion, der nicht überrascht war. Auch jetzt, wo sich seine Karriere dem Ende zuneigte, hatte er noch immer die Macht, die Welt um sich herum nach seinem Willen zu formen.

Ob er allerdings auch den Fußball nach seinem Willen würde formen können, stand auf einem anderen Blatt. Der Gegner an jenem Abend war die zu allem entschlossene Nationalmannschaft von Nordmazedonien, die gerade erst Italien ausgeschaltet hatte. In seinen besten Zeiten hatte Cristiano solche Emporkömmlinge zum zweiten Frühstück verschlungen wie einen Proteinshake und eine Dose Sardinen. Die Kombination aus überragendem Können, schierer Kraft und einem Gegner, dessen Spieler im Jahr weniger verdienten als er an einem Tag – das war der Stoff, aus dem Hattricks gemacht waren (und Futter für das Museu CR7).

Doch im Frühjahr 2022 hatte Ronaldo seine besten Zeiten leider hinter sich. Er lief, als wären seine Akkus leer, und er war mitnichten Portugals wichtigster Spieler. Zwar bereitete er das erste Tor vor, doch eigentlich spielte er den Ball nur deshalb zu Bruno Fernandes, weil er selbst nicht genug Dampf hatte, um einen seiner typischen Angriffe zu vollenden. An Portugals zweitem Treffer war Ronaldo überhaupt nicht beteiligt. In den letzten Minuten des 2:0-Sieges machte der große Fußballer ein extrem mürrisches Gesicht.

Seine Teamkollegen, die ihm stets den größten Respekt zollten, wussten, dass etwas nicht stimmte. Sie hatten über die Jahre gelernt, seine Stimmungen zu lesen. Fernandes und der Stürmer Diogo Jota versuchten in der Schlussphase des Spiels verzweifelt, ihm Freiräume zu schaffen. Ein wenig war es wie auf einem Kindergeburtstag, auf dem die Eltern Mühe haben, das Geburtstagskind bei Laune zu halten. Aber es half alles nichts. Nach dem Spiel war Ronaldo so sauer darüber, dass er an Portugals großem Abend kein Tor geschossen hatte, dass er sofort in der Kabine verschwand und mühsam überredet werden musste, zum Siegesfoto wieder herauszukommen. Der Verteidiger Pepe, den er seit ihrer gemeinsamen Zeit auf der Jugendakademie von Sporting Lissabon kannte, legte ihm tröstend einen Arm um die Schulter. Ronaldo musste daran erinnert werden, dass sie sich alle zusammen gerade für das größte Sportereignis der Welt qualifiziert hatten.

In jeder anderen Fußballmannschaft würde es schnell zu Ressentiments führen, wenn sich alles nur um den einen großen Star dreht. Nicht so im Falle von Portugal. Ronaldos Teamkameraden wussten genau, dass er nicht mehr ganz der Alte war – das konnte jeder sehen. Aber ihnen war auch klar, dass sich Portugal in der Ära Ronaldo öfter für die Weltmeisterschaft qualifiziert hatte als in den 76 Jahren vor seiner aktiven Zeit. Er verkörperte mehr als jeder andere die fußballerische Tradition des Landes. Ob mit oder ohne Tor gegen Nordmazedonien – bei der WM 2022 würde Ronaldo wohl zum letzten Mal als Portugals unbestrittener Anführer auftreten.

Und Messi würde ebenfalls dabei sein.

Argentinien hatte sich ein paar Tage vorher in Buenos Aires für die WM in Katar qualifiziert. Doch als Messi im La Bombonera, dem Stadion des CA Boca Juniors, vom Spielfeld ging, fühlte sich das für alle Beteiligten eher an wie ein Abschied für immer.

Denn nach dem Spiel stellte sich die unausweichliche Frage: Hatte Messi soeben sein letztes Spiel auf argentinischem Boden im argentinischen Nationaltrikot bestritten? Würde er sich nach Katar ein zweites Mal von der Nationalmannschaft verabschieden? Eines war klar: Sein nächster Abschied würde mit Sicherheit sein letzter sein.

Die Fans trösteten sich mit der Erkenntnis, dass es Messi inzwischen Spaß zu machen schien, für Argentinien zu spielen, während es den Großteil seiner Karriere über eher eine lästige Pflicht für ihn gewesen war. Jetzt war die Nationalelf fast so etwas wie sein Glücksort, an dem er zur Ruhe kam. In Paris absolvierte er ohne große Begeisterung sein Pensum, doch wenn Messi das himmelblauweiß gestreifte Trikot anzog, schien er jedes Mal wie befreit. Vergessen war der Druck seiner ersten Zeit in der argentinischen Nationalelf, als er ständig mit Maradona verglichen worden war. Er hatte seine große internationale Trophäe. Er konnte sich der Bewunderung seiner Fans in der Heimat sicher sein und genoss es einfach, mit Freunden wunderschönen Fußball zu spielen.

Aber reichte das, um ihn bei der Stange zu halten? Messi selbst hatte darauf keine endgültige Antwort. »Ich weiß nicht, was ich nach der Weltmeisterschaft tun werde«, sagte er im März 2022. »Nach Katar werde ich vieles neu bewerten müssen.«

Noch während die WM-Qualifikation lief, war klar, dass sich die Welt des Fußballs darauf vorbereitete, sich *von ihm* zu verabschieden. Wenn die Weltmeisterschaft vorüber war, würde Lionel Messi 35 Jahre alt sein und Cristiano Ronaldo fast 38. Das Hauptgesprächsthema in ihrem Umfeld war längst nicht mehr, ob einer von ihnen das letzte große Turnier, dessen Trophäe beiden bisher verwehrt geblieben war, gewinnen würde, sondern ob es das letzte Mal wäre, dass sie daran teilnehmen. In einem Sport, in dem die Athleten schneller altern als Bananen auf dem Küchentisch, war allein die Tatsache, dass sie im Jahr 2022 noch aktiv waren, schon ein kleines Wunder. Wenn einer von beiden an einer fünften WM teilnehmen würde, wäre er Mitglied eines sehr exklusiven Clubs, dem bislang nur vier Mitglieder angehören: Antonio Carbajal und Raphael Márquez aus Mexiko, der Italiener Gianluigi Buffon und Lothar Matthäus. Bei sechs Weltmeisterschaften bislang war noch kein Fußballer dabei.

Doch zunächst einmal musste sich die Fußballwelt damit abfinden, dass ein weiteres Frühjahr verstrich, in dem weder Messi noch Ronaldo irgendetwas sonderlich Relevantes leisteten. Das Finale der Champions League fand ohne ihre beiden Vereine statt. Zur Sommerpause hin kämpfte Ronaldo mit Manchester United um den fünften Platz in Europas bester Liga, und Messi war mit Paris Saint-Germain Spitzenreiter in Europas fünftbester Liga.

Selbst in diesem nicht allzu spannenden Kontext war keiner der beiden mehr der strahlende Stern seiner Mannschaft. Sowohl in Manchester als auch in Paris kamen Bedenken auf, was den Mehrwert der zwei betraf. Fans und Manager fragten sich, ob ihre Superstars nicht allmählich unnötiger Ballast waren. Und Messi und Ronaldo konnten dieser Frage langsam auch nicht mehr ausweichen.

Die Entwicklungen, die sie in Gang gesetzt hatten (geballte Starpower, Fußball als One-Man-Show, globales Marketing), hatten sich verselbstständigt und die beiden Weltstars fast schon abgehängt.

Das Seltsame war, dass es denen, die in dieser turbokapitalistischen Ära des Fußballs das Glück gehabt hatten, Ronaldo oder Messi in ihrer Blütezeit im Kader zu haben, irgendwie nicht gelungen war, daraus langfristig Kapital zu schlagen.

Neun Monate nach seinem plötzlichen Abschied vom italienischen Fußball war klar, dass Ronaldo seinen Ruhm an Juventus Turin nur ausgeliehen hatte. Der Verein stand hinterher nicht etwa besser da als vorher, im Gegenteil: Ronaldos Zwischenspiel in Turin hatte die generelle Schieflage des Vereins in den Fokus der Öffentlichkeit gerückt. All die neuen Juventus-Fans, die Ronaldo mitgebracht hatte, waren gerade rechtzeitig gekommen, um mitanzusehen, wie der Verein hoffnungslos stagnierte. Zwei Jahre später waren die meisten von ihnen dann plötzlich Fans von Manchester United.

Real Madrid war zwar in den Genuss der besten Jahre von Cristiano Ronaldo gekommen, aber auch hier hatte der Star verbrannte Erde hinterlassen. Nachdem sich der Verein 2018 von ihm verabschiedet hatte, brauchte er Jahre, um sich für eine Zukunft nach Ronaldo fit zu machen. Zwar gab es in Spanien ein paar Titel und Trophäen zu feiern – und die eine oder andere magische Nacht anderswo in Europa. Doch selbst der Jahrgang 2022 des Real Madrid Club de Fútbol, der als Außenseiter die Champions League gewann, war nur ein blasser Abklatsch der alles dominierenden Mannschaft, die unter Ronaldos Ägide drei Jahre lang auf europäischer Ebene kein einziges K.-o.-Spiel verloren hatte.

Einige ältere Mannschaftskameraden berichteten unter vier Augen, Ronaldo habe das kollektive Selbstvertrauen des Teams mit seinem Fortgang nachhaltig erschüttert. Für sie war er ein Supermann gewesen – eine unaufhaltsame Kraft, die auf dem Fußballplatz alles erreichen konnte. Ohne ihn glaubten sie nicht mehr daran, dass sie ein Spiel noch einmal herumdrehen konnten, wenn es hart auf hart kam. Real war so verzweifelt auf der Suche nach einer neuen Identität, dass der Verein Zinédine Zidane ein Dreivierteljahr nach seinem Rücktritt wieder einstellte, nur um ihn keine zwei Jahre später schon wieder zu entlassen. Anschließend holte man mit Carlo Ancelotti einen weiteren erst kürzlich gefeuerten Trainer zurück, der eine Mannschaft übernahm, die aus brillanten, aber nicht mehr ganz jungen Spielern bestand, die ihr Bestes gaben, um aus Ronaldos Schatten zu treten und selbst zu den Protagonisten ihres Teams zu werden. Karim Benzema und Luka Modrić hatten zwar immer noch ein paar herausragende Spielzüge auf Lager, aber zusammen waren diese zwei Überbleibsel der Ronaldo-Ära auch schon 70 Jahre alt. Real benötigte dringend einen Relaunch.

Das Seltsamste war, dass sich der Geburtsort der *Galácticos* inzwischen in eine Mannschaft ohne einen einzigen brillanten jungen Megastar verwandelt hatte. Schon deshalb war Florentino Pérez völlig besessen von dem jungen französischen Derwisch Kylian Mbappé, der in seinem Jugendzimmer Poster von Cristiano Ronaldo im Real-Trikot hängen gehabt hatte. Mittlerweile war er selbst der klare Anwärter auf das weiße Trikot mit der Nummer 7. Pérez umwarb Mbappé schon seit sechs Jahren, aber jetzt, im Frühjahr 2022, sah es endlich so aus, als würde er bei Real Madrid unterschreiben. Der Vertrag, den PSG ihm aufgedrängt hatte, um ihn von Pérez fernzuhalten, lief aus. Der derzeit wertvollste Fußballer der Welt durfte also ohne Ablöse den Verein wechseln.

»Der Deal mit Mbappé ist unter Dach und Fach«, erklärte der ehemalige Vereinspräsident Ramón Calderón Anfang des Jahres. »So wie damals mit Cristiano.«

Die Sache hatte nur einen kleinen Haken: Unter Dach und Fach war der Deal mit Mbappé noch lange nicht.

Als die Saison der französischen Liga zu Ende ging, flogen die Besitzer von PSG den 23-Jährigen nach Doha ein, um ihm ein letztes Angebot zu machen. Die Katarer zogen alle Register, versprachen ihm das Blaue vom Himmel und machten aus dem Ganzen sogar eine Staatsangelegenheit. Der Verein engagierte gleich zwei französische Präsidenten, um Mbappé zum Bleiben zu bewegen: PSG-Fan Nicolas Sarkozy und Emmanuel Macron, der sein Engagement für Olympique Marseille vorübergehend hintanstellte, um an Mbappés nationales Pflichtbewusstsein zu appellieren. Das aggressive Pressing funktionierte – wobei die Aussicht auf 130 Millionen Euro Gehalt und die Garantie, dass Mbappé die Kontrolle über seine Bildrechte bekommen würde, natürlich auch ihren Teil dazu beitrugen. Es war ein Deal, auf den Jorge Mendes stolz gewesen wäre, hätte er ihn für Ronaldo ausgehandelt.

Mbappé hat zwar keinen Jorge Mendes, der Himmel und Erde für ihn bewegt, aber immerhin einen Jorge Messi: Wilfried Mbappé, seinen Vater, der gemeinsam mit seiner Mutter, Fayza Lamari, seine Karriere managt, seit Kylian ein Kind war. Mbappé wird in seiner Karriere also nicht nur ähnlich viel Geld verdienen wie Ronaldo – wie bei Messi wird die Provision auch in der Familie bleiben.

So kam es, dass der erste Vereinswechsel der Ära nach Messi und Ronaldo, der Schlagzeilen hätte machen sollen, am Ende gar nicht stattfand. Dabei war Mbappés Entscheidung, bei PSG zu bleiben, ebenfalls ein Knüller. Er galt nun als legitimer Thronfolger der beiden Megastars und betrat eine Welt, die die zwei unwiderruflich geprägt hatten und in der er selbst von Kindertagen an darauf getrimmt worden war, ein von Nike gesponserter Weltstar zu werden. Mbappé griff auf, was Messi und Ronaldo ihm vorgemacht hatten, und bastelte sich daraus eine hybride Lösung, bei der ein Petrostaat sein Gehalt bezahlte und Real Madrid das Nachsehen hatte.

»Ich verstehe die Enttäuschung«, sagte Mbappé in Richtung der spanischen Fans, »aber ich hoffe, sie können nachvollziehen, dass ich mich entschieden habe, in meinem Land zu bleiben. Wie gesagt, ich bin Franzose, und als Franzose möchte ich dazu beitragen, diesen Verein und diese Liga weiter nach vorne zu bringen.«

Ein Spanier, der das nicht nachvollziehen konnte, war Javier Tebas. Der Präsident der Primera División übte harsche Kritik an der beruflichen Entscheidung eines jungen Mannes, tausend Kilometer entfernt. Mbappés Vertragsverlängerung bei PSG nannte er »eine Beleidigung für den Fußball« – eigentlich müsse es verboten sein, dass ein Verein so hohe buchhalterische Verluste mache wie PSG und zugleich seine Superstars aus der Staatskasse bezahle. Vereinschef Nasser Al-Khelaifi, so Tebas, sei »genauso gefährlich wie die Super League«.

Al-Khelaifi konnte darüber nur schmunzeln: »Ich glaube, er hat Angst, dass die Ligue 1 besser wird als die Primera División.«

Das war nicht ganz aus der Luft gegriffen, denn während Mbappé Real Madrid vor dem Altar stehen ließ, tat der FC Barcelona auch nicht allzu viel, um der spanischen Liga wieder auf die Beine zu helfen. Ein Jahr nach Messis Abschied war Barça immer noch dabei, sich aus dem finanziellen Loch zu befreien, das der Star hinterlassen hatte. Nachdem der irrsinnige Plan mit der Super League gescheitert war, wollte sich der Verein für die Zukunft fit machen, indem er alles verkaufte, was nicht niet- und nagelfest war, bis hin zum Namen seines Stadions. Das Camp Nou wird daraufhin seit Juli 2022 von einem schwedischen Unternehmen gesponsert, dessen fußballverrückter CEO kurz zuvor mit einem Versuch gescheitert war, den FC Arsenal zu kaufen. Es heißt jetzt offiziell Spotify Camp Nou.

Barça versuchte die Tatsache, dass man ein Jahr vorher noch mit 1,2 Milliarden Euro in der Kreide gestanden hatte, möglichst zu verdrängen. Endlich kam wieder ein wenig Geld in die Kasse, und der Verein war mit voller Kraft zurück auf den Transfermarkt gekehrt. Barça verpflichtete über Dreißigjährige aus ganz Europa und ein paar Spieler, die ihr Premier-League-Club nicht mehr haben wollte. Gerüchten zufolge wollte man buchstäblich jedem, der dreißig Tore pro Saison schießen könnte, ein neunstelliges Gehalt anbieten. In diesem Sommer ließ Barça ganze 150 Millionen springen. Wie man die finanzieren würde, stand auf einem ganz anderen Blatt.

Mit anderen Worten, der FC Barcelona von 2022 ähnelt frappierend dem FC Barcelona von 2002: Die Finanzen sind marode, das Stadion halb leer und ein Champions-League-Sieg in weiter Ferne. Vereinspräsident Joan Laporta unterschreibt wieder die Schecks, genau wie Anfang der 2000er, und verspricht, La Masia werde ein weiteres geniales Team hervorbringen, man müsse sich halt ein wenig gedulden. Der Verein versucht, die Zauberformel zu rekonstruieren, die Lionel Messi, Pep Guardiola & Co. hervorgebracht haben. Die bittere Wahrheit ist jedoch, dass dem Club die Ideen genauso ausgehen wie das Geld. Verzweiflung breitet sich aus. Das Super-League-Fiasko ist der beste Beweis dafür.

Nach dem Weggang von Messi und Ronaldo sind die beiden Vereine, unter deren Fittichen sie zu Jahrhundertfußballern geworden sind, also wieder da, wo sie gestanden haben, bevor die zwei aufgetaucht sind. Und seither hoffen, wetten und beten Real und Barça, dass der Blitz zum zweiten Mal an derselben Stelle einschlägt.

Dank

Wenn man die Geschichte von zwei der berühmtesten Menschen der Welt erzählen will, stellt man irgendwann fest, dass sie fast jeder kennt. Doch jemanden zu finden, der sie *wirklich* kennt, ist eine echte Herausforderung.

Dass es uns gelungen ist, Dutzende Personen aus dem Umfeld von Cristiano Ronaldo und Lionel Messi aufzuspüren, die wir befragen konnten, haben wir viel mehr Personen zu verdanken, als wir hier nennen können – zumal eine ganze Reihe unserer Quellen anonym bleiben will, da Ronaldo und Messi nach wie vor aktiv und einflussreich sind und einige der Befragten geschäftlich mit ihnen zu tun haben.

Dennoch wären wir nachlässig, würden wir uns nicht bei den zahlreichen internationalen Persönlichkeiten bedanken, die uns inmitten einer globalen Pandemie zur Seite gestanden und weitergeholfen haben. In Portugal sind wir insbesondere drei Männern mit Namen Carlos zu Dank verpflichtet, die mit Cristiano Ronaldo in verschiedenen Phasen seiner Karriere zusammengearbeitet haben: Carlos Bruno, Carlos Freitas und Carlos Queiroz. Für spannende Einblicke und hilfreiche Kontakte möchten wir Pedro Pinto, Antonio Magalhães und João Pinto danken sowie diversen Nachbarn und Bekannten von Ronaldo auf Madeira. In Spanien sind wir unter anderem Ramón Calderón, Joan Laporta, Cesc Fàbregas, Víctor Vázquez, Víctor Font und Txiki Begiristain zu Dank verpflichtet. Ganz besonders möchten wir Joris Evers und Javier Tebas danken, dem Pressechef und dem Präsidenten der

Primera División, die uns viel von ihrer kostbaren Zeit gewidmet haben, um uns über diese Ära des Umbruchs im spanischen Fußball zu informieren.

Aus dem Rest der Fußballwelt danken wir Arsène Wenger, Carlo Ancelotti, Sepp Blatter, René Meulensteen, Peter Kenyon, David Gill, Garry Cook, Tim Howard, Weston McKennie, Phil Thompson, Thierry Weil, Mike Forde, Robert Bonnier, David Piper, Pascal Ferré, Eric Eisner, Pere Guardiola, dem Team der Relevent Sports Group, den Führungskräften und Presseteams von Real Madrid, dem FC Barcelona, Juventus Turin und Paris Saint-Germain sowie aktuellen und ehemaligen Führungskräften von Nike und Adidas, die anonym bleiben möchten.

Es gab noch viele weitere Personen in der Welt des Fußballs, die ihre Anekdoten, Informationen und Dokumente mit uns geteilt haben und die nicht wollen, dass wir ihren Namen nennen, um die Geheimhaltung, die in diesem verrückten Geschäft herrscht, zu wahren. Wir sind sehr dankbar, dass sie an uns geglaubt haben.

Bei HarperCollins sind wir dem umsichtigen Matt Harper zu großem Dank verpflichtet für sein sorgfältiges Lektorat, für unsere gemeinsamen Gespräche über Fußball und dafür, dass er uns angehalten hat, die beiden miteinander verbundenen Lebensläufe von Messi und Ronaldo stets in einem größeren Zusammenhang zu sehen. Ohne unseren unnachahmlichen Agenten Eric Lupfer von Fletcher & Co. hätten wir nie die Chance bekommen, dieses Buch zu schreiben. Er hat das Potenzial des Stoffs erkannt, hat die ihm eigene Klarheit und seinen Schwung in das Projekt einfließen lassen und uns auf jedem Schritt begleitet – Jorge Mendes hätte das nicht besser gekonnt. Auf Seiten der Agentur hatten außerdem Christy Fletcher und Melissa Chinchillo großen Anteil daran, dass dieses Buch entstanden ist.

All das wäre nicht möglich gewesen ohne die Unterstützung unserer Vorgesetzten und Kollegen beim *Wall Street Journal*, allen voran Global Sports Editor Bruce Orwall, Deputy Chief News Editor Jenn Hicks, Cynthia Lin, Mike Miller und Matt Murray, die uns den Spielraum und das Vertrauen gegeben haben, dieses Projekt überhaupt erst in Angriff zu nehmen. Unsere Kollegen von *WSJ Sports* mussten uns so oft vertreten, dass wir gar nicht mehr mitzählen können. Schon deshalb sind wir den Menschen, die diesen Bereich tagtäglich betreuen, zu großem Dank verpflichtet: Andrew Beaton, Jason Gay, Jim Chairusmi, Rachel Bachman, Laine Higgins und Louise Radnofsky. Das Gleiche gilt für das Team für digitale Plattformen, insbesondere Brian Fitzgerald, Greg Rodewald, Roland Keane, Juju Kim und Jim Jaworski.

Sobald das Manuskript fertig war – und mitunter schon lange vorher –, ließen wir es von den vertrauenswürdigsten Lesern prüfen, die wir kennen: Ben Cohen, ehemaliger Sportjournalist des *Wall Street Journal*, hat uns immer wieder versichern können, dass wir bei der Analyse von zwei der längsten Erfolgsgeschichten, die die Welt des Sports je gesehen hat, nicht völlig daneben lagen, und Nick Kostov vom Pariser Büro des *Wall Street Journal* hat ebenfalls immer bereitwillig unsere Ideen mit uns diskutiert.

Und dann waren da natürlich noch unsere Heimmannschaften. Sie waren schon immer unsere treuesten Leser, Cheerleader und Feldspieler, wenn wir sie spätabends anriefen, um über irgendwelche unsinnigen Details zu reden, die wir gerade erfahren hatten. Joshuas Eltern Jeffrey und Aline und seine Schwester Celine, die uns mit viel Liebe, Humor und Geduld versorgt haben, wissen jetzt mehr über die Barrios von Rosario und Cristianos Trainingsprogramm, als sie sich je ausgemalt hatten. Jons Eltern Lizzie und Ant und seine Schwiegereltern Richard und Gloria Davies haben ihn immer unterstützt und ermutigt. Sein Bruder Dan versorgte uns während des Schreibprozesses mit willkommenem Feedback und noch willkommeneren Ablenkungen.

Unser Schreibprozess hing ganz maßgeblich von der Großzügigkeit zweier befreundeter Paare ab, die uns ihre Wohnungen als Arbeitsplatz zur Verfügung gestellt haben, als es ungewöhnlich schwierig war, irgendwo anders zu arbeiten als von daheim: Henrik Tordrup und Ines Tordrup Bigaard sowie Pravin und Anna Sathe.

Unser allergrößter Dank gilt jedoch Jons Kindern Evie und Cooper sowie seiner Frau Katie, die einmal mehr bewiesen hat, dass sie die Beste ist.

Ohne all diese Unterstützung hätte dieses Buch niemals das Licht der Welt erblickt. Wenn wir unser eigenes *Museu* hätten, hättet ihr alle dort euren Platz.

ANHANG

Messi vs. Ronaldo: direkter Vergleich in Vereinsspielen, bei denen beide auf dem Platz standen

DATUM	MESSI (M.)	RONALDO (R.)	AUSTRAGUNGS-ORT	ERGEBNIS (M.–R.)
23.04.2008	Barcelona	Manchester United	Camp Nou	0:0
29.04.2008	Barcelona	Manchester United	Old Trafford	0:1
27.05.2009	Barcelona	Manchester United	Olimpico	2:0
29.11.2010	Barcelona	Real Madrid	Camp Nou	1:0
10.04.2010	Barcelona	Real Madrid	Santiago Bernabéu	2:0
13.01.2011	Barcelona	Real Madrid	Camp Nou	5:0
16.04.2011	Barcelona	Real Madrid	Santiago Bernabéu	1:1
20.04.2011	Barcelona	Real Madrid	Mestalla	0:1
27.04.2011	Barcelona	Real Madrid	Santiago Bernabéu	2:0
03.05.2011	Barcelona	Real Madrid	Camp Nou	1:1
14.08.2011	Barcelona	Real Madrid	Santiago Bernabéu	2:2
17.08.2011	Barcelona	Real Madrid	Camp Nou	3:2
10.12.2011	Barcelona	Real Madrid	Santiago Bernabéu	3:1
18.01.2012	Barcelona	Real Madrid	Santiago Bernabéu	2:1
25.01.2012	Barcelona	Real Madrid	Camp Nou	2:2
21.04.2012	Barcelona	Real Madrid	Camp Nou	1:2

M. TORE	M. ASSISTS	R. TORE	R. ASSISTS	WETTBEWERB
0	0	0	0	Champions League
0	0	0	0	Champions League
1	0	0	0	Champions League
0	0	0	0	Primera División
1	0	0	0	Primera División
0	2	0	0	Primera División
1	0	1	0	Primera División
0	0	1	0	Copa del Rey
2	0	0	0	Champions League
0	0	0	0	Champions League
1	1	0	0	Supercopa
2	1	1	0	Supercopa
0	1	0	0	Primera División
0	1	1	0	Copa del Rey
0	1	1	0	Copa del Rey
0	0	1	0	Primera División

DATUM	MESSI (M.)	RONALDO (R.)	AUSTRAGUNGS-ORT	ERGEBNIS (M.–R.)
23.08.2012	Barcelona	Real Madrid	Camp Nou	3:2
29.08.2012	Barcelona	Real Madrid	Santiago Bernabéu	1:2
07.10.2012	Barcelona	Real Madrid	Camp Nou	2:2
30.01.2013	Barcelona	Real Madrid	Santiago Bernabéu	1:1
26.02.2013	Barcelona	Real Madrid	Camp Nou	1:3
02.03.2013	Barcelona	Real Madrid	Santiago Bernabéu	1:2
26.10.2013	Barcelona	Real Madrid	Camp Nou	2:1
23.03.2014	Barcelona	Real Madrid	Santiago Bernabéu	4:3
25.10.2014	Barcelona	Real Madrid	Santiago Bernabéu	1:3
22.03.2015	Barcelona	Real Madrid	Camp Nou	2:1
21.11.2015	Barcelona	Real Madrid	Santiago Bernabéu	4:0
02.04.2016	Barcelona	Real Madrid	Camp Nou	1:2
03.12.2016	Barcelona	Real Madrid	Camp Nou	1:1
23.04.2017	Barcelona	Real Madrid	Santiago Bernabéu	3:2
13.08.2017	Barcelona	Real Madrid	Camp Nou	1:3
23.12.2017	Barcelona	Real Madrid	Santiago Bernabéu	3:0
06.05.2018	Barcelona	Real Madrid	Camp Nou	2:2
18.12.2020	Barcelona	Juventus Turin	Camp Nou	0:3

M. TORE	M. ASSISTS	R. TORE	R. ASSISTS	WETTBEWERB
1	0	1	0	Supercopa
1	0	1	0	Supercopa
2	0	2	0	Primera División
0	1	0	0	Copa del Rey
0	0	2	0	Copa del Rey
1	0	0	0	Primera División
0	0	0	1	Primera División
3	1	1	0	Primera División
0	0	1	0	Primera División
0	1	1	0	Primera División
0	0	0	0	Primera División
0	0	1	0	Primera División
0	0	0	0	Primera División
2	0	0	0	Primera División
1	0	1	0	Supercopa
1	1	0	0	Primera División
1	0	1	0	Primera División
0	0	2	0	Champions League

Messi vs. Ronaldo: Tore und Titel (in allen Wettbewerben), nach Spielzeiten

SAISON	M. VEREIN	M. TORE	EINSÄTZE	M. TITEL
2002/03				
2003/04				
2004/05	Barcelona	1	9	Primera División
2005/06	Barcelona	8	25	Primera División, Champions League
2006/07	Barcelona	17	36	Supercopa
2007/08	Barcelona	16	40	
2008/09	Barcelona	38	51	Primera División, Copa del Rey, Champions League, UEFA Super Cup
2009/10	Barcelona	47	53	Primera División, Supercopa, FIFA-Klub-WM
2010/11	Barcelona	53	55	Primera División, Champions League, Supercopa, UEFA Super Cup
2011/12	Barcelona	73	60	Copa del Rey, Supercopa, FIFA-Klub-WM
2012/13	Barcelona	60	50	Primera División
2013/14	Barcelona	41	46	Supercopa
2014/15	Barcelona	58	57	Primera División, Copa del Rey, Champions League, UEFA Super Cup

R. VEREIN	R. TORE	EINSÄTZE	R. TITEL
Sporting Lissabon	5	31	Supertaça
Manchester United	6	40	FA Cup
Manchester United	9	50	
Manchester United	12	47	League Cup
Manchester United	23	53	Premier League
Manchester United	42	49	Premier League, Champions League, Community Shield
Manchester United	26	53	Premier League, League Cup, FIFA-Klub-WM
Real Madrid	33	35	
Real Madrid	53	54	Copa del Rey
Real Madrid	60	55	Primera División
Real Madrid	55	55	Supercopa
Real Madrid	51	47	Copa del Rey, Champions League, UEFA Super Cup
Real Madrid	61	54	FIFA-Klub-WM

SAISON	M. VEREIN	M. TORE	EINSÄTZE	M. TITEL
2015/16	Barcelona	41	49	Primera División, Copa del Rey, FIFA-Klub-WM
2016/17	Barcelona	54	52	Copa del Rey, Supercopa
2017/18	Barcelona	45	54	Primera División, Copa del Rey
2018/19	Barcelona	51	50	Primera División, Supercopa
2019/20	Barcelona	31	44	
2020/21	Barcelona	38	47	Copa del Rey
2021/22	Paris Saint-Germain	11	34	Ligue 1

R. VEREIN	R. TORE	EINSÄTZE	R. TITEL
Real Madrid	51	48	Champions League
Real Madrid	42	46	Primera División, Champions League, FIFA-Klub-WM
Real Madrid	44	44	Champions League, Supercopa, FIFA-Klub-WM
Juventus Turin	28	43	Serie A, Supercoppa Italiana
Juventus Turin	37	46	Serie A
Juventus Turin	36	44	Coppa Italia, Supercoppa Italiana
Manchester United	24	38	

Ausgewählte Bibliografie

Abellán, José A.: Asalto al Real Madrid. Diario de 838 días y noches al límite. Madrid, Real del Catorce Editores 2015.

Balagué, Guillem: Cristiano Ronaldo. The Biography. London, Orion 2015.

Ball, Phil: White Storm. 100 Years of Real Madrid. Edinburgh, Mainstream 2002.

Buschmann, Rafael und Wulzinger, Michael: Football Leaks. Die schmutzigen Geschäfte im Profifußball. München, DVA 2017.

Carlin, John: White Angels. London, Bloomsbury 2005.

Condò, Paolo: The Duellists. Liverpool, De Coubertin Books 2017.

Cruyff, Johan: Mein Spiel. Köln, Droemer 2016.

Dudek, Jerzy: A Big Pole in Our Goal. Liverpool, Trinity Mirror Sport Media, 2016.

Ferguson, Alex. Managing My Life. My Autobiography. London, Hodder & Stoughton 1999.

Hawkey, Ian: Di Stéfano. London, Ebury Press 2016.

Iniesta, Andrés: The Artist. London, Headline Publishing Group 2016.

Juillard, Alexandre: Insubmersible Messi. Paris, Éditions Solar 2016.

Juillard, Alexandre und Fest, Sebastián. Le Mystère Messi. Paris, Jean-Claude Gawsewitch Éditeur 2012.

Keane, Roy und Doyle, Roddy: The Second Half. London, Orion 2014.

Kuper, Simon: The Barcelona Complex. New York, Penguin Press 2021.

Lowe, Sid: Fear and Loathing in La Liga. Barcelona vs Real Madrid. London, Yellow Jersey Press 2013.

Mandis, Steven G.: The Real Madrid Way. Dallas, Benbella Books 2016.

Mendes, Jorge, Cuesta Rubio, Miguel und Sanchez Mora, Jonathan: La Clave Mendes. Madrid, La Esfera de Los Libros 2015.

Meulensteen, René: René Meulensteen & Man Utd Methods of Success (2007–2013), Bd. 1. London, SoccerTutor.com 2020.

Nielsen, Per und Sorgenfri, Søren: 4. Per Nielsen. Brøndby for Evigt? Kopenhagen, Berlingske Media Forlag 2013.

Perarnau, Martí: Pep Confidential. London, Arena Sport 2014.

Perarnau, Martí: Senda de Campeones. De La Masia al Camp Nou. Barcelona, Salsa Books 2011.

Robinson, Joshua und Clegg, Jonathan: The Club. How the English Premier League Became the Wildest, Richest, Most Disruptive Force in Sports. New York, Houghton Mifflin Harcourt 2018.

Smit, Barbara: Sneaker Wars. New York, Harper Collins 2008.

Soriano, Ferran: Goal. The Ball Doesn't Go in by Chance. London, Palgrave Macmillan 2012.

Strasser, J. B. und Becklund, Laurie: Swoosh. The Unauthorized Story of Nike and the Men Who Played There. New York, Harper Business 1993.

Wilson, Jonathan: Angels with Dirty Faces. The Football History of Argentina. London, Orion 2016.

Yergin, Daniel: The Prize. The Epic Quest for Oil, Money and Power. New York, Simon & Schuster 1991.